Пути русского богословия
러시아 신학의 여정 I

<지식을만드는지식 사상선집>은
인류의 유산으로 남을 만한 작품만을 선정합니다.
오랜 시간 그 작품을 연구한 전문가가
정확한 번역, 전문적인 해설, 풍부한 작가 소개, 친절한 주석을 제공하는
고급 사상 선집입니다.

지식을만드는지식 사상선집

Пути русского богословия
러시아 신학의 여정 I

게오르기 플로롭스키(Георгий Флоровский) 지음

허선화 옮김

대한민국, 서울, 지식을만드는지식, 2016

편집자 일러두기

- 이 책은 1983년 파리 YMCA 출판사에서 간행한 ≪러시아 신학의 여정(Пути русского богословия)≫ 제3판을 원전으로 삼아 옮긴 것입니다.
- 이 작품은 완역으로는 처음 출간됩니다. 2012년 지식을만드는지식에서 6분의 1을 발췌 번역해 출간한 바 있습니다.
- 이 책은 분량이 많아 두 권으로 나누었습니다. Ⅰ권에는 Ⅰ장부터 Ⅴ장까지, Ⅱ권에는 Ⅵ장부터 Ⅸ장까지와 해설을 수록했습니다.
- 우리말 쓰임에 맞지 않는 말줄임표는 가독성을 고려해 삭제했습니다. 말줄임표를 기준으로 문단을 나눴습니다.
- 지은이가 단 주석은 '지은이 주'로 표기해 옮긴이가 단 주석과 구분했습니다. 옮긴이는 리처드 하우(Richard S. Haugh)가 영역한 책의 주석을 참고했습니다.
- 괄호 안의 말과 바깥 말의 독음이 다를 때, 괄호가 중복될 때에는 [ ]를 사용했습니다.
- 외래어 표기는 현행 한글어문규정의 외래어표기법을 따랐습니다.

차 례

I

서문 · · · · · · · · · · · · · · · · · vii
지은이 서문 · · · · · · · · · · · · · · xvii

I. 러시아 비잔틴주의의 위기 · · · · · · · · · · 3
II. 서구와 만남 · · · · · · · · · · · · · · · · 77
III. 17세기의 모순 · · · · · · · · · · · · · 147
IV. 페테르부르크의 대개혁 · · · · · · · · · · 213
V. 신학을 위한 투쟁 · · · · · · · · · · · · · 321

II

- VI. 철학적 각성 · · · · · · · · · · · · · · · · · 553
- VII. 역사학파 · · · · · · · · · · · · · · · · · · 763
- VIII. 전야 · · · · · · · · · · · · · · · · · · · 1007
- IX. 단절과 연결 · · · · · · · · · · · · · · · · 1105

찾아보기 · · · · · · · · · · · · · · · · · · · 1147

해설 · 1173
지은이에 대해 · · · · · · · · · · · · · · · · 1188
옮긴이에 대해 · · · · · · · · · · · · · · · · 1193

서 문

게오르기 플로롭스키 사제장의 ≪러시아 신학의 여정≫은 박학의 결실이자 교회적이고 역사적인 세계관의 표현으로서 그의 가장 중요한 학문적 공적으로 정당하게 인정받고 있다(그리고 아마도 항상 그럴 것이다). 이 책은 전쟁[1] 직전 파리에서 쓴 것으로, 초기 기독교부터 우리 시대까지 정교회 전승 역사 전체를 살펴보는 작업의 완결판이다. 그가 한 주된 작업의 첫 부분인 ≪4세기 동방 교부들(Восточные Отцы Четвертого Века)≫과 ≪비잔틴의 교부들(Втзантийские Отцы)≫은 ≪러시아 신학의 여정≫보다 몇 년 일찍 출판되어 정교회 관점에서 교부 사상을 본 뛰어난 입문서로 제때 간주될 수 있었다. 그러나 고대 교회 교부들에 대한 게오르기 사제장의 다른 책은 접근 방식의 독창성, 내용의 새로움, 정보의 양에서 ≪러시아 신학의 여정≫에 비견할 만한 힘과 모든 것을 아우르는 깊이가 부족하다. 플로롭스키는 고대 교부들에게서 판단의 규범과 기준을 받아들였다. 그는 러시아정교회 역사를 다루며 이 규범들을 살아 있는 현실, 그 자신이 경험했고 우리 모두가 경험하는 문화에 적용했다.

---

[1] 제2차 세계대전을 말한다.

게오르기 사제는 1893년 오데사의 사제장이자 오데사 신학교 학장의 가정에서 태어났다. 그러나 그는 세속 학교에서 공부했다. (오데사에 있는) 노보로시스크 대학에서 역사인문학부를 마쳤는데, 철학사와 자연과학도 공부했다. 그는 뛰어난 학생이었고, 전쟁과 혁명의 시기를 보낸 많은 사람들이 그랬듯이 철학의 길에서 현실의 의미를 구했다. 1920년에 비상근 강사로 위촉되었으나 곧바로 망명했다. 러시아 인텔리겐치아의 많은 대표자가 은신처를 찾았던 프라하에서 게르첸[2]에 관한 석사 논문을 썼다.

신학 분야에서 플로롭스키는 뛰어난 독학자였다. 정식 신학 교육을 받지 않은 그는 교부 연구에 몰두했고 교부학자로서 명성을 얻었다. 점진적으로 형성된 그의 세계관은 해외에 거주하게 된 종교적 인텔리겐치아 대다수처럼 사변적이고 철학적인 것이 아니라 신학적이고 전통적인 것이었다. 이러한 세계관을 형성하는 과정에서 잠깐 '유라시아주의'의 영향을 받기도 했다. 서구와 서유럽 철학에 대한 유라시아주의의 조심스럽고 부정적인 태도가 그의 관심을 끌었던 것으로 보인다. 1926년에는 파리에서 막 생겨난 신학대

---

[2] 알렉산드르 게르첸(Александр Герцен, 1812~1870): 러시아의 사상가이자 혁명가다. 그의 활동 대부분은 망명지인 런던에서 이루어졌다. 그곳에서 유명한 잡지 ≪종(鐘, Колокол)≫을 발간하여 러시아 인텔리겐치아의 지도자 역할을 했다.

학의 교부학 교수로 초빙되었다. 대학 교수진에는 혁명 이전 종교 학교의 교수들(안톤 카르타셰프, 베니아민 페드첸코프)과 '교회로 돌아온' 인텔리겐치아의 중요한 대표자들(세르게이 불가코프, 바실리 젠콥스키 등)이 포함되어 있었다. 그들 중에서 게오르기 바실리예비치는 일반적으로 정형화된 타입으로는 규정하기 어려운 특별한 위치를 차지했다. 그는 정교회 신학의 융성과 비슬라브인들과의 에큐메니즘[3]적인 만남을 위해 동료 교수와 함께 노력했다. 그러나 당시 지배적이었던 블라디미르 솔로비요프[4]의 '소피아[5]'

---

3) 에큐메니즘: 범세계적인 기독교의 일치와 협력을 지향하는 운동이나 경향이다. 20세기에 생겨난 이 용어는 기독교회의 보편성을 강조한다. '오이쿠메네(oikoumene: 사람이 살고 있는 세계)'와 '오이코스(oikos: 집)'에서 유래한 것으로, 그 기원은 예수의 명령·약속·기도에서 찾을 수 있다. 1910년 에든버러에서 국제선교대회가 열린 뒤 개신교도들이 선교, 복음 전도, 봉사, 연합 세력 등의 모임을 표현하는 데 쓰기 시작했다. 제2차 바티칸 공의회(1962~1965) 이후 로마 가톨릭교도들은 교회 전반의 삶을 쇄신해 '갈라져 나간 교회들'에 대해서 더욱 책임을 지고 세계의 요구를 충족하는 일을 가리키는 데 이 용어를 사용했다. 에큐메니즘 운동은 다양성 속의 일치를 추구한 초대교회의 사도 의식을 회복하려 하며, 현대 다원주의 세계의 좌절·곤경·모순들과 대결한다. 이 운동은 하나이며 거룩하고 보편적인 예수 그리스도의 사도적인 교회의 역사적 근거와 지향점에 대한 생생한 재평가다.

4) 블라디미르 솔로비요프(Владимир Соловьёв, 1853~1900): 신비주의자이며 시인, 종교철학자다.

5) 소피아(София): 신의 지혜라는 의미의 그리스어다. 창조주와 창조

론'과 연관된 종교철학 운동에는 항상 반대하는 입장이었다. 1932년에는 서유럽 관구의 대주교직에 임명되었다.

파리에서 가르친 몇 년은 게오르기 사제의 생애에서 결실이 가장 풍부한 시기였다. 바로 그때 그는 교부들에 대한 책 두 권과 ≪러시아 신학의 여정≫을 출판했다. 이 시기 그의 문학적 창조의 의미를 온전히 이해하기 위해서는 그가 교부학을 강의할 때 한 가장 개인적인 언급 하나를 기억해야 한다. "교부들은 무엇보다 자주 이단들을 논박하기 위해 신학을 이용했다. 기독교적 경건의 '올바르지 않은' 표현에서 출발해 '올바른' 말을 찾아냈다. 이때 그들은 신성의 힘으로만 진리가 되는 그 진리를 '만들어 내는 것'이 아니라 표현하고 설명했다." 이러한 접근은 러시아 문화를 비판하는 플로롭스키의 주된 심리적 방법이었다. 그러나 신학에 대한 그의 보수적인 접근은 몽매주의가 아니다. 역사학자로서 그는 항상 과거 자체를 숭배하는 것을 배격했다. 이것을 확인하기 위해서는 ≪러시아 신학의 여정≫에서 러시아 구교도 분석을 읽어 보는 것으로 충분하다. 그의 주된 관심은 과거의 우상숭배가 아니라 현재의 문제였다. 이 책을 저술할 때 그에게 영감을 준 심리적 충동은 모든 형태의, 특히 그 대표자들인 블라디미르 솔로비요프, 세르게이 불가코프, 파벨 플로렌스키의 저작들에 나타난 소위 '소피아론'의 거

된 세계를 매개하는 신적 원리로 복잡한 종교철학 개념이다.

부였다. 러시아 소피아론은 그에게 독일 이상주의의 변종, 독특한 그노시스주의, 그리고 기독교 교리를 표현하기 위해 철학을 부당하게 사용한 것으로 보였다. 플로롭스키가 교부들을 연구하기 시작한 것은 필시 '소피아론자들'이 자신들의 사상을 전통적인 것으로, 철학을 교부들의 본을 따라 거룩해진 것으로 제시하려고 노력했기 때문인 것 같다. 자신의 선배인 세르게이 불가코프와 출판물을 통한 공개 논쟁을 한 번도 하지 않았던 그에게 교부학 연구는 세속 철학과 신학의 상관성에 대한 올바른 열쇠를 찾는 데 중요했다. 그의 견해에 따르면, 이 열쇠는 소피아론자들이 그릇 정의했다. 그 올바른 열쇠는 그리스 교부들, 즉 기독교 헬레니즘의 본보기에서 찾을 수 있었다. 기독교 헬레니즘은 기독교에 낯선 원리들을 거부하고 그 창시자인 오리게네스[6]를 비판하며 내적으로 변형됨으로써 진정으로 기독교적인 것이 될 수 있었던 것이다. "교부들의 문헌은 건드릴 수 없는 전

---

[6] 오리게네스(Origenes, 185~254): 알렉산드리아파를 대표하는 기독교 사상가다. 오늘날의 성경 신학자, 조직신학자, 변증적 기독교 사상가로 볼 수 있다. 성경 해석자로서 성경에 대한 문자적 의미의 불충분성을 지적하고 영적·상징적 해석에 의지했다. 그의 신학은 교리화에 목적을 두기보다는 당시의 이단들, 곧 마르시온주의자들과 가현설주의자들에 대항하여 창조자 하나님의 선하심과 예수 그리스도의 인성과 신성을 증언한다. 그러나 사랑의 하나님이 모든 사람뿐만 아니라 사탄과 마귀까지 구원할 것이라는 그의 신학적 입장은 교회사에서 문제시되고 있다.

승의 보배일 뿐만 아니라… 교부들의 창작은 우리에게 창조적 영감의 원천, 기독교적인 용기와 지혜의 본보기이자… 현 시대가 갈구하는 새로운 기독교적 종합을 향한… (길이다.) 자신의 이성을 교회화하고 자신을 위해 교회 사상의 신성하고 은혜로운 원리들을 부활시킬 시기가 도래했다"(《4세기 동방 교부들》 5쪽, 《러시아 신학의 여정》의 마지막 장을 참조하라).

《러시아 신학의 여정》은 기념비적인 작품이며 러시아 정신문화사의 주된 참고 도서이자 안내서가 될 수 있다. 지은이는 순수하게 신학적인 작품에만 국한하지 않고 정교회와 연관한 모든 문헌을 다룬다. 최근 10년 동안 고대-표트르 이전-문학에 대해 많은 연구가 있었지만 그의 시각과 평가는 언제고 결코 낡은 것으로 치부될 수 없다. 그의 시각에 동의하지 않을 수는 있지만, 그것을 불필요한 것으로 내버릴 수는 없다. 구교의 위기와 17세기 라틴화한 키예프 학교에 대한 장(章), 표트르 이후의 모든 공식적인 교회성을 장악한 '서구에 포로가 된 시기'에 대한 장, 그리고 혁명 이전의 러시아의 신학과 종교 사상에 대한 철저한 분석은 유일하고도 대체할 수 없는, 높이 평가받을 만한 안내다.

베르댜예프[7]는 플로롭스키의 책 제목을 '길 없는 러시아

---

7) 니콜라이 베르댜예프(Николай А. Бердяев, 1874~1948): 러시아의 종교철학자로, 러시아 실존주의를 대표한다. 대표 저작으로 《자

신학'이라고 붙일 수도 있다고 썼다. 사실 책에서 살펴본 19세기 저자들의 수가 엄청난데도 오직 소수만이, 예를 들면 알렉세이 호먀코프(부분적으로)와 특히 필라레트(드로즈도프) 대주교만이 긍정적인 평가를 얻고 있다. 게오르기 사제는 개별 저자들의 지성과 재능, 능력을 부정하지 않고 항상 각 시대의 생생한 그림을 그리면서 그가 단번에 영원히 택한 교부적인 또는 비잔틴적인 규범성을 모두에게, 그리고 모든 것에 적용한다. 그에게는 그것만이 유일하게 정교회적인 것이다.

여기는 플로롭스키가 러시아 종교 사상사에 옳게 접근했는지를 논하는 자리가 아니다. 물론 그가 모든 점에서 옳은 것은 아니다. 정교회 신학자는 그가 교부 전통을 지나치게 협소하게 이해한 것은 아닌지 문제를 제기할 수 있다. '비잔틴주의'의 이름으로 러시아정교회를 비판한다면, 비잔틴주의 자체도 비판해야 마땅한 것이 아닌가? 비잔틴 주의는 거룩한 전승 자체와 의미가 같은가? 문학 연구가 또는 사상사 연구가는 일련의 경우들에서 지은이가 그리는 개별적인-항상 예리하고 흥미로운-초상들의 공정함에 동의하지 않을 수도 있다.

그러나 그러한 질문들은 의미심장한 책, 특히 역사책에

유의 철학(Философия свободы)》, 《창조의 의미(Смысл творчества)》, 《러시아 사상(Русская идея)》 등이 있다.

항상 제기할 수 있는 것들이다. 논쟁의 여지가 없는, 참으로 지대한 게오르기 사제의 공적은 저작의 통일성과 그 비판적인 접근에 있다. 우리 시대에 러시아정교회와 러시아 자체는 모든 문화 기반을 무너뜨린 것으로 보였던 혁명의 잿더미로부터 조금씩 일어서고 있다. 모든 것을 새롭게 건설할 필요가 있다. 그러나 이 건설은 과연 어떤 것이 될 것인가? 과거의 종교적인 가치로 돌아가려는 사상 자체에는 정당화가 거의 필요하지 않다. 그러한 사상은 사고하는 대다수 사람들에게는 명백한 것이다. 그러나 바로 그 때문에 과거에 있었던 가장 중요한 것을 야만적으로 거부하는 것만큼이나 과거를 무분별하게 숭배하는 위험성이 존재하는 것이다. 편견을 전복하고 참된 가치를 규정하는 역사에 대한 비판적인 의미 부여가 필요하다. 그러한 비판은 가치의 위계를 미리 규정하지 않고서는 불가능하다. 우리는 바로 그러한 가치의 위계를 플로롭스키의 ≪러시아 신학의 여정≫에서 발견한다. 그가 제시하는 가치의 위계에 동의하는(또는 거의 동의하는) 이들에게 그의 책은 앞으로도 오랫동안 러시아 정교회, 러시아 신학, 그리고 러시아의 정신문화 연구를 위한 중요한 지침서가 될 것이다. 이 위계를 받아들이지 못하는 사람들은 자료에 대한 지식이 플로롭스키의 수준까지 도달해야만 한다. 그렇지 않으면 그의 길을 따르기를 거부하는 것이 설득력을 잃게 될 것이다.

    1939년 여름, 책의 저술을 마치고 나서 곧바로 게오르기 플로롭스키는 베오그라드로 갔다. 그곳에서 전쟁의 시작을 맞닥뜨렸다. 독일군의 폭탄으로 출판사 창고가 불타는 통에 책은 구하기 힘들어졌다. 유고슬라비아에서 전쟁 기간을 보낸 게오르기 사제는 뒤에 프라하에 있는 형의 집에서 머물렀다. 그러나 결국 파리로 돌아오는 데 성공했다. 교부학 교수직(수도원장 키프리안 케른)이 차 있었기 때문에 그는 도덕 신학을 강의했다. 1948년에 미국 대주교 페오필의 초청으로 뉴욕에 가서 성 블라디미르 신학 아카데미[8]의 교수가 되었고 후에는 학장이 되었다.

미국에서 정교회가 이미 오래전에 미국 아카데미의 규범에 상응하고 영어로 하는 종교교육 체계를 요구하는 '미국적인 것'이 되었다는 것을 확신한 게오르기 사제는 자신의 '러시아적인 특성'과 러시아 환경의 뿌리에도 불구하고 열성적이고 성공적으로 학교 개혁에 착수했다. 개혁은 그가 학장으로 있었던 시기(1948~1955)에 상당한 정도로 이루어졌다. 동시에 그는 인정받고 권위 있는 정교회 신학자로서 강의하고 논문을 발표하면서 미국의 대학 생활에 활동적으로 참여했다. 그러나 더 이상 방대한 연구서를 집필하지 않았다. 에큐메니즘 운동에서 그는 거의 유일하고도 충분한 정교회의 목소리로 인정받았다. 다시 조직된 세계 교

---

8) 이 책에서 아카데미는 신학 교육을 담당하는 최고 교육기관을 의미하는 것으로, 세속학문을 연구하는 대학과는 구별된다.

회 연합 집행부의 일원이었던 그는 중요한 창시자 가운데 한 사람이었다.

그는 교회와 에큐메니즘 그룹에서만 권위를 인정받은 것이 아니었다. ≪러시아 신학의 여정≫을 접한 러시아 슬라브주의자와 역사학자는 그의 역사적인 공적과 예외적인 박학을 인정했다. 이 때문에 그가 성 블라디미르 신학 아카데미의 학장직을 떠났을 때 하버드 대학의 강단을 차지하고 은퇴 후 프린스턴에서 계속 가르치는 것이 가능했다. 그는 명예 학위를 몇 개 받았으며 많은 학술회의에 항상 참여했다. 그는 1979년 8월 11일에 프린스턴에서 사망했다. 장례는 많은 동료와 제자가 참석한 가운데 그가 자주 예배를 집전했던 트렌턴의 성 블라디미르 교회에서 치러졌다.

≪러시아 신학의 여정≫의 새로운 출판은 게오르기 사제에 대한 최상의 기념비다. 이 책은 우리 모두가 염원해 마지않는 정교회 부흥에 이미 중요한 의미를 가지고 있고 미래에도 가지게 될 것이다.

1980년
메이엔도르프 사제장

지은이 서문

부모님을 기억하며

이 책은 역사적 종합의 시도, 러시아 사상사의 한 시도로 구상했다. 이러한 종합에 앞서 이미 오래전에 청년기부터 시작된 다년간의 분석과 느린 독서, 그리고 사유의 세월이 있었다. 러시아 신학의 과거 운명은 나에게 항상 그 속에서 나 자신을 발견해야만 하는, 창조되는 현재의 역사였다. 이렇게 말한다고 해서 역사적인 공정성이 파괴되는 것은 아니다. 공정성이라는 것이 무관심, 냉담, 평가 거부를 의미하는 것은 아니다. 역사란 사건들의 해석, 사건들의 의의와 의미를 규명하는 것이다. 역사가는 그가 인간 삶의 창조적 비극을 연구하고 기술한다는 사실을 결코 잊어서는 안 된다. 전제(前提) 없는 역사란 결코 존재하지 않으며 앞으로도 존재하지 않을 것이다.

러시아의 과거를 연구하면서 오늘날 정교회 신학자는 오직 교부 전통 속에서만 자신을 위한 올바른 기준과 살아있는 창조적 영감의 원천을 발견할 수 있다고 확신하게 되었다. 나는 러시아가 발전하는 데 나타나는 모든 비정상적 움직임과 정신적 실패의 주된 원인이 교부학이나 비잔틴주의의 지혜와 단절한 데 있다고 확신한다. 그러한 실패의 역사를 이 책에서 이야기한다. 러시아 신학의 진정한 성취는 항상 교부적인 원천으로의 창조적 회귀와 연관되어 있다. 이 좁은 길이야말로 우리 신학에서 유일하게 올바른 길이라는 사실이 역사적 전망 속에서 매우 분명하게 드러난다. 그러나 교부들로의 회귀는 학문적이거나 역사적인 것만이 되어서는 안 된다. 그 회귀는 동시에 기도를 통한 영적인 회귀, 완전한 교회성과 완전하고 거룩한 전승 속에서 자기 자신을 생명력 있고 창조적으로 회복하는 것이 되어야만 한다.

우리는 지금 분리된 기독교 세계 어디에서나 볼 수 있는 신학적 각성의 시대에 살고 있다. 따라서 이제 커다란 관심을 기울여 때로는 잔인하고 때로는 영감을 주는 과거의 모든 교훈들과 약속들을 재조명하고 기억하는 것이 필요하다. 그러나 진정한 각성은 과거와 현재에서 대답뿐 아니라 질문을 들을 수 있을 때 비로소 시작된다. 신학에서 우리 전승의 쇠하지 않는 힘은 교부들에게 신학은 삶의 일, 영적 공적, 믿음의 고백, 삶의 과제에 대한 창조적 해결이었다는 점으로 규정된다. 고대의 책은 이러한 창조적 정신으로 항상 생기를 얻었다. 교부들에게 돌아감으로써만 우리 교회 공동체 내에서 건강한 신학적 민감성이 회복될 것이다. 그러한 회복이 없이는 진정한 정교회의 부흥은 도래하지 않을 것이다. 우리 시대의 교회 예배 가운데서 신학적 고백은 사고와 의지의 교회화, 진리의 정신 속으로 생생하게 들어가는 행위로서 특별한 중요성을 얻고 있다. 밤낮으로 그리스 원전들을 손으로 뒤적이라….9) 우리의 해석 속에서 정교회는 지치고 환멸에 빠진 영혼들을 위한 조용한 안식처일 뿐 아니라 다시금 승리하는 힘, 삶을 재탄생시키고 긍정하는 힘으로, 끝이 아닌 시작, 공적과 창조의 시작, '새로운 피조물'로 나타난다.

이 책을 끝내면서 나는 본보기 또는 조언으로, 책과 참고자료로, 반박과 공감 또는 질책으로 나의 작업을 도와준 이들을 감사하는 마음으로 기억한다. 또한 이 작업을 하는 오랜 기간 동안 호의를 베풀어 주었던 도서관들과 고문서 보관소들을 감사하는 마음으로 기억한다. 특별히 나에게 소중한 한 사람의 이름을 여기서 언급해야만 하는데, 바로 내 마음속 기억에서 결코 사라지지 않는 충실함의 모범인 고 노브고로드체프(П. И. Новгородцев)의 이름이다. 나는 그에게 말로는 표현할 수 없는 많은 것을 빚졌다. "진리의 법이 그의 입에 있었다"(말라기서 2장 6절).

버크스, 업턴 사제관에서
1936년 9월 2(15)일10)

---

9) 원전에는 다음과 같이 라틴어로 쓰였다. Vos exemplaria graeca nocturna versate manu, versate diurna.
10) 러시아정교회는 율리우스력을 사용한다. 율리우스력 9월 2일, 그레고리력 9월 15일이다.

러시아 신학의 여정 I

I. 러시아 비잔틴주의의 위기

1

러시아 사상의 역사에는 수수께끼 같고 이해되지 않는 면이 많다. 그중에서도 너무나 오랫동안 질질 끌어 온 러시아의 침묵이 의미하는 바는 과연 무엇인가? 러시아 사상의 이 뒤늦은 각성을 어떻게 설명할 것인가? 역사가는 흥분하고 말이 많은 비잔틴으로부터 조용하고 말수가 적은 루시[11]로 눈을 돌릴 때 놀라움을 금치 못한다. 그리고 이것은 무엇인가 의아하다. 루시는 어떤 숙고, 감춰진 신에 대한 생각 속에서 침묵하고 있는 것인가, 아니면 영적인 둔감성, 게으름, 몽상과 반쯤 잠든 상태에서 말이 없는 것인가?

지금은 누구도 고대 루시가 표트르의 개혁 때까지 교육은 고사하고 읽고 쓸 수 있는 능력조차 없었다고 골루빈스키[12]처럼 말할 수 없을 것이다. 지금 그것은 우스꽝스러울 뿐 도전적이지도 예리하지도 않은 말이 되어 버렸다. 또한 지금은 누구도 고대 러시아 사상이 그 형식적인 긴장성과 힘에도 불구하고 '교회·도덕적 궤변론'의 한계를 결코 벗어나지 못했다고 클류쳅스키[13]처럼 말하지 못할 것이다. 어쨌든

---

11) 루시(Русь): 고대 동슬라브인들이 살던 땅 또는 그 민족이다. '러시아'라는 명칭은 15세기 말 러시아 문헌에서 처음 등장한다.

12) 예브게니 골루빈스키(Евгений Голубинский, 1834~1912): 러시아정교회사가다. ≪러시아정교회의 역사≫(전 4권, 모스크바, 1880~1916)를 집필했다.

≪키릭의 문답≫14) 외에도 모노마흐15)의 ≪유훈≫16)이 있었던 것이다.

표트르 이전 침묵의 시기에 많은 것을 시험하고 경험했다. 러시아의 이콘화는 고대 러시아의 영적 경험의 복잡성과 깊이, 진정한 우아함, 그리고 러시아 정신의 창조적 힘을 물질적으로 명백하게 증언한다. 러시아의 이콘화에 대하여 '색채 속의 사변'17)이라고 말하는 것은 충분한 근거가 있다.

---

13) 바실리 클류쳅스키(Василий Ключевский, 1841~1911): 모스크바 대학의 역사학 교수다. ≪러시아사≫(전 5권)를 집필했다.

14) ≪키릭의 문답(Вопрошание Кирика)≫: 12세기 중엽의 저작으로 기독교에 대한 러시아 성직 계급의 법적이고 의식(儀式)주의적인 접근을 보여 준다. 이 문서는 키릭을 비롯한 노브고로드 성직자들의 질문 101개와 당시 노브고로드의 주교였던 니폰트(Нифонт)의 답변을 담았다. 이 문서의 원시적인 스타일은 블라디미르 모노마흐가 아들들에게 남긴 ≪유훈≫의 자유주의적이고 보편적인 정신과 극명한 대조를 보인다.

15) 블라디미르 모노마흐(Владимир Мономах, 1053~1125): 블라디미르 2세라고도 부른다. 야로슬라프 공과 비잔틴 황제 콘스탄티누스의 딸인 이리나 사이에서 태어났다. 열정적인 정치가이자 재능 있는 작가, 뛰어난 군사 지도자였다.

16) ≪유훈≫: 고대 러시아의 가장 흥미로운 문학작품 중 하나다. 블라디미르 모노마흐가 자식들에게 남긴 교훈 글로 자서전이 포함되어 있다. 약한 자를 돌보고, 억압당하는 자를 보호하고, 죄인을 관용으로 대하라는 등의 가르침을 전한다.

17) 색채 속의 사변(умозрения в красках): 예브게니 트루베츠코이(Евгений Трубецкой)의 동명 저작(모스크바, 1916)에서 따온 개념이다.

그런데도 고대 러시아 문화는 마치 벙어리와 같았다. 러시아의 정신은 문학이나 사상으로 표현되지 못했다. 이러한 말해지지 않음, 또는 다 말해지지 않음은 종종 병적인 것으로 보이기도 했다. 때때로 사람들은 여기서 단순히 후진성과 원시성을 발견하곤 했다. 그들은 이것을 고대 루시와 비잔틴의 관계, 가련한 비잔틴의 숙명적인 영향으로 설명했다. 차다예프의 견해("la miserable Byzance")[18]가 바로 그러했다. 그러나 그러한 해석은 불충분하다. 10세기에 비잔틴은 결코 쇠퇴기에 있지 않았다. 반대로 비잔틴이 번영하고 부흥했던 시기 중 하나였다. 게다가 엄밀하게 말하면, 비잔틴은 10세기에 전 '유럽' 세계에서 유일한 문화 국가였다. 그 후에도 오랫동안 살아 있는 문화적 화로(火爐)였다. 또한 정치적인 쇠퇴와 와해 직전에 비잔틴 문화와 종교성은 새로운 융성기를 맞이하여 이탈리아 문예부흥기에 족적을 남겼다. 따라서 비잔틴 문화와의 접촉은 결코 고대 루시를 차다예프가 말한 대로 '위대한 인류의 종족들'로부터 고립시킬 수 없었다.

고대 러시아 발전의 어려움을 몰(沒)문화성으로 설명해

---

18) 표트르 차다예프(Пётр Чаадаев, 1794~1856): 러시아 사상가다. 편지 여덟 통으로 이루어진 ≪철학 서한≫(1827~1831)은 러시아의 역사와 문화에 대한 서구주의자들과 슬라브주의자들의 논쟁을 야기했다. "la miserable Byzance" 곧 가련한 비잔틴이라는 표현은 첫 번째 편지에 등장한다.

서는 안 된다. 고대 러시아의 위기는 문화의 위기였지, 몰문화성 또는 비문화성의 위기는 아니었다.

고대 러시아 정신의 사상적인 폐쇄성은 내적인 어려움의 결과 내지는 표현이다. 그것은 문화의 진정한 위기, 러시아 정신에 있는 비잔틴 문화의 위기였다. 러시아의 민족적·역사적 자기규정의 가장 결정적인 시기에 비잔틴의 전통은 중단되었고, 비잔틴의 유산은 버려지고 절반은 잊히고 말았다. 이러한 '그리스 전통'의 거부야말로 모스크바 문화가 맞이한 위기의 발단이자 본질이다.

지금은 이미 고대 러시아 문화와 문학의 역사에 '연대기'가 있다는 것을 증명할 필요가 없다. 지금은 주의 깊은 역사가 앞에 현상들의 다양성과 개별적인 역사적 계기들과 형성의 상호 부등성이 너무나 분명하게 나타나기 때문에 마치 성 블라디미르[19]로부터 매우 조용한 차르[20]에 이르기까지 '고대 러시아'가 진짜 하나의 얼굴을 가지기라도 한 것처럼

---

19) 블라디미르 1세(Владимир I Святославич, 956~1015)를 가리킨다. 야로폴크 스뱌토슬라비치(Ярополк Святославич)의 아들로, 980~1015년에 재위했다. 러시아 영토를 우크라이나에서 발트 연안까지 확장했다. 이미 기독교가 러시아에 있었는데, 그가 989년에 세례를 받음으로써 러시아의 공식적인 개종이 이루어졌다.

20) 알렉세이 미하일로비치(Алексей Михайлович, 1629~1676)를 가리킨다. 로마노프 왕조의 두 번째 차르로, 1645~1676년에 재위했다.

하나의 보편적인 '공식' 또는 표시를 찾으려 할 필요가 없다. 사실 고대 러시아는 하나가 아닌 많은 세계였다. 그뿐 아니라, 러시아 역사를 일종의 고립되고 폐쇄된 역사적 과정으로 확립하고 해석하려 해서는 결코 안 된다. 러시아 역사는 '인류의 위대한 가족들'로부터 고립되어 있지도, 분리되어 있지도 않았다.

2

러시아 문화의 역사는 루시의 세례로부터 시작한다. 이교의 시대는 역사의 문턱 뒤에 남겨졌다. 이 말은 이교적인 과거가 완전히 없어졌다는 것을 의미하지 않는다. 이교는 실제로 존재했으며, 그 흔적은 희미해지거나 때때로 매우 선명하게 민족의 기억과 일상생활, 민족성 자체에 오랫동안 남아 있다. 블라디미르 솔로비요프가 블라디미르에 의한 루시의 세례는 민족적 자기 부인, 민족 전통의 중단 또는 단절이라고 말한 것은 근거가 있었다. 세례는 실제로 단절을 의미했다. 그러나 이교는 죽지 않았고 그 힘을 즉시 잃지도 않았다. 마치 역사적인 지하와 같은 민족적 무의식의 혼란스러운 심연에는 숨겨진 삶, 이중적이고 이중 신앙적인 삶이 계속되고 있었다. 그리하여 본질적으로 두 개의 문화, 낮과 밤의 문화가 생겨나게 되었다. '낮'의 문화의 담지자는 물론 소수였다. 그러나 그것은 항상 그런 법이다. 정신적인 잠재력의 평등화가 역사적 형성의 활동성과 생명력의 증거가 되는 것은 아니다. 차용된 비잔틴 기독교 문화는 곧바로 '전 민족적인' 것이 되지 못했고, 오랫동안 학식이 있거나 문화 수준이 높은 소수의 자산이 되었다. 이것은 어쩔 수 없는 자연스러운 과정이었다. 그러나 이러한 낮의 기독교 문화의 역사만으로는 러시아의 정신적 운명을 전부 설명하지 못한다는 점을 기억해야만 한다.

지하층에서는 '제2의 문화'가 발전하고 있었고 새로운 독창적인 종합이 형성되고 있었다. 그 속에서 지역의 이교적인 '체험'은 떠돌아다니는 고대 신화와 기독교적 상상력의 모티브들과 결합했다. 이 두 번째 삶은 은밀하게 흐르고 있었으나 역사적 표층을 뚫고 나오지 못했다. 그러나 항상 그 밑에서 마치 끓고 있는 광포한 용암과 같은 것이 느껴지곤 했다.

이 두 개의 사회, 정신적인 층 사이의 경계는 항상 유동적이었고 불명료했다. 그 경계는 두 층이 서로 침투하면서 점점 희미해졌다. 그러나 이 층들의 분리는 완전히 독립적인 것이 아니었다. 영적이고 정신적인 지향의 차이가 존재했다. 그러한 차이를 다음과 같이 규정할 수 있을 것이다. '낮의' 문화는 정신과 이성의 영역이었고, '밤의' 문화는 공상과 상상의 영역이었다.

본질적으로 문화적 삶의 내적 역동성은 항상 그러한 지

향이 상호작용함으로써 결정된다. 고대 러시아 발전의 병적인 성향은 저 '밤의' 상상력이 너무나 오랫동안, 그리고 너무나 집요하게 '이성적인' 시험과 정화(淨化)로부터 숨고 도망친 데서 찾아볼 수 있다. 혼합주의적인 '우화'의 이상한 생활력은 이미 고대의 논객들과 설교사들이 지적한 바 있었다. 후에 이러한 민족적인 상상력의 자유분방함은 러시아 민족정신의 주된 특성 중 하나로 여겨졌다. 여기에는 즉시 설명이 필요하다. 우리 앞에 있는 것은 역사적인 위대함이지 역사 이전 또는 역사 밖의 것이 아니다. 달리 말하면, 민족정신은 발전의 산물, 과정의 결과, 역사적 결정체이지, 역사의 변화와 상관없이 보존된 태생적 특성이나 속성이 아닌 것이다.

또 이렇게 표현할 수도 있다. 고대 러시아가 정신적으로 부족하거나 약하게 발전한 것은 부분적으로 금욕 훈련의 부족(결코 지나친 금욕주의가 아니라), 영혼의 불충분한 '영화(靈化)', 지나친 '혼(魂)적' 또는 '시(詩)적' 성향, 영혼의 자연력이 영적으로 변형되지 못한 것에 있다는 것이다. 이것이 비잔틴의 '건조함'과 슬라브의 '유연함'의 대립으로 묘사할 수 있는 대조의 원천이다.

여기서 구별해야 할 것이 있는데, 지금 이야기하는 것은 '학문적인' 합리주의의 불충분함이 아니다. '혼적 성향'을 이성이나 오성적인 의심을 통해 해체하는 것은 공상성보다 덜하지 않은 또 하나의 질병이다. 여기서 말하는 것은 영적 승화, 즉 혼적인 것을 '지적인' 금욕 훈련, 지적인 비전과 명상으로 상승시켜 영적인 것으로 변형하는 것에 대해서다.

이러한 변형은 '순진성'에서 '의식성'으로, '믿음'에서 '지식'으로, 신뢰에서 불신과 비판으로 나아가는 길이 아니다. 이것은 자연적인 무의지성에서 의식적인 책임성으로, 생각과 정열의 혼란에서 금욕적 훈련과 영의 집중성으로, 상상과 판단에서 영적 삶과 경험과 비전의 통일성으로, '심리적인' 것에서 '영적인' 것으로 가는 길이다. 이 길은 어렵고 길다. 이 길은 지적이고 내적인 공적의 길, 보이지 않는 역사적인 행위의 길이다. 이러한 영적・심리적 아포리아[21])에서 러시아 정신의 비극이 싹텄다.

두 층의 단절은 이러한 비극의 가장 형식적인 발현이었다. 그 비극의 원인을 민족정신의 형태론이나 구조와 같은 형식적인 범주로 생각해서는 안 된다. 역사의 운명은 구체적 사건들과 결정들, 구체적 삶의 과제들에 부딪혔을 때 우유부단함이나 결단성을 보임으로써 성취된다.

---

21) 아포리아: 그리스어로 '통로가 없는 것', '길이 막힌 것'이라는 뜻의 철학 용어다. 해결 방도를 찾을 수 없는 난관을 의미한다.

3

루시는 비잔틴으로부터 세례를 받았다. 세례는 곧바로 루시의 역사적 운명, 그 문화, 역사적 행로를 결정지었고 루시를 일정한, 이미 형성된 관계들과 영향들의 영역에 포함했다. 세례는 러시아 정신의 각성, 즉 '시적인' 공상성에서 탈피하여 정신적인 진지함으로 나아가라는 부름이었다. 그와 더불어 기독교를 통해 고대 루시는 모든 주변 문화 세계와 창조적이고 살아 있는 상호 관계를 맺기 시작했다.

물론 루시의 세례를 특정 날짜를 지정할 수 있는 일회적인 사건으로 생각해서는 안 된다. 그것은 복잡하고 매우 다면적인 과정, 심지어 몇십 년이 아니라 한 세기에 걸친 길고도 불연속적인 과정이었다. 루시의 세례는 어쨌든 블라디미르 이전에 시작되었다. '블라디미르 이전의 기독교'는 일반적으로 생각하는 것보다 훨씬 광범위하게 퍼져 있었다. 이미 블라디미르 이전에 키예프와 차르 시메온의 불가리아,[22] 그리고 아마도 모라비아와 문화적·종교적 관계를 형성하기 시작했을 것이다. 루시의 세례는 키릴과 메포디[23]의 유산에 대한 권리를 갖기 시작한 것을 의미했다. 비

---

[22] 차르 시메온(Симеон I Великий, 재위 893~927)은 비잔틴을 상대로 끊임없이 전쟁을 벌였다. 목적은 비잔틴을 대체할 수 있는 새로운 제국을 불가리아에 건설하는 것이었다.

잔틴의 영향은 비잔틴 문화의 직접적인 수용에만 국한되지 않는다. 키릴과 메포디의 유산을 받아들인 것이야말로 시간상 우선하고 가장 의미심장하며 결정적인, 간접적인 영향이었다. 비잔틴과 그리스 환경과의 직접적인 영적·문화적 접촉은 부차적인 것이었다. 아마도 고대 키예프에서 불가리아와 그리스의 자연력과 영향의 충돌과 투쟁이 있었다고 말할 수도 있을 것이다.

그러나 이 투쟁의 역사를 우리는 자세히 알지 못하며 추측하거나 복구할 수도 없다. 그리고 이러한 경쟁적인 영향들의 차이점을 지나치게 과장해서도 안 된다. 얼마 전까지만 해도 '그리스의 신앙'과 '불가리아의 신앙'은 본질적으로 일치하지 않으며, 러시아의 기독교 여명기에 이 두 종교적 이상 또는 교리가 충돌했고 결국 승리한 것은 성 블라디미르를 불타오르게 했던 기쁨에 넘치는 복음적 기독교가 아니라, 다른 '어두운 종교적 교리', 즉 보고밀주의[24]였다는 견

---

23) 키릴(Кирилл)과 메포디(Мефодий): 9세기경 슬라브족에게 정교회를 포교한 비잔틴 출신의 선교사들로 슬라브 문자를 발명했다.
24) 보고밀주의: 중세의 이단이다. 지도자 보고밀의 이름에서 유래했다. 보고밀은 '하나님을 기쁘게 하다'라는 의미다. 주된 가르침은 눈에 보이는 물질세계는 악마가 창조했다는 것이었다. 따라서 그들은 성육신의 교리와 물질이 은혜의 수단이 될 수 있다는 기독교의 믿음을 부정해 세례와 성찬, 결혼, 육식과 음주, 그리고 성직 계급과 교회 조직을 거부했다.

해가 퍼져 있었다[니콜스키(Н. К. Никольский), 부분적으로 프리셀코프(Приселков)]. 이러한 대담한 억측에 반박할 수 있는 이유는 많다. 첫째, '블라디미르의 신앙', '금욕적 의식주의로부터 자유로운' '삶의 기쁨에 넘치는 승리에 찬 기독교 세계관'을 불가리아에서 기원한 것으로 보려는 시도에는 풀기 어려운 오해가 있다.

'어두운 교리'는 불가리아의 코스마 장로 때 유래한 것으로 보는 것이 더 적절하다.[25] 보고밀주의야말로 '불가리아의 이단'이었던 것이다. 둘째, 페체스르키 수도원[26]의 모든 경건한 삶을 이 '어두운 교리'의 틀에 맞추고 그 모든 공적을 광신의 탓으로 돌리는 것이 허용될 수는 없다. 어쨌거나 성 페오도시우스[27]는 그런 특성에 적합하지 않다. 그는 그 누구보다도 '어둡지' 않다. 그러면서도 그는 스투디오스 수도원[28]과 직접 관련을 맺고 있었던 그리스 숭배자였던 것이

---

[25] 불가리아 사제였던 코스마는 보고밀주의자들에 대한 글을 쓴 바 있다.

[26] 페체스르키 수도원: 성 페오도시우스와 안토니가 키예프에 세운 일명 동굴 수도원으로 러시아정교회의 본산이라 할 수 있다.

[27] 성 페오도시우스(преп. Феодосий): 러시아의 공동체 수도원의 창시자다. 러시아정교회가 시성한 최초의 성자 수도사다.

[28] 스투디오스 수도원: 463년에 로마 집법령 스투디오스가 콘스탄티노플에 세운 수도원이다. 성 바실리우스의 공동생활 계율과 팔레스타인의 영성을 결합한 성 테오도로스(759~826)의 노력으로 유명

다. '그리스 신앙'도 하나의 얼굴만으로 상상해서는 안 된다. 그리스 신앙을 구별하기 위해서는 상당한 조심성과 정확성이 요구된다[11세기의 신(新)신학자 시메온[29]과 그의 반대자들을 비교해 보라].

셋째, 키릴과 메포디가 한 일에 대해 그것이 실수 또는 조심성이 매우 결여된 행동이 아니었을까라는 의심이 생겨나고 있다[시페트(Г. Г. Шпет), 페도토프(Г. П. Федотов)]. 교회 슬라브어는 '고전 문화로부터 단절'을 의미하는 것은 아닐까. 번역은 원전을 가리고, 서구에서 교회 라틴어가 필수적인 것처럼 그리스어를 알아야만 할 필요성을 제거한다. '고전 유산의 결여'가 러시아와 '유럽' 문화의 주된 차이 중 하나라는 점은 이미 오래전부터 바로 슬라브주의자들, 특히 이반 키레옙스키[30]가 말한 바 있다. 그러나 여기서 지나

해졌다. 이 수도원의 계율은 아토스를 거쳐 러시아에 전해졌으며, 정교회 수도원의 모델이 되었다.

29) 시메온 보고슬로프(Симеон Богослов, 949~1022): 비잔틴 신비주의자로서 이후에 꽃피었던 헤시키즘의 길을 닦은 것으로 유명하다. 그는 특정한 기도 방식을 통해 내적인 조명을 얻어 신적인 빛을 경험할 수 있다고 믿었다. 콘스탄티노플의 세속적인 그룹과 수도자 그룹 사이의 핵심에 놓이게 된 그는 1009년 총대주교에 의해 추방당했다.

30) 이반 키레옙스키(Иван Киреевский, 1806~1856): 저명한 슬라브주의 비평가이자 철학자다. 잡지 ≪유럽인≫과 ≪모스크바 선집≫을 창간했다.

치게 단순화하는 것은 아무 도움이 안 된다. 고대 키예프에서 호메로스와 베르길리우스를 알지 못했다는 것은 사실이다. 그러나 예배 시 사용한 슬라브어가 호메로스와 베르길리우스를 아는 것을 방해했다는 것은 무엇으로도 입증되지 않는다. 어쨌든 모든 기독교의 헬레니즘 유산 가운데서 루시가 비잔틴으로부터 들여온 것이 오직 성경뿐이라고 말하는 것은 무책임한 과장이다. 성경뿐 아니라 다른 많은 문헌과 저작을 번역했다. 고대 러시아의 문화 저장고에 "그리스의 학문·철학·문학 전통이 결여되어 있다"는 것은 사실이다. 그러나 다시 말하지만 슬라브어가 그 원인은 아니다.

가장 중요한 것은 번역의 사실 또는 과정을 그런 식으로 경시해서는 안 된다는 것이다. 성경 번역은 항상 민족의 운명에서 의미심장한 사건이었다. 예배를 드릴 때마다 친숙한 언어로 복음서를 듣는 것은 당연히 그리스도를 기억하고 그의 살아 있는 형상을 가슴속에 간직하도록 하는 데 큰 도움을 주었다. 그러나 번역을 위해서는 커다란 창조적 긴장과 창의성, 재치가 요구된다. 그것은 언어에 대해서뿐만이 아니다. 번역한다는 것은 생각을 일깨우고 실험하는 것이다. 번역은 단순한 사고 연습이나 형식 훈련이 아니다. 진정한 번역은 항상 번역자 자신의 형성, 대상 속으로 들어감, 즉 단지 그의 시각이 확대되는 것뿐만이 아니라 자신의 사건이 풍요로워지는 것을 의미한다.

바로 이 점에 키릴과 메포디가 한 일의 변함없는 의미가 놓여 있는 것이다. 그들의 번역은 '슬라브어'를 형성했고, 슬라브 사상과 말, 슬라브의 '로고스', 민족혼 자체를 내적으로 기독교화했으며 교회로 편입했다. '슬라브어'는 그리스 교회 언어의 강한 영향을 받아 형성되었는데, 이것은 언어적인 과정일 뿐 아니라 사고의 형성 과정이기도 했다. 기독교의 영향은 순수하게 종교적인 주제보다 더 멀고 깊은 곳에서, 즉 사고방식 자체에서 느껴졌다.

그렇게 11세기 초 루시에서는 갑자기 충분히 이해할 수 있는 언어로 일련의 문학작품이 유통되기 시작했던 것이다. 사실상 차르 시메온 시기 불가리아의 모든 문헌은 러시아 학자들에게 접근 가능한 것이 되었다. 야기치[31]는 언젠가 시메온 치세 때의 문헌에 대해 이렇게 말한 적이 있다. "교회적·종교적 내용을 가진 풍부한 문학작품은 당시 가장 풍요로웠던 그리스와 라틴 문학과 나란히 설 수 있었다. 이런 점에서 그 문헌은 다른 모든 유럽 문학을 능가했다." 현대의 슬라브 문헌사가는 이러한 평가를 충분히 수긍할 수 있을 것이다.

어떤 경우에서든 고대 러시아 학자의 시야가 좁은 것이었다고 말해서는 안 된다. 오히려 그와는 반대되는 어려움

---

31) 이그나티 야기치(Игнатий Ягич, 1838~1923): 세르비아의 슬라브 학자다. 오데사와 베를린, 상트페테르부르크, 빈 등지 대학에서 가르쳤다.

과 위험이 생겨났다. 문헌 전체의 이동은 러시아 학자와 독자를 압도할 수 있었다. 그들 앞에는 새롭고 매우 풍요로운, 그러나 아직은 낯선 세계, 주변이나 그들 자신의 삶과 너무나 동떨어진 세계가 열렸다. 무엇보다 먼저 다시금 심리적인 자기 규정과 자기 추상이 요구되었다.

물론 불가리아 문헌의 습득을 일회적인 행동 또는 사건으로 생각해서는 안 된다. 사실상 그 '습득'이 의미하는 바는 다음과 같은 것이었다. 불가리아 문헌은 러시아 학자들에게 필요할 때 퍼 올릴 수 있는 샘이 되었다. 불가리아 문헌은 최소한 11세기에는 그리스 문헌의 유입을 가로막지 않았다. 야로슬라프[32) 치세기에 키예프(아마도 소피아 사원)에서는 일단의 그리스 번역가들이 일하고 있었다. 시메온의 불가리아에서는 알려지지 않았던 많은 기념비적 작품들이 슬라브어 표현에 유입된 것은 이들의 작업과 관련이 있다. "야로슬라프는 종교적인 법령을 사랑했고 사제들을 아주 좋아했는데, 특히 수도사들을 좋아했다. 그리고 밤낮으로 책을 열심히 읽었다. ... 서기들을 많이 모아 그리스어에서 슬라브어로 번역했으며, 책을 많이 필사하고 수집했다."

---

32) 야로슬라프 블라디미로비치(Ярослав Владимирович, 980~1054): 야로슬라프 1세 또는 현자 야로슬라프로 알려진 키예프의 대공이다. 그리스의 종교 문헌을 슬라브어로 번역하고 교회와 수도원을 많이 건립함으로써 러시아의 기독교 문화를 증진했다.

흥미로운 점은 불가리아에서 유입된 문헌 대부분은 예배 의식과 관련된 것들이었는 데 반해(성경과 교부 저작 역시 사원에서 읽히기 위한 것이었다), 야로슬라프의 궁정에서는 역사적이고 세속적인 내용의 서적들을 번역했다는 것이다. 키예프는 거대한 길의 교차점에 서 있었다. 키예프의 교회를 폐쇄적이고 고립된 것으로 생각해서는 안 된다. 11세기와 12세기에 키예프 교회는 콘스탄티노플과 아토스[33], 그리고 당시 십자군의 손에 놓여 있던 팔레스타인과도 밀접한 관계를 맺고 있었다. 서구와 맺은 관계 역시 지속적이고 매우 발전되어 있었다. 우리는 비잔틴 기독교 문헌의 유입과 기독교 문화로의 편입이 루시에 어떤 결과를 가져왔는지 분명하게 판단할 수 있다. 최초의 러시아 연대기 작가들과 최초의 러시아 성자전 작가들은 바로 이 문학 속에서 자라났던 것이다. 그들은 분명하고 예리한 세계관을 지녔던 이들로 결코 순진한 바보들이 아니었다. 러시아 연대기의 발전에서 우리는 항상 분명한 종교적·역사적 성향 또는 사상을 느낄 수 있다.

---

33) 아토스(Athos): 그리스 북부에 위치한 마케도니아 지방의 반도와 산을 포함한 지역이다. 그리스정교회 소속 수도원의 자치령으로 9세기경 은자들이 거주하기 시작해 963년에는 수도 사제 아타나시우스가 최초의 대수도원을 설립했다. 이후 1400년까지 수 세기 동안 러시아의 성 판텔레이몬 수도원을 비롯해 수도원 열아홉 개를 가진 정교회 세계의 영적 중심지로 성장했다.

특별히 몇몇 이름을 거론할 필요가 있다. 트집 잡기 좋아하는 골루빈스키조차 <모세가 준 율법과 은혜, 진리에 관하여>라는 훌륭한 글의 저자인 일라리온 대주교34)에 대해 "나무랄 데 없는 학문적 문제로 현대 문체 중에서 비교할 수 있는 것은 오직 카람진35)뿐이다", "그는 그리스 웅변술이 쇠퇴했던 시기가 아니라 그 융성기의 웅변가"라고 말할 수밖에 없었다(골루빈스키는 그와 나란히 <이고리 원정기>36)를 언급했다). 그것은 진실로 뛰어난 수사 예술의 모범이었다. 언어는 자유롭고 유연하며, 기독교적 체험의 긴장과 매우

---

34) 일라리온 대주교(Митр. Иларион, ?~1055): 야로슬라프와 러시아 주교들이 선출한, 키예프 최초의 비그리스인 대주교다. 러시아 정교회의 자율성을 상징하게 되었다.

35) 니콜라이 카람진(Николай Карамзин, 1766~1826): 러시아 역사가이자 시인으로서 알렉산드르 1세가 궁정 역사학자로 임명했다. 초기에는 시인이자 소설 ≪가엾은 리자(Бедная Лиза)≫의 작가로 알려졌다. 1789년에 유럽을 여행하고 귀국한 후 ≪모스크바 잡지(Московский журнал)≫를 발행했다. 1802년에 잡지 ≪유럽 통보(Вестник Европы)≫를 창간했다. 말년에 집필한 ≪러시아 제국의 역사(История Российского Государства)≫(전 12권)는 문학적인 기념비이자 러시아 전제주의를 옹호한 저작으로 유명하다.

36) <이고리 원정기(Слово о полку Игореве)>: 고대 루시 문학에서 가장 기념할 만한 영웅서사시다. 북부 지역 공후인 이고리 스뱌토슬라비치(Игорь Святославич)가 1185년 폴로베츠족을 정복하려다 실패한 사건을 문학적으로 형상화한 것이다. 다양한 장르의 결합, 풍부한 서정성, 상징적이고 시적인 문체, 구비문학의 영향 등 문학적으로 큰 가치를 인정받는 고대문학의 백미다.

정돈되고 명료한 구조가 느껴진다. 그와 같은 문학적 유형으로 투로프의 키릴[37]이 행한 설교를 들 수 있다.

이 작가들의 독창성을 굳이 말할 필요는 없을 것이다. 그들은 비잔틴 문학의 일정한 영향에 놓여 있었고 타인의 주제와 잘 알려진 자료를 반복해 사용했다. 그러나 역사가에게는 바로 이 점이 중요하다. 투로프의 키릴은 '나 자신으로부터가 아니라 책으로부터' 가르치고 쓴다고 언급한다. 그런데 그는 '책으로부터' 얼마나 능숙하고 자유롭게 쓰는가. 수사적인 세련됨은 살아 있는 가슴의 감정을 억압하지 않는다. 키릴의 설교문에는 극적 요소가 많다. 물론 그 설교문은 단지 편집본일 뿐이나 영감과 생기가 넘치는 것이다. 또 한 사람 클리멘트 스몰랴티치[38]를 언급해야 한다. 연대기는 그에 대해서 "그와 같은 학자와 철학자는 러시아 땅에 이전에는 없었다"고 언급한다. 그는 "호메로스, 아리스토텔레스, 플라톤의 입을 빌려" 쓴다. 또 한 사람으로 스몰렌스크의 아브라미[39]가 있다. 물론 이들은 모두 소수에 속했다.

---

37) 투로프의 키릴(Кирилл Туроский, 1130~1189): 비잔틴의 문학적 스타일과 신학적 내용을 흡수하여 편지·기도문·설교문 등을 많이 남겼다. 그중 설교문은 역사적으로 가장 의미 있는 문헌으로 간주된다.

38) 클리멘트 스몰랴티치(Климент Смолятич, ?~1164): 키예프의 대주교다(1147~1155).

39) 스몰렌스크의 아브라미(Авраамий Смоленский, 1172?~1224?):

그들을 교회적인 인텔리겐치아라고 부를 수도 있을 것이다. 초기에는 그중에 신학자는 없었다. 그러나 그들은 진정한 교회 문화에 속한 사람들이었다. 그들은 러시아 헬레니즘에서 최초의 어린 줄기였다.

4

타타르의 침입은 민족적 재난이자 국가적 파국이었다. 동시대인의 표현대로 타타르의 침입은 '러시아 땅의 파멸'이었다. '이방인의 징벌.' "잔인한 민족이 우리를 덮쳐 하나님을 모욕하고 우리의 땅을 황폐화했다." 이러한 괴멸과 파괴를 묘사하는 데 표현을 부드럽게 할 필요는 없다. 그러나 러시아 문화의 역사에서 타타르의 멍에는 시대의 경계를 이루지는 않는다. 노동이 중단되거나 창조적인 기분 또는 열정이 꺾이는 일은 관찰되지 않는다. 문화가 북쪽으로 이동한 것은 사실이다. 새로운 중심지들이 발전했고 옛 중심지들이 쇠퇴했다. 그러나 이미 이전에 형성된 것들이 성장한 것이지, 얼마 전까지도 역사학자들이 말하기 좋아했던 대로 남쪽의 키예프 문화가 절반은 야만적인 북동쪽으로 이동한 것

수수께끼 같은 이 인물은 신랄한 종말론 사상을 주장한 것으로 유명하다.

은 아니었다. 북부는 오래전부터 이미 야만적인 처녀지가 아니었던 것이다. 수즈달 땅은 결코 벽지가 아니었다. 반대로 수즈달 땅은 교차로에 놓여 있었다.

어쨌든 13세기 러시아 문화의 역사에서 쇠퇴의 시기는 없었다(이스트린을 참조하라[40]). 13세기야말로 연대기의 발달은 물론 키예프 동굴 수도원 《파테리크》[41], 주석이 달린 《팔레야》[42], 그리고 반유대적인 논쟁을 담은 일련의 총서들을 비롯한 의미심장한 사상적·문화적 성과가 있었던 시기였다. 13세기의 기념비적 문헌들에는 남쪽의 슬라브 문화, 달마티아 연안과 새로운 관계를 맺는 것이 감지된다. 14세기에 이런 관계들은 더 강화되고 증가한다. 이런 현상을 새로운 남슬라브 영향의 유입이라고 말할 수 있을 것이다. 그것은 '팔라이올로고스 르네상스'[43]라고 불리는

---

40) (지은이 주) 이스트린(В. М. Истрин), 《고대 러시아 문학사 개요》(1922), 《고대 러시아 문학 연구》(1906)를 참조하라.

41) 《파테리크(Патерик)》: 키예프 동굴 수도원 수도사들의 일생을 기록한 성자전이다.

42) 《팔레야(Палея)》: 구약 역사서를 대체한 성경 역사 이야기 모음집이다. 종종 경외서, 심지어 비종교적 글과 혼합되기도 했다.

43) 팔라이올로고스 르네상스: 미카엘 8세 팔라이올로고스의 십자군 원정 이후 세워진 팔라이올로고스 비잔틴(1261~1453) 제국은 종교적이거나 세속적인 문화 모두 융성했다. 북부의 슬라브와 서부의 라틴 세계는 마지막 비잔틴 '르네상스'의 수확물을 일부 거둬들였다.

비잔틴의 새로운 문화 운동을 직접 계승한 것이었다. 이 르네상스는 새로운 남슬라브 제국들을 덮쳤다. 14세기에 루시는 에우티미우스[44]가 활동했던 불가리아와 긴밀한 관계를 맺고 있었다. 이런 점에서 키프리안 대주교의 예는 흥미롭다. 투르노보 출신인 그는 스투디오스 수도원과 아토스에서 수도사로 활동했다. 그는 그리스의 비호와 추천을 받아 러시아의 대주교직에 올랐다. 모스크바에서는 그를 달가워하지 않아 금방 받아들이지 않았다. 그러나 이것이 그가 러시아 문화사에 매우 괄목할 만한 흔적을 남기는 것을 방해하지는 않았다. 그는 대단히 박식한 사람이었고 애서가였다. 직접 번역하기도 했는데 그다지 성공적이지는 않았다. "그는 모든 것을 세르비아어로 썼다." 가장 의미심장한 것은 예배 의식과 관련한 그의 작업들과 노력이었다. 그는 유명한 팔라마스주의자인 콘스탄티노플의 필로테우스 대주교[45]의 예배 의식 개혁을 루시에 들여오고자 노력했다. 그레고리우스 팔라마스[46]를 러시아 땅에서 기념하기

---

44) 에우티미우스(1317~1402): 수도사이자 헤시키즘의 대표자로 언어학자이기도 했다. 그가 고대 슬라브어로 번역한 예배 의식서는 중세 후기 슬라브 르네상스를 촉발했다. 1375년 투르노보의 대주교로 선출되어 불가리아 정교회의 수장이 되었다.

45) 필로테우스 대주교(1300~1379): 그레고리우스 팔라마스와 헤시키즘의 열렬한 옹호자로 1353년 콘스탄티노플의 대주교가 되었으나 후에 배신 죄로 수감되었다가 1364년 복권되었다.

시작한 것은 키프리안 때인 듯하다. 그는 확고한 비소유주의자였다. 그는 모스크바에서는 낯선 외국인이었다. 동시에 자신이 시작하지 않은 새로운 운동에서 매우 전형적인 경우였다. 14세기에 러시아와 콘스탄티노플과 아토스의 관계는 공고해지고 활기를 띠게 되었다. 다시금 러시아의 정착지들이 형성되고 활기를 띠었다. 많은 사람들이 그곳에 살게 되었고 책을 필사했다. 러시아 수도원 서고에서는 바로 이 시기 원고와 사본이 많이 발견된다. 물론 더 중요한 것은 새로운 기념비적 작품들의 유입이었다. 그 작품들은 다시금 하나의 총체적인 문학이었는데 이번에는 주로 신비주의적이고 금욕주의적인 것이었다. 아토스와 불가리아의 새로운 번역이 부흥한 것은 헤시키즘 운동, 명상적인 각성 및 고양과 관련되었기 때문이다. 이 시기 사본에는 우리에게 잘 알려진 금욕주의 교부들의 저작들, 성 대 바실리[47]의

---

46) 그레고리우스 팔라마스(Γρηγόριος Παλαμᾶς, 1296~1359): 헤시키즘으로 알려진 비잔틴의 명상 운동을 체계화한 신학자다. 반복적인 기도와 몸의 자세, 호흡법을 결합한 헤시키즘의 금욕적 수도 방법은 신의 끊임없는 은혜를 경험하기 위한 것이었으나 서방 기독교에 의해 배척되었다.

47) 성 대(大) 바실리(Василий Великий, 330~379): 카파도키아의 성인으로 기독교 역사상 가장 중요한 인물 중 하나다. 그는 기독교 교리, 예배, 교회법, 금욕주의에 괄목할 만한 족적을 남겼으며, 아리우스주의*를 신봉하는 자들을 니케아 공의회의 결정에 복귀시키기 위해 노력했다. 그의 동생 니세누스 그레고리우스, 나지안주스의 그

≪금식≫, 디아도쿠스48)의 저작들, 시리아인 이삭,49) 헤시키우스,50) 사다리 성 요한,51) 고백자 막시모스,52) 신신학자

레고리우스와 더불어 '카파도키아의 교부들'로 불린다.
* 아리우스주의: 이집트 알렉산드리아 출신의 성직자 아리우스(Arius, 250?~336?)가 주장한 신학이다. 아리우스는 성자 예수는 창조된 존재이며, 성부에 종속적인 개념이라는 반(反)삼위일체 성격의 주장을 했는데, 이는 아리우스주의라는 초기 기독교 분파로 발전했다. 325년 제1차 니케아 공의회에서 이단으로 배격되었으며, 니케아 신경에 아리우스파에 대한 공식적인 파문 선언을 삽입했다. '아리우스주의'라는 용어는 다양한 반삼위일체 종파들을 의미하는 것으로 사용되었다. 현대 여호와의 증인이 지닌 신학적 관점과 유사하다.

48) 디아도쿠스(400?~486?): 그의 생애에 대해서는 알려진 바가 없다. 후에 동방기독교에 큰 영향을 끼친 그의 저작으로는 ≪영적 완성에 대한 1백 개의 장(章)≫이 있다.

49) 시리아인 이삭(Иссак Сирин): 7세기경에 살았던 기독교 신학자이자 수도사로서 동방정교회에 의해 시성되었다. 그는 다섯 달 동안 네스토리우스주의*자로 살았지만, 후에 네스토리우스주의를 포기하고 수도사의 삶으로 돌아가 동방기독교에 의해 성인으로 시성되었다. 그가 쓴 다수의 책들은 러시아의 영성에 강력한 영향을 미쳤다.
*네스토리우스주의: 콘스탄티노플의 네스토리우스(?~451?) 총대주교를 시조로 하는 기독교 일파다. 네스토리우스는 그리스도의 신격과 인격을 구별하는 그리스도 이성설(二性說)을 펼치고, 마리아에게는 '하나님의 어머니(테오토코스)'라는 호칭을 붙일 수 없다고 주장해, 431년 에페소스 공의회에서 이단으로 몰려 면직되어 리비아로 추방당했다.

50) 예루살렘의 헤시키우스(?~450): 성경 전체에 대한 주석을 쓴 것으로 유명하다.

시메온의 ≪사랑에 관하여≫, ≪소원의 신성한 노래들≫ 몇 편, 수도사 필립[53]의 ≪디옵트라≫ 등이 포함되어 있다. 특히 주목할 것은 1371년에 세레스의 대주교 테오도시우스의 요청에 따라 아토스에서 수도사 이사야가 번역한 위 디오니시우스[54]의 저작이다.

루시에서는 누군가 이 신비주의적이고 금욕적인 책들을 읽었던 것이다. 14세기는 수도원 부흥의 시기였다. 그것은 성 세르기[55]의 시대였다. 이 시기에 우리는 러시아정교회

---

51) 사다리 성 요한(579~649): 성 시나이 수도원의 원장으로 있을 당시 ≪하늘의 사다리≫를 썼다. 그의 책은 동방기독교의 금욕적 삶의 교본으로 널리 사용되었으며 헤시키스트들과 슬라브의 수도 생활에 지대한 영향을 미쳤다.

52) 고백자 막시모스(Μάξιμος ο Ομολογητής, 580~662): 7세기 가장 중요한 비잔틴 신학자다. 중세 신학과 동방 신비주의에 큰 영향을 미쳤다. 기독교에 대한 가장 큰 공헌은 단성론(그리스도가 오직 신적인 의지만을 가졌다는 믿음)을 반대한 것이다.

53) 필립: 12세기에 활동한 그리스 작가다. ≪디옵트라(Диоптра)≫는 영혼과 육체의 대화다.

54) 위 디오니시우스(Псевдо Дионисий): 아레오파기트(Ареопагит)라고도 부른다. 6세기경 시리아에서 활동한 동방기독교 신비주의 신학자다. 그가 쓴 ≪천상과 교회의 위계론≫, ≪하나님의 신적 이름들≫, ≪신비신학≫은 동방기독교의 신학과 영성에 매우 중요하다.

55) 성 세르기(Св. Сергий, 1314?~1392?): 러시아의 영적·문화적 중심지인 삼위일체 성 세르게이 대수도원을 세운 러시아의 성인이다. 러시아의 영성에 지대한 영향을 남겼다.

의 예술, 특히 이콘화에 나타난 새로운 비잔틴의 강한 영향을 발견한다. 바로 14세기에 노브고로드의 이콘화가 전성기를 맞이했다. 빛나는 색채를 선보인 페오판 그레크[56]의 이름을 거론하는 것만으로도 충분할 것이다. 게다가 그는 혼자가 아니었다. 그에게는 자격을 갖춘 제자들이 있었다.

이런 식으로 14세기, 그리고 15세기 초에 러시아의 문화는 비잔틴의 영향을 새롭게 경험했다. 그러나 이 영향은 위기와 단절의 서곡이었다. 사실 위기는 오랫동안 무르익고 있었으며 단절은 문화적인 자의식에서 준비되고 있었다. 그 위기는 모스크바 국가의 성장, 민족적인 정치적 자의식의 각성, 콘스탄티노플로부터 교회 정치적 독립의 요구와 연관된 민족적 · 국가적 위기였다. 14세기에 이 주제와 관련하여 간헐적이지만 항상 매우 예리한 긴장 속에서 모스크바와 콘스탄티노플 간에 논쟁이 오갔다. 그 논쟁은 끝나기보다는 중단되곤 했다. 단절의 계기는 플로렌스 공의회[57], 그리고 그리스에서 와서 후에 추기경이 된 대주교 이시도로스[58]가 '축복받지 못한 8차 공의회'로 여행한 일이었다. 이

---

56) 페오판 그레크(Feofan Grek, 1340?~1410?): 그리스의 테오파네스라고도 한다. 비잔틴의 성상화가로 러시아로 이주해 러시아 이콘화의 발전에 크게 기여했다.

57) 플로렌스 공의회: 가톨릭교회 밖에서는 구원이 없다는 내용을 정식화한 공의회다. 1438~1445년에 열린, 콘스탄티노플의 몰락 이전의 마지막 공의회였다.

공의회에서 그리스교회의 변절은 러시아의 독립을 선언하는 기초와 계기로 작용했다. 그리스교회의 변절, 그것은 교회 · 정치적인 행동이었다. 그러나 그 변절은 문화적인 일에도 반향과 결과를 낳았다. 그리스의 신앙에 대해 의심을 품고 걱정할 만한 이유들과 구실들이 있었다. 콘스탄티노플의 타락은 종말론적인 징후이자 증거로 보였다(그렇게 받아들인 곳은 루시뿐만이 아니었다). 많은 세월이 지난 후에 쿠릅스키[59]는 "사탄이 감옥에서 풀려났다"고 썼다.

14세기와 15세기에 종교 의식이 종말에 대한 기대와 예감으로 얼마나 동요하고 혼란했는지 상상해 볼 필요가 있다. 곧 이오시프 볼로츠키[60]는 "밤이 오고 있고 우리의 삶은 끝나 간다", "오늘날 변절이 올 것이다"라고 말하게 될 것이었다.

바로 그러한 종말론과 같은 불안한 전망 속에서 유명한

---

58) 이시도로스(Ἰσίδωρος, 1385~1463): 키예프의 대주교였던 그리스인으로 바실리 2세의 지원 없이 플로렌스 공의회에 참석했다가 추기경이 되어 러시아로 돌아왔으나 변절 죄로 수감되었다가 탈출했다. 후에 교황 파이우스 2세는 그에게 콘스탄티노플의 명예 그리스 총대주교직을 수여했다.

59) 쿠릅스키(Курбский, 1528~1583): 이반 4세 치세기의 공후이자 군대 지도자다. 이반 4세와 서신을 주고받은 인물로 유명하다.

60) 이오시프 볼로츠키(Иосиф Волоцкий, 1439/40~1515): 볼로콜람스크 수도원의 창시자로 이오시프주의자의 지도자다.

'제3로마설'이 생겨났다. 그것은 일종의 종말론이었다. 필로페이 수도사[61)는 그 이론을 엄격한 종말론적인 어조와 카테고리 속에 일관되게 유지한다. "두 개의 로마가 무너졌으니, 세 번째가 설 것이고 네 번째는 없으리라."

도식은 비잔틴의 묵시문학에서 취해진 것으로 친숙한 것이었다. 도식은 왕국의 교체, 또는 좀 더 정확히 말하면 광야로 도망갈 시간이 오기까지 순례하는 왕국, 여행하고 떠도는 왕국 또는 도성의 형상을 담고 있다. 이 도식에는 두 측면이 있다. 단조와 장조, 종말론과 천년지복설. 러시아에서는 종말론이 더 우선적이고 중요하게 받아들여졌다. 제3로마의 형상은 다가오는 종말의 배경 아래서 명료하게 나타났다. "우리는 끝이 없는 왕국을 기다리노라." 필로페이는 사도의 경고를 상기시킨다. "주의 날이 밤에 도적같이 이르리라." 역사의 시간이 짧아지고 역사적인 전망이 단축되는 것이 느껴진다. 만약 모스크바가 세 번째 로마라면, 모스크바가 곧 마지막 로마인 것이다. 즉, 마지막 시대가 도래했고 종말이 가까워진 것이다. "너희들의 기독교 왕국은 남지 않게 될 것이다." 매우 겸손하게, 그리고 "아주 조심스럽게" 믿음의 순수성을 지키고 보존해야 하며 계명을 행해야 한다.

---

61) 필로페이(Филофей, 1465~1542): 프스코프의 성 엘레아자르 수도원의 수도사다. 1510~1520년에 바실리 3세(재위 1505~1533)에게 일련의 서한을 보내 모스크바가 제3의 로마라고 주장했다.

대공에게 보내는 편지에서 필로페이는 경고하고 심지어 위협하기도 하지만 칭송하지는 않는다. 나중에 가서야 두 번째로 이 종말론의 도식은 공식적인 학자들이 칭송의 의미로 사용하고 재해석한다. 그때서야 그 도식은 어용적인 천년지복설의 독특한 이론으로 변모하게 된다. 그런데 만약 그리스도의 두 번째 강림을 잊어버린다면, 그 도식은 전혀 다른 의미를 지니게 된다. 다시 말해, 모든 정교회 국가들이 모스크바로 합쳐되어 모스크바의 차르는 마지막의 유일한, 곧 전 세계적인 차르가 되는 것이다. 어떤 경우에서건, 최초의 도식에서조차 세 번째 로마는 두 번째 로마를 대체하는 것이지 계승하는 것이 아니다. 세 번째 로마의 과제는 비잔틴의 전통이 끊어지지 않도록 유지하는 데 있지 않다. 반대로, 비잔틴을 대체하거나 반복하는 것, 즉 이전의 타락하고 멸망한 로마 대신 그것이 없어진 자리에 새로운 로마를 세우는 데 있는 것이다. "모스크바의 차르는 모스크바에서 나가지도 않고 콘스탄티노플로 들어가지도 않은 채 비잔틴 황제의 계승자가 되려고 했다"(캅테레프[62]). 두 번째 로마의 멸망을 설명하기 위해 사라센의 침입에 대해 주로 말하곤 한다. '사라센의 포로'라는 말은 그리스 신앙의 순수성에 대

---

[62] 니콜라이 캅테레프(Николай Ф. Каптерев, 1847~1917): 러시아의 역사학자다. 니콘 시대에 관한 책 두 권을 저술했는데, 구교도들의 반감을 샀으며 종무원장 포베도노스체프가 발행을 금지했다.

한 항존하는 위험으로 받아들여지곤 했다. 그 때문에 "불경한 차르가 다스리는 믿음 없는 터키인들의 땅"에 사는 그리스인들에 대해 극도로 조심하고 불신하는 태도가 비롯되었던 것이다.

그런 식으로 정교회의 시야가 좁아졌다. 이제 그리스 전통의 완전한 단절, 그리스의 과거에 대한 완전한 망각까지는 얼마 남지 않게 되었다. 전 세계적인 교회 역사의 전승을 지역적이고 민족적인 것으로 대체함으로써 자신만의 지역적이고 민족적인 기억의 한계에 갇힐 위험이 발생했다. 블라디미르 솔로비요프는 이런 현상을 '지역적인 전승을 가진 프로테스탄티즘'이라고 적절하게 불렀다. 물론 모두가 그렇게 생각한 것은 아니었다. 그런 결론 역시 최소한 16세기 중반에나 가서야 내려졌다. 그러나 이때 과거에 있었던 그리스의 매개가 완전히 제외되고 부정되었다는 점은 매우 시사적이다. 바로 이 점에 루시에서 사도 안드레가 전도했다는 이야기의 모든 의미가 있는 것이다. 그 이야기는 16세기에 가서도 반복되고 적용되었다.

어쨌든 점진적이면서도 매우 빠르게 비잔틴의 권위가 떨어졌을 뿐 아니라, 비잔틴에 대한 관심 자체가 꺼져 버렸다. 민족적인 자기 긍정이 가장 결정적인 요인이었다. 그와 동시에 서구와의 관계가 발전되고 강화되고 있었다. 15세기 말에 서구는 많은 사람들에게 황폐화되고 정복당한 비잔틴보다 더 현실적으로 인식되었다. 그런 인식은 '현실적인 정치가들', 정치적인 행동을 하는 사람들에게는 충분히 이해될 만하고 자연스러운 것이었다. 그러나 곧 다른 사회계층이 그들에게 합류했다.

종종 이반 3세와 소피야 팔라이올로고스의 결혼은 모스크바에 대한 비잔틴의 영향이 새롭게 고조된 것을 의미하는 듯 보였다. 그러나 사실은 정반대였다. 그 결혼은 러시아에서 일어난 서구화의 시작이었다. 그것은 '바티칸에서 행한 차르의 결혼'이었던 것이다. 물론 조에(Ζωή) 또는 소피야는 비잔틴의 황녀였다. 그러나 그녀는 플로렌스 공의회의 원칙에 따라 종교 합병의 정신으로 양육되었고 그녀의 후견인은 베사리온 추기경[63]이었다. 결혼식은 정말 바티칸에서 치러졌으며 교황의 사절이 모스크바까지 소피야를 수행했다. 사절단은 비교적 빠른 시기에 떠나야 했으나, 로마 그리고 베네치아와 한번 맺은 관계는 단절되지 않았다. 이 결혼은 바티칸의 전승과 기억을 새롭게 하기보다는 동시대 이탈리아와 모스크바가 가까워지는 결과를 낳았다. 카람진은 이반 3세에 대해 "유럽과 우리 사이의 장막을 걷었다"라고 말한다. "마지막 숨을 몰아쉬는 그리스는 고대의 위대함의

---

[63] 베사리온 추기경(Βασίλειος Βησσαρίων, 1403~1472): 콘스탄티노플성 바실리 수도원의 원장이었으며 플로렌스 공의회 때는 니케아의 대주교였다. 그리스교회 내에서 합병을 찬성하는 파의 지도자로 공의회에 대해 많은 그리스 대표자들의 승인을 얻어 내는 데 공헌했다.

잔여물을 우리에게 남기기를 거부한다. 이탈리아는 막 생겨나는 예술의 첫 열매들을 주고 있다. 민중은 아직 무지와 조야함 속에서 꾸물거리고 있다. 그러나 정부는 이미 계몽된 이성의 법칙에 따라 활동한다."

이반 3세는 이탈리아에 대한 취향과 호감을 가지고 있었다. 그는 그곳에서 건축가들을 불러와 크렘린과 궁전, 사원들을 짓고 재건하게 했다. 이 새로운 모스크바 건축물에 대해 헤르베르슈타인[64]은 More Italico(더 이탈리아적인)라고 평했다. 아리스토틀 피오라반티,[65] 알로이시오,[66] 피에트로 솔라리오[67]의 이름은 매우 잘 알려져 있었다. 이 시기에 비잔틴의 영향력은 미미했다.

---

64) 지크문트 폰 헤르베르슈타인(Siegmund von Herberstein, 1486~1566): 1517년과 1526년 두 차례 모스크바 러시아를 방문하여 관찰 결과를 담은 ≪모스크바공국 논평(Rerum Moscoviticarum Commentarii)≫을 출판했다. 그 책은 러시아에 대한 서구의 견해를 형성하는 데 매우 큰 영향력을 행사했다.

65) 아리스토틀 피오라반티(Aristotle Fioravanti, 1415~1486): 볼로냐 출신의 건축가로 1475년에 러시아로 가 죽을 때까지 그곳에 머물렀다.

66) 알로이시오(Aloisio): 이반 3세가 1505년 초빙했으며, 성 미카엘 대성당을 재건했다.

67) 피에트로 솔라리오(Pietro Solario, 1445?~1493?): 크렘린의 성벽(1485)과 크렘린 궁전 안의 그라노비타야 팔라타(1487, 1491)를 재건했다.

16세기 초에 러시아 외교관들은 '콘스탄티노플의 유산' 또는 그곳에서의 십자군 원정에 대한 꿈보다는 슐레이만[68]과 연합하는 계획에 관심이 더 있었다. 국제 정세 속에서 모스크바의 힘을 매우 주의 깊게 살피던 서구에서 먼저 이 점을 알아챘다.

　이반 3세를 서구주의자로 간주하는 것은 충분한 근거가 있다. 서구주의자라는 말은 '그리스의 여자 마법사(쿠릅스키는 소피야를 그렇게 불렀다)'의 아들인 바실리 3세에게 더 해당된다. 그는 이미 완전히 서구식으로 교육받은 글린스카야[69]와 두 번째 결혼을 했는데, 이는 논쟁을 불러일으켰다. "여기서 우리의 대공은 옛 관습을 바꾸셨다." 이것은 단지 정치나 사회 변화에만 해당되지 않았다. "우리의 땅은 뒤죽박죽되어 버렸다."

　바실리 3세의 총애를 받았던 의사 니콜라이 넴친이 교회 연합의 주제에 대해 말하고 서신까지 교환했다는 것은 매우

---

68) 슐레이만 1세(Suleiman I, 1494~1566): 1520~1566년에 재위한 오토만 제국의 10대 술탄이다. 그의 치세기에 오토만 제국은 문화·군사 면에서 융성했다. 베오그라드, 로도스, 헝가리, 이라크, 페르시아와 트리폴리까지 점령했다.

69) 옐레나 글린스카야(Елена Глинская, 1510?~1538): 러시아 왕실에서 리투아니아의 포로처럼 살았던 그녀는 젊음과 아름다움으로 바실리 3세를 매혹했다. 바실리 3세는 그녀를 기쁘게 해 주기 위해 정교회 교회에서는 죄악으로 간주되었던 턱수염을 잘라 버리는 것도 마다하지 않았다고 한다.

흥미로운 일이다. 모스크바에서 그와 생각을 같이하는 사람들이 적지 않았던 듯하다(골루빈스키가 묘사한 대로 교회 고위층에 '친밀한 연줄'이 있었던 것이다). 막심 그레크70)는 그와 논쟁을 해야만 했다. 니콜라이 넴친이 (이오시프 볼로츠키의 친형제인) 로스토프의 바시안(Вассиан Ростовский) 대주교에게 공감이나 최소한 관심을 얻기 위해 호소했던 것은 흥미로운 일이다. 게다가 넴친은 점성술에 열심이었다.

이반 3세의 활동에는 마키아벨리를 연상시키는 것이 많다고 한 자벨린71)의 말은 근거가 있는 것이었다. 바실리에 대해서는 더욱 그렇게 말할 수 있을 것이다. 대귀족들이 그렇게도 불평했던 그의 잔인하고 권위적인 전제정치에서는 오래전 비잔틴의 바실레우스보다는 동시대의 이탈리아 공작들에 대한 모방이 더 많이 느껴진다.

---

70) 막심 그레크(Maksim Grek, 1475?~1556): 그리스 출신으로 이탈리아에서 공부했으며, 1518년 바실리 3세의 초청으로 교회 서적 번역을 위해 러시아로 초빙되었다. 모스크바에서 벌어진 이오시프주의자와 자볼시치의 논쟁에 적극적으로 가담했다. 1525년 공의회에서 정죄되어 이오시프-볼로콜람스키 수도원에 유폐되었다. 1551년에 성 삼위일체 수도원으로 옮겨져 그곳에서 방대한 문학적 유산을 남겼다.

71) 자벨린(Забелин, 1820~1909): 러시아 역사가다.

5

이미 14세기에 노브고로드 땅에서는 일종의 종교적 동요가 나타나고 있었다. 이 '스트리골니키[72] 이단'은 아마도 무엇보다 성직 계급에 대한 반대 운동이었던 듯하다. 15세기 말에는 더 복잡한 운동이 등장했다. 유대주의파 이단이었다. 노브고로드에서 그 이단은 고위 성직 계급을 휩쓸고 모스크바로 급속히 번져서 황실의 호의적인 비호로 '발아했다'. 이 운동에 대해서 우리가 아는 바는 충분치 못하다. 아는 것 또한 대부분 매우 신빙성이 없는 증언자들, 열성적인 반대자들과 적들, 즉 노브고로드의 겐나디[73]와 특히 이오시프 볼로츠키에게 들은 것이다. 게다가 정보의 주된 원천인 이오시프 볼로츠키의 ≪계몽자≫는 후에 편집된 형태로 출판되었다(그것은 믿을 만한 사본을 근거로 편집된 것이었다. 원고는 닐 폴레프의 것이었다).[74] 많은 중요한 정보가 마카

---

72) 스트리골니키: '머리를 깎은 사람들'이란 뜻이다. 14세기 중반 노브고로드에서 융성했던 이단에 속한 자들을 일컫는 말이다.

73) 노브고로드의 겐나디(Геннадий Новгородский, 1410?~1505): 1485년 노브고로드의 대주교가 되어 이단적인 운동을 저지하고자 종교회의를 세 번 소집했다. 러시아어로 된 시편 번역을 퍼뜨리던 유대주의자들의 영향력을 상쇄하기 위해 그는 최초로 러시아어 성경 번역에 착수하기도 했다.

리75)의 ≪성인 대전≫76)에 포함된 최초의 형태에서는 발견되지 않는다. 논쟁가들의 묘사에서는 무엇이 중요하고 무엇이 부차적인지, 또는 우연적인 것인지 구별하기가 쉽지 않다. 더 믿을 만하고 의미 있는 것은 유대주의자들이 출판하거나 통용한 책들이었다. 그것은 히브리어에서 번역한 성경 일부, 점성술에 관한 책 일부, 그리고 마이모니데스77)와 가잘리78)의 번역서였다. 언어로 보면 이런 번역서들은 '리투아니아', 즉 서부 또는 남부 러시아의 것이었다. 키예프에서 노브고로드로 유대주의자 자하르(Схария)가 왔으며, 그로부터 동란이 시작된 것이다. 자하르가 어떤 배경을 가지고 있는지는 분명치 않다. 연구자들은 크림의 카라이즘79) 유

---

74) ≪계몽자(Просветитель)≫의 가장 오래된 판은 1514년 것으로 이오시프의 추종자였던 닐 폴레프(Нил Полев)가 만들었다.

75) 마카리(Макарий, 1482~1563): 1542년에 모스크바의 수좌 대주교가 되었다. 그는 러시아에서 최초로 인쇄국을 설립했으며, ≪성인 대전≫과 ≪황제 계보≫ 등 기념비적인 작품들을 출판했다.

76) ≪성인 대전(Читьи-Минеи)≫: 러시아 내외 모든 성인의 성자전과 설교, 교훈서, 서한 등 정교회와 관련된 모든 자료를 총망라한 기념비적 작품이다.

77) 마이모니데스(Maimonides, 1135~1204): 중세 유대주의의 가장 중요한 인물로 법학자, 철학자, 의사였다.

78) 가잘리(Ghazzāli, 1058~1111): 아랍의 신학자이자 철학자다.

79) 카라이즘: 8세기 페르시아에서 시작된 유대의 종교 운동으로 후에 유럽으로 퍼져 나갔다. 이 운동은 신적 법의 유일한 원천은 히브리

대인들이나 콘스탄티노플과의 연관성을 추측해 왔다. 어쨌든 그는 히브리학의 대표자였다. '유대주의자들'의 성경 번역은 히브리적인 환경에서 회당에서 사용할 목적으로 이루어졌다(예를 들어, 다니엘서는 요일에 따라 하프타라[80])와 파라샤[81])로 나뉘었다).

'유대주의 이단'은 지성의 동요였다. "사람들 가운데, 그리고 신성을 의심하는 말들 속에 동요가 일었다"고 니콘의 연대기에는 적혀 있다. "지금 집, 길, 시장에서 수도자들과 세속인들은 모두 의심에 빠져 믿음에 대해 고뇌하고 있다"고 이오시프는 썼다. 이 이단에 대해 노브고로드의 겐나디가 한 최초 보고에 따르면, 동요와 의심은 바로 책을 읽은 결과 시작되었다. 그는 이단자들이 읽던 ≪로마 교황 실베스트르(Селиверст, папа Римский)≫[즉, ≪콘스탄티누스의 수여물(Вено Константиново)≫][82]), 알렉산드리아의

성경이라고 주장했다.

80) 하프타라(haphtarah): 안식일과 축제일에 회당에서 선지자들이 읽는 교훈이다.

81) 파라샤(parashah): ≪토라≫에서 발췌하여 안식일과 월요일, 화요일에 읽었다.

82) ≪흰 두건 이야기≫에 따르면, 흰 두건은 콘스탄티누스 대제가 교황 실베스트르 1세에게 준 것이다. 후에 또 다른 교황이 그 두건을 콘스탄티노플에 되돌려 주었고 마침내 대주교 필로테우스는 14세기에 그것을 노브고로드의 대주교 바실리 칼리카에게 주었다. 8세

아타나시우스83), 보고밀주의자들에 대한 코지마(Козьма)의 말, 디오니시우스 아레오파기트, 논리학, 예언서, 창세기, 열왕기, 잠언, 메난드로스84) 등을 찾아냈다. 이 목록은 상당히 혼합적이고 서로 상관이 없어 보이는데 그중 성경책이 눈에 띈다. 아마도 '의심'은 성경 본문의 해석에서 시작되었을 것이다. "그들은 다윗의 시편들 또는 예언서들을 왜곡했다"고 겐나디는 쓴다. 바로 그 때문에 이오시프는 ≪계몽자≫에서 논쟁이 되는 성경 본문을 설명하는 것 이상으로는 나아가지 않았던 것이다. 유대주의자들은 구약성경의 증언들이 예표(豫表)적인 의미를 가졌다는 것을 받아들이기 어려웠던 것으로 보인다. 따라서 예언은 아직 실현되지 않았으며, 성취를 기다리고 있는 것이다.

게다가 노브고로드의 이단자들은 구약에서 거룩한 삼위에 대한 증언을 발견할 수 없었다. 다시금 해석과 관련된 주

기의 유명한 ≪콘스탄티누스의 수여물≫에서는 콘스탄티누스가 수도를 콘스탄티노플로 옮길 때 교황 실베스트르에게 서구 제국을 맡겼다고 주장한다. 그 작품에서 교황은 흰 두건을 쓰고 있다.

83) 알렉산드리아의 아타나시우스(Αθανάσιος Αλεξανδρείας, 293?~373): 328~373년 알렉산드리아의 주교를 지냈다. 325년 니케아 공의회에서 아리우스주의자들에 대항해 싸운 것으로 유명하다. 시편·창세기·전도서·아가서를 주석한 것으로 알려져 있다. 나지안주스의 그레고리우스는 그를 '교회의 기둥'이라고 불렀다.

84) 메난드로스(Μένανδρος, BC 342?~BC 291): 그리스 희곡작가다. 코미디를 100편 넘게 창작했다.

제, 구약의 신의 현현에 대한 해석이 문제가 되었다. 이 모든 해석의 어려움이 외부 원천, 즉 히브리 원천에서 비롯되었을 가능성이 있다. 바로 이 시기에 노브고로드의 대주교 궁정에서 성경 편찬 작업이 이루어졌다는 것을 기억할 필요가 있다.

'유대주의자들'의 가르침에서 특별한 위치를 차지했던 것은 점성술 테마였다. "당신들은 별들의 법칙을 연구하고 별들을 바라보면서 인간의 탄생과 삶을 점친다"고 이오시프는 서기 쿠리친(Курицын)과 사제장 알렉세이(Алексей)를 꾸짖었다. 그리고 이러한 점성술을 "모든 악행의 계략과 마술, 별들의 법칙과 점성술"을 연구한 자하르의 탓으로 돌렸다.

겐나디가 언급한 점성술에 관한 책 중 하나는 잘 알려져 있다. 그것은 14세기 이탈리아의 유대인 이마누엘 벤 야코브(Immanuel ben Jacob)가 편찬한 ≪여섯 날개(Six Wings)≫라는 책으로 일종의 점성술 표였다. 점성술은 16세기 모스크바에서 매우 인기가 있었기 때문에 막심 그레크는 "별들의 힘과 구성", "운명을 점치는 것과 운명의 바퀴에 대한 독일의 매력"에 대해 글을 써야만 했다.

노브고로드의 겐나디는 7천 년이 끝나고 종말론적인 대재앙이 오는 것과 연관된 부활절을 계산하는 문제에 관련해 유대주의자들의 점성술과 더 격렬하게 싸워야 했다. 히브리적인 계산에 따르면 이제 막 6천 년이 도래했을 뿐이었다.

'유대주의자 이단'의 외적인 역사를 상기하여 이단적인 '체계' 전체를 구축하려고 노력할 필요는 없다. 이단적인 비밀 조직 같은 것은 없었다. 다만 일련의 분위기, '지성의 동요', 자유사상이 있었을 뿐이다.

　'유대주의' 운동의 역사적 의미는 그 운동을 당시 노브고로드의 다른 상황들과 대비해 보면 분명해진다. 노브고로드의 이단자들은 모스크바의 관점에 서 있었던 것 같다. 그래서 이반 3세는 "영혼을 해치는 사제장들"을 크렘린 사원들의 요직에 앉혔던 것이다. 이단자들은 다른 곳도 아닌 모스크바에서 후원과 지원을 받을 여지를 발견했다. 이 시기에 노브고로드에서는 크고도 매우 중요한 신학적 작업, 즉 슬라브어로 된 완전한 성경을 편찬하고 있었다. 그런데 뜻밖에도 그 일을 라틴인들이 행하고 있었다. 공식적인 감독과 지도는 사제장 게라심 포포브카(Герасим Поповка)에게 일임했다. 그러나 실질적으로 결정적인 영향력을 행사했던 이는 (크라쿠프 또는 프라하에서 온) 도미니크 수사 베니아민(Вениамин)이라는 자였다. "성 도미니크회의 장로 또는 수도 사제, 이름은 베니아민이고 슬로베니아 출신이며 신앙적으로는 라틴인이었다." 이 베니아민이라는 자가 노브고로드에 우연히 오게 되었을 리는 없다. 그가 혼자 오지 않았으리라고 가정할 만한 근거는 얼마든지 있다. 예프피미(Евфимий)가 대주교로 있을 때(1430~1458) 노브고로드에는 외국인들이 이미 많이 모여 살고 있었다. "낯선 외국에서 온 모든 사람들은 사랑으로 맞아들여졌고 안식을 얻었다"(파호미[85])). 겐나디 때에 노브고로드에서는 라틴 문체를 쓰자는 운동이 대대적으로 일어났다. 아마도 베니아민은 이미 완성된 성경을 가지고 왔던 것 같다(크로아티아어의 영향이 느껴진다). 노브고로드에서는 그리스 사본이나 그리스 출판물은 통용되지 않았다. 완전히 이해 가능한 슬라브어 자료들(예배서 중에서)도 충분히 사용되지 않고 있었다. 그 대신 불가타역[86])의 영향은 매우 강했다. 역대기, 에스라 3, 지혜서, 마카비서 1, 2 등 다른 책들은 라틴어에서 번역되었다. 1500년에 출판된 독일어 성경에서 서문을 취해 왔다. 라틴의 예를 따라 부차적인 정전들도 성경에 포함되었다. "여러 조각의 누더기와 헝겊으로 기워진 여러 색깔의 겉옷"이라고 동시대 학자인 예브세예프(И. И. Евсеев)는 겐나디 성경의 특징을 꼬집었다. 그는 의혹을 가지고 라틴주의와 "보이지 않는 가까워짐"("슬라브 성경이 그리스에서 라틴으로 방향을 전환함"), 겐나디 주위에서 "매우 짙어진 가톨릭의 분위기", 심지어 "러시아정교회의 삶에서 노골

---

85) 파호미(Пахомий): 세르비아인으로 성자들의 생애전을 써 이후 러시아 성자전 문체를 확립한 인물이다.
86) 불가타역: 교황 다마소 1세의 명을 받아 주로 성 히에로니무스(Hieronymus, 347?~419?)가 번역한 라틴어 성경이다. 라틴 교회의 권위 있는 성경이다. 트리엔트 공의회는 이 번역을 유일하게 권위 있는 라틴어 성경으로 인정했다.

적인 전투적 가톨릭 정신의 등장"에 대해 말했다.

겐나디 시기의 '대주교의 집'에서는 라틴어 글이 많이 번역되었다. 새로운 예배 의식 규정에 대해 작업하는 동안 참고할 목적으로 두란두스[87]의 유명한 책 ≪신성한 의식(儀式)의 흉패(胸牌)(Rationale divinorum officiorum)≫(번역자의 언어로 보건대, 그는 외국인으로 짐작된다. 그가 베니아민은 아니었을까?)가 번역되었다. 유대주의자들과 논쟁하기 위해 겐나디의 명으로 게라심은 또다시 유명한 니콜라스 드 리라[88]의 책과 유대인 사무엘[89]이 '변절한 유대인들'에 대하여 쓴 책을 라틴어에서 번역했다. 당시에 매우 독특한 ≪보편적인 교회의 성스러운 동산 및 부동산 자산을 침해하는 자들에 대한 짤막한 글≫이 쓰였는데, 그것은 교회 재산과 "세속적인 힘(brachium saeculare)의 도움을 받아" 행동할 수 있는 성직 계급의 완전한 독립을 옹호하는 글이었다. 이 글은 명백히 라틴어에서 번역된 것이었다. 성자전과 교훈적인 글들을 편찬하는 과정에서 라틴 분위기가 침

---

87) 기욤 두란두스(Guillaume Durandus, 1230~1296): 프랑스 출신의 교회법 학자이자 멘데의 주교였다.

88) 니콜라스 드 리라(Nicholas de Lyra, 1270~1349): 프란시스코 수도회의 신학자로 소르본 대학에서 가르쳤다. 그의 성경 주석은 마르틴 루터에게 큰 영향을 미쳤다.

89) 유대인 사무엘(Samuel the Jew): 모로코의 랍비로서 유대교에서 기독교로 개종한 인물이다.

투한 것은 매우 흥미롭다. 이런 점에서 마카리의 ≪성인 대전≫에 수록된 바를람과 이오아사프에 대한 이야기의 독특한 이본(異本)은 주목할 만하다. 여기에는 세속 권력에 대한 성직 권력의 우월함을 보여 주려는 매우 예민한 경향이 나타나 있다. 반대로, 일반 판본에서 지상 복락의 하찮음에 대해 이야기하는 부분은 약화되어 있다. 이 두 기념비적 작품은 모두 교회 재산과 권력들의 상호 관계에 대한 논쟁이 불거졌을 때, 그리고 '이오시프주의자'가 대공의 방임에 불만을 가지고 있었던 시기에 창작되었다. 겐나디와 이오시프는 자신들을 옹호하기 위해 라틴의 원천을 의지했다. 유대주의자들과 투쟁하면서 겐나디는 새로운 부활절(또는 '세상 창조의 사이클')이 필요했다. 그는 그것을 로마에서 주문하여 받았다.

이 모든 것이 단지 우연의 일치라고 할 수는 없다. 케사르의 한 사절이 "그 자신의 땅을 정화했다"고 말한 '스페인 왕'의 본보기를 따라 이단자들을 처형하는 문제에 연관된 첨예한 상황을 다시 한 번 상기할 필요가 있다. 언젠가 오레스트 밀레르[90]는 이런 말을 한 적이 있다. "그 내적인 의미와 정신의 측면에서 이오시프 볼로츠키 시대에 모스크바에서 소집된 공의회는 두 번째 플로렌스 공의회였다." 물론 이

---

90) 오레스트 밀레르(Орест Миллер, 1833~1889): 러시아의 역사학자이자 문학비평가다.

말은 지나치게 격하고 강하며 매우 부정확한 것이었다. 그러나 어느 정도는 그가 옳았다. "그때 우리에게는 라틴적인 것이 그리스적인 것보다 더 친숙했다." 이오시프주의자와 자볼시치[91] 간의 유명한 논쟁에서 본질적으로 이 새것과 옛것, 라틴적인 것과 그리스적인 것의 충돌이 관찰된다.

겐나디를 대체한 이는 세라피온(Серапион)이었다. 그는 전혀 다른 유형의 인물이었는데, 직위에서 해임되어 유폐되었을 때 이오시프와의 비극적인 충돌로 유명하다. 그 후 대주교직은 오랫동안 공석으로 남아 있었다. 그러나 겐나디 때 형성된 교회의 문화적인 상황은 변하지 않았고 동일한 문화적 환경이 지속되었으며 작업도 계속되고 있었다. 이런 점에서 드미트리 게라심(Дмитрий Герасим)의 형상은 매우 독특하다. 그는 외교사절의 서기로서 여러 차례 중요한 임무를 띠고 로마를 포함한 유럽을 오갔으며, 젊은 시절에는 베니아민의 감독을 받으며 노브고로드에서 일했다. 후에는 막심 그레크를 위해 번역자로 일했다. 이미 1536년에 '존경받을 만한 노년이 되어' 당시 노브고로드의 대주교였던 마카리의 명에 의해 그는 (뷔르츠부르크의) 브루노[92]의 주석이 달린 시편을 '로마식 글과 말로부터' 번역

---

91) 자볼시치: '볼가 강 너머의 사람들'이라는 뜻으로 볼가 강을 넘어 황야에서 수도 생활을 하던 이들을 가리킨다.

92) 뷔르츠부르크의 브루노(Bruno von Würzburg, 1005~1045): 뷔르

했다. 사실 그때 막심이 그 주석의 그리스판을 번역하기 위해 러시아에 와 있었다. 이 일은 겐나디가 한 작업의 서곡이 되었다.

6

'이오시프주의자'와 '자볼시치'의 충돌과 논쟁에 대해서는 많은 이들이 말하고 썼지만, 러시아의 고행자들이 벌인 그 논쟁과 '불화'의 의미는 아직 충분히 밝혀지지 않았다. 역사가들의 관심은 수도원에 속한 마을에 대한 논쟁과 이단자들의 처형에 대한 이견에 쏠렸다. 그러나 이런 논쟁은 피상적인 것이었을 뿐 진정한 투쟁은 더 깊은 곳에서 벌어지고 있었다. 그 논쟁은 기독교적인 삶과 행위의 근본과 한계에 대한 것이었다. 두 개의 종교적인 의도와 이상이 충돌한 것이다. 수도원 재산 문제는 내적인 긴장을 완화하는 외적인 구실에 불과했다. 이 내적인 논쟁에 종교 대중이 휩쓸려 들어갔다. 민중의 삶에서 양극화가 발생했다.

여기서 이 숙명적인 역사적 투쟁과 분열을 파고드는 것은 적합하지 않을 것이다. 다만 러시아 문화의 역사에서 이 대립과 분열이 무엇을 의미하는지를 규정하는 것이 필요하

츠부르크의 주교로 교육과 교회 개혁에 힘을 쏟았다.

다. 해석의 주된 어려움은 여기에서 두 개의 정의(正義)가 충돌한다는 점에 있다. 더 어려운 것은 이오시프와 그 후계자들의 소심함과 순응적인 태도로 빛이 바래 버린 그의 정의를 이해하는 것이다. 이오시프의 정의는 사회봉사였다. 그는 엄격한 공동생활을 선전했다. 그는 엄격하고 신랄했는데 특히 자기 자신에 대해서 더 그러했다. 그가 거주한 수도원의 삶은 혹독했고 힘들었으며 거의 감당하기 어려운 것이었다. 그 무엇보다 극단적인 의지의 집중과 극도의 긴장이 요구되었다. 삶의 절도, 의도적인 질서, 규칙성이 그러한 긴장과 연관되어 있었다. 그의 모든 세계관은 사회봉사와 교회의 소명이라는 사상으로 규정된다. 이오시프의 이상은 그 나름의 '브 나로드'[93] 운동이었다. 그의 시대에 그 운동은 매우 필요했다. 민중의 도덕적인 기반은 견고하지 않았고 삶의 무게는 감당할 수 없는 것이었다. 이오시프의 가장 독창적인 면은 그가 수도원 생활을 사회적 부역, 독특한 종교적·지상적 봉사로 보았다는 점이다. 그의 '공동체적인' 이상 속에는 비잔틴 특성이 아닌 새로운 것들이 많았다. 외적인 규정과 삶의 의식(儀式)이 내적인 행위를 가로막고 있다고 말하는 것은 부정확한 것이다. 그에게서는 기도조차

---

[93] 브 나로드(в народ): '민중 속으로'라는 의미로 1870년대 러시아 인민주의자들이 일으킨 사회운동이다. 계몽과 삶의 조건 향상을 위해 지식인 인텔리겐치아가 민중 속으로 들어간 운동을 지칭한다.

도 사회봉사, 정의와 자비의 일에 내적으로 종속된다. 이오시프는 결코 관대한 사람이 아니었다. 또한 이웃에 무심하거나 무관심하다고 자신을 책망할 수도 없었다. 그는 위대한 자선가였고, "힘없는 자들을 동정"했으며, 이러한 박애주의적이고 사회적인 충동에서 수도원 '마을'을 옹호했다. 그는 가난하고 궁핍한 사람들에게 나누어 주기 위해 '마을'을 권력 있고 부유한 자들에게 받았던 것이다. 두려움이나 의무감에서뿐만이 아니라 자비심에서 자선을 행했으며, 자신의 수도원을 때로는 고아들, 때로는 순례자들을 위한 집으로 만들고 낯선 이들의 매장을 위해 '하나님의 집'을 세우기도 했다. 이오시프는 차르조차도 신의 법령에 포함했다. 차르는 그 법의 지배를 받아 신의 율법과 계명의 한계 내에서만 권력을 가지는 것이었다. 의롭지 못하거나 '방자한' 차르에게는 굴복할 필요가 없다. 그는 본질상 차르가 아니기 때문이다. "그런 차르는 하나님의 종이 아니고 악마다. 그는 차르가 아닌 학대자다." 이 지점에서 이오시프는 대역죄에 근접해 있다.

이오시프의 의도를 다음 세대의 '이오시프주의자'들이 얼마나 퇴색하고 왜곡했는지 보여 주는 것은 어렵지 않다. 그들의 말은 행동과 일치하지 않았고, 가장 모범적인 목자들조차 제멋대로 구는 것으로 드러났던 것이다. 생활에서 왜곡되게 적용된 것 외에도 이오시프의 의도와 과제 자체에는 내적인 위험이 있었다. 그 위험은 바로 사회적 관심이 지나치게 긴장되어 있다는 것이다. 이러한 지나친 사회적 관심에서 자기 자신이 아닌 민중을 위한 일정한 간소화, 최소한의 요구가 비롯되었던 것이다. 이오시프는 누구와도 비교할 수 없을 정도로 책을 많이 읽었고 볼로츠키 수도원에는 수집한 책이 많았다. 누군가는 그에 대해 "하나님의 영감을 받은 책들을 모두 혀끝에 기억하고 있었다"고 말했다. 그가 그런 박식함을 교부 저작의 완벽한 전집이 아니라 여러 선집들과 성자전에서 얻었다는 것은 그리 중요하지 않다. 이렇게 박식한데도 이오시프는 문화에는 무관심했다. 더 정확하게 말하면, 웅장함과 화려함의 이상에 걸맞은 문화만을 받아들였지, 문화 창조의 파토스 자체는 받아들이지 않았다. 바로 그 때문에 이오시프주의자들은 자주 웅장하고 예술적인 사원들을 건설하고 영감이 있는 이콘화로 장식했던 것이다. 그러나 여전히 신학적인 작품은 불신하고 그것에는 관심을 두지 않았다. 바로 이런 무관심 때문에 이오시프는 박식함의 한계를 넘어서지 못했고 다독가로만 남았던 것이다. 그의 ≪계몽자≫는 거의 대부분 발췌와 참고 자료들이었다. 카잔의 한 신중한 출판자는 심지어 "이 책은 독립적이거나 엄격한 의미에서 러시아 작품이라고 부를 수 없다"고 말했다. 자신의 것이라고 할 수 있는 것은 타인의 것을 취사선택하는 데서만 나타났다. 이런 선택에서 이오시프는 대담했다. 그는 서구의 것이라 해도 새로운 것 앞에서 멈추지 않았고 서구 원천으로부터 적합한 것을 기꺼이 취했다.

여기는 16세기 종교, 정치사상과 삶의 역사에서 이오시프주의자들의 설교와 활동이 어떤 의미를 가졌는지 분석하고 규정하는 자리가 아니다. 그것이 문화 발전에 이바지하지 못했다는 점을 지적하는 것이 중요할 것이다. 어떤 동기에서 민중 속으로 들어가든지 '브 나로드'는 항상 문화에 대한 무관심으로 흘렀다. 사회정의의 의도는 평형과 균등의 이상(理想)으로 쉽게 변모한다. 그 이상에 대항한 창조적인 파토스는 위험한 불안 요소로 보이는 것이다.

이오시프주의자들의 신학적인 자산은 적거나 협소하지 않았다. 그중 최고의 인물들은 믿음의 교의의 일차 원천인 성경과 교부들의 저작을 잘 알고 있었다. 이오시프 자신, 그리고 다닐(Даниил) 대주교는 더 자유롭게 다양한 신학 자료들을 잘 다룰 줄 알았다. 결코 그들의 자료가 빈약했다고 말할 수는 없다. 그들이 단지 다독가들이었다는 것으로 문제가 끝나는 것은 아니다. 그들의 반대자들도 어느 정도는 똑같이 다독가들이었기 때문이다. ≪계몽자≫뿐 아니라 닐 소르스키[94]의 ≪제자들에게 전하는 전승(Предание ученикам)≫ 역시 독창적인 담론이라기보다는 선집 또는 '고리'로서 고안되었다.

얼마 후 러시아에 있는 책을 다 수집하려는 의도와 기획

---

94) 닐 소르스키(Нил Сорский, 1433?~1508): 자볼시치의 영적 지도자다.

은 이오시프주의자였던 마카리 대주교의 몫이 되었다. "그의 동료들 가운데 한 사람은 그를 '제이의 빌라델비아 사람'이라고 불렀다. 그는 자신이 세운 계획대로 과제를 수행할 수 있는 문학적인 조력자들을 선별할 줄 알았다. '마카리의 그룹'에 속한 사람들 중에서 몇몇 이름을 언급할 필요가 있다. 후에 아파나시 대주교가 되었고 ≪황제 계보(Степанная Книга)≫을 편찬한 안드레이 장로, 유명한 ≪창조의 주기(Миротворный круг)≫를 편찬한 아가폰(Агафон) 장로, 성자전 편찬 작업을 하고 후에 크루티츠키의 주교가 된 사바(Савва), 그리고 신비주의적인 상징주의 정신으로 쓰인 ≪성 삼위일체에 대한 책들(Книги о св. Троице)≫을 비롯해 흥미로운 책을 많이 쓴 예르몰라이 예라즘(Ермолай-Еразм) 등이다. 그리고 이전 시대 인물인 게라심도 이 그룹에 속해 있었다. 그러나 이오시프주의자들은 항상 수집하거나 체계화하기만 했을 뿐, 결코 창조하지는 못했다.

그들을 전통주의자들로 묘사하는 것은 옳지 않다. 그들은 비잔틴의 전통을 그리 소중히 여기지 않았으며, 지역적인 전통은 별로 오래되지도 않았고 상당히 우연한 것이었다. 옛것을 더 굳게 고수한 이들은 이오시프주의자들이 아닌 자볼시치였다. 이오시프주의자들은 혁신가들이었다. 이 콘화에서 명백하게 드러난다. 이오시프주의자들의 승리는 비잔틴 전통의 단절 또는 종결을 의미했다. 물론 볼가 강 너머의 운동은 비잔틴 전통의 보존과 계승의 의미만을 갖는 것은 아니다(그 운동만이 비잔틴주의가 아니었던 것과 마찬가지로). 그 운동은 14세기에 그리스 전역과 남슬라브 세계에서 발생한 영적이고 명상적인 운동의 유기적인 연장선(반영뿐만이 아니라)에 놓여 있었다. 볼가 강 너머의 운동은 명상적인 수도 생활의 부흥이었다. 그 운동의 기초에는 새로운 체험, 금욕, 영의 시험이 있었다. 그 운동은 초기에는 침묵과 고요를 추구하는 성격을 띠었다. 그것은 세상으로부터 결정적으로 떠나는 것이었고, 모든 '세상에 대한 사랑'을 극복하는 것이었다. 따라서 암자에서 은거하는 삶의 형식을 선택했다. '공동체 생활'은 너무 소란스럽고 조직적인 것으로 생각했던 것이다. 무소유는 바로 이런 세상에서 떠남을 의미했다. 즉, 세상에서 아무것도 가지지 않는 것이었다. 볼가 강 너머 운동의 진리는 바로 이 물러남에 있었다. 그 진리는 명상의 진리, 지적인 행위의 진리다.

그러나 분명히 해야 할 것이 있다. 그 운동은 단순히 세상의 욕심과 '세상에 대한 사랑'을 극복하는 것뿐 아니라, 세상의 소란은 물론 필요와 질병에 대해서까지 잊어버리는 것을 의미했다. 그것은 부인(否認)이면서 동시에 부정(否定)이었다.[95] 볼가 강 너머 운동이 역사적으로 활동적이지 못

---

[95] 일반적으로 '부인'과 '부정'은 거의 동일한 의미로 사용되지만, 기독교에서 '부인'은 극복 또는 초월의 의미를 내포하고, '부정'은 단순히 있는 것을 없다고 말하는 의미로 사용된다.

했던 것은 이것과 연관이 있었다. 세상에서 활동한 것은 이 오시프주의자들이었다.

물론 그렇다고 해서 볼가 강 너머의 은자들이 완전히 세상에서 물러났다고 생각해서는 안 된다. 둘째 세대에서 그들은 정치 투쟁, 심지어 정치 음모에 휘말려 들었다('공후이자 수도사'였던 바시안 파트리케예프[96]의 이름을 드는 것으로 충분할 것이다). 그러나 그들이 세상으로 돌아온 것은 세상에서 무엇인가를 건설하기 위한 것이 아니라, 논쟁하기 위해서, 세속화와 교회적인 삶과 투쟁하기 위해서, 수도원적인 물러남을 상기시키고 주장하기 위해서였다. 바로 그것이 소유에 대해 이오시프주의자들과 벌인 유명한 논쟁의 의미다. 이러한 직접적인 종교적 · 사회적 활동의 거부야말로 볼가 강 너머 운동의 독특한 사회적 특징이었다.

그 운동은 영적으로 깨어 있는 어느 것에도 비할 수 없는 학교였다. 이 학교는 기독교적인 인격의 영적 · 도덕적 형성 과정이었으며 명상을 향한 창조적 길, 신학을 위한 금욕주의적이고 신비적인 준비였다.

엄밀한 의미에서 볼가 강 너머의 신학에 대해 말하기는 어렵다. 그러나 그 운동 자체가 신학적 의식의 각성을 의미

---

96) 바시안 파트리케예프(Вассиан Патрикеев, 1470~1531): 1509년 닐 소르스키의 죽음 이후 볼가 강 너머의 장로들에게 공인받은 지도자가 된 인물이다.

하는 것이었다. 영적 집중의 깊이 속에서 사변의 필요성이 요구되었던 것이다.

닐 소르스키는 침묵주의자였다. 그는 말하고 가르칠 필요를 느끼지 못했다. 그는 사상가도, 작가도, 신학자도 아니었다. 그러나 역사 속에 '장로', 또는 교사, 즉 침묵의 교사, 그리고 '정신적인 행위'와 영적 삶의 지도자로 등장했다. 우리는 그리스와 비잔틴의 일반적인 명상 전통, ≪도브로톨류비예≫[97]의 전통과 비교해 닐 소르스키에게서 어떤 새로운 점도 발견하지 못한다. 계속 이어지는 발췌와 인용의 직조 속에서 그의 개인적인 견해와 사상을 항상 쉽게 알아차리고 구별해 낼 수 있는 것은 아니다. 아마도 그에게서는 도덕적인 모티브들이 좀 더 강력하고 사변은 다소 약한 것 같다. 그러나 그에게서 일반적으로 받아들여지는 영적 전통과 구별되는 '자신만의' 것이 적다 해도 그의 모든 것은 독립적이다. 그는 교부 전통 속에서 살았다. 그 전통은 그의 내부에서 생기 있게 살아 있었다. 러시아 문학사가들이 그에게서 합리주의적인 비평 원칙과 교회 전통의 붕괴를 종종 찾아내는 것은 완전한 오해에 기인한 것이다. 이 전통에 대한 실질적인 무지만이 그런 놀라운 억측을 할 수 있는 것이다.

---

[97] ≪도브로톨류비예(Добротолюбие)≫: 4~15세기의 동방정교회 교부들의 저술을 모은 ≪필로칼리아≫의 슬라브어 발췌 번역본이다.

그를 고대, 그리고 비잔틴 교회의 금욕주의적이고 명상적인 전통에서만 끝까지 이해할 수 있을 것이다. 그가 요구한 '자유'는 '자의지'의 완전한 절단을 의미한다는 것을 기억해야 한다. 볼가 강 너머의 장로들이 외적인 규율과 순종에 무관심했다 해도 바로 순종이야말로 그들에게는 주된 금욕적 계율이자 과제였다. "너 자신을 하나님 말씀의 법으로 묶고 그 법을 따르라." 이것이 그의 주된 계명이었다. 그가 붙인 단서인 '참되고 신적인 말씀'을 전통 '비판'이라는 의미에서, 또는 '말씀'을 '거룩한 말씀'으로 축소하는 의미에서 해석해서는 안 된다. 반대로 금욕주의적인 교사들의 '신적인' 말씀을 염두에 둔 것이며, 단지 다양한 금욕적 글들을 조심성 있게 다룰 것을 요구했을 뿐이다. 이때 그는 장로들의 지도, "이성적이고 영적인 남자들"의 경험과 조언에 특별한 의미를 부여했다.

오레스트 밀레르는 자볼시치를 '영적 군대'라고 부른 적이 있다. 그들은 매우 높고 정확한 기준으로 가려낸 일종의 영적 선발대였던 것이다. 볼가 강 너머의 고행자들과 성자들의 성인전에서 우리는 볼가 강 너머의 장로들의 도덕적 교훈이 그들의 삶과 행동에 어떻게 적용되고 녹아들었는지 분명히 이해하게 된다. 여기서 중요한 것은 내적인 형성이다.

이오시프주의자들과 볼가 강 너머 은자들의 불화는 외적인 일을 통해 세상을 정복하는 것과 새로운 인간의 변형과 형성을 통해 세상을 극복하는 것의 대비로 설명될 수 있다. 둘째 길은 문화적 창조의 길이라 부를 수 있을 것이다.

이오시프주의자들과 볼가 강 너머 장로들이 벌인 투쟁의 역사에서 가장 두드러지고 의미심장한 사건은 물론 막심 그레크 사건이다. 그에 대한 심판과 정죄는 사실상 정치적인 동기로 규정되었다. 막심 자신도 터키인들에 대항해 러시아의 도움을 받으려는 꿈을 가지고(아마도 그 꿈이 그의 직접적인 사명이었을지도 모른다) 직접적으로 정치적인 의도에 가담했던 것이다. 그러나 그때 모스크바에서는 어떻게든 터키인들과 영구적인 평화와 연합을 모색하고 있었다. 게다가 막심은 러시아정교회의 자주독립에 대하여 지나치게 직선적이고 격하게 자신의 견해를 표명했다.

그의 운명에는 눈에 띄는 모순이 있다. 그는 번역의 검토와 교정을 위해서 그리스 전문가로 초빙되었다. 그러나 엄밀하게 말하면 그의 전문성을 이용하는 것은 쉽지 않았다. 그 자신은 처음에 러시아어를 전혀 몰랐으며 모스크바에서 그리스어를 할 줄 아는 사람은 찾을 수가 없었다. 거의 믿을 수 없어 보이기는 하지만 그는 실제로 그리스어에서 라틴어로, 그 후 다른 번역자들이 라틴어에서 러시아어로 번역했다. "그는 라틴어로 쓰고 우리는 러시아어로 쓴다." 그의 인물 됨은 매우 흥미롭다. 그는 아토스의 수도사였을 뿐 아니라 고전 인문학 교육을 받은 자였다. "만약 막심이 이탈리아에 남아서 그곳의 강단을 차지했다면, 우리는 그가 당시 이탈리아에서 명성을 얻었던 그리스 학자와 교수 명단에 포함되어 그중에서도 가장 뛰어난 자리를 얻었으리라고 확신한다"고 골루빈스키는 그에 대해 말했다. 그는 베네치아·파도바·피렌체에서 공부했다. "그는 그리스에서 책이 부족했기 때문에 철학 수업을 받을 수 없었다." 사보나롤라[98]는 그에게 강한 인상을 남겼다. 그는 후에 모스크바에서 카르투지오회[99] 수도사들에 대해 호의적으로 말했다. 그는 서구적인 의미에서 인문주의자는 아니었다. 그러나 비잔틴적인 인문주의자라고는 부를 수 있을 것이다. 그는 진정한 언어문화를 체득한 사람이었다. 그의 그리스 사본을 보면 구어가 아닌 성경의 언어와 가까운 독창적인 학문 언어로 썼다는 것을 알 수 있다. 막심은 스스로 '아테네적인 웅변'의 달콤함을 강조했다. 그는 이탈리아에서 알두스[100]의 성경

---

98) 지롤라모 사보나롤라(Girolamo Savonarola, 1452~1498): 도미니크 수도회 수도사로서 개혁가이자 강력한 설교사였다. 교리 개혁가라기보다는 도덕 개혁가였다. 교수형에 처해진 후 1499년 성인으로 시성되었다.

99) 카르투지오회: 1084년 성 브루노가 쾰른에 세웠다. 다른 로마 가톨릭 수도회와 달리 특정한 영성의 형식을 따르도록 강제하지 않았다. 주된 목적은 하나님과 연합을 획득하는 것이었으므로 외적·내적 침묵을 중요시했다. 서구의 수도 생활 운동 중에서 정교회 수도원 영성과 가장 유사하다. 11세기와 12세기의 서구 수도원 개혁 운동에 중요한 역할을 했다.

100) 알두스 마누티우스(Aldus Manutius, 1449~1515): 학자이자 편집자로서 많은 그리스·라틴 고전들을 최초로 출판했다.

번역판을 가져왔다. 베네치아에서 책과 관련된 일로 알두스를 자주 찾았고 거기서 유명한 야노스 라스카리스[101]를 만났다. 막심은 서구의 스콜라주의를 격렬하게 부정했다. 그는 플라톤과 '최상의 형식적 철학자들'을 드러내 놓고 숭배했지만, 그에게 '아리스토텔레스의 기교'는 이단과 동의어나 마찬가지였다. 스콜라주의에 대해 그는 이렇게 평했다. "아리스토텔레스적인 삼단논법이 이 도그마를 긍정하지 않고 기교적인 증명과 일치하지 않는 한, 그들에게는 신적이거나 인간적인 도그마도 확실히 믿을 만한 것으로 인정되지 않는다." 그의 종교적인 문체 역시 매우 전형적으로 비잔틴적이다.

모스크바에서 그는 주로 번역에 종사했다(또는 종사하도록 시켰다). 그러나 그 외에도 '점성술의 마력'과 라틴의 선전술, 사라센의 불경함과 유대주의자들, 그리고 아르메니아의 이단에 대항해 많이 논쟁했다. 그는 시급한 도덕적인 주제들을 많이 썼다.

그 주위에는 소수 제자들의 집단이 형성되었을 뿐이지만, 그가 남긴 인상은 매우 크고 강한 것이었다. 그의 순교자적인 운명과 유폐는 그의 인내를 존경할 새로운 구실을 줄 뿐이었다. 그래서 그는 그처럼 빨리, 이미 1591년 표도르

---

101) 야노스 라스카리스(Ἰάνος Λάσκαρις, 1445~1535): 유명한 그리스 학자이자 외교관이다.

이바노비치[102] 때 성인으로 시성되었던 것이다. 그렇게 된 것은 생전에 이단과 독자적인 생각을 가졌다며 그를 책망했던 "이오시프주의자들이라고 불린 교활한 수도사들"을 늦었지만 분명하게 폭로하는 것이었다.

막심의 정죄는 비잔틴을 계승하는 일의 단절, 그 창조적인 지속의 거부를 의미하고 증언하는 것이었다. 막심과 그를 비난하던 러시아인들의 차이점은 다음과 같은 대비로 설명할 수 있다. '이오시프주의자들'에게는 제3의 로마인 모스크바, 위대하고 새로운 기독교 왕국이, 막심에게는 그와는 반대로 순례하는 하늘의 도성이 있었다. "많은 위험으로 가득한 거친 길을 따라 여행하다가 나는 머리를 양손으로 움켜잡고 위로받을 길 없이 비통하게 우는 여인을 만났다네. 그녀는 과부들의 관례를 따라 검은 옷을 입고 있었다네. 그녀 주위에는 사자, 곰, 늑대, 여우 같은 사나운 짐승들이 있었네. 바실레아가 제 이름이랍니다.... 왜 당신은 사나운 짐승들에 둘러싸여서 이 길가에 앉아 있는 것입니까? 그녀가 다시 내게 대답했다네. 오, 여행자여, 이 저주받은 시대가 마지막이 되기를...."

---

102) 표도르 이바노비치(Фёдор Иванович, 1584~1598): 이반 뇌제의 아들로 1584년에 그를 계승하여 차르가 되었다. 그가 사망하자 류릭 왕조는 종말을 고하게 되고 왕위는 보리스 고두노프에게 넘어갔다.

7

비퍼(R. Wipper)는 이반 뇌제에 대한 유명한 책에서 대주교 마카리의 시대를 '가톨릭 종교개혁' 시대와 재치 있게 비교하고 백 조항 평의회[103]에서 트리엔트 공의회와 비슷한 무엇인가를 본다. 이런 비교에는 명백한 진실이 있다. 대주교 마카리 시대에 모스크바에서는 "문화를 하나의 체계로 건설하고자" 하는 움직임이 있었다. 이 시대는 수집의 시대였다. 사람들은 옛것을 수집했는데 그들이 수집한 것은 지역적인, 러시아의 옛것이었으며, 그리스의 모범을 다시 참조한 것은 아니었다. "16세기에는 그리스적인 원천을 자신들의, 고대 러시아의 것으로 대체하기 시작했다"고 한 이스트린의 언급은 적절했다. 또 다른 특성 하나를 바로 언급해야겠다. 수집은 노브고로드에서 시작되었다. 그것은 겐나디로부터 시작된 것이 아니었던가? 어떤 의미에서 16세기의 '수집'은 바로 노브고로드적인 습관·관습·전승의 종합이자 공고화였

---

103) 백 조항 평의회: 일명 스토글라프(Стоглав). 1551년 이반 뇌제가 소집한 공의회다. 회의에서 결의된 100개 항목은 교회 고유의 업무뿐 아니라 국가·사회와 관련하여 교회의 지위를 통제하는 데 큰 역할을 했다.

다. 백 조항 평의회에서 한 차르의 말과 질문에서 노브고로드의 경우와 예들이 상기되는 것은 우연한 일이 아니다. 마카리와 실베스트르가 착수한 작업에서 서구의 영향(특히 독일의 영향)이 강하게 느껴지는 것은 이와 연관되어 있다. '선출된 의원들'과 대주교의 상호 관계는 명확하지 않게 남아 있다. 실베스트르와 마카리는 정치적으로 같은 생각을 가진 사람들이 아니었다. 그러나 문화적 측면에서 같은 유형에 속해 있었다. 그리스인들로부터의 단절(백 조항 평의회에서는 그리스의 모범에 대해서는 아예 질문이 제기되지도 않았다), 생활 관습의 유혹이야말로 16세기의 문화적·종교적·심리적 결과였다. 생활 관습적인, '사회적인' 이상이 승리했으며, 그 결과 16세기의 평범한 모스크바인의 정신생활에는 더 이상 명상이 차지할 자리가 없었다(≪도모스트로이≫104) 13장에서 예수 기도105)가 변질된 것을 참조하라). 모스크바의 보수적인 종합 속에 비잔틴 전승의 가장 훌륭하고 가치 있는 것들, 14세기의 명상적 신비주의자, 금욕주의자, 침묵주의자들의 유산은 포함되지 않았다. 모스

---

104) ≪도모스트로이(Домострой)≫: 성직자 실베스트르가 집필한 책으로 그리스도인이 가정에서 지켜야 할 규범을 자세히 규정해 놓았다.

105) 예수 기도: 동방 수도원에서 실행되던 기도의 형태로, 예수의 이름을 짧게 반복해 부름으로써 깊은 관조의 상태로 들어가는 기도를 의미한다.

크바의 종합은 선별적이고 경향적인 것이었다. 그것은 수집 조차도 아닌 미리 취한 사상 또는 의지의 결정에 따라 규정된 선별 또는 선택이었다. 그러나 아레오파기트의 저작들은 아토스에서 번역된 형태로 마카리의 ≪성인 대전≫에 포함되었다. 그의 책은 예기치 않게 널리 전파되었으며 인기를 얻었다(이반 뇌제도 아레오파기트의 저작을 매우 좋아했다).

마카리의 ≪성인 대전≫과 "러시아에서 구할 수 있는 모든 성스러운 책"을 한데 모으려는 구상에 대해서 자세히 언급할 필요는 없을 것이다. 한 가지 주목할 점은 마카리가 단지 수집가였을 뿐 아니라, 성인전들을 개작하고 짜 맞추어서 결국 총체적이고 종합적인 경건의 모델을 만들고자 했다는 점이다.

≪성인 대전≫이 마카리 대주교의 유일한 문학적·백과사전적 프로젝트는 아니었다. 좀 덜 특징적이고 중요한 것으로 대규모의 ≪성경전서≫가 있다. 그 안에는 성경의 이야기가 ≪팔레야≫와 ≪흐로노그라프≫[106]와 결합해 있었고, 특히 모세오경은 자유롭게 풀어 썼다. 흥미로운 것은 성경의 글이 겐나디의 것과 전반적으로 일치하지는 않는

---

106) ≪흐로노그라프(Хронограф)≫: 15세기 중반에 러시아에서 편찬된 역사 모음집이다. 성경의 사건들, 로마와 비잔틴의 역사, 러시아와 남슬라브 역사로 구성되어 있다.

다는 것이다. ≪전서≫에는 지금까지 충분히 연구되지 않은 삽화가 많이 실렸는데, 이 삽화들은 의심할 바 없이 서구의 영향력을 증언해 주는 것으로 특별한 문화적·역사적 흥미를 불러일으킨다. 16세기의 모스크바와 노브고로드 사본에는 독일 판화의 영향이 매우 두드러진다(후기 독일 고딕 양식을 보여 주는 특징적인 식물 장식을 비교해 보라). 또한 모스크바에서 처음 출판된 책들에 대해서도 언급할 필요가 있다. 모스크바에서 책을 출판하게 된 것은 노브고로드를 거쳐 온 독일(아마도 네덜란드일지도)의 영향과 연관되어 있다. 또한 ≪장엄한 책(Торжественная Книга)≫도 언급할 가치가 있는데, 그것은 ≪성인 대전≫을 보충하는 그것과 유사한 것으로서 남슬라브의 영향으로 마카리의 명령을 따라 편찬되었다. ≪황제 계보≫를 기억할 필요가 있다. 특별히 언급할 필요가 있는 것은 백 조항 평의회다. 백 조항 평의회는 고대 루시의 생활과 법률의 역사에서 가장 어렵고 복잡한 주제 가운데 하나다. 가장 큰 어려움은 질문과 대답의 명백한 비상응성에 있다. 질문은 차르가, 즉 그의 참모들, '선출된 의원들'이 제기했다. 전반적으로 그 질문들은 자유주의적이고 개혁적인 성격을 띠었다. 그 속에는 매우 격렬한 폭로가 많았다. 그와 동시에 일치를 향한 노력이 분명히 나타난다. 차르가 불평한 '동요'는 지역적 관습의 잡다한 다양성을 의미했다. 그러나 질문자들은 누구에게 묻는 것인지, 누가 대답해야 하는지를 고려하지 않았다. 대답 속에는 바로 이런 질문에 대한 불만과 그들에게 익숙한 옛것에 대한 고집스럽고 집요한 고수가 느껴진다. 대주교 자신이 실제적인 개혁에 관심이 있었던 것 같지도 않다. 백 조항 평의회는 '개혁적인' 회의로 구상되었지만, 반동적인 것으로 실현되었다. 그러나 1550년대에 열린 이 '회의'에는 무엇인가 새로운 것이 있었는데, 바로 일정한 질서를 세우고 확립하려는 의지였다. 특히 이 시대의 전형적인 기념비적 작품인 ≪도모스트로이≫는 일종의 유토피아적 프로그램 또는 계획, 모범적이고 이상적인 과제였지, 그 속에서 실제 생활에서 묘사한 생활 관습의 그림을 볼 수는 없다. 이 책은 묘사하는 것이 아니라 교훈을 주는 것이었다. 즉, 그 안에는 일상적인 현실이 묘사되어 있지 않고, 이론적인 이상이 제시되어 있었다. 아울러 그 시대에 옛것의 요소 중 많은 것이 부정되고 정죄되었다. 이런 차원에서 가장 특징적인 것은 바시킨[107] 재판이었다. 그 재판에는 유명한 볼가 강 너머의 장로 다수가 증인으로서, 또는 같은 생각을 가진 사람들로서가 아니라 그들을 정죄하기 위한 명백한 목적으로 소환되었다. 얼마 전까지 성 삼위일체 수도원장이었던 아르테미(Артемий)와 랍족의 계몽자였던 페오도리트[108]도 정죄되

---

107) 마트베이 바시킨(Матвей Башкин): 성체성사가 단지 빵과 포도주에 불과하며, 그리스도는 성부와 동등하지 않고 죄의 고백은 불필요하다고 주장함으로써 정죄되었다.

었다. 역사가에게는 이 일과 연관된 개별적인 비난의 요지들이 그리 중요하지는 않다. 물론 볼가 강 너머의 암자에는 지나치게 많이 '의심'하는 진짜 자유사상을 가진 이들이 (페오도시 코소이109)처럼) 있었다. 훨씬 더 의미심장한 것은 재판관들이 그 결과와 산물을 일반화하여 퍼뜨리고자 하는 노력이었다.

특히 흥미롭고 특징적인 것은 비스코바티(И. М. Висковатый) 서기 사건이었다. 그는 중요하고 영향력 있는 외교 사절로 외교성의 우두머리였다. 그는 대주교와 실베스트르가 도입한 새로운 것들에 대해 드러내 놓고 말하는 용기가 있었다. 문제는 이콘화의 새로운 기법에 대한 것이었다. 비스코바티는 1547년 화재 후에 크렘린의 블라고베첸스크 사원이 재건될 당시, 실베스트르의 주문에 따라 프스코프와 노브고로드의 이콘화가들이 그곳에 그린 새로운 이콘화들

---

108) 페오도리트 콜스키(Феодорит Кольский): 1530년 랍족에게 선교하기 시작해 1551년 수즈달의 성 에우티미우스 수도원 원장이 될 때까지 계속했다. 아르테미에게 불리한 증언을 하도록 소환되었으나 반대로 그를 옹호하여 정죄당했다.

109) 페오도시 코소이(Феодосий Косой): 16세기 유니테리언 이단 운동의 지도자로 농노제를 옹호하고 공식 교회를 비판했다. 프로테스탄트와 유대주의의 영향을 받았다. 교회 의식과 이콘화 숭배 등을 우상숭배로 규정하여 배격했으며, 삼위일체와 구속의 교리 또한 거부했다. 모스크바에서 재판을 받던 도중 리투아니아로 도주해 가르침을 전파했다.

을 보고 유혹에 빠졌다. 그 외에도 당시에 건설 중이던 왕궁에 그려진 새로운 벽화도 그를 혼란에 빠뜨렸다. 이 시기에 모든 상황에서 비스코바티는 실베스트르의 반대자로 나섰다. 그는 실베스트르가 새로운 것을 도입했다고 의심하고 폭로했다. 그러나 새로운 것을 도입했다고 정작 비난을 받은 사람은 그 자신이었다. 공의회에서는 비스코바티를 이단과 무례함의 죄를 들어 정죄했다. 그러나 그의 질문과 의혹에 대해서 공의회는 충분한 대답을 주지 못했다. 이콘화에 대한 이 논쟁의 의미는 당시 생각했던 것보다 더 폭넓고 깊은 것이었다. 이콘화 작업에서 창조적인 새로움도 용납해서는 안 된다고 거부하는, 생명력을 잃은 옛것에 대한 둔감한 옹호자로 비스코바티를 생각해서는 안 된다. 그의 '의심'에는 매우 깊고 격렬한 종교 사상이 감지된다.

16세기는 러시아 이콘화의 전환기였다. 그 변화는 먼저 노브고로드와 프스코프에서 나타났고, 그곳으로부터 새로운 바람이 모스크바까지 퍼지게 되었다. 이 전환 또는 변화의 의미를 규정하기란 어렵지 않다. 그 의미는 이콘화에서 위계적인 리얼리즘으로부터 단절하여 장식적인 상징주의, 더 정확히 말하면 알레고리에 몰두하기 시작한 데 있었다. 외적으로 그 변화는 부슬라예프[110]가 적절하게 명명한 "신

---

110) 표도르 이바노비치 부슬라예프(Фёдор Иванович Буслаев, 1818~1897): 예술과 문학사뿐 아니라 슬라브학 연구의 개척자다. ≪러시

학적이고 교훈적"인 새로운 테마들과 구성의 물밀듯 한 유입에서 드러났다. 이러한 '상징주의'의 결정적인 우위는 이콘화의 붕괴를 의미했다. 이콘화는 지나치게 문학적이 되었고 얼굴보다는 사상을 묘사하기 시작했다. 종교 사상 자체도 예술적인 기교와 형식의 장식 속에 너무나 자주 희미해지고 사라지고 떠돌게 되었다. 이 시기 이콘화는 자주 성경적·위경적이거나 일상생활적인 문학 텍스트를 직접 표현하는 삽화로 변했다. 때로 이콘화는 단순히 나무판 위에 그려진 미세화에 불과했다. 이 문학적인, 또는 삽화적인 상징주의에는 여러 영향이 결합해 있었다. 많은 것이 비잔틴 문예부흥의 마지막 물결의 여파로 남부 슬라브에서 들어왔다. 그러나 표면적으로는 점증하는 서구의 영향, 즉 서구 판화의 영향이 있었다.

비스코바티는 이콘화에 나타나는 이런 변화를 바르게 느끼고 이해했다. "나는 우리 주 예수 그리스도가 인간적인 모습으로 그려진 이콘화가 끌어내려진 것을 본다. 그들이 그 자리에 둔 것은 내가 전에 본 적이 없는 것들로 심한 공포를 자아낸다. 나는 아첨과 모든 교활함을 두려워한다."

비스코바티를 혼란에 빠뜨린 것은 새로움 자체가 아니

아 이콘화에 대한 일반적인 개념들(Общие понятия о русской иконописи)≫은 러시아 예술사에서 이정표와 같은 연구로 자리매김했다.

었다. 그를 불안하게 한 것은 새로운 이콘화의 의도에 있었다. 그는 그 속에서 구약으로의 후퇴, 복음서의 '진리'로부터 예언자의 '형상들' 또는 '그늘'로 회귀하는 것을 보았다. 그는 "인간적인 모습으로 그려야 한다"는 트룰로의 규정111)에서 출발했다. 그는 "형상을 진리보다 더 공경하는 것은 옳지 않다"고 말했다. 따라서 그리스도의 천사 같은 형상은 "이사야의 예언에 따라", 그리고 진홍색의 두 날개는 "위대한 디오니시우스의 글에 따라" 그렸다는 대주교의 대답은 그를 안심시킬 수 없었다. 대답은 적절하지 않았다. 바로 그 점에 비스코바티의 '의심'이 있었기 때문이다. 그는 이미 성취되고 극복된 예언을 따라서가 아니라, 복음서, 즉 역사적인 성육신의 완전함에 따라 그려야 한다고 주장했던 것이다. "우리 주 예수 그리스도의 인간적인 모습의 영광이 축소되지 않게 하라."

비스코바티는 옛것을 옹호한 것이 아니라 '진리', 즉 이콘화의 리얼리즘을 옹호한 것이다. 그와 대주교의 논쟁은 두 개의 종교, 미학적인 지향, 즉 전통적 위계적인 리얼리즘과 종교적 상상력에 의해 고양된 상징주의의 충돌이었다.

---

111) 트룰로의 규정: 비잔티움 황제 유스티니아누스가 692년 콘스탄티노플에서 소집한 기독교 공의회인 트룰로 공의회에서 나온 규정을 뜻한다. 이 공의회에서는 102개 조항의 교회법을 공표해 교회 행정 및 의식의 여러 문제들을 규정했다.

또한 비잔틴 전통과 증대해 가는 서구의 영향이 만난 것이었다. 역설적이게도 '서구주의'가 승리했다. 그러나 그것은 '옛것', '수집'을 기치로 한 승리였다.

이러한 역설적인 결합은 이반 뇌제에게서 매우 명백하게 나타난다. "글에서 그는 타고난 웅변가였고 그의 사고는 예리했다"고 동시대인이 그에 대해 말했다. 이반 뇌제는 단순히 훌륭한 학자 또는 다독가가 아니었다. 그에게는 진짜 문사적인 재능이 있었다. 인용과 발췌를 남용하기는 했지만 대담하고 표현력이 풍부했다. 쿠릅스키의 독설 어린 지적에 따르면, 그는 "구약과 서신서를 통째로" 인용했다. "그는 훌륭한 이해력을 지녔고 웅변이 매우 뛰어났다"고 후대 역사가인 카람진은 말했다. "그의 말에는 생기가 있고 변증에는 힘이 있다." 이반 뇌제에게는 의심할 바 없이 종교 사상에 대한 탐구심이 있었다. 그는 오랫동안 숙고한 종교적 세계관을 가지고 있었는데, 그 세계관은 어둡고 무거우며 병적으로 흥분된 것으로, 그 때문에 그는 지나치게 많은 고통을 받았다. 그러나 이반 뇌제는 옛것만을 지향하지는 않았다. 비록 격렬한 폭로와 위협으로 서구의 신앙을 가진 사람들을 공격하기는 했지만 항상 그들에게 이끌렸다. '체코 형제단[112]의 장관' 로키타[113]와 벌인 유명한 논쟁을 상기하

---

112) 체코 형제단: 보헤미아 형제단 또는 모라비아 형제단이라고도 한다. 후스주의자들의 남은 자들로 1457년 원시 기독교로 돌아가자

는 것으로 충분할 것이다. 이반 뇌제 때 이와 같이 모스크바 땅으로 '서유럽인들'이 대대적으로 유입되기 시작한 것은 우연한 일이 아니다. 당시 사람들에게는 이반 뇌제가 서구와 서구인들에게 이렇게 이끌리는 것이 눈에 뜨이지 않을 수 없었다. 얼마 후 유명한 서기였던 이반 티모페예프(Иван Тимофеев)는 "아아, 그의 내부에 있는 모든 것은 야만인들의 수중에 놓여 있구나"라고 탄식했다. 야만인들이란 타국인을 말하는 것이었다. 정치적으로뿐 아니라 문화적으로도 이반 뇌제는 비잔틴이 아닌 서구를 지향했다. 그는 그리스인들에 대한 역사적인 의존을 인정하지 않았으며 인정하고 싶어 하지 않았다. "우리의 신앙은 기독교적인 것이지, 그리스적인 것이 아니다"라고 그는 포세비노[114)]에게 답했다.

고 주장하며 보헤미아의 가톨릭과 결별했다. 전쟁과 폭력의 거부, 엄격한 훈련, 성경을 유일한 믿음의 권위로 삼는 것 등은 이후 재세례파 운동을 예고했다.

113) 얀 로키타(Jan Rokyta, ?~1591): 체코 형제단의 탁월한 일원으로서 형제단의 박해를 피해 폴란드로 이주해 그곳에서 형제단을 이끌었다. 1570년 폴란드 사절단과 함께 모스크바에 온 것으로 알려졌다.

114) 안토니오 포세비노(Antonio Possevino, 1534~1611): 프로테스탄트 종교개혁의 반대자로서 1559년 제수이트가 되었다. 1581년 교황의 명에 따라 러시아에 도착했으나 교회 연합을 위한 시도가 실패로 돌아간 후 1582년 로마로 되돌아갔다. 1587년부터 1591년까지 파도바 대학의 신학부 교수를 지냈다.

16세기 작가들 가운데 특별한 위치를 차지하는 사람은 주목할 만한 책인 ≪새로운 가르침에 대해 묻는 이들을 위한 진리의 증거(Истины показание, к вопросившимся о новом учении)≫의 저자인 지노비 오텐스키[115]였다. 그 책은 페오도시 코소이의 선전으로 제기된 의혹들에 대한 답으로서 편찬된 것이었다. 비록 그의 문체는 가볍지 않고 사상은 항상 충분히 유연하지는 않았지만, 지노비는 열의에 가득 차서 진정한 작가적인 기질을 가지고 글을 썼다. 그가 매우 박식한 사람이라는 것이 글에서 느껴진다. 그는 증언할 뿐만 아니라 항상 논쟁했다. 이것이 그의 새로운 특징이었다. 그의 주된 결론은 항상 문맥과의 연관 속에서 취해진 성경 텍스트에 대한 신학적 사유로부터 도출되었다.

당시의 논쟁과 분리 속에서 그의 위치를 규정하는 것은 단순하지 않다. 그는 막심 그레크와 가까웠다. 전승은 그를 '장로의 제자'라고 부른다. 그에게서는 노브고로드의 독립 정신이 매우 강하게 느껴진다. 그는 결단성과 확신을 크게 가지고 동시대인의 삶을 판단하고 폭로했는데, 이런 폭로 속에 막심 그레크의 반향이 들린다. 그러나 매우 중요한 문

---

[115] 지노비 오텐스키(Зиновий Отенский, ?~1568?): 러시아정교회 작가다. 막심 그레크의 제자로 노브고로드의 오텐스키 수도원에서 거주했다. 자신의 저작을 통해 페오도시 코소이와 벌인 논쟁으로 유명하다.

제에서 지노비는 막심과 볼가 강 너머의 모든 전통과 달랐다. 그는 비소유주의자가 아니었다. 그는 공작(公爵) 수도사를 비꼬기는 했지만 이오시프주의자들의 결론과 거의 같이 수도원의 재산을 옹호했다.

볼가 강 너머의 노선으로부터 지노비가 받아들인 것은 신학 논쟁의 정신, 영적 삶의 경험으로부터 조명된 신학적 관심의 활력, 그리고 그를 둘러싼 삶과 맺는 관계에서 보편적인 종교적·도덕적 요구였다.

이런 점에서 그는 자신의 시대와 결별했다. 아마도 그 때문에 이단에 대한 그의 책은 그림자에 가려져 있었던 것이다. 그 책을 인용한 사람은 니콘 한 사람뿐이었다.

바로 이 반란과 처형의 혼란스러운 시대에 모스크바에서는 침체와 부동(不動)의 정신이 형성되고 강화되었다. "모스크바의 이단은 이렇게 속이며 주절거리는 바보들 사이에서 떠돌아다닌다. 책에 있는 말을 많이 배울 필요는 없다. 왜냐하면 사람은 책 속에서 자신을 잃을 수 있기 때문이다. 즉, 자신들의 정신을 잃고 이단에 빠지게 되는 것이다." 이렇게 말한 사람은 쿠릅스키였다. 그의 말을 시대의 보편적인 특징이라고 말할 수는 없다. 그러나 세기말로 갈수록 지배적이 되고 승승장구했던 것은 바로 그런 분위기였다. 차르 표도르[116] 치세기의 동란기 전야에 이미 종말론적인

---

116) 차르 표도르(Φëдор, 1661~1682): 표도르 3세. 차르 알렉세이의

예측에서 정부의 이데올로기로 변해 버린 '제3로마설'로부터 결정적인 교회 정치적인 결론이 도출되었다. 러시아정교회보다는 러시아 국가의 독립과 지배를 증언하는 러시아 총대주교직이 설립되었다(설립 칙서의 결론을 보라). 총대주교직의 설립은 정치적인 행동으로 민족정신의 가장 깊은 곳에서 그 반향을 얻었다. 그것은 비잔틴으로부터의 결정적인 분리였다.

유일한 아들이다. 1676년 15세의 나이로 왕위에 올라 6년 후에 사망했다. 재위 기간 동안 시메온 폴로츠키에게 교육받았기 때문에 모스크바의 귀족들 사이에서 서구 사상과 관습, 라틴 서적들과 교리들이 쉽게 확산되었다.

II. 서구와 만남

1

서부 러시아의 삶에서 16세기는 비극적이고 불안한 시대였다. 그 시기는 긴장된 종교 투쟁과 신학 논쟁의 시대였다. 세기의 중반에 폴란드와 리투아니아는 종교개혁의 흥분에 휩싸였다. 이러한 흥분과 불안은 정교회적인 환경에서도 매우 크게 느껴졌다.

모든 곳에서 칼뱅주의 설교사들과 대사들이 나타났다. 그들을 지원한 것은 지역의 대지주들이었는데, 특히 리투아니아에서 더했다(라드빌로스[117]를 상기하는 것으로 충분할 것이다). 그보다 전에 '체코 형제들'의 공동체가 형성되었다.

폴란드에서는 이 시기에 자국에서 박해받던 여러 종류의 종교적인 자유사상가들이 은신처와 쉴 곳을 찾고 있었다. 특히 반삼위일체주의자들 또는 소치니교[118]도들(우리

---

[117] 라드빌로스(Radvilos): 리투아니아 공국의 가장 부유한 귀족 가문이다. 1547년에 최초로 신성로마제국의 공작 칭호를 수여받았다. 광대한 영토와 군사까지 소유할 정도로 막강한 권력을 가지고 있었다.

[118] 소치니교: 프로테스탄트 종교개혁의 반삼위일체주의의 한 갈래다. 명칭은 이탈리아의 렐리오 소치니(Lelio Sozzini)와 파우스토 소치니(Fausto Sozzini)에게서 왔다. 그들은 그리스도는 본성상 신이 아니라고 가르쳤다. 그들 운동의 중심지는 파우스토 소치니가 이주한 폴란드-리투아니아가 되었다. 그들은 곧 폴란드와 리

나라에서는 그들을 보통 '아리우스주의자들'이라 부른다)의 가르침이 널리 퍼지고 있었다. 폴란드는 반삼위일체주의 운동의 두 번째 조국이자 새로운 중심지라도 된 것 같았다. 폴란드의 종교개혁에서 무엇보다 강했던 것은 바로 '자유주의' 모티브였다.

가톨릭교회는 비교적 빠르게 이런 프로테스탄티즘의 동요를 저지했다. 결정적으로 작용했던 것은 트리엔트 공의회의 주 활동가들 중 한 명이었던 유명한 호시우스[119] 추기경을 돕기 위해 부름 받은 제수이트들의 개입이었다. 제수이트 신부들은 방어에서 곧바로 공격으로 옮아갔다. 짧은 시간 안에 그들은 주어진 과제, 즉 종교적으로 가톨릭 사회와 성직자들을 (단지 다시 설득하는 것이 아니라) 재교육하는 일에 성공했다. 설교와 학교가 투쟁과 선전의 주된 도구였다. 그뿐 아니라 제수이트들은 궁정에서, 특히 지그문트 3세[120] 치세 때 우세했다. 세기가 끝날 무렵에 폴란드는 다

투아니아 그룹으로 분리되었다.

[119] 호시우스(Hosius, 1504~1579): 16세기의 위대한 폴란드 주교이자 대표적인 가톨릭 지도자 중 사람으로 트리엔트 공의회의 멤버였다. 가톨릭 반대자들을 격퇴하는 열정으로 유명했던 그는 '제2의 아우구스티누스', '이단자들의 망치'라고 불렸다.

[120] 지그문트 3세(Zygmunt III, 1566~1632): 1587~1632년에 재위했다. 경건한 가톨릭교도로서 치세 후기에 모스크바 러시아를 두 번 침공한 바 있다.

시 완전히 가톨릭 국가가 되었다.

러시아정교회는 이런 전투적인 서구와 만날 준비가 되어 있지 않았다. 동시대인들은 지역 성직자들의 '대단한 무례함과 무지'에 대해서 열을 내어 말하곤 했다. 준비가 더 되어 있지 않았던 것은 상위 성직자들의 투쟁에 대해서였다. 당시 서부 러시아 감독들의 관심을 끌었던 것은 신앙 문제보다는 정치 문제였다. "사람들은 신학 대신에 인간적인 교활함, 법률적인 거짓, 마귀의 허탄한 말을 배우고 있다"(이오안 비셴스키[121]의 평). 16세기는 성직 계급의 전반적인 변절과 우니야[22]로의 이탈로 끝났다.

정교회는 자기 수호의 모든 무거운 짐을 교회의 민중에게 지웠다. 공동체적인 창조 속에서 교회의 자기의식이 공고해지는 법이다.

과제는 복잡하고 어려운 것이었다. 엄밀히 말하면, 동과 서의 모든 역사적 불일치를 분석해야만 했다. 그리고 당시

---

121) 이오안 비셴스키(Иоанн Вишенский, 1550~1635): 갈리치의 농민 또는 소상인 출신으로 고등교육을 받지 못했다. 아토스의 수도사가 되어 그곳에서 우니야를 반대하는 격렬한 서한을 고국으로 보냈다.

122) 우니야(Уния): 동방정교회와 서방 가톨릭교회의 연합을 의미한다. 동방정교회는 교황의 권위를 비롯한 가톨릭교회의 교리를 인정하되 예배 의식과 결혼할 수 있는 백승의 자유 등을 고수했다. 1596년에 우크라이나인과 벨라루스인들을 위한 브레스트 우니야가 이루어졌다.

서구의 모순 가운데서 정교회의 자리를 찾고 규정해야 했다. 달리 말해, 로마의 문제를 해결하고 종교개혁의 논쟁을 논해야 했던 것이다.

물론 그런 과제는 갑자기 한 번에 해결할 수 있는 것이 아니었다. 그 과제는 여러 세대를 위한 프로그램이다. 논쟁의 최초 경험이 그다지 성공적이지 않으리라는 것을 예견해야만 했다. 게다가 세속인들과 성직 계급의 부득이한 분리가 이 투쟁을 방해했다.

2

16세기 서부 러시아의 작가들 중에서 모스크바의 추방자들(도망자들이라는 편이 낫겠다)을 특별히 주목할 필요가 있다. 아르테미 장로와 쿠릅스키 공이 그들이다. 전에 성 삼위일체 수도원의 원장이었던 아르테미는 모스크바에서 이단으로 정죄당했다("몇 가지 루터적인 분리 때문에"). 그는 처음에 유배당한 솔로브키 수도원으로부터 리투아니아 국경으로 도주하는 데 성공했다. 여기서 그는 곧바로 프로테스탄트들과 아리우스주의자들과 벌이는 논쟁과 투쟁에 연루되었다. 자하리야 코피스텐스키[123]는 후에 그에 대해 이렇

---

123) 자하리야 코피스텐스키(Захария Копыстенский, ?~1627): 브레

게 말했다. "이 복된 수도사는 하나님의 도움으로 리투아니아의 많은 사람들을 아리우스주의와 루터주의의 이단으로부터 돌이켰으며, 그를 통해 하나님은 그곳의 모든 러시아인들이 이런 이단으로 빠질 뻔했던 위험을 물리쳐 주셨다."

특히 흥미로운 것은 아르테미가 영향력 있는 칼뱅주의자이자 후에 소치니교의 설교사가 된 시몬 부드니(Szymon Budny)[폴란드 아리우스주의의 극단적인 좌파인 소위 "비숭배자들(non-adorantes)"로 불렸던124) 이들에 속했으며 성경 비평을 이신론의 원칙들과 결합했다. 스피노자의 영향과 비교해 보라에게 보낸 편지들이었다. 그 편지들에 나타난 관용의 정신과 복음적인 온유함의 정신은 놀라울 정도다. 볼가 강 너머 장로들의 제자가 글을 썼다는 것이 느껴진다. 아르테미는 부드니를 '보편적인 인간성 때문에' 형제라고 불렀으며, 그러한 관계를 '거짓된 이성의 악한 신앙'이 파괴할 수 없다고 느꼈다.

논쟁의 조건상 아르테미는 의식들과 외적인 경건에 대해서 더 많이 말해야 했다. 그러나 그는 어떤 의식주의로부터도 멀었다. 그에게 기독교는 내적인 일이었으며, '십자가의 행위', 금욕적 공적, 침묵과 영의 집중의 길이었다. 그는

스트 우니야 이후 시기에 지도적인 정교회 수도사였다.
124) 부드니가 이끌었던 리투아니아의 소치니교도들은 그리스도가 참된 하나님이 아니므로 그에게 기도하는 것을 금했다.

이삭 시린, 바실리 벨리키, 아레오파기트, 다마스쿠스의 요한[125])을 누구보다 자주 인용했다. 아르테미는 단순한 다독가가 아니었다. 그는 교부 전통 속에서 살았다. 그리고 닐 소르스키와 마찬가지로 이런 글들을 시험해 보아야 한다고 주장했다.

쿠릅스키는 다른 식으로 활동했다. 그는 직접 논쟁하지 않았다. '추악한 이단들'의 성공에 불안을 느낀 그는 정교회 교도들의 태평함과 준비되어 있지 못한 것에 대해서도 불안해했다. "우리는 공부하는 데 게으르고 태만하다. 그리고 너무나 교만해서 우리가 알지도 못하는 것에 대해 묻지도 않는다." 무엇보다 그는 정교회적인 의식(意識)을 전반적으로 강화하는 것에 열성을 보였다. 이를 위해서 신앙의 원천으로 돌아갈 것을 촉구했다. 그는 교부 전통의 열성적인 옹호자였다. 그는 정교회 교도들이 교부들의 저작을 너무나 모르고 읽지 않는 것에 대해 당황했다(분개했다). "외인들은 우리의 스승들을 좋아하는데, 정작 우리는 우리 것을 보면서도 영적인 배고픔으로 쇠약해진다." 그는 교부들의 저작이 슬라브어로 다 번역되지 못한 것을 놀라워했다. 이전의 번역들은 그를 만족시키지 못했다. 그는 다시 번역에 착수하고자 했

---

125) 다마스쿠스의 요한('Ιωάννης ὁ Δαμασκηνός, 675?~753?): 비잔틴 신학자이자 철학자, 시인이다. 그리스 교부 신학의 체계적 완성자로 불린다. 성상 파괴론자들과 대항해 싸운 것으로 유명하다.

다. 이때 그는 자신이 열광할 정도로 존경하고 '가장 사랑하는 스승'이라고 불렀던 막심 그레크를 기억했다.

쿠릅스키는 그리스어가 아닌 라틴어에서 번역했다. 번역을 위해 일부러 라틴어를 배웠다. 그는 서구로 관심을 돌렸는데, 콘스탄티노플이 멸망한 후에 모든 그리스 서적들이 서구로 옮겨져서 그곳에서 라틴어로 번역되었기 때문이었다. 그는 막심 그레크의 이야기를 그렇게 이해했던 것이다. 막심에 의해 쿠릅스키는 서구를 평가했고, 그곳에서 그리스 전승을 찾았다.

쿠릅스키는 모스크바의 차르와 귀족들의 이해(利害)를 위해서만 논쟁했던 것은 아니었다. 그가 신랄하고 악의에 찬 팸플릿 저자인 것만은 아니었다. 그는 정교회 문화의 진실하고 열성적인 옹호자였다.

그의 시야는 전형적으로 비잔틴적인 것이었다. 그를 비잔틴적인 인문주의자라고 부를 수 있을 것이다. 교부 신학과 그리스의 지혜는 그에게 통일체로 결합되었다. 그는 "우리의 고대 스승들은 자연철학과 성경 모두를 배웠고 그 모두에 능숙했다"고 말했다. 그 자신도 교부들 외에 자연철학, 특히 아리스토텔레스(물리학과 윤리학), 그리고 키케로를 배웠다. 아마도 키케로에게서 그는 자연법이라는 (스토아적) 사상을 받아들였을 것이다. 그가 아리스토텔레스를 알게 된 것은 물론 다마스쿠스의 요한을 통해서였다.

쿠릅스키는 거대한 번역 계획을 세웠다. 그는 4세기 위대한 교부들을 번역하고자 마음먹었다. 이를 위해서 번역가들 또는 그가 '바칼랴르'라고 부른 이들을 모집하고 그룹을 형성해 고전을 읽도록 했다. 그는 자신의 친척인 미하일 오볼렌스키(Михаил Оболенский) 공을 크라쿠프와 이탈리아로 보내 '고등 과학'을 배우게 했다. 쿠롭스키는 (서구에서 출판된 형태로) 즐라토우스트[126)]의 '모든 작품'과 그레고리우스[127)], 알렉산드리아의 키릴,[128)] 다마스쿠스의 요한의 저작을 얻었다.

실제로 번역에 성공한 것은 얼마 되지 않았다. 그는 즐라토우스트부터 시작하여 그의 유훈 전집을 먼저 번역했다[≪새로운 마르가리타(Новый Маргарит)≫]. 그 후에 다마스쿠스의 요한의 신학, 변증법, ≪천상(Небеса)≫, 그리고

---

126) 즐라토우스트(Златоуст, 347?~407): 요하네스 크리소스토무스라고도 부른다. 초대교회 역사에서 가장 유명하고 사랑받는 교부 중 한 사람으로 콘스탄티노플에서 행한 설교로 잘 알려져 있다.

127) 나지안주스의 그레고리우스(Γρηγόριος Ναζιανζηνός, 330~383): 성 대 바실리, 니세누스 그레고리우스와 더불어 4세기의 위대한 교부들 중의 한 사람으로 삼위일체와 그리스도론을 정립하는 데 지대한 공헌을 했다.

128) 알렉산드리아의 키릴(Кирилл Александрийский, 376~444): 412년부터 444년 사망할 때까지 알렉산드리아의 총대주교였다. 그리스도의 신성과 인성은 완전히 분리되어 있었다고 가르친 네스토리우스주의자들과 벌인 투쟁을 이끌었다. 431년 에베소 공의회에서 네스토리우스주의자들을 정죄하는 데 주도했다.

짧은 글들을 번역했다. 다른 교부들의 글 중에서는 다만 개별 논문들과 유훈들, 그리고 에우세비우스의 역사에서 일부가 번역되었다. 그는 일련의 흥미로운 성경 주석 전서도 편찬한 것 같다. 그것은 ≪사도들의 글의 주석≫, ≪예언서들의 주석 축약≫(일반적으로 막심 그레크의 작품으로 간주하지만 근거가 없다), 그리고 주로 테오도레토스[129]와 위(僞) 아타나시우스에 근거해 편찬했지만 다른 교부 문헌도 적절하고 풍부하게 함께 선별적으로 포함한 교리적 성격을 가진 ≪시편 주석≫이었다. 이 모든 책들은 '아리우스주의자들'과 논쟁하기 위해 고안된 것들이었다. 그 속에는 살아 있는 교리적 관심과 의식적인 신앙의 명료함과 건전함이 나타나 있다.

쿠릅스키가 주석을 착수하여 끝냈다는 사실만이 중요한 것은 아니다. 중요한 것은 이미 의도 자체, 구상과 작업의 계획이다.

그는 학자나 박학한 사람인 것만이 아니었다. 그에게는 시대에 대한 생생한 감정이 있었다. 그는 교부 전통의 창조적 갱신, 비잔틴 전통의 부활과 계승을 위해 노력했다. 그에게는 완전한 종교적·문화적 이상이 있었다. 그것은 슬라

---

129) 테오도레토스(Θεοδώρητος, 393~466): 423~466년에 키프로스의 주교를 지냈다. 안디옥 전통에 속한 신학자로 네스토리우스와 가까운 친구였던 것으로 알려져 있다.

브, 그리스정교회 문화의 이상(그것을 그는 '폴란드의 야만'에 대비했다)이었다.

3

쿠릅스키는 문학적·신학적 작업에서 독보적인 존재는 아니었다. 16세기 중반에 리투아니아에서는 정교회 서적 출판이 발전하고 있었다. 이러한 출판 활동은 변증적인 과제 때문에 힘을 얻고 있었다. 가장 중요한 것은 프로테스탄트, 특히 '아리우스주의' 선전과 투쟁하는 것이었다. 투쟁 목적으로 출판한 것은 폭로하는 책뿐 아니라 바로 원전들이었다는 것을 강조할 필요가 있다.

그 시대에 나온 일련의 출판 기획 가운데 무엇보다 중요했던 것은 물론 오스트로그 성경(1580)[130]이었다. 그것은 계몽적일 뿐 아니라 신학적인 기념비다. 출판은 논쟁적인 의도를 가지고 구상되었다. 그 의도는 마치 성경에 근거를 둔 것처럼 "불경하게도 아리우스주의를 고백하기를 서슴지 않는" 자들을 독자들이 경계하도록 하기 위해 서문에 직접 표현하고 있다. 자국어로 된 성경은 어디서나 종교개혁 선

---

130) 오스트로그 성경: 최초의 교회슬라브어 성경이다. 오스트로그라는 도시에서 출판되어 오스트로그 성경이라고 부른다.

전의 도구가 되어 있었다. 서부 러시아 성경 번역은 대부분 프로테스탄트적인 환경에서 나왔다. 스카리나[131]의 유명한 번역은 후스주의[132]와 연관되어 있었다. 쿠릅스키는 그에 대해 '부패한 유대주의자들의 책으로부터' 번역한 것이라고 신랄하게 언급하면서 스카리나의 번역이 '루터의 성경'과 유사함을 지적했다. 사실은 스카리나는 유명한 니콜라스 드 리라의 라틴 스타일의 도움을 받아 1509년 체코의 후스 성경을 번역했다. 다른 이들 역시 체코어 또는 그보다 더 자주 폴란드어를 번역했다. 그런 번역들은 러시아의 소치니주의자들의 것이었다. 바실리 차핀스키[133]는 시몬 부드니의 폴란드어 성경(1580년경)을, 발렌틴 네갈렙스키[134]

---

131) 프란치샤크 스카리나(Францішак Скарына, 1488?~1535?): 벨라루스 출신 의사였으며 프라하와 빌나(빌뉴스의 옛 이름)에서 성경 번역의 초판을 냈다.

132) 후스주의: 보헤미아의 종교개혁자 얀 후스(Jan Hus, 1372~1415)의 주장을 일컫는다. 후스는 성서를 유일한 권위로 강조하고 고위 성직자들의 세속화를 강력히 비판했다. 또한 체코 민족운동의 지도자로서 보헤미아의 독일화 정책에 저항했다. 1414년 콘스탄츠 공의회에 소환되어 화형에 처해졌다.

133) 바실리 차핀스키(Василий Тяпинский): 폴로츠크 출신의 소귀족으로 마태복음 · 마가복음 · 누가복음을 번역했으며 소치니주의의 영향을 받았다.

134) 발렌틴 네갈렙스키(Валентин Негалевский): 이 인물에 대해서는 알려진 바가 거의 없으며 그가 번역한 복음서에는 소치니주의자들의 서문과 주석이 있다.

의 신약성경(1581)은 체호비치[135]의 폴란드 판에서 번역했다. 그것들은 번역이라기보다는 다시 쓰기, 개작이나 다름없었다. 문헌 자체, 더 많은 경우는 설명적인 주해에 비슬라브 경향이 매우 명료하게 느껴진다. 어쨌든 이 모든 서부 러시아의 번역들은 동방의 성경 전통과 단절되었다. 이런 점에서 오스트로그 성경의 의의는 의식적이고 비판적으로 그리스 문헌에 기초하고자 했다고 규정할 수 있다. 출판의 기초에는 겐나디 전서가 놓여 있었다(사본은 어려움 없이 모스크바에서 받을 수 있었다). 그러나 문헌은 많은 슬라브 사본들과 비교해서 새롭게 매우 주의를 기울여서 재조사되었고, 특히 다시 한 번 그리스 성경과 비교·검토되었다(아마도 알두스[136]와 컴플루텐[137]의 출판본일 것이다). 비록 오스트로그 성경에 불가타역이 사용되기는 했지만, 이때 겐나디 문헌의 라틴주의는 지워지고 약화되었다.

---

[135] 마르틴 체호비치(Martin Czechowicz, 1532~1613): 빌나의 칼뱅주의 설교사로 반삼위일체주의자들에 가담하여 후에는 가장 영향력 있는 유니테리언 신학자가 되었다.

[136] 알두스(Aldus) 출판본: 1518년 베네치아의 알두스 마누티우스(Aldus Manutius) 출판사에서 최초로 인쇄된 칠십인역이다.

[137] 컴플루텐(Compluten) 출판본: 스페인의 추기경 프란시스코 히메네스(Francisco Jiménez, 1436~1517)가 출판한 다국어 성경으로 히브리어·아람어·칠십인역·라틴어·그리스어 번역이 병렬식으로 실려 있었다.

분명 오스트로그 성경에는 충분히 풍부하고 다양한 자료가 사용되었을 것이다. 그것의 평가는 번역된 성경 자체로 해야 한다. 오스트로즈스키138) 공은 모든 곳에서, 즉 로마와 슬라브 땅, 그리스, 불가리아, 세르비아의 수도원들에서 사본을 수집했다. 그는 콘스탄티노플의 총대주교에게 '그리스, 슬라브 성경에 능숙한 사람들'과 '잘 수정되고 모든 결함이 제거된 사본들'을 보내 달라고 청했다. 그는 오스트로그에서 출판을 위해 작업할 '지혜를 사랑하는 다양한 사람들'을 모으는 데 성공했다. "이곳에는 데모스테네스139)에 버금가는 웅변가들과 그리스어·라틴어·슬라브어에 능숙한 박사들이 있다. 또 뛰어난 수학자들과 점성술사들이 있다"(코피스텐스키). 우리는 그들 모두를 알지는 못한다. 게라심 스모트리츠키,140) 출판업자 이반 표도로프141), ≪단

---

138) 콘스탄틴 오스트로즈스키(Константин Острожский, 1527~1608): 우크라이나 대지주로서 정치가이자 문화 활동가다. 우크라이나의 문화와 교육 발전에 크게 이바지한 인물로 1575년 출판업자 이반 표도로프(Иван Фёдоров, 1520?~1583)를 초청해 인쇄소를 설립하여 출판 사업에 힘썼다. 이 인쇄소에서 오스트로그 성경을 인쇄했다.

139) 데모스테네스(Demostenes, BC 384~BC 322): 고대 그리스의 웅변가이자 정치가다. 반(反)마케도니아 운동의 선두에 섰던 인물이다. 연설문 61편이 전하는데, 그중 <필리포스 탄핵> 1~3편이 유명하다.

140) 게라심 스모트리츠키(Герасим Смотрицкий, ?~1594): 오스트

일한 믿음에 대하여(О единой вере)≫의 저자인 사제 바실리 수라즈키(Василий Суразкий), 유명한 장군의 형제인 사제 데미얀 날리바이코142), 그리고 얀 라토스143)를 특별히 기억할 필요가 있다. 얀 라토스는 전에 크라쿠프 대학 교수로 수학자요, 천문학자였는데, 새로운 스타일을 도입하는 것에 대해 격렬하게 저항한 이유로 크라쿠프를 떠나야만 했다.

성경 작업은 복잡하고 세심한 주의를 요하는 일이었다. 서문에서 오스트로그의 출판자들은 전해진 사본들이 불완전하다는 점을 언급했다. "너무 많이 수정하고 왜곡했다." 이런 모든 불완전함에도 불구하고 오스트로그 성경은 유명한 식스토-클레멘티스(Sixto-Clementis)판 라틴 불가타 성경보다 전체적으로 더 정확하고 믿을 만하다. 이것 하나만으로도 16세기 말 서부 러시아에서 일어난 문화적·신학적 발전의 의의를 알 수 있다.

로그 아카데미의 초대 학장이었다.

141) 이반 표도로프(Иван Фёдоров): 1564년 모스크바에 최초로 인쇄소를 세웠다. 후에 오스트로그로 가서 오스트로그 성경(1580~1581)을 출판했다.

142) 데미얀 날리바이코(Демьян Наливайко, ?~1627): 오스트로그의 성 니콜라스 교회의 사제였다.

143) 얀 라토스(Jan Liatos, 1539~1605): 가톨릭교도로 크라쿠프 대학의 교수였는데, 교황 그레고리우스 13세의 달력 개혁에 반대하다가 대학에서 쫓겨났다.

그러나 이때 무엇보다 더 중요한 것은 비잔틴 전승과의 파괴되지 않은, 살아 있는 관계. 쿠릅스키와 마찬가지로 오스트로그에서는 슬라브·그리스 문화의 과제에 의해 고무되었던 것이다. 유명한 오스트로그 학교는 그리스식 모범에 따라 조직되었다. 교사들 중에는 그리스인들도 있었다. 그들은 오스크로그에 슬라브·그리스 문화 중심지를 만들려는 생각과 희망을 가지고 있었다. 그들은 그 학교("세 언어를 쓰는 리체이"144))를 로마에 있는 성 아타나시우스 그리스 콜리지에 맞설 수 있는 진짜 아카데미로 변모시키고 싶어 했다(우니아트 대주교 루트스키145)는 그렇게 그들의 의도를 평가했다). 이러한 의도는 성취되지 못했으며 오스트로그 학교는 너무 짧은 기간 동안만 존속했다. 게다가 그 의도는 성취 불가능한 것이었다. 그 이유는 여러 가지가 있었다. 혼돈스럽고 어려운 시대였으며, 역량과 사람들이 부족했다. 그러나 가장 중요한 것은 오스트로그 그룹의 분위기가 불안정했고 양분되어 있었다는 것이다. 오스트로즈스키 공은 아무리 동시대의 모스크바를 싫어했고 서구와 라틴 서적을 가지고 작업했지만 여전히 외국에서도 불굴의

---

144) 세 언어를 쓰는 리체이(лицей): 주로 특권층 자제들이 수학하는 중등교육 기관이다.

145) 이오시프 루트스키(Иосиф Рутский, 1574~1637): 1613년에 키예프의 우니아트 대주교가 되었다.

모스크바인이자 친그리스인으로 남아 있었던 쿠릅스키 공을 닮지 않았다. 오스트로즈스키는 이미 서구적인 사람이었다. 게다가 그는 사회적이고 민족적·정치적인 활동가였다. 따라서 너무나 자주 화해와 협정의 문제들에서 조심성이 없었고 지나치게 멀리 나갔으며 타협에 능숙했다. 정교회를 열성적으로 옹호했는데도 동시에 우니야 준비에 참여했으며 그가 우니야에 공감했다고 말할 만한 구실과 근거를 제공했다. 그는 가톨릭교도[타르놉스카야(Тарновская)]와 결혼했으며, 큰아들 야누슈(Кн. Януш) 공은 가톨릭 의식에 따라 세례를 받았다. 그와 동시에 소치니주의자들과도 가깝게 지냈으며 교육적인 일에서 그들의 능숙한 조직과 발전에 존경을 표했다. 그는 자신의 사업을 위해 그들의 도움을 구하기를 꺼리지 않았다. 그는 '그리스의 변절'에 대한 스카르가[146]의 책에 대한 반박을 소치니주의자인 모토빌라[147]에게 의뢰했다. 이것은 쿠릅스키의 큰 분노와 격분을 야기했는데, 쿠릅스키에게 모토빌라는 "적그리스도의 사

---

146) 피오트르 스카르가(Piotr Skarga, 1536~1612): 동시대의 가장 영향력 있는 폴란드 제수이트였다. 1578년에 빌나에 세운 첫 제수이트 대학의 초대 학장을 지냈다. 동시대 그리스교회가 플로렌스 공의회에서 이루어진 교회 연합을 무시한다고 주장했다. 리보프에서 오스트로즈스키를 만난 적이 있었다.

147) 모토빌라(Motovila): 잘 알려진 바는 없으나 리투아니아인으로 유니테리언교도였던 듯하다.

자"요, 불경스러운 아리우스, 포티누스,[148] 사모사타의 바울[149]의 추종자였던 것이다. "기독교의 지도자들은 무례와 무지의 극단으로 치달아 부끄러움도 모르고 그들의 집에서 이런 독이 있는 용들을 보호하고 먹일 뿐 아니라, 그들을 옹호자이자 조력자로 사용하고 있다. 더 경악스러운 것은 그들을 불러 사탄의 영에 대항하여 하나님의 교회를 수호하도록 하고, 절반만 기독교적인 라틴 책들에 대항하여 글을 쓰도록 맡긴다는 사실이다." 쿠릅스키의 엄격함에 찬성할 사람은 많지 않을 것이다. '이단자들'이 정교회 신앙을 수호하는 것을 왜 기뻐하지 말아야 한단 말인가?! 논쟁과 투쟁에서는 늑장을 부리거나 기다려서는 안 되는 것이다.

신앙의 관용과 종교적 자유를 위한 보편적인 투쟁에서 정교회교도들과 프로테스탄트들은 어쩔 수 없이 '연합군'이 되어 버렸고, 라틴의 공격은 프로테스탄트의 위험성으로부터 주의를 다른 데로 돌렸다. 1599년에 열린 정교회교도들과 칼뱅주의자들의 빌나 대회는 매우 특징적이다. 그때 그들 사이에 종교·정치 연합이 체결되었을 뿐 아니라, 신앙

---

148) 포티누스(Φωτεινός, ?~376): 삼위양식론자로 345년 정죄당했다. 성부·성자·성령은 한 하나님의 서로 다른 표현 양식에 불과하다고 주장했다.

149) 사모사타의 바울(Paul of Samosata): 260~268년에 안디옥의 주교를 지냈다. 양식론과 그리스도 양자설(그리스도는 인간으로서 신에게 선택된 인물이라는 견해) 등 이단적인 신학을 주장했다.

에서 합의의 문제 역시 제기되었던 것이다. 그들 사이의 유사성 또는 단일성은 반대되는 라틴 신앙과 대조에서 규정되었다. 때마침 언급할 것이 있는데, '다른 신앙을 가진 이들'과 협상은 한때 지그문트 아우구스트150) 시절 폴란드와 리투아니아에서 자유주의적인 가톨릭교도들의 프로그램 안에 들어 있었다.

합의의 계획은 더 진전되지 않았다. 그러나 프로테스탄트들과 신학적 공동 작업은 계속되었다. 정교회의 논객들은 특히 교황의 최고 지배권에 대한 문제에서 서구의 폭로적인 문학을 이용했다. 이 주제에 대한 중요한 종교개혁 회의들(바젤과 콘스탄츠151))의 결론들이 반복되었고, 스팔라트로의 대주교 마르코 안토니오 드 도미니스(Marco Antonio de Dominis)의 유명한 책152)이 큰 인기를 얻었다(그 책은 후에 번역본 형태로 배포되었다). 소치니주의자들은 마치 가면

---

150) 지그문트 아우구스트(Zygmunt August, 1520~1572): 폴란드 국왕이자 리투아니아 대공이다. 1548~1572년 재위했으며, 그때 루블린 연합이 성립되었다.

151) 바젤 회의는 1631년에 열렸다. 콘스탄츠 회의는 1414~1418년에 열렸던 제16차 가톨릭교회 회의로서 '서구의 분열' 문제를 해결하고 존 위클리프와 얀 후스를 이단으로 정죄할 목적으로 개최되었다.

152) ≪교황의 지배권에 반대하는 교회 정치(De Republicâ Ecclesiasticâ contra Primatum Papæ)≫(1617)를 가리킨다. 교황은 단지 '동등한 자들 가운데 한 명(primus inter pares)'으로서 다른 주교들에 대한 지배권을 갖지 않는다고 주장했다.

을 쓰듯 남의 이름을 자주 빌려 정교회를 옹호했다.

이런 점에서 매우 특징적인 것은 브레스트 공의회에 대한 스카르가의 책에 대한 답으로 1587년 크리스토포르 필라레트(Христофор Филалет)라는 이름으로 발간된 ≪아포크리시스(Апокрисис)≫다. 저자는 문학적 가면, 즉 그리스식 필명 뒤에 숨어 자신의 책을 번역인 것처럼 출판했다. 그 사실을 많은 사람들이 믿었을 리 없다. 사람들은 가짜 이름 뒤에 있는 그를 알아봤던 것 같다. 현대의 연구자들은 그를 알아보기가 더 어렵다. 어쨌든 저자는 러시아인도, 정교회교도도 아니었던 것이다. 그가 스테판 바토리[153]의 서기이자 외교관으로서 크림한국에 사절로 두 번 다녀왔으며, 가치 있는 책인 ≪타타르의 기록(Descriptio Tartariae)≫(Coloniae Agripp, 1545)의 저자인 마르틴 브로네프스키(Martin Bronevsky)일 것이라고 짐작하는 데는 충분한 근거가 있다. 그는 선량한 인간이었으며, 오스트로즈스키와 가깝게 지냈다. 그는 정교회교도들과 복음주의자들의 연합에 활동적으로 참여했다. 카스퍼 니시키(Kasper Niesiecki)는 유명한 ≪문장(紋章)이 든 책(Гербовник)≫에서 그를 매우 칭찬한다. ≪아포크리시스≫ 곳곳에서 칼뱅의 ≪기독

---

[153] 스테판 바토리(Stefan Batory, 1533~1586): 1571~1576년 트란실바니아의 군주로 재위 기간 중에 리투아니아에 있는 이반 4세의 군대를 세 번 공격했다.

교 강요(Institutiones christiane)≫와 분명히 유사한 것이 느껴진다. 저자는 또한 당시 완전히 새로운 책인 시그란두스 루베르투스[154)]의 ≪로마의 교황(De papa Romano)≫ (1594)을 활용하기도 했다. 멜레티 스모트리츠키[155)] 역시 그 책을 이용했다.... 이러한 '프로테스탄트적인' 영향의 깊이를 과대평가해서는 안 된다. 그러나 '프로테스탄티즘'의 느닷없는 출현은 후에 라틴주의의 강력한 영향에도 불구하고 우크라이나 민중의 특성에 영원히 남게 되었다. 더 중요하고 위험한 것은 러시아 작가들이 신학과 종교의 문제들을 서구에서 문제를 제기하는 방식으로 논하는 데 익숙해졌다는 것이다. 라틴주의를 배격한다는 것은 아직 정교회를 강화하는 것을 의미하지는 않는다. 그런데 당시 논쟁적인 표현에는 정교회의 전제들과 결코 항상 양립할 수 없는 종교 개혁자들의 논증들이 흘러들어 왔던 것이다.... 여기에 덧붙일 것이 있는데, 그리스의 도움을 항상 신뢰할 수는 없었다는 것이다. 그리스의 학자들은 보통 자신들이 공부한 베네치아나 파도바, 심지어 로마, 또는 제네바, 비텐베르크 등

---

154) 시그란두스 루베르투스(Sigrandus Lubbertus, 1556~1625): 네덜란드 작가다. 엄격한 칼뱅주의자로 가톨릭과 소치니주의에 대항하여 투쟁했다.

155) 멜레티 스모트리츠키(Meletii Smotritskii, 1578~1633): 1620년 폴로츠크에서 정교회 사제였으나 폴란드 당국의 박해로 쫓겨나 1627년 우니야에 가담했다.

서구에서 왔던 것이다. 그들은 그곳으로부터 비잔틴의 기억뿐 아니라, 더 자주 서구의 신경향을 들여왔다. 16세기에 서구의 신경향은 프로테스탄티즘에 호의적인 것이었고, 후에는 반대로 라틴주의를 숨기고 있었다. 그리스 신학 자체도 당시 심각한 위기를 경험하고 있었다. 키릴로스 루카리스[156]와 그의 ≪신앙고백(Confessio)≫을 상기하는 것으로 충분할 것이다. 그것은 정신에서뿐 아니라 문자적으로도 칼뱅주의적인 것이었다. 역사적으로 이러한 프로테스탄티즘의 접종은 불가피한 것이었을 수도 있다. 그러나 이런 서구의 영향에서 정교회 문화의 이상은 흐려지고 혼탁해졌다.

그러나 아직 출구는 있었다. 논쟁을 자제하는 것이었다. 그런 행동 방식을 제안한 이는 콘스탄티노플 총대주교인 멜레티우스의 제안에 따라 스카르가에게 답했던 아토스의 수

---

[156] 키릴로스 루카리스(Κύριλλος Λούκαρις, 1572~1638): 크레타에서 태어나 베네치아와 파도바의 그리스 학교에서 인문주의 교육을 받았다. 알렉산드리아의 총대주교인 멜레티우스 피가스에게 성직을 수여받아 우니야에 대항해 투쟁하는 정교회교도들을 돕도록 동유럽에 보내졌다. 1601년에 알렉산드리아의 총대주교로 선출되었다. 네덜란드와 영국의 프로테스탄트 친구들이 있었던 그는 성사와 이콘화에 대하여 프로테스탄트적인 입장을 견지했다. 1620년 콘스탄티노플의 총대주교로 선출되었으나 1638년 종교회의에서 정죄당해 유배하던 중 숨졌다. 당시 정교회 교회의 비극적 인물 가운데 한 사람이다.

도사 ('모든 성스러운 아토스 산을 순례하는') 이반 비센스키였다. 그는 자신을 멍청이라고 불렀고('가난한 순례자'), 서구의 지혜와 '심오한 단순함', '하나님 앞에서 어리석음'을 대비했다. 그러나 비센스키의 말을 액면 그대로 믿을 필요는 없다. 그의 글을 비교·분석해 보면, 그가 폴란드와 서부 러시아 사회의 사상·문학 운동의 수준에 서 있었고 그것을 잘 알고 있었다는 것을 알게 된다. 그는 "기질이 강하고 문학적인 경험이 풍부한 작가였다"(그에게는 아레오파기트의 영향이 느껴진다). 그는 '이교의 지혜'와 '정교하게 꾸민 이성'을 단호히 거부했다. 비센스키는 직설적이고 신랄했다. "그대는 측시법과 시편, 옥토에코스,157) 서신서, 그리고 복음서와 교회의 다른 책들을 배워 단순함 속에서 하나님을 기쁘시게 하고 그럼으로써 영원한 삶을 얻는 것이 나은가? 아니면 아리스토텔레스와 플라톤을 알아 이 시대에 철학자로 불리고 게헨나158)로 가는 게 나은가?" 비센스키는 바로 스콜라주의, 스콜라적인 스타일과 방법을 거부했다. 그것

---

157) 옥토에코스(Octoechoes): '8음'이란 뜻이다. 정교회 교회 예배 시 사용하는 찬송가의 여덟 가지 선법을 가리킨다.

158) 게헨나: 구약성경에 언급된 '힌놈의 골짜기'다. 원래 예루살렘 성벽 남쪽에 있는 골짜기를 가리켰다. 고대에는 여기에서 유아를 제물로 바쳤고, 후에는 마을의 오물이나 동물·죄인의 사체를 소각했기 때문에 사후 악인이 벌받는 장소, 곧 지옥의 동의어가 되었다. 신약성경에서는 지옥이라는 뜻으로 사용된다.

은 '수사적인 기술의 기교', '육적이고 외적인 지혜'에 지나지 않았다. 다른 말로 하자면, 그는 외적인 문화, 문화성, 문화적인 번쩍거림, 겉모양을 거부했던 것이다. "오, 너 단순하고 배우지 못하고 겸손한 러시아인이여, 단순하고 죄 없는 복음서를 굳게 붙들어라. 그 안에 너를 위해 영원한 생명이 감춰져 있으니...." 이교의 스콜라적인 기교에 비센스키는 신앙의 단순함, '겸손하고 지혜로운 옥토에코스'를 대비했다. 물론 그가 우니야의 위험을 극복할 수 있는 방법은 오로지 영적 고양뿐이라고 한 것은 옳았다. 곧 외적으로 보이는 기교가 아닌 겸손한 지혜인 것이다. 그 방법은 논쟁이 아닌 금욕적인 충실성과 기도의 긴장이다.

그러나 진짜 어려움은 논쟁에서 벗어날 수가 없다는 것이었다. 서구의 질문들에 답해야만 했다. 그렇지 않으면 대답할 것이 없다는 인상을 주게 될 것이기 때문이다. 항상 침묵만 하고 있을 수는 없는 노릇이었다. 따라서 무장을 하는 차원에서라도 반대자들과 동등하게 서야 했다. 승리는 참는 데서 오는 것이 아니라, 극복하는 데서 오는 것이다.

4

우니야는 사실 분열이었다. 그것은 서부 러시아정교회를 분열시켰고 성직 계급과 민중을 갈라놓았다. 그것은 교권 확장 운동이었다. 우니야는 교회 민중과 단절된 채, 민중의 자유로운 공동체적인 합의와 조언 없이, "몰래 은밀하게, 기독 민중이 모르게" 행해진 주교들의 일이었다. 그리하여 이상한 상황이 벌어졌다. 정교회 민중의 머리에 우니야의 성직자들이 놓이게 된 것이다. 게다가 이 우니야 감독들은 자신들이 로마의 권력과 재판권에 복종하는 것을 '교회의 연합'으로 간주했다. 따라서 그들은 민중의 저항을 교회법을 제멋대로 어기는 반란, 순종하지 않는 양 떼가 합법적인 성직계급의 권력에 맞서 반란을 일으키는 것으로 보았다. 물론 그와는 반대로 정교회교도들은 이 불순종과 불가피한 성직계급 반대 투쟁을 기독교적인 의무, 즉 충성과 신앙이라는 의무의 이행으로 보았다. "사제들, 주교들, 대주교들이 우리를 구원하는 것이 아니라, 우리 믿음의 신비와 하나님의 계명을 지키는 것이 우리를 구원할 것이다"라고 아토스에서 이오안 비셴스키는 썼다. 그는 단호하게 변절한 감독들을 끌어내리고 쫓아낼 수 있는 교회 민중의 권리에 근거를 부여했다. "그런 악한 눈[目]이나 목자와 함께 게헨나로 떨어지지 않도록...." 우니야에 대항한 투쟁은 교회 민중의 공동체적 자기 인식의 발현이었다. 그것은 유명한 형제단[159]의 형성과 활동에서 드러난다. 교회적인 '종교 수호' 단체로서

---

159) 형제단: 15~17세기에 우크라이나와 벨라루스에서 폴란드의 가톨릭에 대항하여 일어난 정교회 단체다.

형제단은 이미 1580년대에 조직되었다. 빌나와 리보프에서도 1586년에 각각 조직되었다. 형제단의 조직망은 비교적 빠르게 서부 전역으로 퍼져 나갔다. 형제단의 법령은 콘스탄티노플 총대주교의 승인을 받았으며, 지역적으로는 왕의 특권에 의해 강화되었다. 형제단은 독립적으로 활동했다. 스타우로페기아 형제단160)은 심지어 지역의 대주교에게 종속되지 않고, 직접 총대주교에게 복종했다. 그뿐 아니라, 리보프의 형제단은 한때 심지어 주교들에 대한 관리와 재판의 권리를 부여받기도 했다. 이때 재판은 '무조건적인' (즉, 항소의 권리가 없는) 것이었고, 후에 동방 총대주교 네 명이 파문됨으로써 승인되었다. 이러한 것은 서부 러시아의 성직 계급이 불안정하고 신뢰할 만하지 못했던 시대 상황으로 야기된 것이었다. 그러나 여기에는 일말의 이중성과 위험성이 내재해 있었다. 성직 계급과 일반 신도의 분리와 단절은 일반 신도의 자기 인식과 자기감정에 병적으로 반영되지 않을 수 없었다. 여기에서 형제단과 지역 교회 권력 사이의 잦은 오해와 충돌이 야기되었던 것이다. [1620년 예루살렘의 총대주교 테오파네스(Theophanes)에 의한] 정교회 성직 계급

---

160) 스타우로페기아 형제단(Ставропигальные братства): 지역의 대주교가 아닌, 총대주교에 직접 복종하는 동방정교회 수도원을 의미한다. '스타우로스'는 그리스어로 십자가를 의미하는데, '스타우로페기아'라는 명칭은 총대주교가 그러한 수도원이 설립될 때 십자가를 세운 전통에서 비롯되었다.

의 '회복'은 곧바로 서부 러시아정교회의 병적인 긴장을 해소하지 못했다.

가장 오래된 형제단인 빌나와 리보프의 형제단, 그리고 한때 루츠크, 슬루츠크, 키예프, 후에 모길료프 형제단도 스타우로페기아[161]를 누렸다. 브레스트 회의 이후에 형제단이야말로 종교·사회 투쟁에서 지주가 되었고, 문학 논쟁과 신학 작업의 모체가 되었다. 형제단은 학교를 세우고 인쇄소를 열고 책을 출판했다.

최초의 형제단 학교들은 그리스의 모범을 따라 세워졌다. 당시 남러시아와 몰도바 도시들의 그리스 인구는 상당했다(그 도시들은 그리스인들이 흩어져 지나간 길들 가운데 하나였다). 또한 그들과 콘스탄티노플의 관계도 지속적으로 유지되고 있었다. 모든 곳에서 그리스의 영향력이 감지되고 있었다. 그 영향력이 약화된 것은 17세기 후반에 이르러서였다.

리보프의 학교는 유명한 아르세니(Арсений)가 세웠다. 그는 엘라소나의 주교였고 후에 수즈달의 주교가 되었다. 이곳에서 그리스어 교육은 중요했다. 교사들은 '디다스칼(didascal)'로, 학생들은 '스푸데이(spudei)'라 불렸다. 르보프와 빌나, 루츠크에서 학생들은 자주 그리스어로 말하기를 배웠다.

---

161) 위의 주석을 참조하라.

당시 설교사들은 때로 그리스어로 된 성경을 인용했다. 당시 서러시아의 문학어는 그리스 단어들로 가득 차 있었다. 형제단의 도서관에는 그리스 서적들이 충분히 비치되어 있었다. 목록에서 우리는 아리스토텔레스, 투키디데스의 이름을 발견한다.

교육의 정신은 완전히 그리스적인 것이었다. 사실 처음부터 그리스어에 라틴어도 부가되었다. 그러나 대부분 라틴어에 대해서는 위험한 '속임수' 또는 '기교'로 보아 조심스럽고 절제된 태도로 대했다. 자하리야 코피스텐스키의 논평은 매우 특징적이다. "라틴인들은 삼단논법과 논증을 배우고 논쟁을 위해 자신을 훈련하고 서로를 논박하려고 한다. 그러나 그리스인들과 정교회 슬라브인들은 참된 신앙을 지키며 성경으로부터 증거를 끌어온다." 코피스텐스키를 필로페이 장로나 심지어 비센스키와도 비교해서는 안 된다. 그의 저서들에서 우리는 그가 얼마나 박식하며, 자유롭고 의식적으로 자신의 자료들을 다룰 줄 아는지 판단할 수 있다. 그는 교부들의 저작을 잘 알고 있었으며, 비잔틴 역사가들과 교회법 전문가들의 책을 읽었고 동방에 관한 새로운 책, 예를 들어 마르틴 크루시우스(Martin Crusius)의 유명한 ≪터키-그리스(Turko-Graeciae)≫, 그리고 라틴 서적들을 읽었다. 그는 다독가는 아니었으나 비잔틴 유형의 학자였다. 그는 의식적으로 서구의 스콜라주의를 배격했다. 그는 이 점에 대해서 막심 그레크가 말했던 것과 똑같은 것을 거의 글자 그대로 직접 말한 바 있다.

우니야는 종교적인 자기규정이라기보다는 차라리 문화적이고 정치적인 행위였다. 종교적이고 교리적인 동기들이 성직 계급의 변절에 결정적인 것은 아니었다. 최초의 우니야주의자들이 "신앙을 바꾸지 않았다"고 말한 데에는 심리적인 진실이 있다. 그들은 단지 법규만 바꾸었다고 생각했을 뿐, 라틴 신앙이나 그리스 신앙이나 실상은 같은 것이라고 간주했던 것이대이 점에 초기 우니야 팸플릿의 주된 생각이 담겨 있다. ≪우니야, 또는 주요 논문들의 선집≫(빌나, 1595), ≪하모니, 또는 성스러운 동방교회와 로마 교회의 일치≫(빌나, 1608)]. 당시에는 많은 사람들에게 '정교회 교도'로 남아 있으면서 '로마에 순종하는 것'이 가능하다고 여겨졌던 것이다. 어쨌든 합의 내용에는 우니야가 라틴 교회와 통합되지 않는다는 조항이 명시되어 있었다. 달리 말하면, 우니야의 의식(儀式)과 성직 계급의 독자성이 보장되었던 것이다. 오스트로즈스키 공도 그 이상을 요구하지는 않았다. 그가 우니야를 반대해 싸운 것은 그 안에서 신앙의 변절을 보았기 때문이 아니라, 그것이 비밀스럽게, 콘스탄티노플 총대주교의 동의 없이 그리고 모스크바와 아무런 관계없이 행해졌기 때문이었다. 따라서 우니야는 전 교회적인 의미와 권위를 가질 수 없었던 것이다.

우니야의 초기 주창자들은 로마의 권력 아래에서 '평온한 안정', 즉 폴란드 법의 비호를 발견할 수 있을 것이라는 희망에 유혹되었다. 그들은 또한 콘스탄티노플 총대주교라는 외국의 권력으로부터 자유로워지기를 원했다. 서구와 문화적으로 가까워지고 결합한다는 것이 그들을 크게 매료했다. 이런 점에서 두 번째 우니야 대주교이자 중요한 우니야 주창자들 가운데 한 사람인 이파티 포체이[162]가 알렉산드리아의 총대주교 멜레티우스 피가스[163]에게 보낸 편지에서 한 답변이 특징적이다. "그리스의 해안은 영원한 삶을 안내하는 믿을 만한 길이 될 수 없습니다. ... 그리스인들의 복음서는 왜곡되었고, 교부들의 전승은 모독을 당하고 단절되었으며, 거룩함은 약화되었습니다. 모든 것은 파탄해 터키의 속박으로 떨어져 버리고 말았습니다. ... 알렉산드리아에는 아타나시우스 대신 칼뱅이, 콘스탄티노플에는 루터가, 그리고 예루살렘에는 츠빙글리가 있습니다(키릴로스 루카리스와 아우구스부르크에서 공부했던 멜레티우스 자신을 암시하는 것이다)." 포체이는 로마를 선택했다. 이제

---

[162] 이파티 포체이(Ипатий Поцей, 1541~1613): 본래 이름은 아담이며 이파티는 수도사가 된 후에 얻은 이름이다. 1593년 브레스트와 블라디미르의 주교가 되었으며, 로마와 연합을 지지했고 리투아니아에서 정교회 성직자들이 연합에 동참하도록 하는 데 노력을 기울였다. 1599년에 키예프에서 우니야 대주교로 선출되었다.

[163] 멜레티우스 피가스(Μελέτιος Πηγάς, 1549~1601): 리투아니아에서 로마 가톨릭교회와 연합에 대한 반대 활동에 적극적으로 가담했던 인물이다.

는 서방에만 '진리의 샘', 즉 신앙의 순수성과 견고한 질서가 있었다.

피터 스카르가는 자신의 책 ≪하나님의 교회의 연합에 관하여(O jednosci kosciola Bozego pod jednym pasterzem i o greckiem od tei jednosci odstapieniu)≫(빌나, 1577)에서 교리 차이에 대해서보다는 '그리스의 변절'과 슬라브의 후진성을 말했다. "슬라브어로는 학자가 될 수 없다. 이 언어에는 문법도, 수사학도 있을 수 없다. 슬라브어 때문에 정교회교도들은 글을 배우기 위한 초급 학교 외에는 가질 수가 없는 것이다. 이 때문에 보편적인 무지와 오류가 생겨난다." 스카르가는 라틴 문화에서 유일한 출구를 보았다.

슬라브어 옹호자들은 항상 슬라브어와 그리스어의 가까운 관계를 강조했다. "따라서 그리스어에서 번역하여 슬라브어로 철학과 신학을 쓰는 것이 라틴어를 사용하는 것보다 더 안전하고 확실하다. 라틴어는 빈약한 언어라서 고원한 신학 문제들을 다루기에 불충분하고 부적절하다"(자하리야 코피스텐스키가 자신이 번역한 바울 서신에 대한 즐라토우스트의 담화에 붙인 <서문>에서, 키예프, 1623). 처음부터 우니야의 문제는 문화적인 자기규정의 문제로 제기되었다. 우니야는 서구 전통으로 스스로 편입되는 것을 의미했다. 그것은 바로 종교적·문화적 서구주의였던 것이다. 비잔틴과 교부 전통에 충실하고 그 전승을 강화함으로써만 우니야를 극복할 수 있었다. 16세기 말과 17세기 초에 정교회를 위해 싸운 최초의 투사들은 자신의 과제를 그렇게 이해했다. [일반적으로 게라심 스모트리츠키가 쓴 것으로 여겨지는 소책자 ≪천국의 열쇠(Ключ царства небесного)≫ (1584)와 ≪가톨릭적이고 사도적인 에큐메니즘 교회의 거룩한 변증서≫164)에서 그리스 문화를 옹호하는 것을 비교해 보라.]

당시 쓰였거나 출판된 책들의 특성을 자세히 살펴볼 필요는 없다. 그때는 혼돈스러운 내분과 반란의 시대였으며, 전쟁과 침입의 시대, '거대한 공황'의 시대였다. 브레스트 공의회 이후에 폴란드 권력은 우니야를 받아들이지 않는 것을 현존 질서에 대한 거부로, 우니야에 반대하는 논쟁을 국가법에 대한 저항으로 보았다. 법은 '그리스 신앙'을 인정하지 않았다. 논쟁적인 책의 저자들은 반박을 당했을 뿐 아니라 박해와 처벌을 받았다. 그리고 책들은 수거하여 폐기했다. 그런 조건에서는 많은 일을 하는 것이 어려울 수밖에 없었다. 학교 시스템을 제대로 만들 수도 없었고 체계적인 작업을 할 수도 없었으며, 사상의 명료함과 평정을 보존할 수도 없었다. 그런데도 적지 않은 일이 성취되었다. 당시 출판된 문헌들의 역사적 의의를 충분히 평가하는 것은 어려운 일이다.

---

164) ≪가톨릭적이고 사도적인 에큐메니즘 교회의 거룩한 변증서(Палинодия)≫는 자하리야 코피스텐스키가 쓴 것이다.

처음에 정교회의 자기 수호의 중요한 근거지는 빌나와 오스트로그였다. 그 후 곧 리보프, 그리고 17세기 초에는 키예프가 앞에 나섰다. 정교회의 변증가들이 공감과 지지를 이끌어 낼 수 있도록 사회 환경이 변하고 있었다. 쿠릅스키와 오스트로즈스키 시대에 그들은 폴란드의 소귀족 계급이었다. 그러나 다음 세대에는 벌써 소귀족들이 집단적으로 우니야 또는 라틴주의로 변절하기 시작했다. 항상 도시에 거주하는 사람들이 중요한 의미를 가지고 있었다. 17세기에는 카자크 계급, 자포로제 군대의 '기사적인 사람들'이 대두되었다.

1615년경 페체르스카야 대수도원에는 새로운 수도원장 엘리세이 플레테네츠키[165]가 모은 학자 수도사들(대부분 리보프 출신들이었다)의 거주지가 형성되었다. 그해에 유명한 키예프 형제단이 생겨났다. 대수도원에는 인쇄소가 설립되었고(발라반[166]은 스트랴틴 인쇄기[167]를 구입하고

---

165) 엘리세이 플레테네츠키(Елисей Плетенецкий, 1550~1624): 1599년에 페체르스카야 대수도원의 원장이 되어 키예프 문화 부흥을 주도한 인물이다.
166) 게데온 발라반(Гедеон Балабан, 1530~1607): 리보프의 주교로 최초로 우니야에 찬성한 정교회 주교 중 한 사람이다.
167) 스트랴틴 인쇄기: 1583년 이반 표도로프가 리보프에서 사망할 때 남긴 것이었다. 주교 발라반은 그것을 지역 유대인 상인에게 사서 리보프 형제단이 사용하도록 했다.

운반했다) 1617년부터 시작하여 일련의 출판물들, 교부들의 저작과 예배 의식서들을 간행하기 시작했다. 특별히 팜보 베린다168)[≪슬라브-우크라이나 사전(Λексикон славено-росский и имен толкование)≫(1627)의 저자, 몰다비아 출신]와 예배 의식서의 출판자이자 신을 칭송하는 내용을 담은 ≪음절시≫의 편집자인 타라시 젬카169), 그리고 성공하지 못한 교리문답서의 저자인 라브렌티 지자니170)의 이름을 언급할 필요가 있다. 지자니는 교리문답서를 출판하기 위해 모스크바로 가서 비정교회 사상을 가졌다는 의심에서 벗어나는 데는 성공했으나, 이미 출판된 교리문답서는 결국 불태워졌다(1627). 그들 모두는 그리스어와 슬라브어 자료를 가지고 작업하고자 노력했으며, 그들의 작업에서는 커다란 문화적인 원기가 느껴진다. 동시에 카자크들의 협력으로 형제단의 학교가 세워졌다. 당시 카자크들의 대장은 사가이다치니(Сагайдачный)였는데, 그는 학교교육을 받았고 문화적인 교양이 있는 사람이었다.

---

168) 팜보 베린다(Памво Берында, ?~1632): 시인이자 번역가, 출판업자이자 리보프 형제단의 일원으로 1615년 키예프로 왔다.

169) 타라시 젬카(Тарасий Земка, ?~1632): 유명한 설교사이자 페체르스카야 대수도원의 수도사다.

170) 라브렌티 지자니(Λаврентий Зизаний, 1570?~1633?): 정교 사제장이자 서부 러시아의 학자, 작가, 번역가다. 1596년 빌나에서 교회슬라브어 문법서를 출판했다.

이 학교에 대해서 키예프의 형제들은 다음과 같이 써서 모스크바로 보냈다. "우리는 하나님의 은혜로 정교회교도 아이들을 위해 이 학교를 설립했습니다. 그리고 큰 희생을 치러 슬라브·러시아어, 헬라·그리스어와 다른 과목을 가르칠 선생들을 구했습니다. 그것은 우리 아이들이 낯선 샘물을 마시고 서구의 분열의 치명적인 독을 섭취한 후 어둡고 음울한 로마인들의 세력에 가담하지 않도록 하기 위한 것입니다." 이 점과 연관하여 언급할 것은 당시 활동가들이 자신들의 출판물에서 매우 기꺼이 구어('러시아 방언')를 사용했다는 점이다. 왜냐하면 슬라브 문어는 모든 사람들이 쉽게 이해하지 못했기 때문이다. 심지어 사원의 예배 의식에서도 때때로 현대어가 사용되었다[1627년의 ≪금식용 삼가경서(三歌經書)(Постная Триодь)≫를 비교해 보라고 가정할 수 있다. 표트르 모길라[171]도 같은 태도를 고수했다.

 당시 키예프 작가들의 독창적인 작품 중에서 특히 의미 있는 것은 자하리야 코피스텐스키[1624년부터 플레테네츠키(Плетенецкий)의 후임으로 페체르스카야 대수도원장이 됨]의 ≪가톨릭적이고 사도적인 에큐메니즘 교회의 거룩한

---

171) 표트르 모길라(Пётр Могила, 1596~1647): 대귀족 모길라 가문의 대표자로 콘스탄티노플로부터 키예프 총대주교직을 임명받았다. 우크라이나의 학문과 서적 출판 등 정교회 문화 발전에 크게 공헌했다.

변증서≫였다. 그것은 레오 크레브자[172)]의 책 ≪교회의 단일성의 변호(Obrona jedności cerkiewney)≫(빌나, 1617)에 대한 답이었다. 코피스텐스키는 자신의 책에서 교회의 단일성에 대한 '동방의' 이해를 발전시키고, 성경과 교부들을 근거로 교회의 단일성을 매우 훌륭하게 설명하고 있다. 그가 다루는 자료를 잘, 그리고 자유롭게 알고 있다는 것이 느껴진다. 그의 변증서는 수년에 걸친 작업이었다. 코피스텐스키는 부분적으로 마르크 안토니(Марк Антоний)의 책을 이용했으나, 자료를 완전히 새롭게 검토했다. 책은 차분하고 명료한 어조로 쓰였다. 당시 그것이 출판된 것은 우연이 아니었을 것이다. 코피스텐스키는 일찍 죽었다. 그의 뒤를 이어 페체르스카야 대수도원의 원장이 된 사람은 완전히 다른 정신을 가진 사람이었다. 그는 표트르 모길라였다. 코피스텐스키의 책은 그에게 지나치게 과격하고 직선적인 것으로 보이지 않을 수 없었다.

그러나 변화의 급격함을 과장할 필요는 없다. 분위기는 서서히 바뀌어 갔다. 필요에 따라서 서구의 책들을 참조하게 되었다. 새로운 세대는 이미 완전한 서구식 학교를 거쳤다. 서구의 라틴식 모델이 사람들을 매료했다.

옐리세이 플레테네츠키(Елисей Плетенецкий)는 서구

---

172) 레오 크레브자(Leo Krevsa): 1625년부터 1639년까지 스몰렌스크의 우니야 대주교였다.

식 모델을 따라 우니야와 투쟁하기 위해 정교회 수도회를 세우려고 생각했던 것 같다(바실리 벨리키의 규칙에 따라). 그가 대수도원에 공동생활을 되살리면서 일반적인 스투디오스의 규율이 아닌 바실리 벨리키의 규율을 도입한 것은 우연이 아니다.

라틴적인 모티브들은 페체르스카야 집단의 다른 구성원들에게서도 발견된다. 때때로 그 모티브들은 그리스 원천에서 온 것들이었다. 타라시 젬카는 자신의 예배 의식서에서 유명한 가브리엘 세베루스[173]의 성사들에 대한 책(베네치아, 1600)을 이용한다. 거기에는 서구적인 견해의 영향이 매우 명백하게 나타난다. 여기서 우리는 이미 메투시오시스[174]라는 표현을 본다. 젬카는 그것을 '실체 변화'라고 번역했다.

라틴의 영향은 다른 작가들에게 더 강하게 나타난다. 이런 점에서 키릴 트란크빌리온 스타로베츠키[175]의 형상

---

173) 가브리엘 세베루스(Gabriel Severus, 1540?~1616): 베네치아에 있는 그리스교회의 지도자였다. ≪성사들에 대한 소책자≫는 프로테스탄트들을 격퇴하기 위해 스콜라적인 논증을 자유롭게 사용하고 있다.

174) 메투시오시스(μετουσίωσις): 성체성사의 빵과 포도주가 그리스도의 몸과 피로 변하는 것을 의미하는 단어다.

175) 키릴 트란크빌리온 스타로베츠키(Кирилл Транквиллион Старовецкий, ?~1646): 페체르스카야 대수도원으로 오기 전에 리보프

은 매우 특징적이다. 그의 ≪신학의 거울(Зеркало богословия)≫(포차예프, 1618)에서는 토마스주의, 부분적으로는 플라톤주의의 모티브가 느껴진다. 이 책은 그의 ≪복음서 주석(Учительное Евангелие)≫(1619)과 마찬가지로 키예프와 모스크바에서 '이단적인 부분들' 때문에 환영받지 못하고 정죄당했다. 그러나 그 사실이 그 책들의 보급과 인기를 방해하지는 않았다. 키릴 자신은 후에 우니야로 옮겨 갔다.

역시 우니야에 빠진 그 시대의 또 다른 작가인 카시안 사코비치(Кассиан Сакович)의 책 ≪영혼에 관하여(О Душе)≫는 완전히 토마스주의 성격을 가지고 있다. 한때 그는 키예프의 형제단 학교에서 수학했다.

5

표트르 모길라의 형상에는 무엇인가 수수께끼 같고 애매한 것이 있다. 그가 진정한 정교회 옹호자였는지, 아니면 교활한 협조주의자였는지 파악하기 어렵다.

그런데도 역사에서 그의 영향력은 결정적이었다. 서부 러시아정교회와 문화의 역사에서 한 세기 전체를 그의 이름

의 형제단 학교에서 수학했으며, 후에 체르니고프의 성모승천 수도원에서 수도원장이 되었다.

으로 명명하는 데는 충분한 근거가 있다.

모길라는 17세기 서부 러시아의 교회 활동가들 가운데 가장 강력한 권력자였다. 그에게는 진정한 군주적인 파토스, 권력을 쥐고 승리를 쟁취하려는 열의와 능력이 있었다. 몰다비아 군주의 아들이었던 그는 키예프의 대주교 자리에서 목자라기보다는 군주·통치자가 되었다.

모길라가 어디에서 공부했는지 정확히 알 수는 없다. 아마도 자모이스키 아카데미176)에서 공부한 것 같다. 어쨌든 그는 완전히 서구적인, 즉 폴란드적인 정신 아래서 양육되었다. 그는 잠시 동안 네덜란드에 머문 적도 있었던 것 같다. 그는 확신에 찬 서구인, 취향과 습관에서 서구인이었다. 부친의 사후에는 유명한 장관이었던 스타니스와프 주키에프스키177), 그 후에는 장군 호드키예비치178)가 표트르 모길라의 후견인이 되었다. 모길라는 혈통에서 폴란드의 귀족 사회에 견고한 연줄이 있었다. 폴란드 대지주들의 공감과

---

176) 자모이스키 아카데미: 1594년 폴란드의 얀 자모이스키가 자모시치에 설립한 학교다.
177) 스타니스와프 주키에프스키(Stanisław Żółkiewski, 1547~1620): 16세기 말~17세기 초에 폴란드 군대의 장군으로 카자크 군대를 괴멸했으며, 1610년 모스크바로 원정을 감행해 성공했다.
178) 얀 호드키예비치(Jan Chodkiewicz, 1560~1621): 스웨덴과 벌인 전쟁(1601~1606)에서 리투아니아군을 이끌었으며 주키에프스키와 함께 모스크바 원정에 참여했다.

협력은 나중에 그의 일에 적지 않은 도움을 주었다.

아주 적은 나이에 그는 페체르스카야 대수도원의 원장이 되었다. 그가 대수도원에 들어간 것은 필시 수도원장이 되기 위해서였을 것이다. 그를 수도원장직에 추천한 것은 폴란드 정부였다. 곧바로 그는 자신의 방식대로 행동을 개시했다. 그의 특성은 대수도원에 부속된 학교 조직에서 가장 명확하고 날카롭게 부각되었다. 그의 의도에 의하면, 그 학교는 라틴·폴란드적인 학교가 되어야 마땅했다. 그래서 그는 그 학교를, 이미 존재하고 있던 형제단의 슬라브·그리스적인 학교와 대등할 뿐 아니라 그것에 대항하도록 만들었다. 그 때문에 키예프에서는 그토록 큰 동요가 일어났던 것이다. "교육받지 못한 수도사들과 카자크는 크게 분노했다. '무엇 때문에 전에 존재하지도 않았던 라틴·폴란드식 학교를 세우는가? 그런 학교 없이도 우리는 구원을 얻을 수 있었는데.' 우리는 그들이 표트르 모길라와 그가 데려온 선생들을 죽을 지경까지 때리지 않도록 겨우 설득할 수 있었다"라고 동시대인(실베스트르 코소프[179]))이 말했다. 이러한 충돌과 논쟁에서 승자가 된 이는 모길라였다. 형제들은 그를 "맏형, 거룩한 형제단과 수도원, 학교의 후원자이자 보

---

[179] 실베스트르 코소프(Сильвестр Коссов, ?~1657): 키예프 아카데미의 학생으로 나중에 모길라의 사후 그의 뒤를 이어 키예프의 대주교가 되었다.

호자"로 인정하고 그에게 형제단 학교의 운영을 맡겨야 했다. 형제단 학교는 새롭게 정비한 라틴·폴란드식 '콜리지'로 변해 버렸다. 그 학교는 곧 대수도원에서 형제단의 수도원으로 옮겨졌다.

이 새로운 학교의 프로그램은 제수이트 학교에서 따온 것이었다. 수업을 위해서 키예프에서는 라틴 학교의 졸업생들을 초빙해 끌어들였다. 키예프 학교의 첫 학장 이사야 트로피모비치 코즐롭스키[180]와 최초의 학부장 실베스트르 코소프가 그들이었다. 그 둘은 모두 아마도 루블린의 제수이트 콜리지, 그 후에는 자모이스키 아카데미(어쩌면 빈의 황실 아카데미)에서 수학한 듯하다. 동시에 비니차에 '콜리지'가 세워졌다(얼마 후에 볼로냐의 호지치 수도원으로 옮겨 갔다). 모길라에게 지역 전체에 걸쳐 키예프의 콜리지 또는 '아카데미'를 정점으로 하는 정교회교도들을 위한 라틴·폴란드식 학교들을 세워 일종의 교회와 학교를 결합한 수도회 같은 것을 세우려는 계획이 있었으리라 짐작할 수 있다('피아리스' 수도회[181]와 비교해 보라).

---

180) 이사야 트로피모비치 코즐롭스키(Исаия Трофимович Козловский, ?~1651): 리보프의 형제단 학교에서 가르친 뒤 1631년 모길라의 초청으로 키예프로 왔다. 그는 서부 러시아 지역의 교육 활동에서 모길라의 조력자가 되었다.
181) 피아리스 수도회(Ordo piarum scholarum): 1597년 로마에 설립된 수도회로, 목적은 아이들에게 자유로운 가톨릭 교육을 제공하

모길라와 그의 동지들은 솔직하고 확고한 서구주의자들이었다. 그들은 러시아인들과 비러시아인들을 단일한 문화 사업을 위해 하나의 심리와 문화로 결합하고자 노력했다.

　모길라의 모든 일과 기획의 주변에서 우리가 목격한바, 소리는 들리지 않지만 긴장된 투쟁은 바로 이 두 종교적·심리적, 종교적·문화적 지향, 즉 서구적인 것과 그리스적·슬라브적인 지향의 만남과 충돌을 의미했던 것이다.

　모길라는 홀로 의도하거나 구상하지 않았다. 그에게는 친구가 많았다. 그들은 서구식 학교를 거친 새로운 세대였다. 그들은 동방이 아닌 서방을 자기 것으로 여겼다. 이 서구주의가 그 나름의 우니야주의이자 숨겨진 로마주의라고 의심할 만한 근거가 있다. 어쨌든 이 서구 지향의 대표자들은 여러 차례 논쟁의 당사자들이 합의할 수 있는 타협을 만들어 내려는 심산으로 우니야주의자들과 담합하고 협의했던 것이다. 우니야주의자들과 '반우니야주의자들'을 콘스탄티노플과 로마와 동시에 교제를 유지하고 있는 특별하고 단일한 서러시아의 총대주교의 권력 아래 결합하려는 시도가 여러 번 있었다. 라틴적인 우니야파의 총대주교직에는 항상 모길라가 추대되었는데, 그 사실을 그 자신이 몰랐을 리가 없다. 루드스키(Рудский)는 모길라가 완전히 '우니야'에 동조하고 있었다고 생각한다. 사실 모길라에게는 로마에

는 것이었다.

대항할 만한 교리적 이유는 없었다. 그는 개인적으로는 이미 로마와 교리적으로 같은 생각을 가지고 있었다. 그래서 라틴 서적들을 그렇게 쉽고 자유롭게 다룰 수 있었던 것이다. 그는 그 책들에서 찾아낸 것을 정교회에 속한 것으로, 고대의 전승으로 받아들였다. 그에게는 법률문제만이 남아 있었다. 이런 문제를 해결하는 데 결정적인 것은 교회 정치의 모티브, 즉 교회·정치적인 세계의 '안정'과 복지의 모티브, 복지와 질서의 모티브였다. 여기서 모든 것은 조건적이었다. 계약에 의해 모든 것에 조건을 붙일 수 있었다.

모길라가 '동방 편력' 기간 중에 멜레티 스모트리츠키와 가깝게 지낸 것은 우연이 아니었다. 스모트리츠키가 그의 우니야 계획에서 모길라와 대주교 이오프 보레츠키[182]의 공감과 협력을 기대했던 데는 그만한 근거가 있었다. 스모트리츠키는 테오파네스[183]가 임명한 주교들 가운데 한 사람이었다. 문화사에서 그는 당시로서는 매우 괄목할 만한 ≪슬라브 문법(Грамматика Славянская)≫(1619)의 저자로 알려져 있다. 그는 우니야에 대항해 격렬한 투사로서 교회적인 활동을 시작했다. 대단한 열정과 신랄함으로 쓰인 그

---

182) 이오프 보레츠키(Иов Борецкий, 1560~1631): 그리스어와 라틴어, 그리고 교부들에 대한 전문가였다.

183) 테오파네스(Theophanes): 예루살렘의 총대주교로 1620년에 키예프의 정교회 주교직을 회복한 인물이다.

의 ≪애가(Плач, θρηνος to jest Lament)≫(1610)를 언급하는 것으로 충분할 것이다. 후에 스모트리츠키에게는 정교회 논쟁가들 사이의 교리적인 불일치와 연관된 의심들이 생겨났다. 그는 동방으로 떠났다. 콘스탄티노플로 가는 도중 그는 키예프에서 대주교와 만나 스타우로페기아 형제단 탈퇴를 총대주교에게 청할 수 있는 승낙과 축복을 얻었다. 키릴로스 루카리스와의 만남은 스모트리츠키를 안심시키지 못했고, 오히려 더 혼란스럽게 했다. 그는 콘스탄티노플에서 키릴로스의 유명한 교리문답서를 읽었다. 그는 '동방의 땅'에서 우니야주의자들과 합의에 이르고자 하는 의도를 가지고 돌아왔다. 모길라와 대주교 이오프는 회담이 시작되자 열성적으로 참여했다. 같은 생각을 가진 사람들이라는 완전한 신뢰를 가지고 스모트리츠키는 그들에게 자신의 ≪변명(Apologia peregrynacji do krajów wschodnich)≫(더만, 1628)을 보냈는데, 그에 대한 반박은 없었다. 1628년 봄 그로드코에서 열린 공의회에서 로마와 동방 사이의 불일치에 관한 스모트리츠키의 생각은 주의 깊게 받아들여졌고 어떤 반박도 다시 받지 않았다. 1628년 가을 키예프의 회의에서 스모트리츠키가 공식적인 회개와 철회를 해야 했던 긴장된 상황은 어쨌든 모길라와 대주교 때문에 야기된 것은 아니다. 그들 자신도 의심받았던 것이다. ≪변명≫은 공개적으로 불태워졌다. 모길라와 스모트리츠키가 갈라선 까닭은 행동 양식에 있었지, 생각에 있지 않았다. 여기에는 외부의 압력도 작용했다. 우니야 쪽의 저자들이 '카자크인들의 공포'에 대해서 말했던 것이다.

매우 모호한 상황에서 모길라는 키예프의 대주교직에 선출되었다. 1632년 4월에 지그문트 3세가 사망했다. 정교회 교도들은 새로운 황제의 등극을 이용해 '그리스 신앙의 일곱 개 화해 조항'에 대한 새 황제 브와디스와프(Władysław)의 동의를 얻어 내는 데 성공했다. 나중에 이 1632년의 '조항들'이 실제로 삭제되기는 했지만, 이것은 매우 괄목할 만한 성과였다. 특히 키예프를 포함하여 주교를 교체할 수 있도록 허용되었다. 여기에는 분명히 모호한 데가 있었다. 사실상 모든 자리들이 테오파네스가 임명한 주교들로 채워져 있었던 것이다. 폴란드 법은 그들을 알지 못했으며 인정하지도 않았다. 당시 이러한 결정들은 공식적으로 선포되지 않은 채, 마치 방해를 받지 않기 위해 밤에 불이 켜지지 않은 사원에서 몰래 예배를 드리듯 비밀리에 행해졌던 것이다. 그런데 폴란드 정부는 기정사실과 마치 화해한 듯이 보였다. 그러나 이제는 정교회 쪽에서 이미 존재하는 성직 계급을 합법화하려는 어떤 노력도 취하지 않았다. 반대로, 이전의 모든 주교들은 새로 선출된 '특권을 획득한' 이들에게 자신의 자리를 넘겨주어야 했다. 그것은 그들이 황제의 승인을 얻지 못한 채 지위를 불법적으로 차지했기 때문만은 아니었다. 훨씬 더 중요한 이유가 있었다. 지금 '특권'을 얻은 이들은 교회 · 정치적인 지향의 반대자들이었다. 그들은 반대자들의 입장을 합법화하는 데는 아무런 관심이 없었다. 본질적으로 1632년의 '조항들'에 근거하여 정교회의 주교직을 '복원'하는 것은 테오파네스가 임명한 성직을 무효화하고 폐지하는 것이었다.

성급하게 (그것도 지역 감독들의 모임이 아닌 국회의원들에 의해) 새로운 주교들이 선출되었고 왕에게 승인을 받았다. 모길라는 루츠크에서 대주교로 선출되었고 푸진(Пузин) 공작도 그와 함께 선출되었다. 그 둘은 모두 '폴란드를 사랑하는' 귀족에 속해 있었고, 둘 다 아담 키셀레프(Адам Киселев)와 더불어 우니야의 담합과 교섭에 참여했다.

모길라는 키예프에서 그가 순조롭게 받아들여질 것이라고 기대하지 않았다. 키예프에는 이미 대주교가 있었던 것이다. 프셰미실에서 테오파네스에 의해 성직을 수여받고 보레츠키 사망 후 키예프에서 재선출된 이사야 코핀스키(Исаия Копинский)였다. 아마도 모길라는 이전에 스모트리츠키와 교섭 당시 라틴 콜리지 설립 문제로 이미 이사야와 충돌한 적이 있었던 듯하다.

따라서 모길라의 안수는 리보프에서 볼로냐의 대주교가 행했다. 그와 동시에 모길라는 총대주교의 승인을 요청했다. 키릴로스 루카리스는 그에게 '거룩한 사도적인 콘스탄티노플의 교구장'의 직위를 수여했다. 그러한 두 개의 권위, 즉 '특권을 획득한' 대주교이자 총대주교의 교구장으로서 권위를 가지고 모길라는 키예프에 나타났다. 이곳에는 그에게 동조하는 자들이 적지 않았다. 그러나 그는 자신의 '강등된' 전임자와 매우 불쾌한 투쟁을 치러야만 했다. 단지 권력으로써만이 아니라, 직접적인 폭력으로써 그를 끌어내려야 했던 것이다. 논쟁과 투쟁은 그 이후에도 계속되었다. 그것은 단지 권력에 대한 논쟁이 아니었다. 그것은 교회·문화적인, 그리고 교회·정치적인 지향에 대한 보편적인 논쟁이었다. 단순하고 강한 신앙의 소유자였던 이사야는 부분적으로 비셴스키를 상기시켰다. 그는 동방 신학과 금욕의 전승 속에 머물러 있었으며, '외부의 지혜'에 대해서는 매우 비우호적이고 불신하는 태도를 보였다. "이 세상의 이성과 영적 이성은 서로 다르다. 모든 성자들은 성경으로부터 영적 이성을 얻는다. 그들은 태양과도 같이 세상을 비춘다. 그러나 지금 사람들은 이성의 힘을 성경이 아닌 아리스토텔레스, 플라톤, 키케로와 다른 이교 철학자들로부터 얻는다. 따라서 사람들은 거짓에 의해 완전히 눈멀고 바른 이해에서 멀어졌다. 성자들은 영 안에서 그리스도의 계명과 일을 배웠다. 그러나 이 사람들은 단지 말과 언변만을 배웠기 때문에 그들의 모든 지혜는 입술에 머물 뿐이다. 흑암이 그들의 영혼에 깃들어 있다." 이것은 곧 라틴주의자들과 새로운 것을 지향하는 정교회교도들에 대한 말이다.

이사야 코핀스키의 ≪영적인 알파벳(Алфавит духовный)≫[또는 ≪하나님 안에서의 영적인 삶의 계단(Лестница духовного по Бозе жительства)≫]과 표트르 모길라의

≪정교회 신앙고백(Православное Исповедание)≫은 매우 의미심장한 대조를 이룬다. 권력에 대한 논쟁의 근원이 여기에 있다.

대주교의 직위에서 모길라는 집요하게 자신의 교회·문화적인 프로그램을 계속해서 실현해 나갔다. 그것은 조직적인 활동이었다. 그리고 그 활동은 명료한 결과를 가져왔다. 무엇보다 중요한 것은 물론 학교를 조직한 것이었다. 라틴 원전에 근거하여 키릴로스 루카리스의 고백에 대항하는 ≪정교회 신앙고백≫을 편찬한 것도 매우 중요한 작업이었다. 예배 의식서를 재검토하고 출판하는 일이 재개되었다. 무엇보다도 먼저 1664년 예브세비 피멘(Евсевий Пимен)이라는 필명으로 출판된 ≪바위(Λιζος)≫를 언급할 필요가 있다. 그것은 동방의 의식(儀式)과 정교회의 예배 의식을 옹호하는 글로 라틴주의로 옮겨 간 카시안 사코비치[184]에 대한 답이었다. 이 책에는 특히 라틴 문헌에서 온 방대한 자료가 수집되어 있다. 1646년에 유명한 ≪의례서(儀禮書)≫ 또는 ≪기도서≫가 출판되었다. 그 책에는 개별 의식들과 예식들이 상세한 설명과 함께 수록되어 있다. 그 글들은 주로 교황 바오로 5세(Paul V)의 ≪의례(Ritual)≫에서 취해

---

184) 카시안 사코비치(Кассиан Сакович): 키예프 형제단 학교의 학장이었으나 우니야로 옮아갔다. 그뿐 아니라 생애 말년에는 확고한 가톨릭 신자가 되어 우니야에 대해 정교회와 논쟁했다.

온 것들이다. 이 때문에 상당한 정도의 의식이 라틴화했다. 우니야주의자들조차 이 점에 주목했다. 그러나 모길라가 처음으로 라틴화를 시작한 것은 아니었다. 라틴식 예배 의식의 모티브들은 이미 이전부터 서서히 받아들여지고 있었다. 모길라는 단지 집요하고 철저하게 라틴화를 추진했을 뿐이다. 아마도 그는 달마티아의 제수이트였던 카시치[185]가 번역한 크로아티아어 ≪의례≫(로마, 1637)를 수중에 가지고 있었던 것 같다. 그 사실은 그의 기획을 일리리아[186]의 우니야주의(후에 그곳으로부터 크리자니치[187]가 온다)와 연결하도록 한다.

표트르 모길라의 특징을 명료하게 규정하기란 어렵다. 그의 형상과 그의 모든 일에는 무엇인가 불분명한 데가 있다. 그는 많은 일을 해냈다. 그의 재위 기간에 서부 러시아 정교회는 브레스트 공의회 시절부터 고통받아 왔던 그 산만

---

185) 바르톨 카시치(Bartol Kasic, 1575~1650): 제수이트 사제로서 최초로 크로아티아 문법서를 집필했으며, 성경과 로마의 의례를 크로아티아어로 번역했다.

186) 일리리아: 고대 발칸 반도 서부 지역이다.

187) 유라이 크리자니치(Juraj Križanić, 1617~1683): 로마의 제수이트 그룹에서 교육을 받았으며, 1647년 러시아인들을 가톨릭으로 개종시키기 위해 파견되었으나 실패한 후 로마로 돌아갔다. 1659년 우크라이나로 갔다가 모스크바에 이르러 차르의 궁정에서 통역으로 일했다.

함과 비조직적인 상태에서 벗어났다. 그러나 동시에 모든 것은 낯선, 라틴 정신에 침투당했다.

그것은 정교회의 격렬한 로마화였다. 정교회는 라틴적인 가짜 모습을 띠게 되었다. 황폐해진 곳에 라틴식으로 변모한 학교가 세워졌고, 라틴화는 의식과 언어뿐 아니라 신학과 세계관 그리고 종교적인 심리에도 스며들었다. 민중의 영혼 자체가 라틴화되었다. 종교적 라틴주의의 내적 중독, '비밀스러운 로마주의'는 우니야보다 더 위험한 것이었다. 흔히 이 '로마주의' 때문에 '신앙의 순수함'이 손상당하지 않았다고들 부연한다. 이 내적인 로마주의에서도 종교 법적인 독자성이 유지되었다고 말하는 것이 더 정확할 것이다. 이상하게도 종종 라틴화는 로마와의 외적인 민족적·정치적 투쟁을 목적으로 진행되었다. 그러나 내적 자유와 독립성은 상실되었고 자기 점검을 위한 척도 역시 사라졌다. 동방과 연결은 끊어졌다. 유기적이지 않은 낯설고 인위적인 전통이 긍정되었고, 그 인위적인 전통은 창조적인 길을 가로막았다.

이 점에 대해 모길라만을 나무라는 것은 옳지 않다. 과정은 그 이전에 시작되었고, 모길라는 새로운 길을 개척했다기보다는 시대정신을 표현한 것이기 때문이다. 그러나 바로 그가 서부 러시아정교회의 삶에서 이 '비밀스러운 로마주의'가 확립되고 유지되도록 그 누구보다 더 많은 일을 했던 것은 사실이다.

6

≪정교회 신앙고백≫은 모길라 시대의 가장 중요하고 의미 있는 기념비다. 이 '교리문답서'의 저자 또는 편찬자가 누구인지 정확히 말하기는 어렵다. 일반적으로 모길라 자신이나 이사야 코즐롭스키를 거론하지만, 아마도 공동 작업이었던 듯하다. '교리문답서'는 당시 동방 전역에서 혼돈과 동요를 일으켰던 1633년 출판된 키릴로스 루카리스의 ≪신앙고백≫과 연관하여 프로테스탄티즘과 분명한 선을 긋기 위해 계획되었다. 1638년에 루카리스 자신과 ≪신앙고백≫은 콘스탄티노플 공의회에서 정죄되었다(여기에는 로마의 협조와 영향력이 작용했다). 우크라이나에서는 이미 오래전에 동요가 시작되었다. 멜레티 스코트리츠키의 불안을 기억해 볼 필요가 있을 것이다.[188]

1640년에 ≪정교회 신앙고백≫은 표트르 모길라에 의해 키예프 공의회의 판단과 승인을 받기 위한 회의에 회부되었다. 이미 여기서 특히 내세의 운명과 영혼의 길('지상낙원'과 연옥의 문제), 그리고 영혼 발생 문제들에 대해서

---

[188] 1628년 스모트리츠키는 ≪변증≫에서 루카리스의 견해에 의문을 표한 바 있었다.

몇 가지 불일치점이 드러났다. 모길라는 영혼 창조설[189]을 옹호했는데, 아마도 연옥을 직접적으로 말한 것 같다. 그 외에도 성체성사 시 언제 실제적인 변형이 이루어지는지에 대해 논쟁이 오래 지속되었다. 처음에 ≪정교회 신앙고백≫이 라틴어로 편찬된 것은 매우 주목할 만하다. 그 고백은 신학자들과 신학을 공부하는 이들을 위해 고안되었던 것이다.

1642년에 ≪정교회 신앙고백≫은 다시금 이아시에서 열린 공의회(아마도 협의회라고 부르는 것이 더 나을 것이다)에서 논의와 재검토에 부쳐졌다. 그 회의는 모길라와 가까웠던 몰다비아 군주 바실 루풀[190]이 소집한 것이었다. 콘스탄티노플로부터 그곳으로 총대주교의 교구장 직위를 수여받은 니케아의 포르피리오스(Porphyrius)와 17세기의 가장 중요한 그리스 신학자 가운데 한 명이었던 멜레티우스 시리고스[191]가 파견되었다. 그는 보편적이거나 특수한 일련의 반대 문제들을 제기했다. 그는 ≪정교회 신앙고백≫을 그리스어로 번역하면서 상당한 수정을 가했다. 아마도

---

189) 영혼 창조설: 신이 영혼을 창조해 수태 시 태아에 주입한다는 믿음이다.
190) 바실 루풀(Basil Lupul, 1595~1661): 1634~1653년 몰다비아의 군주로서 자국의 문화 부흥에 힘썼던 인물이다. 이전의 비잔틴 황제들처럼 이아시에서 열린 회의를 주재했다.
191) 멜레티우스 시리고스(Meletius Syrigos, 1590?~1667): 콘스탄티노플의 철학 교수이자 몰다비아 군주 바실 루풀의 종교 고문이었다.

모길라는 새로 수정된 것에 만족하지 않았던 것 같다. 어쨌든 ≪정교회 신앙고백≫은 키예프에서 출판하지 못했다. 그 대신 1645년에 일명 모길라의 ≪소(小)교리문답(Малый Катихизис)≫이 폴란드어와 지역 언어로 동시에 출판되었다. 그 책에는 시리고스의 수정이 다 반영되지 않았다. 이 ≪소교리문답≫은 다른 계층 사람들을 위해(dla cwiszenia Mlodzi) 출판된 것이었다. 따라서 구어가 선택되었다.

≪정교회 신앙고백≫은 1667년이 되어서야 그리스어로 네덜란드에서 출판되었고, 그다음 1695년에 라틴어로 번역되어 라이프니츠에서 출판되었다. 바로 이 판본이 1696년 총대주교 아드리안[192]의 축복을 받아 슬라브·러시아어로 번역되었다. ≪소교리문답≫은 이미 모스크바에서 1649년에 재출판되었다.

≪정교회 신앙고백≫이 라틴 서적들의 양식에 따라 편찬되었다는 것은 누구도 의심하지 않았다. 라틴 양식은 이미 믿음과 소망과 사랑, 즉 소위 세 '신학적' 선행을 따라 세 부분으로 나누어진 책의 구성 자체에 나타나 있다. 다시금 신앙의 가르침은 신앙고백을 설명하는 방식으로, 도덕적인 가르침은 주기도문과 산상설교, 그리고 모세의 십계명을 설명하는 형식으로 서술되어 있다. 물론 편집자는 수중

---

[192] 아드리안(Адриан, 1627?~1700): 1690~1700년에 총대주교를 지냈다. 표트르 대제의 교회 개혁 이전 마지막 총대주교다.

에 라틴 모델만을 가지고 있었던 것은 아니었다. 어쨌든 그는 항상 ≪로마의 교리문답서≫ 193)(1532년 그리스어로 번역되어 출판되었다), 그리고 페트루스 카니시우스194)의 ≪총합≫ 또는 ≪대(大)교리문답(Opus Catechisticum, sive Summa doctrinae christianae)≫, 또는 페트루스 드 소토195)의 ≪개요≫ 또는 ≪소교리문답(Compendium doctrinae christianae)≫을 이용했다. 인용과 모방의 모든 개별적인 경우들을 일일이 열거할 필요는 없을 것이다. 무엇보다 중요한 것은 ≪정교회 신앙고백≫이 전체로 보아 라틴 자료와 서술의 '편집' 또는 '개작'에 지나지 않았다는 점이다. 본질적으로 그것은 반(反)종교개혁 또는 바로크 시대에 그렇게도 많이 등장했고 출판되었던 반(反)프로테스탄트적인 신앙 서술 가운데 하나였다. ≪정교회 신앙고백≫은 정교회의 영적인 삶보다 훨씬 더 로마 가톨릭의 문헌과 연관되어 있다. 개별적인 로마의 가르침, 예를 들어 교황의 수장

---

193) ≪로마의 교리문답서(Catechismus Romanus)≫: 트리엔트 공의회의 결과물로 프로테스탄트 이단의 확산에 맞서 가톨릭의 교리를 명료화한 것이다.

194) 페트루스 카니시우스(Petrus Canisius, 1521~1597): 독일의 반종교개혁 운동에 앞장서 여러 제수이트 대학을 세우는 데 공헌했다.

195) 페트루스 드 소토(Petrus De Soto, 1500~1563): 스페인의 탁발 수도회 수도사로 후에 트리엔트 공의회에서 교황 비오 4세(Pius IV)의 신학자로 임명되었다.

권에 대한 가르침은 거부된다. 그러나 전반적인 스타일은 로마식으로 남아 있다. 멜레티우스 시리고스의 검열은 그 스타일을 바꾸지 못했다. 그 자신이 파도바의 라틴 학교에서 공부했고(그곳은 17세기에 그리스인들이 공부하던 곳이었다), 벨라르미노[196]를 따르고 있었다.

≪정교회 신앙고백≫과 모길라 동료들의 다른 문헌 작업을 비교하는 것이 유익할 것이다. 이 점에서 무엇보다 흥미로운 것은 정교회 라틴 학교를 옹호하는 실베스트르 코소프의 ≪해설(Экзегезис)≫(1635)과 ≪교훈 또는 일곱 성사에 대한 학문(Дидаскалия албо наука латинских школ)≫(1637)이다. 프로테스탄티즘에 대한 로마 반대자들의 의혹에 대하여 코소프는 라틴 신학자의 언어로 답했다. 그는 인간 영혼의 내세의 운명과 성사들에 대하여 많이 말했다. 성사에 대한 장(章)에서는 페터 아르쿠디우스[197]의 유명한 책을 이용했다. 바로 그 장에서 라틴주의가 특히 더 명백하게 나타난다. 성사의 '물질'과 '형식'의 구별, '실체 변화', 성체성사의 '형식'과 같이 '제정된 단어들', 고백성사의 재료로서의 '참회'. 표트르 모길라의 의례서에 부분적으로 도입되

---

196) 로베르토 벨라르미노(Roberto Bellarmino, 1542~1621): 로마에서 선교사들을 가르쳤으며, 불가타역을 만드는 데 참여했다.

197) 페터 아르쿠디우스(Peter Arcudius): 로마에 있는 성 아타나시우스 그리스 콜리지의 첫 졸업자로서 폴란드로 가서 우니야를 강화하는 데 기여했다.

고 확고해진 실제 예배 의식이 이러한 교리에 상응하고 있었
다 여기서 언급할 것은 고백성사에서 사면의 형식이 이전의
무인칭적인 '사하여지노라'에서 '자격 없는 사제인 나'로 바
뀌었다는 점이다. 성유성사는 '최상의 기름(ultima unctio)'
으로 표현되었다. 다음 세대에서 라틴의 영향은 더 커졌고,
라틴과 맺는 관계와 그로부터 배운 습관도 더 강화되었다.
표트르 모길라 시대에 키예프 콜리지는 아직 신학교가 아니
었다. 1635년 학교를 허가하는 브와디스와프 4세의 윤허장
에는 수업을 철학으로만 제한하는 요구(ut humaniora non
ultra Dialecticam et Logicam doceant) 조건이 있었다. 사실
거의 17세기 말까지 신학은 독자적인 학문으로 교육되지 않
았다. 개별적인 신학 주제들이 철학 수업에 포함되었다.

그러나 교육의 전체적인 계획은 제수이트 모델을 따랐
고, 교과서들은 하나같이 알바리우스[198]에서 시작하여 아
리스토텔레스, 아퀴나스로 끝났다. 학교생활의 모든 질서
와 교수법의 모든 방법과 수단은 외국 콜리지나 아카데미와
똑같았다. 가르칠 때 사용되는 언어는 라틴어였고, 그리스
어 수업은 아주 형편없었다.

그런 식으로 스콜라적인 개별 견해들과 관점들뿐 아니

---

198) 엠마누엘 알바리우스(Emmanuel Alvarius): 포르투갈의 제수이트
로, 1572년에 문법서를 출판했다. 그의 문법서는 유럽에서 광범위
하게 사용되었다.

라, 심리와 정신 자체도 습득되고 모방되었던 것이다. 물론 그것은 '중세의 스콜라주의'는 아니었다. 그러나 반종교개혁 시대에 부활한 스콜라주의로서 '거짓 고전주의', 트리엔트의 스콜라주의,[199] 신학적 바로크주의였다.

17세기 키예프의 교수들과 학생들의 시야는 협소하지 않았다. 그러나 전반적으로 바로크는 쇠퇴하고 있는 비창조적인 시대였다. 우크라이나의 17세기 중반은 매우 힘든 시기였다. "키예프의 콜리지는 작아져서 마치 키가 작은 삭개오와 같이 되어 버렸다"(라자르 바라노비치[200]의 표현). 황폐해지고 비어 버린 학교는 1670년대, 훗날 키예프의 대주교가 된 바를람 야신스키(Варлаам Ясинский)가 학장으로 있을 때가 되어서야 복구되었다. 바를람 자신은 외국에서 엘블롱크, 올로모우츠, 그리고 크라쿠프의 아카데미에서 공부했다.

다른 이들은 엥겔슈타트의 제수이트 아카데미와 로마의

---

199) 트리엔트 공의회는 제19차 로마 가톨릭의 에큐메니즘 회의로서 1545년과 1563년 사이에 열렸다. 목적은 프로테스탄트 종교개혁에 대항하기 위해 교회를 개혁하고 가톨릭 교리에서 무엇이 본질적인 것인지 규명하는 데 있었다.

200) 라자르 바라노비치(Лазар Баранович, 1620~1693): 시인이자 설교사, 반가톨릭 논쟁가로 1650~1658년까지 키예프 콜리지의 학장을 지냈다. 1657년 체르니고프의 대주교가 되어 러시아와 정치적 연합을 옹호하고 모스크바 총대주교로부터 교회 독립을 추진했다.

성 아타나시우스 그리스 콜리지에서 공부했다. 동란으로 인해 많은 이들이 해외로 떠났다. 그런데 당시 제수이트 학교들에서 공부하는 것은 우니야를 강제로 받아들이는 것과 연관되어 있었다. 17세기 말과 18세기 초 키예프의 활동가 중 많은 이들이 실제로 학교생활 중에 '로마에 순종'하는 것으로 옮아갔다는 것을 신빙성 있는 자료에서 직접 확인할 수 있다. 특히 우니야에서 스타니스와프라고 불렸던 스테판 야보르스키[201]가 그러했다는 것은 잘 알려져 있다. 동시대 제수이트에 속한 관찰자들이 학문적인 형제단 수도원을 직접적으로 우니야적이라고 부른 것은 흥미로운 일이다. "많은 우니야 수도사들, 또는 우니야에 가까운 수도사들이 있다. 우리에 대해 최상의 의견을 가지고 있는 이들은 더 많다(sunt multi monachi vel uniti, vel union proximi, plurimi de rebus nostris optime sentientes). 키예프에서는 수도원 전체가 우니야주의자들로 가득 차 있다(Kyoviae unum totum monasterium est unitorum)"[모스크바의 제수이트 예밀리안(Емилиан)의 편지에서, 1699]. 이런 평가는 유명한 예루살렘의 총대주교 도시테우스[202]의 격렬한 반응

---

201) 스테판 야보르스키(Стефан Яворский, 1658~1722): 표트르 대제 시기의 총대주교다.

202) 도시테우스(Dositheus, 1641~1707): 1669~1707년 예루살렘의 총대주교로서 당시 정교회 세계에서 가장 영향력 있고 존경받는 인물이었다.

과 일치한다(1686년에 쓰임). "카자크인들의 땅이라 불리는 나라에서는 많은 사람들이 로마와 폴란드에서 공부하고 나중에 수도원장과 상급 수도원장이 된다. 그들은 자신의 수도원에서 마땅치 않은 궤변을 공공연히 늘어놓고 제수이트의 묵주를 목에 건다. 이런 수도원장들과 상급 수도원장들이 죽으면 공부하기 위해 교황이 있는 곳으로 갔던 자들이 다시는 수도원장이나 대주교로 임명되지 않게 하라." 말년에 도시테우스는 특히 스테판 야보르스키에 대해 당혹해하며 라틴주의라 비난하고 그에게 모스크바 총대주교직을 내놓을 것을 직접 요구했다. 그는 "그리스인이든 시리아인이든 소러시아인이든, 벨라루스든 라틴이든 폴란드든 그 땅에서 양육되고 그 학교들에서 교육받은 사람을 총대주교로 선출해서는 안 된다"고 주장했다. "그들은 라틴인들과 어울리고 그들의 많은 습속과 교리를 받아들인다"라고 예루살렘의 총대주교는 결론을 내렸다. 라틴인들을 모방한 이런 '습속'과 '교리들'에 대해서는 여러 해 동안 키예프 콜리지에서 한 강의와 수업 기록들, 그리고 그곳의 교사들과 학생들의 문헌을 통해 판단할 수 있다. 몇몇 이름을 거론하는 것으로 충분할 것이다. 이오안니키 갈랴톱스키(Иоанникий Галятовский, 1658~1662년 학장)는 매우 생산적인 작가이자 설교사, 논쟁가로서 자신의 목적을 위해 라틴 참고서들을 응용했다는 것을 숨기지 않았다. 그는 자신이 사용하는 설교집 중 하나인 《이해의 열쇠(Ключ разумения)》에 설교를 어떻게 작성할 것인지에 대한 짤막한 지침인 <설교 구성 방법 본보기>를 첨가했다(1659년 초판, 이후 내용이 확대됨). 그에게는 쇠퇴한 고전주의의 특성, '주제들과 서술'이 담긴 문헌을 해석하고 선택하는 데서 부자연스럽고 과장된 수사적 상징이 잘 드러난다. 특히 "짐승과 새, 파충류, 물고기, 나무, 풀, 돌과 바다, 강, 샘에 있는 다양한 물에 대한 책을 읽고, 그것의 특성과 속성, 차이점을 관찰하여 말할 때 이 <설교 구성 방법 본보기>를 사용하라"는 충고는 매우 특징적이다. 그것은 설교를 거짓된 비유와 예들로 가득 채웠다. 멜레티 스코트리츠키는 정교회 설교사들이 라틴·폴란드 모델을 따르는 습관을 비웃었다. "한 사람은 오소리우스203), 다른 사람은 파브리키우스204), 또 다른 사람은 스카르가와 함께 설교단에 선다." 가장 주목을 끄는 사람은 16세기 폴란드의 설교사인 토마시 므워지아노프스키205)다.

---

203) 오소리우스(Ossorius): 제로니모 오소리오의 주교다. '포르투갈의 키케로'로 알려진 인물로 그가 쓴 성경 주석은 빌나에서 두 번 열린 회의에서 폴란드의 성직자들에게 추천되었다.

204) 파브리키우스(Fabricius, 1552~1622): 폴란드 이름은 코발스키(Kowalski)다. 유명한 제수이트 설교사요, 존경받는 신학자였다. 1608년에 최초로 폴란드 태생 제수이트가 되었다. 토마스 아 켐피스(Thomas à Kempis)의 ≪그리스도의 모방(De Imitazione di Cristo)≫을 번역했다.

205) 토마시 므워지아노프스키(Tomasz Młodzianowski, 1622~1686): 유명한 제수이트 신학자이자 설교사다. 선교하기 위해 터키와 페

갈랴톱스키는 제수이트 논쟁가들과 격렬하게 논쟁하지만, (교황의 권력, 성령의 발원에 대한) 개별 문제들에 국한되고, 신학적 스타일은 여전히 로마적이다. 더 병적인 경우는 (1650~1658년 학장이었으며 후에 체르니고프의 대주교가 된) 라자르 바라노비치다. 그 역시 제수이트의 선전과 투쟁하며 논쟁적인 문제들에 답한다[그의 ≪옛 신앙에 대한 새로운 척도(Nowa miara starey Wiary)≫(1676)를 보래. 그러나 사상과 언어의 유형에서 그는 폴란드 바로크의 한계 안에 머물러 있다. '풍부한 재치와 언어유희', '기발한 상상과 언어적 일품', 즉 상상과 유희, 이것은 그의 문학적 방법뿐 아니라, 사고 방법 또는 독특한 습관이었다. "당시에는 교회의 거룩한 전승을 신화적인 이야기들과 혼합하는 것이 부적절하다고 간주되지 않았다." 또 한 사람 안토니 라디빌롭스키206)를 언급해야겠다. 그는 <교훈들>과 <설교>를 역시 라틴 모델을 따라 편집했다. 그의 책 ≪성모 마리아의 정원(Огородок Марии Богородицы)≫(1676)은 당시 성모 마리아와 연관된 주제에 대한 라틴 모범을 따른 수사학적이고 알레고리적인 많은 글들과 완전히 같은 계열

르시아 지역의 많은 곳을 여행했다. 라틴어와 폴란드어로 30여 권의 저서를 남겼다.

206) 안토니 라디빌롭스키(Антоний Радивилловский): 페체르스카야 대수도원으로 오기 전 체르니고프의 부대주교였으며 키예프의 푸스티노 니콜라옙스키 수도원의 원장이었다.

에 있다.

당시 남러시아의 활동가들 가운데 러시아 출신이 두 명 있었는데, 그들은 모두 쾨니히스베르크에서 프로테스탄트 학교를 거친 인물들이었다. 그들은 한때 키예프 콜리지에서 철학을 가르쳤던 페체르스카야 대수도원의 원장 이노켄티 기젤(Иннокентий Гизель)[그의 ≪철학총서(Opus totius philosophiae)≫(1645~1647)는 원고 형태로 남아 있다]과 유명한 소책자 ≪성인(聖人)들의 영적 행렬(De Processione Spiritus Sancti)≫(오랜 뒤에 쾨니히스베르크에서 사무일 미슬랍스키[207]가 출판했다)의 저자 아담 제르니카프[208]다. 제르니카프는 매우 흥미로운 인물이다. 그는 신앙의 전승과 신학을 학문적으로 연구하여 정교회교도가 되었다. 오랜 세월 서구 나라들에서 학문 편력을 한 끝에(그는 옥스퍼드와 런던에서 일했다) 체르니코프로 오게 되었다. 그의 책은 능숙하고 신중하게 수집된 가치 있는 자료집

---

207) 사무일 미슬랍스키(Самуил Миславский, 1731~1796): 키예프 콜리지의 교수이자 학장으로 후에 1783년 키예프의 대주교가 되었다. 1765년에 라틴 문법을 편찬했는데, 그것은 오랫동안 러시아어로 된 최고의 문법서로 평가되었다. 예카테리나 2세의 계몽주의 이상에 고무되어 러시아어와 인문학, 수학, 지리, 역사 등과 같은 세속 학문을 도입했다.

208) 아담 제르니카프(Адам Зерникав, 1774~1776): 루터교 학자로 초기 교회 역사와 동방정교회를 오랫동안 연구했고 러시아로 온 뒤 정교회로 개종했다.

으로 지금까지도 유용한 참고서로 남아 있다.

17세기의 키예프 학자 중에 역사적으로 중요한 인물은 두 명을 꼽을 수 있다. 첫째는 성(聖) 드미트리 로스톱스키(Дмитрий Ростовский, 1651~1709)다. 그의 주된 저작은 ≪성자전≫이다(첫 출판은 1689~1705년에 이루어졌다). 그것은 주로 서방의 원천을 본보기로 하여 편찬되었다. 작업을 위한 기초로는 일곱 권으로 된 라우렌티우스 수리우스[209]의 라틴어로 된 선집 ≪동방과 서방의 성인들의 생애(Vitae sanctorum Orientis et Occidentis)≫(1573~1586)가 채택되었다. 그것은 메타프라스테스[210]의 ≪성자전≫을 라틴어로 개작한 것이다. 성 드미트리는 볼란드주의자들[211]이 출판한 여러 권으로 된 ≪성인들의 행적(Acta Sanctorum)≫과 (스카르가가 손질한) 바로니 추기경의 ≪연대기(Аналлы)≫, 그리고 특히 스카르가의 폴란드어로 된 ≪성자전≫ 선집을 이용했다. 스카르가의 영향은 언어와 문체에서 매우 잘 느껴진다(성 드미트리 이전에 스카

---

[209] 라우렌티우스 수리우스(Laurentius Surius, 1522~1578): 쾰른의 카르투지오 수도회의 수도사다.
[210] 시메온 메타프라스테스(Symeon Metaphrastes, 900~984): 영적인 시·설교·편지로 유명하다.
[211] 볼란드주의자들: 17세기에 성자들의 생애를 학문적으로 연구하고 출판하기 위해 장 볼란드(Jean Bolland)가 조직한 제수이트회의 멤버들을 말한다.

르가의 ≪성자전≫은 정교회교도들에게 매우 인기가 있었다. 많은 러시아 번역본과 사본이 이를 증명한다). 슬라브와 그리스 자료들은 훨씬 적게 이용되었다.

성 드미트리의 설교는 (특히 초기에) 서구적인 특성을 가지고 있었다. (로스토프 시기) 그의 학교 드라마[212]는 더욱 그러했다. 그의 개인 도서관의 구성은 매우 흥미롭다('사제실의 책 목록'이 보존되어 있다). 그 도서관은 당시 박학다식한 라틴인의 전형적인 장서 목록이었다. 아퀴나스, 코르넬리우스 아 라피데,[213] 카니시우스, 마르티누스 베카누스,[214] ≪성인들의 행적≫, 믈로드자놉스키(Млодзяновский)의 설교들, 그리고 역사책, 교부들의 책 약간(물론 서구에서 출판된 것), 키예프와 남슬라브의 출판물들…. 성 드미트리의 내적인 경험은 이렇게 신학적으로 거짓된 고전주의의 협소한 한계에 갇히지 않았다. 그러나 작가로서 그는

---

212) 학교 드라마: 14세기 말과 15세기 초 서유럽에서 발생한 드라마 장르다. 가톨릭교회에서 학교 교육 혹은 종교 교육에 문화 수업을 도입하기 위해 만들었다. 학생들이 성경의 내용과 도덕적인 교훈을 습득하도록 하는 것이 목적이었다. 러시아에는 17세기에 들어왔다.
213) 코르넬리우스 아 라피데(Cornelius à Lapide, 1568~1637): 루뱅과 로마 대학의 변증학 교수다. 성경 주석이 로마 가톨릭 신학자들에게 매우 인기 있었다.
214) 마르티누스 베카누스(Martinus Becanus, 1563~1624): 제수이트 신학자이자 논쟁가다.

이 한계를 넘어서지 않았고, 심지어 키예프 학교의 습속과 전통의 불가침성을 고집스럽게 주장했다. 그는 러시아의 교회적 삶의 특수 상황을 이해하지 못했다. 따라서 분열을 단지 민중의 무지라는 관점에서만 받아들였다(그의 ≪브린스크의 라스콜 신앙에 대한 조사(Розыск о раскольничьей брынской вере)≫를 보라).

스테판 야보르스키는 그보다 나이가 좀 더 어렸다. 그는 리보프와 루블린, 포즈난, 빌나에서 제수이트들에게서 배웠다. 이 시기 그는 '로마에 복종'하고 있었다. 후에 그는 정교회로 돌아와서 키예프에서 수도사 서약을 했으며, 아카데미의 교사이자 학장이 되었다. 스테판은 재능 있는 설교사였다. 그는 '권위 있게', 큰 열정을 가지고 설교했다. 그러나 역시 거짓된 고전주의적인 설교였다. 스테판의 논쟁적인 신학 저작인 ≪신앙의 반석(Камень веры)≫(처음에는 라틴어로 출판되었다)은 매우 특징적이다. 그것은 키예프에서 집필된 것은 아니었다. 그 책은 결코 독창적인 작품이 아니었으며, 단지 라틴 서적 몇 권, 벨라르미노의 ≪이 시대의 이단들에 대항한 기독교 신앙의 논쟁들에 대한 토론(Disputationes de controversiis christianae fidei adversus hujus temporis haereticos)≫, 그리고 베카누스(그의 저작들은 1649년에 출판되었다)의 '발췌'(종종 문자 그대로) 또는 '축약'에 불과했다. 또 다른 책인 ≪적그리스도 도래의 표적들(Знамения пришествия Антихриста)≫(1703)에서 스테판은 말벤다[215]가 1647년에 쓴 ≪적그리스도(De Antichristo)≫를 많이 이용했다. 드미트리 로스톱스키와 스테판 보르스키의 활동은 키예프 신학의 역사에만 포함되지는 않는다. 그들 활동의 상당 부분은 이미 '대러시아의' 신학 역사에 속한다. 그러나 둘 모두 모길라 시대 말기의 전형을 보여 준다.

18세기 초는 모길라 학교와 문화의 전성기였다. 마제파[216]가 통치하던 시기는 신학에서 우크라이나 바로크가 정점에 있었다. 한때 아카데미는 반(半)공식적으로 '모길라·마제파의' 아카데미로 불렸다. 그러나 18세기 초는 동시에 종말의 시대이기도 했다.

이 시대에 매우 특징적인 인물로는 키예프 콜리지의 학장이자 두 번째 조직자인 (후에 키예프의 대주교) 이오사프 크로콥스키(Иосаф Кроковский)가 있다. 그는 로마에서 수학했다. 아마도 그는 자신의 활동 영역과 세계관에서 키

---

215) 토마소 말벤다(Tomaso Malvenda, 1566~1628): 스페인의 신학자이자 히브리학자로서 적그리스도에 대한 논문을 쓴 것 외에도 교황 클레멘트 8세(Clement VIII)를 위해 예배 의식서를 개정하는 데 참여했다.

216) 이반 마제파(Iван Мазепа, 1644~1709): 1687~1708년까지 우크라이나 자포로제 군대를 통수한 인물이다. 러시아와 스웨덴이 전쟁할 때 러시아를 등지고 스웨덴의 칼 12세 편에 섰다가 스웨덴의 패배 후 오스만 제국으로 도주했다.

예프의 문화적인 가상(假像)의 모습이 갖는 이중성과 모호함을 그 누구보다 잘 표현했을 것이다. 그는 언젠가 로마의 성 아타나시우스 그리스 콜리지에서 교육받았을 때 습득한 세계관을 끝까지 고수했다. 키예프에서는 아퀴나스를 따라 신학을 강의했다. 경건한 예배 의식에서 중심 위치를 차지한 것은 복된 성모의 무흠 수태였다(그것은 바로크 시대의 전반적인 특징이었다). 바로 이오사프 때에 마리아회(Sodalitas Mariana)로 알려진 키예프 아카데미의 학생 수도회가 완전하게 형성되었다. 이 '회'의 회원들은 자신을 '원죄 없이 잉태된 성모 마리아(Virgini Mariae sine labe originali conceptae)'에 헌신했다. 특별한 서약에서 그들은 다음과 같은 것을 고백하고 자신을 이단자들로부터 보호해야만 했다. 곧 "마리아는 실질적으로 죽음에 처해질 만한, 또는 용서할 만한 죄가 없을 뿐 아니라, 원죄도 없다"는 것이다. 단 서약에는 "성모가 원죄 가운데서 잉태했다고 간주하는 사람들을 이단자로 분류해서는 안 된다"라는 조건이 붙어 있었다. 이것은 물론 자유로운 또는 우연적인 신학적 견해가 아니라, 로마 신학을 직접 차용하거나 모방한 것이다.

이오사프는 이미 오래전에 형성된 전통을 강화했다(성 드미트리를 포함하여 위에 언급한 17세기의 작가들에게서 무흠 수태에 대한 내용을 비교해 보라). 무흠 수태에 대한 가르침은 원죄에 대한 이해와 해석에서 이탈과 연관되어 있다. 더 중요한 것은 그 가르침이 종교적인 감정 또는 분위기에 응답하고 있다는 것이다. 이러한 우크라이나 바로크로부터 '소러시아의' 종교적 견해 속에 불건전한 감정, 공상적인 흥분성, 일종의 독창적인 종교적 낭만주의가 발원한다. 부분적으로 그러한 특성은 17세기 말과 18세기 초에 키예프와 체르니고프에서 많이 편찬되고 출판된, 절반은 비슬라브어에서 차용된 경건하고 교훈적인 서적들에 나타난다. 이런 책들의 분위기를 마제파 시기에 많이 생겨난 교회 건축과 회화의 기념비들과 비교해 보는 것은 매우 흥미로운 일이다.

7

문화적 · 역사적인 관점에서 볼 때, 키예프의 학문성은 단순한 현상일 뿐 아니라 의미심장한 사건이었다. 그것은 서구와 최초로 개방된 만남이었다. 만약 그 만남이 포로 상태, 좀 더 정확히 말하자면 포로 상태로의 항복으로 끝나지 않았더라면, 그것을 자유로운 만남이라고 부를 수도 있었을 것이다. 바로 그 때문에 이 만남은 창조적으로 이용되지 못했다. 학교 전통이 형성되었고 학교가 생겨났지만, 영적이고 창조적인 운동은 전개되지 못했다. 모방적이고 지방적인 스콜라주의, 바로 '학교의 신학(theologia scholastica)'이 생겨났다. 그것은 일종의 새로운 종교 · 문화적 의식(意識)의 단계를 의미했다. 그러나 그 시기 신학은 살아 있는 뿌리와 절연되어 있었다. 경험과 생각은 지나치고 위험하게 분리되었다. 키예프 석학들의 시야는 상당히 넓었고, 유럽과 맺는 관계는 매우 생동감 있는 것이었다. 그리고 서구의 새로운 운동과 탐구에 대한 소식은 키예프까지 쉽게 도달할 수 있었다. 그러나 이 모든 운동에는 숙명적인 무엇인가가 있었다. 가짜 종교의식(意識)과 가짜 정교회 사상이 싹텄던 것이다.

III. 17세기의 모순

1

17세기는 모스크바 국가의 동란으로 시작된다. 새로운 왕조가 시작되었지만 동란은 아직 끝나지 않았다. 이 세기는 극단적인 긴장과 불안, 불화, 알력과 논쟁 속에서 지나갔다. 민중의 반란과 봉기의 시대였다.

그러나 동란은 정치적인 위기일 뿐 아니라 사회적인 파국이기도 했다. 또한 정신적인 동요, 도덕적인 변혁이었다. 동란 속에서 민중의 정신 자체가 새롭게 태어났다. 동란을 거치면서 민중은 변하고 동요하며 매우 흥분한 상태가 되었다. 그들은 새로운 방식으로 민감해지고 심지어 매우 의심하는 성향이 되었다. 그 의심은 확신이 없는 데서 오는 것이었다. 이러한 민중의 정신적인 확신 없음과 불안정성은 로마노프의 첫 통치자들을 곧 당황에 빠뜨린 사회적이고 경제적인 어려움보다 훨씬 더 위험한 것이었다.

지금까지 17세기는 표트르 개혁에 반대되는 '개혁 이전의 시대'로, 위대한 개혁의 어두운 배경으로, 정체되고 고여있는 세기로 묘사되는 경향이 있다. 그런 특성화 속에는 진실이 매우 적다. 왜냐하면 17세기는 이미 개혁의 세기였기 때문이다.

당시 아직 많은 사람들이 구습과 관습에 따라 살았던 것이 사실이다. 그리고 그들은 삶 전체를 성스럽지는 못할지라도 장엄한 의식으로 정화하려는 긴장된 필요를 느꼈다.

그러나 붕괴에 대한 기억은 아직 새로웠다. 옛것을 복원해야 했고 관습을 마치 추상적인 법 규정처럼 철저하고 신중하게 지켜야 했다. 17세기 모스크바에서는 직접성과 단순성이 결여되어 있었다. 모든 것이 지나치게 억지로 생각해낸 것이었고 의도적인 것이었다. 조상들의 관습과 전통이 파괴되어서는 안 된다는 우려는 보통 옛 관습이 무너질 때 생겨나는 법이다. 바로 17세기 생활의 파토스 속에서 막 시작된 관습의 와해에 대항한 때늦은 자기방어, 일종의 퇴락한 '의식(儀式)으로의 도피'가 감지된다. 그러한 현상은 직접적인 생활 관습의 총체성 또는 견고성과는 거리가 멀었다. 우리는 도처에서 생활 방식이 흔들리는 것에 대한 직접적인 증언들을 충분히 가지고 있다. 이 시기에 옛 관습을 가장 고집스럽게 열성적으로 옹호한 자들은 '교정'에 대해 공개적으로 말하기 시작했다. 심지어 그들은 이미 전통 또는 습관의 관성만으로 살아서는 안 된다는 것을 느끼고 인정하기까지 했다. 필요한 것은 바로 결단성과 집요함이었다. 열성주의자들이 말하는 '교정'은 자주 회개, 도덕적인 돌이킴, 집중성을 의미했다(네로노프[217]와 아바쿰[218]을 보라). 본

---

217) 그리고리 네로노프(Григорий Неронов, 1591~1670): 니즈니노브고로드의 사제로 술 취함과 도덕적 방탕과 싸우는 데 열성적이었다. 1645년 알렉세이 미하일로비치의 등극과 더불어 모스크바 카잔 성당의 대주교가 되었다.

218) 아바쿰 페트로프(Аввакум Петров, 1620~1682): 구교도들의 지

능은 무디어졌고 유기적인 삶의 감각은 상실되었다. 따라서 의식(儀式)과 본보기, 모범, 외적인 인증과 척도가 그토록 중요했던 것이다. 정상적인 성장 과정에서는 붕대가 필요하지 않다. '생활 관습적인 신앙고백'은 힘과 신앙이 아닌 무기력과 퇴락의 징후였다.

17세기는 러시아 역사에서 '위기의' 시기, 비(非)'유기적인' 시기였다. 균형이 깨진 세기였으며, 예기치 못한 일로 가득 찬 일관되지 않은 세기, 지금껏 한 번도 없었던 사건들이 일어난 세기였다. (생활이 아닌) 사건들의 세기였다. 극적인 세기, 격렬한 성격들과 두드러진 인물들의 세기였다. 심지어 세르게이 솔로비요프[219]는 이 세기를 '영웅 무사들의' 세기라고 불렀다. 겉으로 보이는 17세기의 정체(停滯)는 가사(假死) 상태 또는 소생한 의식(意識) 같은 것이 아니었다. 오히려 악몽과 환영을 동반한 열병적인 망각 상태였다. 그것은 쉬는 것이 아니라, 정신을 잃은 상태였다.

모든 것이 끊어졌고 제자리에서 비켜났다. 영혼 자체도 제자리를 벗어났다. 러시아의 영혼이 편력하는 이상한 상태가 된 것은 바로 동란기였다.

도자다. 30년간 박해를 받고 죽음으로써 구교도들에게 지대한 영향력을 행사했다. 러시아 고대문학의 걸작인 ≪아바쿰 생애전(Житие Аввакума Протопопа)≫의 저자다.

[219] 세르게이 솔로비요프(Сергей Соловьёв, 1820~1879): 러시아 역사학자다. 모스크바 대학에서 러시아 역사를 가르쳤다.

17세기에 모스크바가 폐쇄적이었다고 말하는 것은 전혀 옳지 않다. 그와는 반대로, 그 시대는 서방과 동방의 만남과 충돌의 세기였다. 러시아적 삶의 역사적 조직은 이 시기에 특히 더 혼란스럽고 다채로운 것이 되었다. 이 조직에서 연구자들은 전혀 예기치 못했던 실마리를 매우 자주 발견하곤 한다.

이 경악스러운 세기는 종말론적인 경련, 종말론적인 광신의 무서운 발작으로 끝난다. 제3의 로마가 이번에는 갑자기 악마의 왕국이 되어 버린 것은 아닌가 싶었다.

이런 의심과 추측 속에 모스크바 왕국의 결말과 막다른 골목이 놓여 있었다. 격발과 정신적 자살. "더 이상의 변절은 없을 것이다. 지금이 마지막 루시다." 도주와 무(無), 이것이 17세기의 결말이다. 더 무서운 결말도 있었다. "소나무로 짠 관(棺)", 타 버린 통나무집[220]....

2

17세기 모스크바에서 중대한 테마였던 서적 교정은 일반적으로 생각하는 것보다 훨씬 어렵고 복잡한 문제였다. 서적 교정은 모스크바에서 시작된 서적 인쇄와 관련되어 있었다.

---

[220] 구교도들의 분신 사건을 말한다.

문제는 수 세기의 역사를 거쳐 번역된, 여러 시기의 사본들로 알려져 있는 전례문(典禮文)들, 문헌들의 '정확한' 판본에 관한 것이었다. 모스크바의 교정 담당자들은 곧바로 전승된 문서들의 모든 모순을 바로잡는 데 투입되었다. 그들은 자주 실수했고 혼란을 겪었다. 그러나 그 실수가 그들의 '무지' 때문만은 아니었다. 그들은 매우 자주 실제적인 어려움 속에서 실수하고 길을 잃고 혼란스러워했다. 그러나 그들 스스로가 어떤 어려움인지 항상 알고 이해했던 것은 아니었다.

'정확한 판본'의 개념은 다의적이고 애매모호했다. '고대의 모범' 역시 명료하지 않은 개념이었다. 문헌이 쓰인 해와 사본이 쓰인 해는 항상 일치하지는 않았으며, 종종 우리가 알고 있는 최초 문헌의 구성은 비교적 후기 사본에서 발견된다. 슬라브어 문헌과 그리스어 문헌의 관계에 대한 문제도 그리 단순하지 않았다. 그것은 '원전'과 '번역'의 문제로 귀착될 수 있는 성질의 것이 아니었다. 모든 그리스어 문헌이 더 오래되고 '원전에 가까운 것'은 아니었다. 슬라브어 문헌도 마찬가지였다. 무엇보다 위험한 것은 '오래되었다'는 이유로 개별 원고와 판본을 신뢰하는 것이었다.

그러나 17세기에 문헌의 역사 또는 계보를 복원하는 것이 모스크바에서만 어려웠던 것은 아니었다. 역사적인 '계보' 밖에서 사본들은 너무나 자주 해결할 수 없고 설명할 수 없는 불일치를 보였기 때문에, 어쩔 수 없이 '변질'에 대한 추측이 생겨날 수밖에 없었다.

모스크바 교정 담당자들의 작업을 더 복잡하게 만든 것은 강요된 조급함이었다. 서적들은 실제 필요를 위해서, 곧바로 사용되기 위해서 '교정되었다'. 따라서 믿을 만한, 단일한 '표준 판본'을 신속하게 제공해야만 했다. '전례문'은 완전하고 정확히 정리되어야만 했다. '교정'의 개념에는 다른 무엇보다도 단일성의 계기가 부각되었다.

그렇게 서둘렀기 때문에 교정 담당자들은 원고를 검토할 만한 시간이 부족했다. 대조를 위해 사본들을 선정하는 것 또한 그리 쉬운 작업은 아니었다. 고(古)문자에 대한 무지로 그리스 문서에는 거의 접근할 수가 없었다. 따라서 가장 쉬운 길을 택할 수밖에 없었는데, 바로 인쇄된 서적들에 의지하는 것이었다. 그런데 여기서 새로운 일련의 문제들이 생겨났다.

소위 '리투아니아 간행물'이라 불렀던 책들에 대해서 세기 초 모스크바는 매우 불신하는 태도를 보였다. 그러한 태도는 마치 물로 뿌리는 세례를 받았기 때문에 1620년 공회의[221])에서 다시 세례를 주기로 결정한 '벨라루스인들' 또는

---

221) 1620년에는 재세례에 대한 공의회가 두 번 열렸다. 첫 번째는 10월에 모스크바에서 열린 것으로 그 회의에서 로마 가톨릭교도들에게 다시 세례를 주는 것으로 결정되었다. 두 번째는 12월에 열린 것으로 세 번 물에 잠기는 세례를 받지 않은 우크라이나인들과 서부 러시아인들은 다시 세례를 받아야 한다는 결정이 내려졌다.

체르케스인들에 대한 태도와 같은 것이었다. 이 '리투아니아' 책들은 매우 광범위하게 사용되고 있었던 것 같다. 1628년에 모든 교회에는 그 책들을 모스크바 출판물로 대체하기 위해서 책 목록을 작성하라는 명령이 떨어졌다. 개인적으로 소장한 리투아니아 서적은 몰수되어야 했다. 1627년 12월에는 키릴 트란크빌리온의 ≪복음서 주석(Учительное Евангелие)≫이 "이단적인 단어와 구성"이라는 이유로 형리의 손에 의해 불태워져야 했다. 당시 모스크바 인쇄소에서 출판된 지자니의 ≪교리문답서≫는 시중에 유통되지 못했다.

사람들은 '새롭게 번역된' 그리스 서적들, 즉 '라틴 도시들', 베네치아, 루테티아,222) 로마에서 출판된 책에 대해서도 상당히 조심스러운 태도를 취했다. "만약 무엇인가 새로운 것이 추가된다면, 우리는 그 책들이 그리스어로 출판된다 해도 받아들이지 않을 것이다." 그리스 출신 이주자들도 이런 '번역들'을 변질된 것으로 여겨 경계했다. "교황주의자들과 루터파 신자들은 그리스어 출판물을 가지고 있다. 그들은 매일 교부들의 신학책을 출판한다. 그리고 그 책들에 그들의 지독한 독, 즉 그들의 이단설을 집어넣는다." 어쩔 수 없이 교정 담당자들은 키예프, '리투아니아', 베네치아 등지에서 출판된 의심스러운 서적들을 사용해야만 했다. 예

---

222) 루테티아: 프랑스 파리의 옛 이름이다.

를 들어, 예피파니 슬라비네프키223)는 공개적으로 16세기 말에 프랑크푸르트, 런던에서 출판된 성경을 가지고 작업했다. 이 사실이 광범위한 교회 계층에 불안을 야기했다는 것은 놀라운 일이 아니다. 특히 그의 작업이 익숙한 질서로부터의 이탈을 가져왔을 때는 더욱 그러했다.

17세기 예배 의식 개혁의 역사에서 최초로 발생한 비극적인 사건은 특별한 위치를 차지한다. 그 사건은 1618년 책을 변질시켰다는 이유로 정죄당한 성 삼위일체 수도원의 원장 디오니시 조브니놉스키224)와 그의 동료에 연관된 것이었다. 무슨 이유로 편집자들이 그런 격발과 흥분을 동반한 정죄를 당했는지 이해하는 것은 쉽지 않다. 그들은 기도서를 교정하고 있었다. 그리스어로 된 것들을 포함하여 사본들을 비교하는 방법이 채택되었다(그런데 그들 자신은 그리스어를 알지 못했다. 그들은 몇몇 특별한 경우에만 외국인의 도움을 빌려 그리스 문헌을 참조했다). '교정'은 대부

---

223) 예피파니 슬라비네프키(Епифаний Славинецкий, 1600?~1676): 1649년 번역을 위해 키예프에서 모스크바로 온 학식 있는 수도사다. 후에 니콘의 예배 의식서 개정 작업에 중요한 조력자가 되었다. 또한 1674년에 시작된 성경 번역 프로젝트를 지도했다.

224) 디오니시 조브니놉스키(Дионисий Зобниновский, 1570~1633): 르제프의 사제였다가 1610년에 성 삼위일체 수도원의 원장이 되었다. 폴란드의 침입자들에 대항해 러시아 사회를 통합하는 데 큰 공적을 남겼다. 필라레트 대주교 시절에는 러시아의 영적 부흥을 위해 노력했다.

분 의미 복원이라는 결과를 낳았다. 비난의 빌미가 된 것은 한 번의 교정이었다. 세례를 베풀 때 물을 축복하는 기도는 올바르지 않은 문헌에 따르면 다음과 같았다. "이 물을 당신의 성령과 불로 거룩하게 하소서." 편집자들은 마지막 단어225)를 삭제했다. 그들은 '불과 같은' 성령을 인정하지 않고 불을 세상에서 제거하기를 원한다는 비난을 당했다.

이 사건을 무지와 개인적인 계산만으로 설명할 수는 없다. 편집자들을 반대한 것은 학식이 부족한 규범주의자들이었던 로긴과 필라레트226)뿐 아니라, 모스크바의 모든 성직자들, 그리고 크루티츠크의 대주교227) 자신이었기 때문이다. 학식 있는 장로였던 안토니 포돌스키228)는 디오니시에 반대하여 ≪조명하는 불에 대하여(О Огни просветительном)≫라는 방대한 분량의 논문을 썼다. 그곳에서 팔라마스 신학의 반향이 멀리서 들려온다. 어쨌든 불안은 이전의 익숙한 문헌으로부터 외적으로 이탈한 것 때문에만 야기

---

225) 여기서 마지막 단어란 '불로'를 의미한다.
226) 로긴(Логгин)은 성 삼위일체 수도원 성가대의 지휘자였고, 필라레트(Филарет)는 그곳의 성직자였다. 그들은 디오니시의 개정을 매우 불만스러워했다.
227) 크루티츠크의 대주교: 대주교 이오나를 말한다. 크루티츠크의 대주교로서 모스크바 총대주교의 대리인이었다.
228) 안토니 포돌스키(Антоний Подольский): 17세기 초반 모스크바에 살았던 서부 러시아의 수도사다.

된 것은 아니었다. 최종적인 정죄와 유폐로부터 디오니시를 구한 것은 오로지 필라레트229) 치세의 테오파네스 총대주교230)의 비호뿐이었다.

모스크바 인쇄소에서 한 작업은 처음에는 일정한 계획이 없었다. 수요가 있는 서적들을 교정하고 인쇄하기만 했다. 후에 가서 서적 교정은 알렉세이 미하일로비치231)의 즉위와 더불어 교회개혁의 의미를 띠게 되었다. 젊은 차르 주위에는 열성주의자들, 또는 '신을 사랑하는 사람들'의 영향력 있는 집단이 결성되기 시작했다. 그들 가운데서 가장 두드러진 인물은 블라고베첸스크의 사제장이자 차르의 고백

---

229) 필라레트(Филарет, 1554~1633): 표도르 니키티치 로마노프(Фёдор Никитич Романов). 차르 표도르 이바노비치(Фёдор Иванович)의 사촌으로 1598년 왕위 후보자 세 명 가운데 한 사람이었다. 보리스 고두노프가 차르가 되자 수도 사제가 되도록 강요당했다. 1613년 13세 된 아들 미하일을 젬스키 소보르가 새로운 차르로 선출하자 예루살렘의 테오파네스 총대주교는 그를 러시아 총대주교로 임명했다. 그는 미하일이 재위하는 동안 실질적으로 러시아를 정치적·종교적으로 지배했다.

230) 테오파네스(Theophanes) 총대주교: 1619년 모스크바에 와 그해 6월에 필라레트를 총대주교직에 임명했다.

231) 알렉세이 미하일로비치(Алексей Михайлович, 1629~1676): 차르 미하일의 외아들로 1645년 16세의 나이에 왕위에 올랐다. 30년간 치세하며 러시아의 내정을 안정시키고 차르의 권한을 강화하는 데 노력을 기울였다. 그의 치세기에 일어난 가장 중요한 사건은 총대주교 니콘과 대분열이다.

사제였던 스테판 보니파트예비치[232]와 대귀족이었던 르티셰프[233]였다. 젊은 차르 주위에 있던 열성주의자들의 집단[234]은 실질적인 교회의 변화, 심지어 개혁을 계획하고 있었다. 그 계획에는 두 가지 주된 강조점이 있었는데, 그것은 교회 예배의 경건함과 가르침이었다. 그 두 목적을 위해서는 정확한 서적들이 필요했다. 이렇게 해서 서적 교정은 교회 부흥 계획에 유기적으로 포함되었다. 수도에 있던 '열성주의자'들은 이러한 부흥 또는 갱신의 길은 그리스인들에게 돌아가는 길이라는 사실을 발견했다. 그들은 와해된 러시아정교회 현실을 통합으로 이끌 수 있는 척도를 그리스의 모범에서 찾았던 것이다. 그런데 그들은 이때 과거와 현재의 '그리스적인 것'을 구분하지 않았다. 17세기에 러시아 사회는 다시금 동방정교회와 살아 있고 지속적인 관계를 맺게 되었다. 이 시기의 모스크바는 '그리스' 출신 이주자들로 가득 찼는데, 때로 그들은 매우 높은 지위를 차지했다. 모스크

---

232) 스테판 보니파트예비치(Стефан Вонифатьевич, ?~1656): 차르 알렉세이의 종교교육을 담당했다. 열성주의자들이 둘로 분리된 후에도 양쪽 모두로부터 존경을 받았다.

233) 표도르 르티셰프(Фёдор Ртищев, 1625~1673): 경건한 귀족으로서 가난한 사람들을 많이 구제하여 차르의 관심을 얻어 궁정으로 불려 들어온 인물이다.

234) 열성주의자들의 집단: 대혼돈기의 수난을 교훈삼아 러시아 사회의 종교적·도덕적 정화와 개혁을 부르짖었다.

바의 '그리스인들'은 별장과 희사품을 원했다. 사람들은 그들에게 교회의 전례와 법규에 대해 물었다. 그중 많은 이들은 매우 달변이었다. 그들의 이야기를 통해 그리스와 러시아의 의식(儀式)이 매우 다르다는 사실이 분명해졌다. 어떻게 해서 그렇게 되었는지는 분명하지 않았다. 이 문제를 둘러싸고 곧 비극적이고 거센 논쟁이 불거졌다. '열성주의자들'은 그리스의 모범과 비교하여 고쳐야 한다고 확신했다. 그들에게는 그리스적인 것에 대한 진실한 열정이 있었다. 차르 자신도 '그리스적인 것'을 좋아했으며, 그러한 애정은 그의 질서와 내적·외적인 절도에 대한 타고난 취향과 결합했다(17세기 모스크바 이콘화의 네오그리스적인 모티브를 비교해 보라. 예를 들어, 시몬 우샤코프[235]). 종교적·정치적 관점에서 '그리스적인 것'은 정교회적인 것이었으며, 따라서 그리스정교회에 대해 책임지는 단일한 정교회 차르 관할에 속하는 것이었다. 그리스인들에게 관심이 향한 것은 우연한 것도, 갑작스러운 것도 아니었다.

'그리스적'인 것에 대한 관심은 키예프의 도움으로 충족되었다. 키예프로부터 그리스어에 능숙한 '교사들', 수도원의 장로들이 '슬라브어로 된 그리스 성경을 교정하기 위해' 초청되었다. 그때 예피파니 슬라비네츠키, (1649년에) 아

---

[235] 시몬 우샤코프(Симон Ушаков, 1626~1686): 17세기 후반에 가장 잘 알려진 러시아의 이콘화가다.

르세니 사타높스키[236], (1650년에) 다마스킨 프티츠키[237]가 왔다. 그와 동시에 모스크바에서는 스모트리츠키의 문법, 표트르 모길라의 '짧은' ≪교리문답서≫(1649) 등 키예프의 서적들이 재출판되었다. 1649~1650년 출판된 ≪종법집≫[238]에는 모길라 기도서의 소위 51번째 항목(서방에서 기원함)이 포함되었다. 당시에 소위 ≪키릴의 책≫[239]이 편찬되었고, 키예프의 ≪믿음에 대한 책≫[240]이 재출판되었다. 마치 모스크바에서는 모길라 시대에 의식(儀式)과 서적이 '개혁'되었던 키예프의 경험을 반복하거나 적용하기를 원하는 것처럼 보였다. 한때 모길라는 모스크바에 있는 수도원 내부에 형제단 수도원에서 온 키예프 수도사들을 위한 일종의 교육기관을 만들어 그곳에서 그리스와 슬라브 문

---

236) 아르세니 사타높스키(Арсений Сатановский): 키예프 아카데미에서 수학한 키예프 형제단 수도원의 수도사였다.
237) 다마스킨 프티츠키(Дамаскин Птицкий): 키예프의 페체르스카야 동굴 대수도원의 수도사였다.
238) ≪종법집(宗法集, Кормчая)≫: 비잔틴의 ≪노모카논(Νομοκανών)≫의 슬라브어 번역서를 일컫는다. 사도적인 법규, 에큐메니즘 공의회의 법규, 비잔틴 제국의 시민적이고 교회적인 법규의 모음집이다.
239) ≪키릴의 책(Кириллова книга)≫: 다양한 논쟁을 담은 소논문 모음집이다.
240) ≪믿음에 대한 책≫: 루터교인, 우니야주의자, 유대인에 대한 논쟁적인 글을 담고 있는 책으로 모스크바에서 1648년에 출판되었다.

자를 가르칠 것을 제안한 바 있었다(1640). 어쨌든 궁정 내부의 '열성주의자' 집단은 모길라의 키예프와 직접 연관되어 있었다(남러시아의 수도사들로 가득했던 안드레예프 수도원의 키예프 · '폴란드' 출신 가수들을 비교해 보라. 그들은 후에 니콘에게 고용되었다).

이 모든 일은 울로제니예[241]가 공표되어 사회 · 국가 개혁의 긴장이 가장 고조되었을 때 벌어졌다는 것을 기억할 필요가 있다.

동시에 동방과의 직접적인 관계가 발전되어 가고 있었다. 동방과 성스러운 땅으로 그곳의 생활 관습과 의식(儀式)들을 관찰하고 기록하기 위해 파견된 아르세니 수하노프[242]는 이미 이아시에서 그리스인들과 격렬한 논쟁에 빠

---

241) 울로제니예(Уложение): 1648~1649년 젬스키 소보르가 만든 법령으로 1550년의 수데브니크(Судебник) 이후 최초의 법령이다. 1832년까지 지속되었다. 국가를 재조직하고 질서를 부여하기 위한 목적으로 제정되었다.

242) 아르세니 수하노프(Арсений Суханов, ?~1668): 1649년 예루살렘에서 모스크바로 온 총대주교 파이시오스(Paisios)는 차르 알렉세이, 총대주교 이오시프와 그리스와 러시아 의식(儀式)들의 많은 차이점들을 논한 후 그리스의 전례를 연구하기 위해 누군가를 동방에 보내기로 결정했다. 그 임무를 아르세니 수하노프가 맡았다. 그는 파이시오스와 함께 이아시까지 여행했으며, 아토스 산을 방문한 후 1650년 12월에 러시아로 돌아왔다. 그의 저작은 구교도들에게서 큰 인기를 누렸다.

져들었다. 그는 그리스 의식(儀式)이 '차이'를 보이는 것은 그들이 믿음에서 변절했음을 의미하는 것이라는 결론을 내렸다. 그와는 반대로, 아토스에서는 이 시기에 러시아 서적들을 불태우고 있었다.

'교사'의 자격으로 총대주교 파이시오스에 의해 모스크바에 남겨진 또 다른 그리스인 아르세니[243]는 로마 콜리지에서 수학했으며, 한때 우니야주의자였다가 터키인들을 위해서 심지어 '마호메트교도'인 척하기도 했다. 그는 멀리 솔로베츠키 수도원으로 보내져야 했다. 그러나 후에 '그리스'와 '라틴'의 불안정한 관계가 드러난 것은 한두 번이 아니었다.

교회 개혁의 주도권은 총대주교의 조심스러우면서도 집요한 반대에도 불구하고 차르에게서 비롯되었다. 동방의 총대주교들은 최고의 권위로서 문의의 대상이 되었다. 그리하여 1651년에 콘스탄티노플 총대주교의 답변과 증언으로 교회 예배에 소위 '단성(單聲)'이 도입되었다. 그 결정은 옛 관습뿐 아니라, 그러한 제안이 최초로 제기되었던 1649년에 모스크바 공의회에서 채택되었던 최근의 결정까지도

---

243) 아르세니(Arsenii): 1649년에 총대주교 파이시오스와 함께 러시아로 와 젊은이들을 위한 학교를 열었다. 파이시오스는 모스크바를 떠난 후 차르 알렉세이에게 아르세니의 과거를 부정하는 편지를 보냈다. 그 결과 아르세니는 솔로베츠키 수도원으로 유배되었다. 니콘이 총대주교가 된 후에 그는 모스크바로 돌아와 추도프 수도원에서 니콘의 서적 개혁에 참여했다.

대체하는 것이었다. '단성'의 도입은 훈련을 위한 조치 또는 경건의 문제에 국한되는 것이 아니었다. 그것은 또한 노래 또는 음악적인 개혁이기도 했다. 소위 '다성적인' 노래에서 '합창'으로 이동했는데, 그것은 악보 전체의 매우 어려운 개작과, 문헌과 음악의 새로운 관계를 요구하고 그 관계를 전제로 하는 것이었다.

    1652년 총대주교가 된 니콘이 그리스 모범에 따른 의식과 생활 관습의 개정을 시작한 것이 아니었다. '개혁'은 궁정에서 결정되고 고안되었다. 니콘은 이미 시작된 일에 이끌려 들어간 것이었으며, 이미 계획된 일에 참여하게 된 것이었다. 그러나 그는 모든 정열을 다해 그 개혁의 계획을 실행하는 데 자신을 바쳤으며, 러시아정교회를 모든 면에서 그리스화하려는 시도는 바로 그의 이름과 항상 연관되었다. '니콘의' 개혁에는 두 가지 동기가 결합해 있었다. 그 하나는 교회의 '교정'이고, 또 다른 하나는 그리스식에 맞추는 것이었다. '개혁'은 두 번째 동기를 더 중요시하는 방향으로 선회했다. 엄격하고 통일된 전례만이 이미 시작된 세계의 '진동'을 멈출 수 있을 것같이 생각되었다. 권위 있는 명령과 정확한 법령이 불일치와 불화에 대항한 투쟁의 가장 좋고 믿을 만한 수단인 듯 보였다. 서적과 의식(儀式)의 교정 뒤로 매우 깊고 복잡한 문화적 · 역사적 전망이 열리고 있었다.

3

니콘 총대주교(1605~1681)에 대해서는 이미 그의 동시대 사람들이 너무나 많이 말하고 썼다. 그러나 그에 대해 악의나 선입견이 없이, 사심 없이, 공정하게 쓴 사람은 드물다. 그에 대해서는 항상 논쟁하고 악평하고 정당화하거나 정죄하곤 했다. 지금까지 그의 이름은 논쟁과 투쟁의 주제였다. 그의 이름은 단순한 이름이라기보다 차라리 기호나 상징이다. 니콘은 얼굴이 없고 오직 기질만 있는 그런 이상한 사람 유형에 속한다. 얼굴 대신 사상 또는 프로그램만 있는 것이다. 그의 모든 개인적인 비밀은 기질에 있다. 여기서 그의 시야의 협소함이 비롯된다. 그에게는 역사적인 형안뿐 아니라, 단순한 생활의 민감성 또는 신중함도 없었다. 그러나 그에게는 역사적인 의지, 의지적인 집요함, 독창적인 '의지적 시야'가 있었다. 그래서 그는 위대한 인물은 아니었을지라도 역사적으로 중요한 활동가가 될 수 있었던 것이다. 니콘은 권력을 가졌지만, 권력을 좋아하지는 않았다. 그는 아첨하기에는 너무나 신랄하고 고집스러웠다. 그를 매료한 것은 행동할 수 있는 가능성이었지 권력은 아니었다. 그는 활동가였지만, 창조적인 인물은 아니었다.

물론 '의식(儀式) 개혁'이 니콘의 가장 중대한 주제는 아니었다. 그 주제는 누군가 그에게 암시한 것이었고, 그 이전에 이미 시작된 것이었다. 그가 아무리 집요하게 그 개혁을 실행했을지라도 내적으로 그 계획에 압도되거나 몰입된 적이 없었다. 우선, 그는 그리스어를 알지 못했고 결코 완전히 습득하지 못했으며, 배운 적도 없었다. '그리스적인' 것에 대해 그는 겉으로만 몰두했다. 후에 표트르가 모든 사람을 독일식 또는 네덜란드식으로 개조하려 했던 것처럼 니콘에게는 모든 것을 그리스식으로 바꾸려는 병적인 열정이 있었다. 그 둘을 가깝게 만들어 주는 것은 이상할 정도로 과거와 손쉬운 결별, 예기치 못한 비(非)생활성, 행동의 고의성과 인위성이다. 니콘은 표트르가 '유럽' 조언자들의 말을 들었던 것같이 그리스의 대사제들과 수도사들의 말을 성급하게 신뢰했다. 그러나 니콘의 '그리스 애호'는 결코 전 교회적으로 시야를 확장하는 것을 의미하는 것은 아니었다. 여기에는 새로운 인상들이 적지 않았지만 새로운 사상은 없었다. 그러나 동시대 그리스인들을 모방하는 것은 결코 상실된 전통으로 회귀함을 의미하지는 않았다. 니콘의 그리스 애호는 조국의 기초로 돌아가는 것도, 비잔틴주의의 부흥도 아니었다. '그리스식' 의식에서 그를 매혹한 것은 장엄함과 화려함, 웅장함이었다. 그러한 '축제일적인' 관점에서 그는 의식 개혁을 수행해 나갔다.

개혁 초기에 니콘은 콘스탄티노플의 파이시오스 총대주교에게 의식(儀式)에 관련된 의혹을 길게 나열한 목록을 보냈다. 그에 대한 답으로 그는 멜레티우스 시리고스가 작성한 장문의 편지를 받았다(1655). 그 편지에서는 직접적이고 명확하게 중요하고 본질적인 것에서만 단일성과 통일성이 요구되고, '의식들'이나 외적인 예배 순서 등에서는 다양성과 차이가 충분히 용인되며 그러한 차이는 역사적으로 불가피하다는 견해가 피력되었다. 사실 전례와 법령은 점진적으로 형성되고 발전된 것이지, 곧바로 만들어진 것이 아니었다. 교회 '전례'의 많은 부분은 전적으로 '감독자의 의향'에 좌우되었던 것이다. "만약 누군가가 신앙의 조항이 아닌, 비본질적인 부분에서 약간 차이가 나는 교회 의식을 행한다고 하더라도, 중요하고 본질적인 부분에서 보편적인 교회와 일치를 유지하고 있다면, 우리 정교회 신앙이 왜곡되었다고 생각해서는 안 된다." 그러나 모든 '그리스인들'이 그렇게 생각한 것은 아니었다. 모스크바에서도 이 그리스의 충고를 따르지 않았다.

콘스탄티노플 총대주교의 경고는 다른 동방 총대주교인 안디옥의 마카리오스[244]에게 가장 무겁게 적용되었다. 그는 열성과 자기만족을 가지고 니콘의 모든 '차이점'을 지적하고 그에게 속히 '교정'할 것을 촉구했다. 아마도 그가, 두 손가락으로 십자가를 긋는 것이 아르메니아의 이단이라는

---

244) 안디옥의 마카리오스(Makarios of Antioch): 1647~1672년까지 안디옥의 총대주교다. 총대주교직을 수행하는 동안 러시아를 두 번 방문했다.

것을 밝힌 것 같다. 외지에서 온 대주교들에 의해 이 '네스토리우스적인' 손가락 모양이 1656년 정교회의 날에 모스크바에서 저주를 받았다.

니콘은 당대에 출판된 그리스어 문헌들을 따라 교회 의식을 '개정했다'. 비록 '그리스적인 것'이 더 오래된 고대의 것이라고 가정되었을지라도 개정은 실제로 '고대' 또는 '옛 것'으로 돌아가는 것이 아니었다. 니콘은 서적 교정에도 같은 원리를 적용했다. 일반적으로 새로운 슬라브 문헌을 위한 기본으로 사용된 것은 새로 출판된 그리스 서적이었다. 나중에 사본의 다른 변이형과 유사한 것들이 첨가되기는 했다. 그러나 인쇄된 문헌만이 실질적인 통일성을 담보할 수 있었다. 그런데도 동일한 책의 서로 다른 판(版)들 사이에 상당한 차이점이 나타났다. 왜냐하면 작업 도중에 새로운 사본을 끌어들였기 때문이다. "니콘의 전례서가 러시아 국가에 강제로 배포되었다. 이 모든 전례서들은 다 달라 어느 것 하나 서로 일치하는 것이 없었다."

니콘의 반대자들은 그가 결함이 많아 폐기된 '독일인들이 출판한 새로운 그리스 서적들'을 참조해 새로운 책들을 개정했다고 비난했다. "우리는 그 새로운 실행을 받아들이지 않는다." 다른 전례들도 '변형되었거나' '폴란드의 예배서들', 즉 '표트르 모길라의 폴란드 기도서와 다른 라틴 번역서들'로부터 취해 온 것들이라는 것은 사실이었다. 수하노프가 동방에서 들여온 사본들은 충분히 마땅한 주의를 기울여 사용되지 못했고 사용될 수도 없었다.

니콘 '개혁'의 주된 쟁점은 고대 러시아의 전례와 의식(儀式)을 충분하지 못한 근거로 급격하게 부정한 데 있었다. 니콘의 개혁을 지지한 자들은 고대 러시아의 전례와 의식을 새로운 것으로 대체했을 뿐 아니라, 거짓되고 이단적이며 불경건한 것으로 선언했다. 바로 이 점이 민중의 양심에 혼란을 가져다주었고 상처를 입혔던 것이다. 니콘이 '옛 의식'에 대해 한 비방은 분노와 격정 속에서, 게다가 다른 이의 목소리로 폭발되었다. 니콘 후에 러시아의 권력자들은 심지어 1666년의 공의회245)에서조차 '옛 의식'에 대해 절제되고 조심성 있게 반응했다. 니콘 자신에게 개혁은 의식 개혁을 의미했다. 그는 무엇보다 경건 또는 순종을 위해 의식 개혁의 필요성을 강조했다. 개혁의 새로운 동기는 '그리스인들'이 유발했다. 1667년의 공의회246)의 결정과 '서약'은

---

245) 1666년 4월에 열린 회의로 목적은 구교도들을 심판하기 위한 것이었다. 이 공의회의 결정으로 아바쿰은 성직을 박탈당하고 두 번째로 유형에 처해졌다.

246) 1666, 1667년의 공의회는 그때까지 러시아정교회 역사에서 가장 장엄하고 중대한 것이었다. 차르 알렉세이가 소집한 공의회는 알렉산드리아의 파이시오스와 안디옥의 마카리오스 총대주교가 주관했다. 1666년 12월에 열린 첫 번째 회기에서 니콘은 일반 수도사 신분으로 강등되어 벨로오제로의 페라폰토프 수도원으로 유배당했다. 1667년 4월에 열린 두 번째 회기에서는 새로운 전례서를 받아들이기를 거부하는 이들이 파문당했다.

그리스인들의 암시를 받아 만든 것이었다. 이 회의에 참석한 대주교 서른 명 가운데 열네 명이 타국인이었다.

'동방에서 온 자들'은 회의에서 모든 러시아적 삶을 재판하는 소명을 받고 인정된 이들, 즉 '전 교회적인 재판관들'처럼 행세했다. 바로 그들이 러시아의 '옛 의식(儀式)'이 "무의미하고 교묘한 것", 심지어 이단이라는 견해를 퍼뜨리고 긍정했다. '그리스인들'의 이런 경멸할 만한 비방에 '키예프인들'이 가세했다(시메온 폴로츠키[247]).

회의에 때맞춰 그리스인 디오니시우스가 편찬한 의식(儀式)의 차이점들에 대한 책은 특히 중요하고 전형적인 경우다. 그는 아토스 산에서 온 수도원장으로 모스크바에서 수년 동안 살면서 인쇄국에서 서적 교정 작업에 참여했다. 그는 러시아의 대주교들이 콘스탄티노플로부터 임명되지 않게 된 때부터 러시아의 서적들이 훼손되고 변질되었다고 직접적으로 주장했다. "그때부터 신앙고백과 할렐루야에 덧붙여 손가락으로 십자가를 긋는 것에 집착하기 시작되었다. 가라지와 다른 잡초가 무성한 이 땅은 경작되지 않은 채 어둠으로 덮여 버렸다." 디오니시우스는 이 모든 러시아적인 첨가와 차이가 바로 이단적인 의미를 가지고 있다고

---

247) 시메온 폴로츠키(Симеон Полоцкий, 1629~1680): 시인이자 설교사로 서구 사상과 관습의 옹호자였다. 1663년 모스크바에 와 차르의 자제들을 교육했다.

주장했다. "이런 불일치와 몰두는 그리스인들과 갈라서서 자신의 지혜를 믿고 어떤 것에 대해서도 그들과 상의하지 않은 이단자들로부터 비롯되었다." '공의회'에서 그리스인들은 자주 디오니시우스의 말을 인용해 그와 같은 식으로 판단했다. 1667년의 종교회의에서 모든 고대 러시아의 의식은 의심스러운 것으로 치부되고 엄중하게 정죄되었다. 본보기와 척도로 동방교회들의 현대적인 전례가 제시되었다. 백 조항 평의회의 서약이 철폐되었고 해지되었다. "그 공의회는 공의회가 아니고 그 서약은 서약이 아니다. 우리는 그 공의회가 마치 존재하지도 않았던 것처럼 아무것도 아니라고 간주한다. 대주교 마카리와 그와 함께한 자들은 자신들의 무지에 갇혀 분별없이 교묘하게 행동했다." 러시아의 교회적인 옛 전통은 무지하고 비이성적인 미신과 이단으로 비난받았다. 그리고 새로운 그리스적인 것으로 대체되었다. 그것은 그리스교회의 견해가 아니라, 순례하는 '그리스' 대주교들의 견해였다. 그렇게 니콘 개혁은 종말을 맞았다. 바로 그 공의회에서 니콘 자신이 파문당했던 것이다. 공의회는 그 목적을 위해 소집되었던 것이다. 이 회의에서 니콘은 고대 의식을 파괴하고 '새로운 의식'을 도입했다고 비난받았다(파이시오스 리가리데스[248]). 니콘은 답변에서

---

248) 파이시오스 리가리데스(Paisios Ligarides, 1609~1678): 로마에서 교육받은 후 우니야 성직자로 임명되었다. 처음에 니콘과 함께

자신을 비난하는 그리스인들이 '신뢰할 수 없는 책들'에서 새로운 것들을 도입하고 있다고 도리어 그들을 책망했다 (새로 출판된 그리스 서적들을 의미하는 것이다). 또다시 책에 대한 문제가 제기된 것이다.

니콘에 대한 심판에는 너무나 많은 것들이 혼동되어 있었다. 개인적인 열정, 악의와 보복, 기만과 교활함, 산만한 사상과 어두운 양심. 니콘의 심판은 '성직'에 대한 심판이었다. 성직이야말로 니콘 삶의 테마였다.

"니콘의 거대한 그림자 뒤에는 교황주의의 환영이 숨겨져 있었다"(유리 사마린249)의 말). 그것은 사실일 리가 없었다. 오히려 그 반대였다. 니콘의 심판에서 우리가 발견하는 것은 '제국'의 공격이다. 니콘이 자신을 옹호하는 <파괴>라는 글에서 차르 알렉세이와 그의 정부가 교회의 자유와 독립을 침해한다고 비난했을 때 그는 옳았다. 그러한 침해는 니콘이 악마적이고 적그리스도적인 가짜 법이라고 간주했던 '울로제니예'에서 이미 느껴지고 있었다. 니콘은 정부의 지도적인 그룹의 매우 격렬한 '에라스투스주의'250)와 투

했다가 후에는 그의 반대자들의 대변인이 되었다.
249) 유리 사마린(Юрий Самарин, 1819~1876): 러시아의 정치가이자 슬라브주의자다.
250) 에라스투스주의: 국가가 교회보다 우월하다는 사상이다. 스위스의 신학자 토마스 에라스투스(Thomas Erastus, 1524~1583)의 이름에서 비롯되었다.

쟁해야 했다. 그의 신랄함과 '권력에 대한 사랑'은 무엇보다 이 사실로 설명된다.

니콘은 다시금 성직에 대한 자신의 사상을 교부의 가르침, 특히 즐라토우스트에게서 발견했다. 그는 자신의 삶에서 즐라토우스트를 재현하고 싶었던 것 같다. 아마도 그는 항상 이 사상을 성공적으로, 조심스럽게 표현하지는 못했을 것이다. 그는 종종 '서구식' 정의(定義)를 사용했다. 그러나 그가 '성직'이 '제국'보다 더 우월하다고 주장했을 때, 그는 러시아적인 견해를 벗어나지 않았다.

이 문제에서 그를 반대한 이들은 성직에 반대해 제국을 옹호한 그리스인들, "아시아에서 온 이주자들, 아토스에서 온 아첨꾼들"뿐만이 아니었다. 러시아의 옛 전통을 열성적으로 옹호한 '구교도들' 역시 이 문제에서 니콘을 대항했다. 그들에게 '하나님의 왕국'은 교회보다는 제국 안에서 실현되는 것이었다. 그것이 분열[251]의 테마였다. 분열의 테마는 '옛 의식(儀式)'이 아니라 왕국이었던 것이다.

---

251) 일명 라스콜(раскол)로 불리는 17세기 러시아정교회의 대분열을 가리킨다.

4

코스트로마로프252)는 한때 올바르게 지적한 바 있다. "분열은 옛것을 좇아갔고, 더 정확하게는 마치 옛것을 보존하려고 노력하는 듯했다. 그러나 분열은 고대의 삶이 아닌, 새로운 삶의 현상이었다." 여기에 분열의 숙명적인 역설이 놓여 있다. 분열은 고대 루시가 아닌, 옛것에 대한 꿈이다. 분열은 실현되지 못한, 그리고 이미 실현 불가능한 꿈에 대한 애도다. '구교도'는 매우 새로운 정신 유형이었다.

분열은 완전히 둘로 나누어지는 것이며 강한 발작이다. 분열은 환멸로부터 탄생한다. 분열은 무엇인가를 소유했다는 느낌이 아닌 상실의 감정으로 살아간다. 분열에는 정착과 생활의 감정보다는 우수와 피로감이 더 많다. 분열은 달리고 달아난다. 분열에는 너무나 많은 공상성과 의심, 그리고 불안이 있다. 분열에는 무엇인가 낭만적인 것이 있는데, 그래서 러시아의 신낭만주의자들과 데카당트들이 분열에 이끌렸던 것이다. 분열은 기억과 예기(豫期), 현재 없는 과거와 미래, 피로와 환영, 꿈에서 산다. 분열에는 '푸른색

---

252) 코스트로마로프(Костромаров, 1817~1885): 우크라이나의 시인이자 문학평론가, 역사학자, 민족주의자. 세 권으로 된 ≪러시아사(Русская История в жизнеописаниях её главных деятелей)≫를 집필했다.

꽃'253) 대신 반(半)은 동화 같은 키테슈254)가 있다.

분열의 힘은 토양이 아닌 의지에 놓여 있다. 분열은 정체가 아닌 극도의 흥분 상태다. 분열은 러시아 최초의 무토양주의255)의 발작이며 소보르노스티256)로부터의 단절이고 역사로부터의 후퇴다. '의식(儀式)'이 아니라 '적그리스도'가 러시아 분열의 테마이자 비밀이었다. 분열은 사회적·종말론적 유토피아라고 할 수 있다.

최초로 나타난 분열의 파토스는 개별 의식 또는 생활 관습의 '세부 내용들'에 대한 '맹목적인' 집착에 있지 않았다. 분열의 파토스는 바로 종말론적인 예측에 있었다. "때가 가

---

253) 러시아 문학에서 푸른 꽃은 순수와 한결같음의 상징이다.
254) 키테슈(Китеж): 몽고군이 러시아를 침략했을 때 볼가 강 동쪽에 있는 호수에 빠져 사라졌다고 알려진 전설의 도시다. 타락한 세상으로부터 물러난 순수한 정교회 신앙을 상징한다. 참된 신자들은 호숫가에서 그 도시의 교회 종소리를 들을 수 있다고 전해진다.
255) 무토양주의(беспочвенность): 대지주의 또는 토양주의의 반대 개념이다. 대지주의 또는 토양주의라는 용어는 도스토옙스키의 사회 평론에서 생겨난 것으로 그는 러시아 지식인들에게 '자신의 토양으로' 돌아갈 것을 호소했다. 여기서 토양은 민족적이고 민중적인 원리를 의미한다. 따라서 무토양주의란 자신의 민족적·민중적 원리를 떠난 상태를 의미한다고 볼 수 있다.
256) 소보르노스티(соборность): 19세기 러시아 슬라브주의 철학자 호먀코프의 용어로서, 개인주의에 반대되는 개념이다. 사랑 안에서 자유롭게 결합된 개인들의 단일한 공동체로서 교회의 정체성을 의미한다.

까이 왔다...." 최초의 '분열의 교사들'은 이런 환영과 표적, 예감, 기적, 예언, 유혹의 분위기 속에서 살았다. "우리는 겨울이 오려는 것을 보았다. 가슴은 얼어붙고 다리는 떨렸다...." 아바쿰이 흥분하여 숨이 차서 하는 말을 읽어 보는 것으로 충분할 것이다. "이것이 무슨 그리스도란 말인가? 그는 가까이 있지 않다. 오직 악마들의 무리뿐이다...." '니콘'의 교회를 강도들의 소굴로 생각한 것은 아바쿰만이 아니었다. 그러한 분위기는 분열 전체에 공통된 것이었다. "향로는 부질없고 제사는 혐오스럽다...." 분열은 사회적 · 정치적 저항의 폭발이었으며, 사회적인 운동이었다. 그러나 그 운동은 종교적인 기분에서 비롯된 것이었다. 바로 종말론적인 현실의 지각이 분열의 격렬함과 성급함을 설명해 준다. '공황 상태의 광신'이라고 클류쳅스키는 분열을 정의했다. 그러나 공황은 바로 '마지막 변절'에 대한 것이었다.

어떻게 그러한 인상이 창조되고 형성될 수 있었는지 질문할 수 있을 것이다. 무엇이 이러한 절망적인 종말론적인 진단을 암시하고 정당화했을까? "현재의 교회는 교회가 아니다. 성사는 성사가 아니며, 세례도 세례가 아니다. 성경은 비위만 맞출 뿐이며, 가르침은 거짓되다. 모든 것이 불결하고 불경건하다." 로자노프[257]는 "구원의 ≪티피콘≫[258], 이

---

257) 바실리 바실리예비치 로자노프(Василий Васильевич Розанов, 1856~1919): 러시아 종교 사상가다.

것이야말로 분열의 비밀이며, 분열의 신경, 분열의 고통스러운 갈망이다"라고 말한 적이 있다. 오히려 "≪티피콘≫이 구원이다"라고 말하는 것이 더 적당하지 않을까? 이렇게 말하는 것은 책 ≪티피콘≫이 구원에 필수적으로 필요하다는 의미에서만이 아니다. 바로 구원이 곧 ≪티피콘≫, 즉 거룩한 리듬과 구조, 전례, 또는 의식(儀式), 삶의 의례(儀禮), 보이는 경건과 생활의 복지라는 것이다. 바로 이러한 종교적인 의도가 구교도들의 환멸이 가진 주된 전제 조건이자 원천이었다.

분열은 이곳의 도성, 지상의 도성, 즉 신정(神政)적인 유토피아, 신정적인 천년왕국을 꿈꾼다. 그들은 이미 꿈이 실현되었으며 '왕국'이 모스크바 국가의 형태로 나타났다고 믿기를 원했다. 동방에 총대주교가 넷 있지만, 모스크바에만 유일한 정교회 차르가 존재하는 것이다[아르세니 수하노프의 ≪여행 기록(статейный список)≫에서 그와 그리스인들의 논쟁을 비교해 보라].

그러나 이런 기대는 이제 갑자기 깨져 버렸다. 니콘의 '변절'은 차르의 변절만큼 '구교도들'을 동요시키지는 않았다. 그들은 차르의 변절이야말로 모든 충돌에 종말과 같은 절망의 색채를 부여했다고 이해했기 때문이다. "지금은 차

---

258) ≪티피콘(Типикон)≫: 정교회 예배 의식과 수도원 공동체의 삶 전반의 규정을 담은 책이다.

르가 존재하지 않는다. 정교회 차르 한 명만이 지상에 남아 있었다. 그가 알지 못하는 사이 서방의 이단자들이 어두운 구름처럼 기독교의 태양을 꺼지게 했다. 사랑하는 자들이여, 이것은 적그리스도의 속임수가 그 가면을 벗고 있다는 것을 분명히 증명해 주고 있는 것이 아닌가?"(집사 페오도르[259], 1669년 이전). 세 번째 로마는 끝나 가고 있었다. 네 번째 로마는 없을 것이다. 그것은 역사가 끝나 간다는 것을 의미했다. 정확히 말하면, 성스러운 역사가 끝나 가는 것이다. 앞으로의 역사는 성스러운 것이기를 그치고 은혜 없는 것이 될 것이다. 세상은 텅 비고 신에게 버림받게 될 것이다. 따라서 역사에서 물러나 광야로 나가야 한다. 역사에서 속임수가 승리하고 있다. 진리는 밝은 하늘로 사라져 버렸다. 성스러운 왕국은 이제 적그리스도의 왕국으로 변하고 있었다.

적그리스도에 대해서는 분열의 초기부터 공개 토론이 계속되었다. 어떤 이들은 니콘이나 차르에게서 이미 온 적그리스도를 알아보았다. 다른 이들은 좀 더 조심스러웠다. "그들은 이미 그의 일을 하고 있다. 그러나 마지막 악마는 아직 오지 않았다"(아바쿰).

---

[259] 페오도르(Феодор, ?~1682): 모스크바 성모승천 성당의 집사였다. 1665년에 체포되어 유배되었다. 1682년 아바쿰과 같이 화형당했다.

세기말에는 '정신적인' 또는 영적인 적그리스도에 대한 가르침이 확립되었다. 적그리스도는 이미 와서 지배하고 있으나 보이지 않는다. 보이는 적그리스도의 도래는 앞으로도 없을 것이다. 적그리스도는 상징이지 '감각을 지닌' 인격적 존재가 아니다. 성경은 신비로서 이해해야 한다. "감춰진 신비가 이야기될 때, 그 신비는 이성으로 이해되어야지 감각으로 이해되어서는 안 된다." 여기에는 이미 새로운 강조점이 있다. 적그리스도는 교회 자체 내에서 계시된다. "그는 추악한 행동으로 성찬 배(杯)에 관여하고 지금 하나님과 어린 양이라 불리고 있다"(1670년경, 튜멘에 보내진 익명의 서신서). 그러나 진단은 바뀌지 않았다. '마지막 변절의 도래....' 그로부터 첫 번째 결론이 도출되었다. 니콘의 교회에는 성직의 단절, 성사의 중단, 은혜의 빈곤이 있었다. 그러나 니콘주의자들에게서 성직이 단절된 것은 일반적인 성직의 단절은 물론 분열 내에서도 성직이 단절된 것을 의미했다. 그리고 이미 빈곤해진 은혜를 '회복'할 수 있는 곳은 아무 데도 없었다. '도주하는 성직자들'은 문제를 해결할 수 없었다. '도주하는 성직자들'이 새로운 법령을 받아들인 것은 니콘주의자들 가운데서 중단되지 않은 진정한 성직이 존재한다는 것을 의미하는 것이었다. 성직에 대해서는 분열 안에서도 매우 일찍 이견과 논쟁이 시작되었다. 비교적 빨리 '사제파'와 '무사제파'로 갈라졌다. 무사제파가 분열의 흐름을 주도했다. 타협과 양보는 그리 큰 의미를 지니지 못했다. 끝까지 일관성이 있었던 것은 무사제파의 결론뿐이었다.

적그리스도의 도래와 함께 성직은 완전히 중단되었으며, 은혜는 세상에서 물러났다. 교회는 새로운 존재의 형태, 즉 성사도, 성직도 없는 '무사제' 상태로 접어들었다. 그러한 상태는 성직의 부정이 아니라 종말론적인 진단, 신비적인 파국을 인정하는 것이었다. 성직은 말라 버렸다.

모두가 이러한 결론을 받아들인 것은 아니었다. 이미 도래한 은혜의 부재 정도에 대해서는 이견이 있었다. 필요하다면 성직자가 아닌 사람도 세례를 줄 수 있었다('재세례를 주거나' '바로잡을 수도' 있었다). 그러나 성향유가 없이 이루어지는 세례가 의미가 있거나 완전할 수 있을까…? 어쨌든 성찬식은 불가능했다. "신학적인 계산에 따르면, 666년이 차면 예배와 희생은 없어질 것이다." 그러나 고백도 불가능할 것이다. 죄를 사면해 줄 사람이 없으므로 서로 용서하는 것으로 제한하는 것이 더 조심스러운 방법일 것이다.

특별히 결혼에 대해 거센 논쟁이 불거졌다. '성사'로서 결혼이 아직도 가능한가…? 성직자의 축복이 없이 순결한 결혼과 깨끗한 침상이 과연 가능할 것인가…? 이런 무서운 적그리스도의 시대에 결혼하는 것이 과연 필요한가? 차라리 지혜로운 처녀로 남아 있는 것이 낫지 않은가?! '결혼을 반대하는' 결정에는 그 나름의 대담함과 일관성이 있었다. 보편적인 문제가 제기되었다. 성직자 없이 어떻게 예배를 실행할 것인가? 필요에 따라서 성직을 수여받지 않은 일반 신자나 수도사가 어떤 성사를 행하는 것이 허용될 수 있는가…. 어떻게 행동해야 하는가. 고대의 전례와 의식(儀式)을 건드리지 않은 채 그대로 두고 어떤 '영적인' 성직의 능력에 따라 일반 신자가 예배를 주재할 것인가. 아니면 은혜가 거두어졌다는 사실을 수용하고 복종할 것인가…. 소위 '네톱시나'260)에서 가장 극단적인 결론이 났다. 네톱시나는 종말론적인 부정의 극단적인 형태였다. 은혜는 완전히 거두어졌다. 따라서 책에 쓰인 대로 성사를 행하고 예배를 드리는 것은 불가능하다. 말로 하는 기도, 심지어 숨을 쉬는 것조차 적당하지 않다. 모든 것이, 심지어 흐르는 물조차 부정하다. 이제는 은혜로, 심지어 믿음으로 구원받는 것이 아니다. 기대와 탄식으로만 구원받을 수 있다. 눈물이 성찬을 대신한다.

여기에 분열의 새로운 이율배반이 있다. 은혜가 없을 때는 모든 것이 인간에 의해, 공적과 절제에 좌우된다. 종말론적인 경악, 종말론적인 의심은 갑자기 독특한 휴머니즘, 자기 신뢰, 실질적인 펠라기아스261)주의로 변한다. 이러한 특

---

260) 네톱시나(нетовщина): 무사제파 중 하나로서 니즈니노브고로드 군에서 발생한 종파다. 그들은 지상에 적그리스도의 왕국이 세워졌으므로, '더 이상 성직도 성사도 은혜도 없다(нет)'고 주장했다. 여기서 이름이 유래했다.

261) 펠라기아스(Pelagias): 4세기 말에 로마에 살았던 평신도 교사였

별한 버려짐의 시기에 의식은 특별한 중요성을 띠게 된다. 은혜가 사라지고 성사가 빈곤해질 때, 이제 남는 것은 생활 관습과 의식뿐이다. 모든 것은 행위에 달려 있다. 왜냐하면 행위만이 가능하기 때문이다. 이로부터 세속적인 일에 대한 분열의 예기치 못했던 적극성, 생활 관습에 대한 열의, 고대의 삶의 파편을 가지고 구원받고자 하는 시도가 비롯된다. 분열은 은혜가 빈곤해진 것에 대해서는 순순히 굴복했으나 매우 열광적이고 집요하게 의식을 고수했다. 은혜는 꺼져 버렸고 분열 내부에서조차 빈곤해졌으나, 분열은 자신의 인간적인 노력으로 어떻게 해서든 이 사라져 가는 은혜를 보충하고자 했다. 그리고 이 일에 자신을 바쳤다. 분열은 성사보다 의식을 더 중요시했다. 따라서 그들에게는 새로운 의식보다는 은혜가 없는 상태가 더 견디기 쉬웠다. 왜냐하면, '의식'과 '법규들'은 독립적인 제일의 가치를 지니는 것으로 여겨졌기 때문이다.

적그리스도로부터 도망칠 때조차 분열은 이상 사회를 조직하고자 했다. 비록 어떤 이들은 마지막 배도의 시기에 이상사회의 조직이 과연 가능한지 의심하기는 했지만 말이다.

분열은 황야로 물러나고, 역사로부터 이탈했으며, 역사

다. 아우구스티누스에 따르면, 그는 인간의 자유의지와 선한 본성을 강조하여 신의 은혜 없이도 인간이 도덕적인 노력으로 구원을 얻는다고 주장했다.

의 경계 밖에 거주했다. "하나님은 황야와 승방에만 거하신다. 그곳에서 하나님은 자신의 얼굴을 돌리셨다." 분열은 항상 수도원처럼 '공동체' 또는 승방 속에 세워졌다. 분열은 타락하고 파멸해 가는 세상 가운데서 일종의 마지막 수도원 또는 피난처를 만들고자 했다. 이런 점에서 비그에서의 실험, 이 분열의 테바이스[262], '경건한 분열의 유토피아'는 그 시대에 매우 특징적이다.

비그의 공동체는 분열의 제2세대에 의해 매우 엄격한 공동체의 원리에 따라(누구도 한 푼도 가져서는 안 되었다), 그리고 종말론적인 긴장의 분위기에서 형성되었다. "지상의 어떤 것에 대해서도 염려하지 않는다. 주께서 문밖에 가까이 와 계시기 때문이다." 비그의 공동체는 분열의 역사에서 정점이었던 것 같다. "비그 황야에서는 설교사들이 웅변을 토하고, 지혜로운 플라톤들이 빛을 발했으며, 영광스러운 데모스테네스들이 등장했고, 소크라테스처럼 즐거운 사람들과 아킬레우스처럼 용감한 사람들이 발견되었다"(이반 필리포프[263]). 비그 황야는 중요한 상업과 산업의 중심지였던 것만은 아니다. 표트르 자신도 포베네츠와 올레네츠의

---

262) 테바이스(Θηβαΐς): 이집트의 지역 명칭이다. 사막이었기 때문에 5세기 많은 기독교인들이 그곳에 은거한 것으로 전한다. 당시 사막은 기독교인들의 수도 생활을 위해 적합한 장소로 여겨졌다.

263) 이반 필리포프(Иван Филиппов, 1655~1744): 박학다식한 구교도로서 1740년부터 사망할 때까지 비그 공동체의 지도자였다.

공장들에서 비그 정착자들의 광산 작업을 높이 평가했다.

비그의 '황야 집단'은 특히 안드레이 데니소프[264]의 생애 동안 실질적으로 거대한 문화 중심지가 되었다. 데니소프는 초기 분열 시기의 모든 작가와 신학자 가운데서 가장 섬세하고 문화적인 인물로서 '교묘하고 달콤한 말'로 유명하다. 그는 종말론에 심취해 있었다('그리스도의 신부', 순례하며 슬픔에 빠져 있는 교회에 대한 그의 '애가'를 참조해 보라). 그러나 종말론 때문에 사상의 명료함을 잃지는 않았다. 그에게는 대단한 지적 기질이 느껴진다. 그는 단지 다독가가 아니었다. 그는 신학자로 인정받아야 한다. ≪연안(沿岸)의 답변(Поморские Ответы)≫은 신학적이고 지적인 책이다. 비그에는 책을 많이 수집해 놓은 거대한 도서관이 있었다. 그곳에서 사람들은 성경과 교부들, '인문학'을 연구했다. 안드레이 데니소프 자신이 "라몬 룰[265]의 철학과 신학(보존된 사본들의 양으로 볼 때 매우 잘 팔리는 책이었던 것 같다)을 축약했다". 특히 흥미로운 것은 데니소프의 형

---

264) 안드레이 데니소프(Андрей Денисов, 1674~1730): 포보네츠 지역의 한 마을에서 태어나 1691년 10대에 비그 강의 골짜기에 자신의 승방을 지었다. 다른 이들이 합류하자 공동체를 조직하여 사망 때까지 이끌었다.

265) 라몬 룰(Ramon Rull, 1232~1316): 마요르카 섬 출신의 신비주의자·철학자·선교사다. 생애 대부분을 고향에서 이슬람교와 투쟁하는 데 바쳤다.

제 안드레이와 세묜이 서방의 책에서 지나치게 많은 것을 취해 온 드미트리 로스톱스키의 ≪성자전≫에 자신들의 새로운 전서(全書)를 대비하기 위해 ≪성인 대전≫ 개작에 열성적으로 착수했다는 사실이다. 비그에서는 예배서에 대한 작업도 진행되었다. 그곳에는 성상화를 위한 작업실들과 다른 용도의 작업실들이 있었다.

비그 구교도들의 '살찐 무지함'에 대해서는 말할 것이 거의 없다. 그들의 황야에는 문화적인 귀퉁이가 존재했다. 그러나 황야는 때가 될 때까지 임박한 진노를 피해 마지막 기한이 다가오기를 초조하게 기다리는 피난처에 불과했다. 모든 능숙한 솜씨, 그리고 '종교적·민주적인 파토스'는 세상을 떠난 데서 온 것이었다. 은혜가 없는 버려짐의 상태에서 무사제파는 모든 것이 자기 자신에게 달려 있다는 것을 알고 있으며, 따라서 자신을 의지해야만 했다. 그들은 역사에서 조용히 물러났다. 또 다른 반항적인 물러남, '새롭게 개발된 자살이라는 죽음의 길'도 있었다. 자살의 설교에는 여러 동기들이 결합해 있었다. 금욕주의적인 발작'채찍고행자들(запощеванцы)'을 비교해 보라, '적그리스도의 유혹에 대한 두려움', 불의 세례 사상...("모두들 두 번째의 더 럽혀지지 않은 불의 세례를 구한다." 튜멘의 사제 도메티안[266], 1679). 새로 도입된 이러한 설교는 분열 내부에서도

---

266) 도메티안(Дометиан): 아바쿰의 오랜 친구로 1670년 튜멘에서 승

많은 이들을 경악과 혐오로 몰아넣었다. 이런 점에서 수도사 예프로신(Ефросин)의 《반박 서신(Отразительнее писание)》(1691)은 매우 중요하다. 그러나 아바쿰은 초기에 분신을 행한 자들을 옹호했다. "주님에 대한 이 갈망은 복되도다." 그의 권위는 항상 인용되었다. "자살로 죽는다는 생각은 카피톤[267]의 제자들이 최초로 설파했다. 그들은 뱌즈니키와 포니조비의 분신 이전에 이런 악한 실행을 생각해 냈다"(예프로신). 카피톤은 난폭한 광신자이자 열렬한 금식주의자로서 철로 된 사슬을 몸에 감고 다녔다. 그의 '사기 행각'과 '광신'에 대해서는 이미 1639년에 조사가 명해진 바 있었다. 그의 제자들과 '동료 금식주의자들', '믿음이 없는 은자들'은 광신적인 행태를 계속했다.

이러한 금욕주의적인 발작과 광신의 상황에서 죽음에 이를 때까지 행하는 금식에 대한 설교사 시작되었다. 그러나 곧바로 다른 논증들이 제기되었다. 바실리 볼로사티(Василий Волосатый)가 '자살의 입법자'로 불리게 된 것이다.

방을 짓고 구교도들을 위한 예배를 집전했다. 1676년 정부군이 파견되자, 그와 그의 추종자들은 적그리스도의 하수인들에게 잡히는 대신 분신의 길을 택했다.

267) 카피톤(Капитон): 구교 지도자 중 한 사람으로 코스트로마 현 출신으로 알려져 있다. 정교회의 성직 위계에 공개적으로 저항하여 많은 추종자들을 거느렸다. 극단적인 금욕을 실행하고 가르친 것으로 유명하다.

"그는 고백과 회개를 설교하지 않았다. 그는 모든 것을 불에 의지했다. 불과 금식으로 너희 자신을 모든 죄로부터 깨끗하게 하고 그럼으로써 진정한 세례를 받으라." 그 혼자만 그렇게 설교한 것은 아니었다. 알렉산드리셰(Александрище)라는 사제도 똑같은 주장을 했다. "이 시대에 그리스도는 자비롭지 않으시다. 그분은 회개하러 오는 자를 받아주시지 않을 것이다."

초기 '카피톤주의자들' 가운데 바빌라(Вавила)라는 외지인이 있었다. ≪러시아의 포도밭≫[268]에는 그에 대해 다음과 같이 쓰여 있다. "외국인이며 루터파 신앙을 가지고 있고, 모든 예술에 능하고, 유명한 파리 아카데미에서 오랫동안 공부했으며, 여러 언어를 알고 아름답게 말할 줄 안다." 그는 이미 1630년대에 러시아에 왔고, 이곳에서 정교회를 받아들였으며 "금강석과 같은 인내를 검증받았다".

어떤 '믿음 없는 은자들'이 발작 상태에서 자살까지 생각한 것은 그리 중요한 것이 아니었다. 그러나 그들의 광신적인 생각은 매우 다양한 구교도층에서 빠르게 수용되었다. 이 '죽음을 불러오는 병'은 곧 끔찍하게도 신비한 전염병이 되었다. 그 전염병은 종말론적인 공포와 절망의 징후였다. "오직 죽음만이 우리를 구원할 수 있다. 죽음만이…" 비그

---

[268] ≪러시아의 포도밭(Виноград Госсийский)≫: 세몬 데니소프가 편찬한 초기 구교도들의 순교자전이다.

황야는 백해 연안의 분신 자살자들이 조직했다.

분열은 소외와 자기 폐쇄성의 감정으로 특징지어진다. 분열은 역사와 삶으로부터 단절을 추구한다. 분열은 관계를 단절하고 달아나고 싶어 한다. 이 '구교도들의 신앙'은 전승의 보존과 부활과는 거리가 멀었다. 그들의 신앙은 고대와 완전함으로 돌아가려는 움직임이 아니었다. 그것은 종말론적인 발작이자 유혹이었으며 심각한 영적 질병이며 광기였다. 분열의 시야는 협소했다. 분열은 러시아의 도나티즘[269]이었다.[270] 여기서 성 아우구스티누스의 말을 상기하는 것이 적절할 것이다. "들판은 세상이지 아프리카가 아니

---

[269] 도나티즘(Donatism): 4세기의 분리주의 운동으로 그 뿌리는 북아프리카의 교회를 양분한 아프리카 기독교로 거슬러 올라간다. 도나티즘 신봉자들은 매우 엄격하고 배타적인 교회관을 가지고 있었다. 그들은 배교한 자들이 회개하여 다시 교회에 가입할 수 없다는 입장을 견지했다. 312년 카르타고의 주교로 임명된 이가 디오클레티아누스 박해 시 변절했다가 후에 회개했다는 이유로 그를 인정하지 않았고, 그를 인정하는 모든 사람이나 교회 전체와 교제하기를 거절했다.

[270] 도나티스트 분열은 4세기 초 북아프리카에서 발생했다. 도나티스트 분열은 두 가지 문제를 야기했는데, 첫째는 박해에 굴복한 그리스도인들이 다시 회개하여 교회로 들어올 수 있는가 하는 것이었고, 둘째는 성사의 유효성이 그 주재자의 자격에 좌우하는가 하는 것이었다. 도나티스트 그룹은 변절자들은 다시 그리스도인이 될 수 없다는 강경한 입장을 고수했다. 이 분열로 한때 강력했던 아프리카 교회의 힘이 약해졌다.

다. 추수는 세상의 끝이지 도나투스(Donatus)의 때가 아니다(Ager est enim mundus, non Africa,-messis finis saeculi, non tempus Donati)."

5

동란기 이후에 외국인들이 러시아인의 삶에 개입하는 현상이 점점 더 뚜렷해졌다. "동란기 후에 그들이 모스크바 국가 전체에 얼마나 많이 퍼졌던지, 모든 러시아인이 그들을 알게 되었다"(플라토노프271)). 이 말은 '숙련된 장인들'이나 군인들, 상인들과 중개상인들에게만 해당되는 것은 아니었다. 외국인들은 그들을 만나게 될 것이라고 전혀 기대하지 않았던 곳에서도 볼 수 있었다.

대귀족 히트로보(Б. М. Хитрово)가 관리했던 크렘린의 무기고에서는 초상화뿐 아니라, 성상화 작업에도 참여하는 '독일' 장인들을 발견할 수 있었다. 세기 중반에 러시아 성상화에 미친 서구 판화의 영향이 어찌나 컸던지, 니콘은 이 경

---

271) 세르게이 플라토노프(Сергей Платонов, 1860~1933): 러시아의 탁월한 역사학자이자 러시아 역사학의 '페테르부르크 학파'의 창시자다. 주저는 ≪러시아 역사 강좌(Полный Курс Лекицйпо Русской Истории)≫(1899)다.

건하지 못한 '프랑스풍' 성상화들을 몰수해야만 했다. 사람들은 어쩔 수 없이 그 성상화들을 내주었는데, 그만큼 이미 그것들에 익숙해지고 애착을 느끼고 있었던 것이다. 아바쿰도 니콘과 마찬가지로 '교회 전승에 맞지 않는' 이런 성상화들에 분개했다. 그러나 화가들은 자신들의 마음에 쏙 드는 이 '프랑스식 화풍'을 버리기를 원치 않았다(이오시프가 시몬 우샤코프에게 보낸 편지를 보라). 세기말에 가서는 모든 사원들에 '외국의 인화(印畵)'풍으로(야로슬라블 또는 볼로그다에서), 특히 유명한 피스카토르272)의 삽화가 그려진 성경("Theatrum Biblicum etc.")과 같은 네덜란드 판화풍의 그림이 그려졌다. 그 너덜너덜해진 그림은 우연치 않게 종종 시골 교회의 습기 찬 종탑 구석에서 발견되곤 했다.

서구의 영향을 깊이 받은 또 다른 예는 성가에서 발견된다. 르티셰프가 지도하던 안드레옙스키 수도원과 니콘의 신예루살렘 수도원에서는 '오르간과 조화를 이루어' 노래하는 '폴란드' 합창단이 있었다. 니콘은 자신의 합창단을 위해 당시 유명한 크라쿠프의 로란티스트 합창단의 지휘자 마르친 미엘체프스키273)의 작품을 주문해 들여왔다. "그들은 라

---

272) 요하네스 피스카토르(Johannes Piscator): 네덜란드의 유명한 프로테스탄트 성경 주석가다.

273) 마르친 미엘체프스키(Marcin Mielczewski, 1600?~1651): 17세기의 가장 중요한 폴란드 작곡가다.

턴의 규칙과 규율을 따른다. 그들은 라틴인들이 하듯이 머리를 흔들고 오르간에 맞추어 발을 구르면서 손을 휘젓는다"(아바쿰의 평가). 표도르 알렉산드로비치 치세기에 성가를 조직하기 위해서 폴란드에서 '외국인' 딜레츠키(Н. П. Дилецкий)를 초빙했다(그는 러시아에서 스트로가노프274)의 합창단을 지휘한 것 같다). 그는 공공연히 "로마 교회의 작곡가들"의 이론과 실제를 도입했다(그의 《남성 노래 문법(Grammatyka muzyczna)》을 보라. 폴란드 원본을 러시아어로 출판하기 위해서 집사 코레네프(I. Тр. Коренев)가 수정·보완했다). 모스크바에서 딜레츠키의 영향은 상당했다. 그는 이곳에서 '서구적인' 학파를 창조했다(주로 시메온 플로츠키의 글에 붙인 서기 티토프(В. П. Титов)의 <찬송가>와 <시편>을 비교해 보라). 여기서 우리 앞에 펼쳐지는 것은 우연적이고 연관성이 없는 사실들이 아니라, 서로 연관성이 있는 사실들이다. 17세기 모스크바에서 다양하고 잡다한 서구적인 것들이 도입되었다는 것이 중요한 것이 아니다. '삶의 의식(儀式)' 또는 스타일이 바뀌었고, 심리적인 습관과 요구가 달라졌으며, 새로운 '예절'이 도입되

---

274) 그리고리 스트로가노프(Григорий Строганов, 1656~1715): 러시아의 유서 깊은 귀족 가문인 스트로가노프가(家)의 후예로 1만 5천 명의 농노를 거느렸던 대부호로 표트르 대제가 북방전쟁을 수행할 때 재정을 지원했다.

었다. 서구의 영향은 교회적인 삶 자체에서 더욱 강화되었다. 이 영향의 주된 경로는 키예프를 통한 것이었다. "라틴학교, 또는 라틴식 모델로 세워진 러시아 학교에서 공부한 서러시아의 수도사가 모스크바에 들여온 서구 학문의 최초의 통로였다"(클류쳅스키). 그러나 북쪽의 '키예프 장로들'의 첫 세대는 아직은 서구주의자들이 아니었다. 그중 가장 눈에 띄는 인물은 학식과 교육에 대한 애정이 진정한 수도사적인 온유함과 고요함, 경건과 결합된 예피파니 슬라비네츠키였다. 그는 사회적인 사람이기보다는 승방 또는 서재에 맞는 기질의 사람이었다. 그는 사상가가 아니라 애서가·인문학자·번역가였다. 그의 제자 예프피미의 평가에 의하면, 그는 "문법·수사학뿐 아니라, 철학·신학에도 능숙했고, 그리스어·라틴어·슬라브어·폴란드어를 매우 능숙하게 해석했다". 그가 모스크바에 초빙되어 온 것은 '수사학을 가르치기' 위해서가 아니라 번역하기 위해서였다. 그는 많은 것을 번역했다. 성경, 특히 신약성경, 예배서, 교부들, 그리고 세속 작가의 책, 예를 들어 '브뤼셀의 안드레아스 베살리우스[275]가 라틴어로 쓴 해부학책'도 번역했다. 예피파니는 그리스어에 뛰어났다. 그가 어디서 수학했는지

---

[275] 안드레아스 베살리우스(Andreas Vesalius, 1514~1564): 벨기에의 의사다. 인체 해부서 ≪파브리카(Fabrica)≫는 생물학의 발전에 큰 영향을 미쳤다.

는 정확히 알 수 없다. 그에게는 당시 유럽의 박학다식한 인문학자에게 전형적인 무엇인가가 있다. 그는 사본보다는 서구의 출판물을 가지고 주로 작업했다. 그는 젊은 시절 '라틴의 지혜'에 매혹되었던 것 같다. 그러나 그리스 학문에 몰두함으로써 그 유혹을 극복하고 후에는 '라틴의 삼단논법'을 직접 비판했다(시메온 폴로츠키와 벌인 논쟁을 비교해 보라). 어쨌든 그는 자신의 가장 우수한 제자였던, 추도프 수도원의 수도사 예프피미를 독특하고 광적인 헬레니즘의 영향 아래서 교육했다. 선생과 제자 둘 다 그리스어의 포로였다. 그들은 '그리스어보다 더 그리스적으로 들리는 특이한 슬라브어로' 번역했다(표도르 폴리카프포프[276])의 평가). 이후에 온 키예프와 '리투아니아' 이주자들의 정신과 스타일은 전혀 달랐다. 그들 가운데 가장 전형적이고 영향력이 큰 인물은 시메온 폴로츠키였다. 그는 상당한 학식이 있는 서러시아의 다독자 또는 학자였다. 그는 일상적인 문제들에서 매우 교묘하고 수완이 좋은 논쟁가였다. 혼란스러운 모스크바 사회, 정확히 말하자면 궁정에서 시인, 음절시 저자, 모든 공무를 수행할 줄 아는 학식 있는 사람으로서 높고

---

276) 표도르 폴리카프포프(Фёдор Поликарпов, 1660?~1731): 모스크바의 슬라브-그리스 라틴 학교의 학생이었으며 후에 그곳의 교사가 되었다. 동시대 신학과 교회사의 전문가로 드미트리 로스톱스키 등이 그에게 직접 자문을 구했던 것으로 알려져 있다.

견고한 자리를 차지할 줄 알았다(그는 1664년 그곳에 나타났다). 처음에는 관리들을 '라틴식으로', 불가피하게 알바리우스 문법으로 가르쳤으며, 후에는 황태자 알렉세이와 표도르의 개인 교사가 되었다. 그는 차르를 위해서 연설문을 작성했고 장엄한 선언문들을 썼다. 그는 1666~1667년의 교회 회의들의 협의 사항을 '마련하라는' 임무를 받았다. 또한 파이시오스 리가리데스의 논쟁적인 소논문들을 번역하는 임무도 맡았다. 분열에 반대하는 그 자신의 논쟁적인 책인 ≪통치의 지팡이(Жезл правления)≫는 그다지 성공적이지 않았다. 스콜라주의적이고 수사학적인 논증들은 그 책이 겨냥하는 이들을 설득할 수 없었다. 폴로츠키의 글은 과장되고 오만하며 수사적이고 장황하다. 이런 점에서 그의 사후 출판된(1682~1683) 설교문과 교훈 모음집 ≪정신의 정찬(Обед душевный)≫과 ≪정신의 만찬(Вечеря душевный)≫은 매우 특징적이다. 시메온의 초고를 보면 그가 어떻게 서구의 책들을 개작했는지를 추적할 수 있다. 몇몇 이름을 거론할 수 있다. 15세기의 설교사 요한 메프렛(Johann Meffret)이 교회에 대해 쓴 책 ≪왕비의 정원(Hortulus reginae)≫은 차르 알렉세이가 1652년에 번역하라고 아르세니 사타놉스키에게 주었던 것이었다. 루터에 반대하는 책인 ≪이단의 망치(Malleus Haereticorum)≫를 쓴 14세기 초 빈의 주교 요하네스 파버(Johannes Faber), 기독교 신앙의 성사에 대한 책을 쓴 16세기의 스페인 신학자 후안 카르타게나277), 벨라르미노, 제르송,278) 바로니우스,279) 피터 베시,280) 살메론,281) 피네다282).... 시메온은 라틴 서적들을 참고해 교과서들을 편찬했다. 복음서에 담긴 역사를 다룬 ≪우리 주 그리스도와 하나님의 생애와 가르침(Житие и учение Христа Господа и Бога нашего)≫은 헤르하르뒤스 메르카토르283)의 전집에서 축약한 것으로, 케임브리지의 유명한 플라톤주의자 헨리 모어284)의 책에서 내용을 보

---

277) 후안 카르타게나(Juan Cartagena, 1563~1617): 스페인의 유명한 설교사이자 프란치스코 수도회의 지도자다.

278) 장 제르송(Jean Gerson, 1361~1429): 프랑스의 유명한 신학자이자 영성 작가다.

279) 카이사르 바로니우스(Caesar Baronius, 1538~1607): 추기경이자 교회사가다.

280) 피터 베시(Peter Besse, 1568~1639): 성경 주석으로 잘 알려져 있었다.

281) 알폰소 살메론(Alfonso Salmeron, 1515~1585): 제수이트를 창설한 로욜라의 동료로 알려져 있다. 열여섯 권으로 된 신약성경 주석을 썼다.

282) 후안 피네다(Juan Pineda, 1558~1637): 성경 주석과 신약성경 번역으로 알려져 있다.

283) 헤르하르뒤스 메르카토르(Gerhardus Mercator, 1512~1594): 16세기의 가장 유명한 지도 제작자로 복음서와 로마서 주석을 쓴 바 있다.

284) 헨리 모어(Henry More, 1614~1687): 영국의 시인이자 종교철학자다.

충한 것이었다. 폴로츠키는 나름대로 경건하고 엄격했지만, 그의 기도문은 과장된 감이 있었다. 그는 일방적인 라틴주의자였다. 그는 그리스어를 전혀 몰랐던 것 같다. "어린 아이보다도 아는 것이 없었다." "그는 그리스 책을 읽을 줄 몰랐다. 그는 오로지 라틴 책만을 읽었고 라틴의 새로운 생각만이 옳다고 생각했다"(오스텐[285]). 그는 항상 라틴 서적들과 폴란드 서적들을 가지고 작업했다. "스코터스,[286] 아퀴나스, 안셀름[287] 같은 이들의 괴상한 생각에 영향을 받았다"는 반대자들의 비난은 옳았다. 그에게는 성경조차도 슬

---

[285] 오스텐(Остен, 1854~1911): 상트페테르부르크 대학의 문학 교수다.

[286] 던스 스코터스(Duns Scotus, 1266~1308): 스코틀랜드 출신의 프란체스코 수도회 수도사로 중세 스콜라 철학의 대표자 중 한 사람이다. 당시에 새롭게 일어난 자연 연구의 영향을 받아 수학적 엄밀성, 명증성을 학(學)의 이상으로 보고 토마스주의를 비판하면서 자기의 사상을 확립했다. 그는 철학과 신학, 즉 이성과 신앙을 구분하여, 이성으로부터는 세계 창조의 근거를 찾을 수 없다고 주장했으며, 신은 절대적 자유의지에서 세계의 창조를 보았다.

[287] 안셀름(Anselm, 1033~1109): 초기 스콜라 철학의 신학자. 이탈리아 출신으로 1093년 이래 영국의 캔터베리의 대사교(大司敎)로 있었다. 이성과 신앙의 관계에 대해서, 신앙이 지식의 전제를 이루고, 거기에서 지식으로 진행된다고 주장했다. "알기 위해서 믿는다"고 하는 그의 말은 위의 내용을 지칭하고 있다. 그는 이 말을 기초로 하여 신앙을 합리적으로 설명하려 했으며, 신의 존재를 존재론적으로 증명하려고 시도했다.

라브어 성경보다는 라틴어 성경이 더 친숙했다.

'벨라루스' 출신인 그는 키예프에서 수학했던 것 같다. 그곳에서 라자르 바라노비치의 제자로 들어갔는데, 그와는 평생 가깝게 지냈다. 폴로츠키가 남쪽에서 모스크바로 갔을 때, 바라노비치가 파이시오스 리가리데스에게 그를 소개하는 편지를 받았다. 니콘에 대한 재판이 진행되던 시기 시메온은 특히 파이시오스와 가깝게 지냈고 그의 통역으로 일했다. 물론 그는 라틴어를 통역했다.

파이시오스 리가리데스는 17세기의 혼란스러웠던 모스크바 상황을 매우 잘 대변하는 인물이다. 로마의 성 아타나시우스 그리스 콜리지에서 매우 탁월하게 수학한 그는 그곳에서 서부 러시아 우니야 대주교였던 라파엘 코르삭[288]에게 성직을 수여받았다. "가톨릭 신앙을 위해서 피를 흘리고 자신의 생명을 내놓을 준비가 되어 있었던"(알라티우스[289]가 받은 인상에 의하면) 그는 선교사가 되어 레반트로 돌아왔다. 후에 선전국[290]은 그를 왈라치아로 파견했다. 그곳에서 예루살렘의 총대주교 파이시오스를 만나 그와 가까워졌

---

[288] 라파엘 코르삭(Рафаил Корсак, 1595?~1640): 벨리아민 루츠키의 뒤를 이어 키예프에서 우니야 대주교가 되었다.

[289] 레오 알라티우스(Leo Allatius, 1586?~1669): 성 아타나시우스 그리스 콜리지의 고위 성직자다.

[290] 선전국(Propaganda Fide): 그레고리 15세(Gregory XV) 재위 중 로마 교회의 선교를 주도하던 중앙 조직이다.

으며, 그들은 함께 팔레스타인으로 떠났다. 리가리데스는 곧 가자의 대주교가 되었다. 그는 항상 이중적인 역할을 수행했다. 탐욕은 그의 가장 큰 육신의 욕구였다. 그는 선전국에 자신의 충성을 확신시키고 중단되었던 지원금을 다시 보내달라고 요청했다. 그러나 누구도 그를 믿지 않았다. 정교회 측에서도 그를 믿지 않았다. 그들은 그에게서 위험한 교황주의자를 보았다. 그에게는 곧 금지령이 내려졌다. 그가 모스크바로 왔을 때도 그는 금지령을 받고 있었다.

니콘에 대한 재판이 진행되던 도중 모스크바로부터 파이시오스에 대한 질문을 받은 콘스탄티노플의 총대주교 디오니시우스는 이렇게 평했다. "리가리데스의 지팡이는 콘스탄티노플의 왕좌에서 온 것이 아니다. 나는 그를 정교회교도라고 생각하지 않는다. 왜냐하면 많은 이들로부터 그가 교황주의자이며 교활한 인물이라고 들었기 때문이다...." 이런 평가는 리가리데스가 1668년 '대공의회'에서 결정적인 역할을 하는 것을 방해하지 못했다. 대귀족들이 자신들의 교회·사회적인 입장과 계획을 확고히 하는 데 그를 이용했던 것이다(소위 '스트레슈네프 문제'[291]). 차르 자신이 "라틴화

---

[291] 스트레슈네프(Стрешнев) 문제: 스트레슈네프는 차르 알렉세이의 삼촌이다. 그는 자신의 개에게 니콘의 이름을 붙여 니콘이 축복하는 것을 흉내 내도록 가르침으로써 니콘의 분노를 샀다. 니콘은 그를 파문했다. 그는 리가리데스의 도움으로 총대주교의 의무에 대한 질문 30개 조항을 만들어 니콘을 공격했다.

했으며", 대귀족과 대주교들이 "라틴의 교리에 굴복했다"고 한 니콘의 답변은 전적으로 그릇된 것은 아니었다. 어쨌든 그들은 명백한 라틴주의자들이었던 시메온과 파이시오스를 옹호하는 말을 했던 것이다.

궁정에서는 서구적인 분위기가 형성되어 가고 있었다. 차르 알렉세이의 아들이자 후계자는 완전히 '폴란드식으로' 교육받고 있었다. 전환, 심지어 단절이 가시화되었다.

불일치는 이미 세기 초에 드러나기 시작했다. "누군가는 동쪽을 보고, 누군가는 서쪽을 보고 있다"고 서기 이반 티모페예프[292]는 말했다. 당시 그 두 경향이 '뒤섞인' 사람들도 적지 않았다. 서구의 영향이 증대함에 따라 불안도 커져 갔다.

세기말에는 공개 논쟁이 불거졌다. 논쟁의 계기가 된 것은 예배 의식 중에 언제 성령의 선물이 변화되는지에 대한 것이었다.[293] 논쟁의 주제는 제한적이었다. 그러나 실질적으로 이것은 가장 중요한 원리 또는 원칙에 대한 논쟁이었다. 그 논쟁은 그 안에 얼마나 많은 정치적·개인적인 정열과 직접적인 오해가 연루되었든지 간에, 두 개의 학파, 사상유형, 종교, 문화적 방향이 충돌한 것이었다. 바로 이런 논

---

[292] 이반 티모페예프(Иван Тимофеев, 1555?~1631): 보리스 고두노프 치세기의 궁정 서기다.

[293] 성체성사 중에 빵과 포도주가 진짜 살과 피로 변하는 것을 의미한다.

쟁의 원칙적인 측면이 무엇보다 흥미로운 것이다. 논쟁의 당사자들이 내세우는 개별 논증들은 그 자체로서가 아니라, 논쟁의 동력이 되는 원리들을 드러내는 한에서만 흥미롭다.

예배 중에 성사를 실행하는 힘, 소위 '확증하는 말'에 대한 서구의 견해는 17세기에 남부와 서부 지방에서는 일반적으로 받아들여지고 있었다(지자니의 ≪교리문답서≫, 트란크빌리온의 ≪복음서 주석≫, 1617년에 빌나에서 출판된 ≪예배 의식서≫, 모길라의 ≪리토스≫, ≪기도서≫, 짤막한 ≪교리문답서≫, 특히 표도르 사포노비치(Фёдор Сафонович)의 ≪고백(Выклад)≫을 보라]. '새로 만들어진 키예프의 책들에서 시작하여' 이런 견해는 북쪽으로 퍼져갔다. 특히 집요하게 그 견해를 퍼뜨리고 옹호한 이는 시메온 폴로츠키와 그의 제자 실베스트르 메드베데프[294]였다. 이미 1673년에 성 십자가 수도원에서 이런 견해에 대해 총대주교와 권력자들이 있는 앞에서 시메온과 예피파니 슬라비네츠키의 토론 또는 '논쟁'이 벌어졌다. 공개 토론은 좀 더 후인 폴로츠키의 사후에 붙거졌다. 예프피미 수도사와 새로 온 그리스인들, '릭후드 형제들'[295]이 메드베데프를 반대

---

294) 실베스트르 메드베데프(Сильвестр Медведев, 1641~1691): 쿠르스크에서 모스크바로 와 시메온의 학교에서 수학한 후 그의 열성적인 제자가 되었다. 그의 사후 궁정에서 그의 직위와 지도력을 이양받았다.

295) 릭후드(Likhud) 형제들: 1682년 총대주교 이오아킴은 예루살렘의

했다. 총대주교 이오아킴296)이 그들 편에 섰다.

'빵 숭배 이단(Хлебопоклонная ересь)'은 논쟁과 갈등의 이유라기보다 구실로 작용했다. 논쟁은 라틴 또는 그리스의 영향에 대한 것이었다.

릭후드 형제들도 베네치아와 파도바에서 서구 교육을 받았기 때문에 어떤 식으로든 선전국과 관계를 맺었을 가능성이 컸다. 그러나 모스크바에서 그들은 상당히 원칙적이고 정통한 라틴주의의 공공연한 반대자들이었다. 그들은 그리스의 문화 사상의 담지자들이었다[바를람 후틴스키(Варлаам Хутынский)의 《성자전》에서 팔라마스적인 의미에서 본 '영원한 신성의 방출로서' 다볼의 빛297)에 대한 릭후드의 독특한 삽입구를 비교해 보라].

심지어 예프피미조차 종종 서구와 키예프의 책을 가지고 작업했다. 예를 들어, 사제가 예배 의식에서 사용하는 교

총대주교 도시테우스(Dositheus)에게 러시아에 교육받은 정교회 학자들을 보내 줄 것을 요청했다. 도시테우스는 그 요청에 응하여 요아니쿠스 릭후드(Joannicus Likhud)와 소프로니우스 릭후드(Sophronius Likhud) 형제를 보냈다. 그들은 1685년 모스크바에 도착하여 슬라브-그리스-라틴 아카데미를 개설했다.

296) 이오아킴(Иоаким, 1620~1690): 추도프 수도원장과 노브고로드 대주교를 지냈다. 1674년에 총대주교가 되었다.

297) 다볼의 빛: 마태복음 17장에서 예수가 변형되어 그 옷이 빛과 같이 희게 된 곳을 흔히 다볼 산으로 추정한다. 변형된 예수에게서 방출된 빛은 신성의 표시로 해석된다.

훈서를 모길라의 기도서와 빌나의 예배 의례서에 수록된 소논문을 모델로 하여 편집했다. 그러나 이 모든 것에도 불구하고 그는 고집스러운 그리스주의자로 남아 있었다.

폴로츠키와 메드베데프는 각자가 지닌 견해뿐 아니라 정신적 특성 또는 구조에서도 '라틴적인' 것을 공유했다. 그들의 학교는 정확히 '벨라루스인'의 것이 되었다. 키예프인들은 공공연히 라틴 편을 들었다(수도사 이노켄티 모나스티르스키(Иннокентий Монастырский)의 책을 보라). 양쪽은 방법론상 공격성과 논쟁의 거친 어조에도 불구하고 내용이 풍부하고 주제를 충분히 다루는 논쟁적인 소책자를 몇 차례 교환했다. 라틴파는 1690년 공의회에서 패배하여 정죄당했다. 메드베데프는 1691년의 스트렐치 봉기[298]에 연루되어 성직을 박탈당하고 처형되었다. 제3의 관찰자에게는 총대주교 이오아킴의 엄격함이 지나치고 근거가 없는 것으로 보일 수도 있다. 빵 숭배 논쟁으로 일어난 이 '시칠리아의 불'을 더 크게 지필 필요가 있었을까! 첫째, 논쟁은 라틴 쪽에서 시작되었다. 더 정확하게 말하면, 아마도 모스크바에 학교 또는 '아카데미'를 개설하려는 계획과 연관되어 그쪽에서 공세가 시작되었던 것이다. 둘째, 이 충돌에는 보

---

298) 스트렐치 봉기: 표트르의 이복누이 소피야가 스트렐치(친위병)를 사주하여 쿠데타를 시도한 사건을 말한다. 메드베데프는 소피야의 궁정에서 높은 관직을 차지하고 있었다.

이지는 않았지만 실질적으로 진짜 라틴인들이 참여했다. 동시대인들은 그 점에 대해서 직접 말하고 있다.

모스크바로 온 것은 유리 크리자니치뿐만이 아니었다. 1680년대에 이미 그곳에서는 강력한 가톨릭 조직이 형성되어 있었다. 1690년에 모스크바의 제수이트들은 바로 '빵 숭배 논쟁'과 연관되어 추방당했다. 그러나 몇 년 후에 모스크바에서 제수이트들의 활동은 재개되었고 성공적으로 확산되었다. "로마인들은 모든 수단을 써서 러시아 왕국에 들어오려고 한다. 그들은 학문을 통해 자신의 이단을 들여온다"고 당대 누군가가 말했다. 이 시기 외국인 가톨릭교도 두 명이 모스크바 사회에서 매우 두드러지고 영향력 있는 위치를 차지하고 있었다. 그들은 교황에게 사절로 파견된 외교관 폴 멘지스[299], 그리고 유명한 장군 패트릭 고든[300]이었다. 17세기의 마지막 몇 년 동안 모스크바의 제수이트들은 모스크바 귀족 자제들을 위해 학교를 세우기까지 했다. 그러나 표트르 대제의 개혁과 전쟁 상황에서 이 학교는 공고해

---

299) 폴 멘지스(Paul Menzies, 1637~1694): 1660년에 러시아로 와 차르 알렉세이의 궁정에 들어갔다. 1674년에 황태자 표트르의 개인 교사가 되었다.

300) 패트릭 고든(Patrick Gordon, 1635~1699): 스코틀랜드인으로 폴란드의 제수이트 대학에서 공부했다. 1661년에 러시아 군대에 들어가 1687년에 크리미아 원정 시 장군이 되었다. 탄도학과 축성학의 전문가로, 군사학에 관한 표트르 대제의 고문으로 활동했다.

지지 못했다. 어쨌든 마지막 총대주교 이오아킴과 아드리안[301]의 '외국인 혐오증'은 당시 역사적 정황으로 볼 때 충분히 이해하고 설명할 수 있다.

이미 모스크바에서는 러시아와 키예프 출신 학생들이 외국의 제수이트 학교들에서 공부하는 동안 우니야를 받아들여야 한다는 것을 알고 있었다. 그들은 이후에, 그때 자신들은 전혀 진실성이 없이, '마음이 아니라 오직 입술로만' 행동했다고 이구동성으로 말했다. 그러나 그들이 언제 정말로 진실성이 없었는지, 우니야를 받아들일 때였는지, 아니면 우니야를 거부할 때였는지에 대해 의심할 만한 근거가 남아 있었다. 한 당대인이 말했듯이 "제수이트의 잔재는 떨어져 나가지 않은 자들에게서도 찾아볼 수 있었다".

집사 표트르 아르테미예프(Пётр Артемьев)는 요아니쿠스 릭후드를 수행하여 이탈리아를 여행하는 동안 가톨릭으로 개종했다.

팔라디 로곱스키(Палладий Роговский)의 운명은 매우 특이하다. 그는 수도사이자 집사로 있을 때 모스크바에서 외국으로 도주했다. 당시 그는 이미 그 지역의 제수이트들을 통해 로마 교회와 연결되어 있었던 듯하다. 그 후에 빌나, 노이스, 올로모우츠, 그리고 마침내 로마의 성 아타나시

---

301) 아드리안(Адриан): 카잔의 대주교였으며, 1690년 총대주교가 되었다. 러시아의 마지막 총대주교였다.

우스 그리스 콜리지에서 제수이트들에게 수학했다. 그곳에서 그는 수도 사제로 임명되었다. 그는 선교사가 되어 로마를 떠났다. 그때 그는 선전국과 플로렌스 공의 자금으로 편찬된 풍부한 신학책을 가지고 나왔다. 그러나 이미 베네치아에서 그리스 대주교에게 자신을 다시 정교회교도로 받아들여 달라고 요청했다. 모스크바에서는 총대주교에게 회개의 편지를 보냈다. 당시 모스크바의 제수이트들은 그를 자기들 편으로 간주했으며, 그의 애매한 입장을 동정했다.

팔라디는 교회 지도층의 신임을 회복하는 데 성공했으며, 릭후드 형제들이 물러난 후에 아카데미 학장으로 임명되었다. 팔라디는 너무 짧은 생을 살았기 때문에 눈에 띄는 영향을 남길 수는 없었다. 그의 지적 경향에 대해서는 전하는 그의 설교문에서 명확히 판단할 수 있다. 그 설교문들에서 그는 전적으로 로마의 교리에 머물러 있다. 팔라디는 그런 많은 사람들 중에 첫째였다. 표트르 시대에 러시아 전역에는 로마주의 정신을 은폐한 학교가 퍼져 있었다.

그 전에 모스크바에서는 프로테스탄티즘과 충돌이 있었다. 1644년의 덴마크 황태자 발데마르(Waldemar)의 결혼 제안[302]에 대해 러시아의 전권대표들과 프로테스탄트 목사

---

302) 새로운 왕조의 기반을 공고히 하기 위해서 차르 미하일은 외국 왕실과 결혼을 추진했다. 1642년에 황녀 이리나를 덴마크 왕 크리스티안 4세의 황태자 발데마르와 결혼시키려는 진지한 교섭이 시작

들이 벌였던 오랜 논쟁을 기억할 필요가 있다. 이 논쟁에서 상당히 날카롭고 광범위하게 여러 문제들이 다루어졌다. 세기 후반에는 이런 논쟁적인 테마의 중요성을 증언해 주는 반(反)프로테스탄트적 논쟁을 담은, 그다지 독창적이지 않은 일련의 번역 작품들이 유통되기에 이른다. 외국에서 온 이주자들 가운데는 충분한 근거나 이유로 칼뱅파나 루터파에 속한 것을 의심할 만한 이들이 있었다. 예를 들어, 곧 설립되기로 계획된 아카데미에서 자리를 얻어 볼 희망으로 서쪽 변방에서 온 얀 벨로보드스키(Ян Белободский) 같은 사람이 있었다. 그는 폴로츠키 그룹의 라틴 애호가들에게 매우 냉대받았으며, 그들에 의해, 그리고 후에는 릭후드 형제에 의해 그 정체가 드러났다.

세기말에 '독일인 거류지(Немецкая слобода)'[303]는 더 이상 엄밀하게 분리되고 고립되지 않았다. 처음에 자신과 같은 신앙을 가진 사람들에 의해 정죄와 배신을 당한 퀴리

되었다. 발데마르는 1644년에 모스크바에 도착했으나 총대주교 이오시프는 그 결혼을 반대했다. 그는 발데마르에게 정교회로 개종할 것을 요구했다. 그 뒤 발데마르를 정교회로 개종시키기 위한 목적으로 토론이 제기되었다. 차르가 노력했지만 그는 완강한 루터교의 입장을 고수했고, 차르가 죽은 후 1645년에 덴마크로 돌아갔다.

303) 1652년에 차르 알렉세이는 모든 외국인들에게 모스크바 동쪽에 위치한 교외에 살도록 지시했다. 그것은 모스크바에 살고 있는 외국인들을 통한 서구 사상의 유입을 제한하기 위한 조치였다.

니우스 쿨만(Quirinius Kuhlmann)의 환상적인 사건은 이 다양한 신앙을 가진 거류지의 삶을 보다 깊이 들여다볼 수 있는 기회를 제공한다. 그는 30년전쟁 이후 유럽에 점점 더 많이 등장하기 시작한 신비주의적인 모험가·몽상가·예언자 가운데 한 사람이었다. 쿨만은 전 유럽을 편력하면서 신비주의적이고 신지학적인 다양한 그룹과 관계를 맺고 있었다. 그는 글을 많이 썼다. 신비주의 권위자 가운데서 그는 누구보다 야코프 뵈메304)를 많이 읽었다[그의 책 ≪부활한 뵈메(Neubegeisterter Böhme)≫는 1674년에 출판되었다]. 코메니우스305)의 영향도 지적할 필요가 있다[그의 ≪빛과 어둠(Lux e tenebris)≫].

쿨만은 예기치 않게 모스크바로 와 천년왕국, 제수이트의 군주제를 설교했다. 그는 동조자들을 많이 얻지는 못했다. 그러나 그가 일으킨 흥분은 대단했다. 그와 동조자들은 자유사상으로 비난받았다. 1689년에 쿨만과 동료 콘드라티

---

304) 야코프 뵈메(Jacob Böhme, 1575~1624): 독일인으로 루터교 신비주의자다. 그는 때로는 이원론적이고 범신론적인 복잡한 우주론을 개발했다. 그의 제자들 가운데는 뉴턴, 윌리엄 블레이크(William Blake), 헤겔, 셸링, 쇼펜하우어 등이 있었다. 러시아에서 그의 영향은 18세기 말과 19세기에 두드러지게 나타났다.

305) 요한 코메니우스(Johann Comenius, 1592~1670): 체코 프로테스탄트 공동체의 지도자로 철학과 종교에 대한 200여 편의 글을 남겼다.

우스 노더만(Condratius Nordermann)은 모스크바에서 화형당했다.

6

17세기 모스크바의 '무지'를 과장할 필요는 없다. 지식보다는 문화적·정신적 전망이 부족했다.

세기 후반에는 학교에 대한 문제가 제기되고 해결되었다. 학교가 슬라브-그리스적이어야 하는가, 라틴적이어야 하는가에 대한 논쟁이 제기되었다. 그 문제는 곧바로 이주한 그리스인들과 키예프 출신들의 경쟁으로 복잡해지고 첨예해졌다. 물론 일반적으로 키예프인들이 너무 자주 모험과 이익만을 구했던 그리스 순례자들보다 우월했다. 그러나 그들은 언어뿐만 아니라 정신도 라틴적인 학교를 설립하고자 했고 또 그렇게 할 수 있었다.

그리스인들, 심지어 명백한 라틴 애호자들조차도 항상 그리스어의 결정적인 의의를 강조했다. "당신들이 정교회 신앙 안에서 교육을 받았던 언어인 그리스어를 버리고 경시함으로써 지혜를 잃어버렸다"라고 파이시오스 리가리데스는 말했다. 사실 그 말은 라틴주의라기보다는 러시아의 고대 전통에 대한 반대였다.

1680년에 차르 표도르의 명에 따라, 시메온 폴로츠키는 키예프와 서구 라틴식 학교들과 유사한 모스크바 아카데미 설립에 관한 '설립 조항' 또는 계획서를 작성했다. 그것은 기본 문법에서 '심지어 신적인 것들과 양심의 정화를 가르치는 신학에 이르기까지' '모든 자유로운 학문'을 포괄하는 학교가 되어야 했다. 그는 '방언들' 중에서 슬라브어와 그리스어 외에도 라틴어뿐 아니라 폴란드어까지 배우도록 제안했다. 그 학교는 학교일 뿐 아니라 문화 활동 전반을 감독하기 위한, 매우 광범위한 전권을 가진 일종의 학문적인 관리 기관이 되어야 했다. 아카데미에는 외국인 학자들의 지식뿐 아니라 그들의 신앙도 시험할 수 있는 권리와 의무가 부여되었다. 물론 책의 검열도 포함되었다. 특별히 마술 교사들과 하나님이 미워하시는 점술 서적들에 대한 엄격한 조항이 덧붙여졌다. 세르게이 솔로비요프는 이 점과 관련해 예리하게 지적했다. "아카데미는 학교일 뿐 아니라 무서운 종교 재판소였다. 감독관들과 교사들이 '비(非)정교회의 죄가 있다'라고 선언하면 죄인을 위해 장작불이 타오르기 시작했다".

폴로츠키가 편집한 '설립 조항'은 총대주교의 준엄한 비판을 받았으며, 헬레니즘적인 견지에서 개작되었다. 우리가 알고 있는 것은 오직 이 개작된 문헌뿐이다. 최초의 문헌에 대해서는 추측해야만 한다.

그러나 '설립 조항'은 인준되지 못했다. 아카데미는 그 후 1687년에 아무런 '설립 조항'이나 법규 없이 소박하게 설립되었다. 그것은 슬라브-그리스-라틴 학교였다. 초기 운영자는 릭후드 형제였다. 그들은 이곳에서 처음에는 그리스어를, 그 후에는 당시 일반적이었던 스콜라주의 방식으로 수사학과 철학을 가르쳤다. 릭후드 형제는 신학 수업을 가르칠 때까지 그곳에 머물지 못했다. 그들이 떠난 후에 학교는 황폐해졌다. 그들을 대체할 사람이 없었던 것이다. 그 후에 팔라디 로곱스키(Паладий Роговский)가 학장이 되었고, 감독으로 스테판 야롭스키306)가 임명되었다.

노브고로드에서 대주교 이오프307)가 행한 학교 실험은 특별히 주목받을 만하다. 여기서 '라틴파'와 '동방파'의 투쟁이 발생했다[수도원장 가브릴 도메츠키(Гавриил Домецкий)와 수도 보제(補祭) 다마스킨(Дамаскин)]. 노브고로드의 학교는 그리스·슬라브 모델을 따라 설립되었고, 릭후드 형제가 초빙되어 가르쳤다. 그곳에서 라틴어는 전혀 가르치지 않았다. 노브고로드에서는 모스크바와 차이를 강조했다. 페오판 프로코포비치(Феофан Прокопович)308)가

---

306) 스테판 야롭스키(Стефан Яровский, 1658~1722): 키예프 아카데미의 신학 교수로서 1700년에 모스크바로 와 표트르 대제 치세 동안 명목상 러시아정교회의 수장이 되었다.

307) 이오프(Иов): 1697년부터 1716년까지 노브고로드의 대주교로 학교·병원·고아원을 설립하는 등 교육과 자선 분야에서 두드러진 업적을 남겼다.

308) 페오판 프로코포비치(Феофан Прокопович, 1681~1736): 키예프에서 태어나고, 키예프의 아카데미와 로마의 성 아타나시우스

노브고로드의 대주교로 임명된 후 이 노브고로드 학교들은 폐쇄되었다. 세기말이 되자 모스크바 교육은 모양만 그럴 듯하게 꾸민 채 유지되었다. 모스크바는 키예프에서 밀려 들어 오는 라틴 애호주의와 투쟁했다. 그러나 오랫동안 묵혀지고 뒤범벅이 돼 버린 자신의 자원들 중에서 라틴주의의 영향에 대항할 만한 것은 아무것도 없었다. 초빙되어 온 그리스인들은 박식했지만 신뢰할 만하지 못했다. 승리를 거둔 것은 키예프였다.

그리스 콜리지에서 수학했다. 그곳에서 가톨릭이 아닌 프로테스탄티즘의 영향을 받았다. 프스코프의 초대 대주교가 되어 상트페테르부르크에 왔고, 뒷날 노브고로드의 대주교가 되었다.

IV. 페테르부르크의 대개혁

1

표트르의 개혁 시스템에서 교회 개혁은 우연한 사건이 아니었다. 오히려 그와는 정반대였다. 이 개혁은 가장 철저하고 원칙적인 것이었다. 그것은 국가의 세속화 정책의 강력하고도 단호한 시도였다(골루빈스키는 '서구로부터 소위 국가와 생활 관습의 이주'라고 언급했다). 이 시도는 성공했다. 여기에 표트르 개혁의 모든 의미, 새로움, 첨예함, 비가역성이 있었다.

물론 표트르에게는 '선구자'가 있었으며, 개혁은 그가 시작하기 전에 이미 '준비되고 있었다'. 그러나 그 준비는 아직 '개혁' 자체와 동등한 것은 아니었다. 그리고 표트르는 그의 선구자들과는 닮은 데가 너무나 없었다. 그러한 상이함은 단지 기질적인 것만은 아니었다. 그리고 그가 '서구로 고개를 돌렸다'는 데 있지도 않았다. 그는 17세기 말 모스크바에서 최초의 서구주의자도, 유일한 서구주의자도 아니었다. 모스크바 루시는 이미 오래전에 서구를 향해 고개를 돌렸던 것이다. 따라서 그는 모스크바에서 서구를 생각하면서 자라나고 교육받은 이들보다 한 세기나 뒤처져 있었다. 그는 이곳에서 견고하게 자리 잡은 키예프와 '리투아니아' 이주자들과 학자들의 거류지를 찾아냈고, 바로 그 환경 속에서 자신의 문화적인 기획에 대한 최초의 공감을 발견했다. 표트르 개혁의 새로운 점은 서구주의가 아닌 세속화에 있다.

바로 이 점에서 표트르의 개혁은 전환일 뿐 아니라 대변혁이었던 것이다. "그는 러시아에서 진정한 메타모르포시스 또는 변형을 만들어 냈다"고 한 동시대인은 표현했다. 개혁은 그렇게 고안되었고 받아들여졌으며 경험되었다. 표트르 자신이 단절을 원했다. 그에게는 혁명가의 심리가 있었다. 그는 새로운 것을 지나치게 과장하는 성향이 있었다. 모든 것이 옛 모습을 알아볼 수 없을 정도로 새로워지고 변하기를 원했다. 항상 과거와 대비해 현재를 생각하는 습관이 있었고 다른 사람들도 그렇게 하도록 만들었다. 대변혁의 심리를 창조했고 키웠다. 바로 그에게서 러시아의 위대하고도 참된 분열이 시작되었다.

분열은 (슬라브주의자들이 생각하는 것처럼) 정부와 국민 사이에서보다는, 권력과 교회 사이에서 발생했다. 러시아의 정신생활에 일종의 양극화가 발생했다. 러시아의 영혼은 삶의 두 중심, 교회적인 삶과 세속적인 삶 사이의 긴장 속에서 양분화했다. 표트르 개혁은 정신적인 깊이 속에서 발생한 변동, 그리고 심지어 발작을 의미했다.

권력의 자기감정, 그리고 자기규정 역시 달라졌다. 국가 권력은 자신의 독립적인 자기 충족성을 스스로 긍정했다. 국가는 우월성과 통치권의 이름으로 교회에 복종을 요구했을 뿐 아니라 교회를 국가가 흡수하고 국가의 구조와 질서의 한 부분으로 만들기를 원했다. 국가는 교회법과 권한의 독립성을 부정했다. 교회의 독립성에 대한 생각 자체가 '교황주의'로 칭해졌다. 국가는 그 자신을 모든 권한과 입법, 활동과 창조의 유일하고 절대적인 원천으로서 긍정했다. 모든 것은 국가에 종속되어야 마땅하며 앞으로는 오로지 국가적인 것만이 허용될 것이다. 교회에는 독립적인 활동 영역이 남지 않을 것이다. 왜냐하면 국가가 모든 활동을 통제하기 때문이다. 교회에는 권력이 남지 않을 것이다. 왜냐하면 국가는 자신을 절대적인 것으로 느끼고 여기기 때문이다. 표트르가 러시아에 도입한 '경찰국가'의 의도는 바로 모든 것을 국가권력에 종속시키고자 하는 데 있었다.

'경찰국가'는 외적 현실이라기보다는 내적 현실이었다. 문제는 그러한 의도가 제도뿐 아니라 삶의 양식, 그리고 정치 이론뿐 아니라 종교 방침까지 포함한다는 것이었다. '경찰주의'는 국가와 국민의 모든 삶, 개별 주민의 모든 삶을 '공공 이익', 또는 '공공복지'를 위해 기여하도록 조직하고 '규정하려는' 의도다. '경찰의' 파토스는 관리와 보호의 파토스였다. 그것은 보편적인 복지와 복리, 심지어 그저 단순히 '행복'을 조직적으로 관리하려는 것과 다르지 않았다. 보호는 너무나 빨리 감독으로 바뀌었다.

보호한다는 영감(靈感) 속에서 '경찰국가'는 필연적으로 교회에 대항하게 되었다. 국가는 교회를 보호하지만은 않았다. 교회로부터 교회 자체의 과제들을 취하여 국가의 것으로 삼았다. 국가는 이제 국민의 종교적·정신적 행복을 보살피게 되었다. 만약 후에 이런 돌봄을 다시 성직자들에게 맡기게 된다 해도, 그때는 이미 국가 질서 안에서, 국가가 맡기는 범위 안에서만('vicario nomine') 이루어질 것이다. 교회는 국가적 삶의 시스템 내에서 자리를 할당받게 될 것인데, 그마저도 국가에 유익하고 필요한 한도 내에서 그렇게 될 것이다. 진리가 아닌 유용성, 즉 정치적·기술적 과제와 목적을 위한 유용성이 가치 있는 것으로 평가되었다. 따라서 국가가 심지어 신앙에서 의무적인 것과 허용 가능한 것의 범위와 한계까지도 규정했다. 성직자들은 국가로부터 많은 위임과 의무를 부여받게 되었다. 성직자는 독특한 관리 계급으로 변모했다. 그들에게는 스스로를 그렇게만 생각하도록 요구되었다. 교회는 심지어 영적인 일에서도 아무런 주도권을 가질 수 없게 되었다. 감독뿐 아니라 바로 이 주도권이야말로 국가가 강하게 권리를 주장한 것이었다.

'경찰의' 세계관은 신비적인 교회성의 감정이 희미해지고 사라진 종교개혁의 정신으로부터 역사적으로 발전된 것이었다. 그때 사람들은 교회에서 오직 국민의 종교적인 삶을 조직화하는 경험적인 기관만을 보는 데 익숙해지게 되던 것이다. 이러한 관점에서 교회성은 중앙집권 국가에 종속당하게 되었다. '지상의 군주'는 그의 나라와 국민의 종교적인 일에 대한 완전한 권리 또는 전권을 획득하고 자신의 것으로 삼게 되었다.

교회와 국가의 그러한 새로운 관계 시스템은 표트르의 치세에 '종교 법규(Духовный Регламент)'를 통해 엄숙하게 선포되었다. '종교 법규'의 의미는 매우 단순하고 지나치게 명료하다. 그것은 러시아 개혁의 프로그램이었다.

2

'종교 법규'는 페오판 프로코포비치와 표트르 자신이 공동으로 작업했다. 페오판은 표트르의 명을 수행하는 명민한 집행자이자 그의 바람과 생각의 해석자였다. 표트르에게 봉사할 뿐 아니라, 그를 기쁘게 하고자 했다. 페오판은 그가 미처 말하지 못한 것뿐 아니라 생각하지도 못한 것을 짐작하고 끝까지 말할 줄 알았다. 페오판은 증명할 뿐 아니라 암시할 줄 알았다. '종교 법규'의 많은 내용들은 그가 제안한 것이었다. 그러나 무엇이 그가 제안한 것이고 무엇이 그가 표트르의 생각을 읽은 것인지 곧바로 구별해 내기가 항상 쉽지는 않다.

그 형식과 서술 방식에서 '종교 법규'는 법규를 닮지 않았다. 그것은 법전이라기보다는 '논의'였다. 바로 이 점에 종교 법규의 역사적인 의미와 힘이 있었다. 그것은 법 자체라기보다는 법에 덧붙인 설명이었다. 그러나 표트르 시대에는 법의 모양으로 이데올로기적인 프로그램이 공표되는 것이 특징이었다. '종교 법규'는 본질적으로 정치 팸플릿이었다. 그 속에는 직접적이고 긍정적인 결정 사항보다는 폭로와 비판이 더 많았다. 그것은 법규 이상의 그 무엇이었다. 새로운 삶의 강령이자 선언이었다. 의도된 풍자와 다름없는 그러한 팸플릿에 서명하도록 성직자들과 관리들은 요구받았다. 그럼으로써 그들은 관리로서 복종과 정치적 온건함을 보여 주어야 했다. 그들은 새로운 삶의 강령, 즉 새로운 사물의 질서와 세계관을 인정하고 받아들여야만 했다. 그러한 요구는 내적인 변화와 적응에 대한 요구였다.

표트르의 법률은 전반적으로 보호자인 체하는 설교의 특징을 갖는다. 증명 자체가 일종의 제약과 강제의 수단으로 변했다. '왜냐하면'이라고 암시적으로 표현된 것에 대해서 어떤 반대도 허용되지 않았다. 정부는 모든 것을 미리 생각하고 판단했으며, 국민의 독자적인 판단은 불필요한 것으로 치부되었다. 국민의 독자적인 판단은 권력에 대한 불온한 불신일 뿐이었다. '종교 법규'의 편찬자는 다른 사람들이 굳이 생각하는 수고를 하지 않도록, 달리 판단할 생각을 못 하도록 모든 것을 미리 판단하고 근거를 부여하는 작업을 서둘렀다.

표트르의 입법자는 심한 짜증과 독기를 가지고 쓰기를 좋아했다("그것은 채찍으로 쓴 것 같다"라고 푸시킨은 표트르의 법령에 대해 말했다). '종교 법규'에는 짜증이 많이 섞여 있다. 그것은 악하고 적의로 가득 찬 책이다. 거기에는 너무나 많은 혐오감과 멸시가 있다. '종교 법규'에서 혐오감은 직접적인 증오보다 더 많이 나타난다. 거기에는 과거와 결별하려는, 단지 옛 해안에서 떠나는 것 정도가 아니라 옛 해안 자체를 부수어 누구도 다시 돌아올 생각을 못 하도록 만들려는 병적인 정열이 느껴진다. 표트르는 러시아의 교회 행정을 프로테스탄트 국가들처럼 조직하기를 원했다. 그러한 개조는 그의 권력 또는 '군주의 의지'의 논리뿐 아니라, 그 자신의 종교적 감정 또는 견해에도 상응하는 것이었다. 세계관에서 표트르는 개혁된 세계의 인간이었다. 비록 실제 생활에서는 예기치 않게 옛 모스크바의 습관들과 충동들을 유지하고 있었지만 말이다. 성스러운 것에 대한 그의 태도에는 무엇인가 오만하고 불순한 것이 있었다. 그의 찢어진 영혼의 비밀스러운 지하에서 흘러나오는 성물 모독적이고 광포한 발작에 대해 말하는 것은 아니다. 표트르 시대의 전반적인 분위기에는 무엇인가 악마적인 것이 있었다.

페오판은 개혁을 겪은 공국들과 국가들에서 설립된 그런 '기관'을 위한 '종교 법규'를 만들었다. 그런 기관은 교회가 아닌 국가에 속해야 했다. 그것은 종교적인 일에 국가의 권력과 통치를 행하는 기관이었다. '종교 법규' 속에서 '종교 회의(Духовное Коллегиум)가 무엇인가'를 설명하는 부분에서 페오판은 교회의 실례들과 교회법을 인용하지 않는다. 그는 산헤드린, 아레오파기트, 다양한 디카스티스[309], 특히

---

309) 디카스티스(δικάστης): 아테네 민주정치의 근간이 된 시민 법정을 말한다.

표트르가 설립한 '성(省)들'을 언급한다. 그는 국가의 유익이라는 일반적인 생각으로부터 논의를 전개한다. 교회 행정을 관리하는 성(省)을 도입해야 할 필요성을 페오판은 '종교 법규'에서 국가의 안보라는 논증을 사용해 증명한다. "이것은 매우 중차대한 문제다. 조국은 공동 통치 덕분에 하나의 단일한 종교적 통치자에게서 비롯되는 반란과 혼란의 위험을 겪지 않아도 될 것이다. 순진한 국민은 종교 권력이 전제 권력과 어떻게 다른지 알지 못하기 때문이다. 그들은 위대하고 높은 목자의 위엄과 영광 때문에 그런 통치자가 군주와 동등하거나 더 높은 또 다른 군주이며, 종교적 지위가 국가보다 더 우월하다고 생각한다." 악한 종교적인 '단일 권력자들'을 심판하고 제거하는 것은 특히 불편한 일이다. 바로 그 일을 위해서 '전 세계적인 공의회'가 필요한 것이다. 페오판은 민중이 교회의 대표자들이 '고귀하다는 생각'을 훼손하고 근절시키기를 원한다는 것을 숨기지 않았다. 그들에게 '불필요한 영광과 오욕이' 드리워져서는 안 되었다. 그렇게 되기 위해서는 성직자들이 복종한다는 것을 보여 줄 필요가 있었다. "이 공동의 정부가 군주의 지시와 종무원의 명령으로 확립된 것을 국민이 본다면, 그들은 유순해질 것이고 그들의 반란에 성직자들이 동조해 줄 것이라는 기대를 버리게 될 것이다." 페오판은 '행정 부처들은 군주 아래 있고 군주에 의해 설립되었다'는 점을 강조하고 상기시킨다. 그는 누구라도 교회에 대한 열성이라는 구실로 '주 그리스도'에게 반항하지 않도록 끊임없이 경계했다. 이 유혹적인 말장난은 그에게 분명한 만족을 주었다. 그는 차르를 '기름 부음 받은 자' 대신 '그리스도'라고 불렀다. 동요한 반대자들이 차르가 적그리스도라고 반응한 것은 놀라운 일이 아니었다! 그러나 페오판 혼자만 그런 말을 한 것이 아니었다. 모스크바에서 이런 성스러운 말을 가지고 마땅치 않은 장난을 한 것이 그가 키예프인들 가운데 처음이 아니었다.

황제의 권력을 높이고 그것이 무한하다는 것을 증명하는 것은 페오판이 좋아하는 주제였다. 그는 ≪군주의 의지의 정의(正義)(Правда воли Монаршей)≫에서 이 문제에 관해 매우 격렬하게 자신의 의견을 충분히 피력했다. '종교법규'와 거의 동시에 페오판은 어색하지만 매우 특이한 제목을 가진 또 하나의 흥미로운 소책자를 편집했다. ≪무슨 이유로, 그리고 어떤 의미에서 이교도나 기독교인인 로마 황제들이 다신적인 법의 최고 성직자 또는 감독들로 불렸는지, 그리고 기독교 법 안에서 기독교인 군주가 과연 감독과 사제로 불릴 수 있는지, 그것은 어떤 의미인지에 대한 역사적인 탐구≫(1721). 이 마지막 질문에 대해 페오판은 주저하지 않고 긍정적으로 답한다. "이에 대해 우리는 그들이 감독일 뿐 아니라, 감독들의 감독으로 불릴 수 있다고 답한다." 페오판은 다시 애매한 말장난을 한다. '감독(епископ)'이란 문자 그대로 '감독자'를 뜻한다. 따라서 "군주, 즉 최고 권력은 완전하고 궁극적이며 가장 전능한 감독이다. 즉, 그는 명령하고 최종적인 심판자로서 행동하고, 그에게 복종하는 세속적이고 영적인 모든 관리들과 권력자들을 벌할 힘을 가진다. 성직에 대한 감독으로서 군주의 권리가 하나님에게서 온 것인 만큼, 모든 합법 군주는 자신의 국가에서 감독들의 감독이 되는 것이다". 이것은 다의적인 단어를 가지고 하는 궤변적인 말장난이다. 기독교 감독이 그렇게 불리는 것은 그들의 직위 또는 자격 때문이 아니라, 단지 그들의 감독하는 임무 때문이라는 인상이 생겨난다.

페오판은 시대의 전형적인 독트린을 공유하고 고백했으며, 푸펜도르프,310) 흐로티위스,311) 홉스312)의 견해를 반복했다. 그들은 어떤 의미에서 표트르 시대의 공식적 이데올로그들이었다. 페오판은 국가의 절대성을 신봉했다. 오로지 '권력'만이 있을 뿐이며, 특별한 종교 권력("그것은 교황적인

---

310) 사무엘 폰 푸펜도르프(Samuel von Pufendorf, 1631~1694): 독일의 작가이자 법률가다. 생애 대부분을 스웨덴에서 보냈다. 교회에 대한 국가의 시민적인 우월성을 주장하여 스웨덴에서 교회 정치의 감독 체계를 위한 근거를 제공했다.

311) 휘호 흐로티위스(Hugo Grotius, 1583~1645): 네덜란드의 법률가 · 정치가 · 인문주의자다. '국제법의 아버지'라 부른다.

312) 토머스 홉스(Thomas Hobbes, 1588~1679): 영국의 경험주의자, 정치철학자다. ≪리바이어던(Leviathan)≫에서 절대군주를 유일하게 작용 가능한 정치적인 형태라고 옹호했다. 교황주의자들과 장로교도들이 군주의 권력을 제한하고자 한다고 비판했으며, 교회와 국가는 군주가 수장이 되는 한 몸이라고 주장했다.

정신이다")은 있을 수 없는 것이었다. 그는 잘 알려진 종교개혁의 원칙 또는 강령에서 출발한다. '통치자의 종교가 국가의 종교다(cujus regio, ejus regio).'313) 군주(Landesherr)야말로 '두 판(板)314)의 수호자(custos utriusque tabulae)'가 된다. 군주에게는 자기 영토에 대한 모든 권력, 모든 것을 포괄하는 '땅에 대한 지배권(Landeshoheit, jus territorii)'이 있다. 교회는 그 영토의 일부일 뿐이다.

러시아의 '종교 법규'와 종교개혁 이후 여러 공국들에서 새로 확립된 지역의 '전체 종교회의'를 위해 많은 '법규들' 또는 '교회 강령들(Kirchenordnungen)'이 편집되었다. 그러한 법규들과 강령들의 유사성을 자세하게 드러내는 것은 별로 어려운 일이 아니다.

외국인들은 곧바로 러시아에서 종교개혁이 이루어지고 있음을 알아차렸다. 러시아에서 표트르에 의해 총대주교직이 폐지된 것에 대한 부데우스315)의 지적은 매우 주목할

---

313) 이 문구는 루터주의의 발흥 이후 발생한 독일 제국에서 사용되기 시작했다. 군주의 신앙이 종복들의 신앙과 다를 때 일어난 다툼을 해결하기 위해 아우구스부르크 조약(1655)에서 이 원칙을 확립했다.
314) 신성한 문구가 적힌 판을 의미한다. 모세가 석판에 하나님으로부터 받은 율법을 기록한 데서 유래했다. 여기서 두 판은 국가 권력과 교회 권력을 상징하는 듯하다.
315) 요한 부데우스(Johann Buddeus, 1667~1729): 예나 대학의 교수이며 동시대 가장 존경받는 루터교 신학자였다.

만하다. "그는 자신이 러시아정교회의 머리이자 최고 통치자임을 선언하기 위해 그렇게 했다(quod et ea ratione fecit, ut se ipsum caput supremumque ecclesiae in Russia gubernatorem declararet)." 이 말은 페오판의 요청으로 그가 제공한 정보에 따라 쓴 ≪루터 교회와 로마 교회는 화해할 수 없다(Ecclesia romana cum ruthenica irreconciliabilis)≫(1719)라는 책에 쓰여 있다.

사마린은 표트르에 대해 올바르게 언급했다. "그는 교회가 무엇인지 이해하지 못했다. 그는 교회를 보지 못했고, 따라서 마치 교회가 없는 것처럼 행동했다." 표트르의 교회 '개혁'의 원천은 바로 이 종교적 무지와 무감각에 놓여 있었다.

여기서 의도와 실행을 구별할 필요가 있다. 표트르의 개혁은 전체적으로 성공하지 못했다. '종교 법규'는 개혁 프로그램일 뿐이지 그 결과는 아니었다. 프로그램이 전부 실행되지 못했고 그럴 수도 없다는 것이 드러났다. 고안된 것보다 더 많이 실현된 것도 있었고, 적게 실현된 것도 있었다.

'법규'는 강제된 것으로 남아 있었다. 그것은 교회의식(意識)의 깊은 곳에서 호의적인 반향을 얻지 못했다. 페오판은 강압자였지 지도자는 아니었다. 러시아정교회는 이 개혁으로 동요했고 충격을 받았다. 때때로 표트르의 후계자들의 시대에 교회에 대한 국가의 '보호'는 국가의 안위와 미신과의 투쟁이라는 구실로 노골적인 박해로 변모하곤 했다. 그러나 표트르의 개혁은 결코 교회의 동의와 의지에 의해 받아들여지지 않았다. 그의 개혁은 저항 없이 진행되지는 않았다. 이 탐문과 고발의 세기에 자신과 가까운 사람에게 저항과 의견을 말하기 위해서는 많은 용기가 필요했다. 자신의 저항을 종이에 기록하는 데는 더 큰 용기와 담력이 요구되었다. 역사가의 저항과 불만이 폭로된 것으로 보이기보다는, 거세긴 하지만 불안하게 사각거리는 소리로 희미하게 들리는 이유가 여기 있다. 그러나 이러한 불만은 결코 옛것에 대한 맹목적인 집착이 아니었다. 불만은 신앙에 대한 실질적인 열성이었다. 많은 이들은 표트르의 정치 개혁을 받아들였고 진심으로 그와 함께할 준비가 되어 있었다. 그러나 그의 종교개혁을 받아들일 수는 없었다. 누구보다 스테판 야롭스키가 그랬다. 그는 똑같이 진지하게 자신의 '설교들'과 '교훈들'에서 표트르의 영광스러운 위업과 승리를 칭송하면서, 동시에 차르가 교회 강령을 침해하는 현상으로 세속 권력이 교회 일에 비합법적이거나 불공정하게 침입하는 것을 폭로했다. 바로 그 이유 때문에 표트르는 그의 신랄한 말을 참아야만 했다. 스테판은 끝까지 폭로하는 자신의 권리와 직무에 충실했다. 그는 자신이 '전제군주로부터'뿐만이 아니라 하나님의 은혜에 의해 세워졌다는 것을 잊고, 자신을 군주의 종복 또는 관리로만 여길 만큼 자의식을 잃을 수는 없었다. 어쨌든 그가 표트르와 페오판에게 저항하고 그들과 논쟁한 것은 그에게는 낯선 옛 모스크바에 대한 애정에서도 아니고, '교황주의자의' 모델들에 대한 노예적인 편애 때문도 아니었다. 그는 옛것을 옹호하지 않았다. 그는 개혁을 옹호했다. 그러나 그는 교회 편에 서서 '종교개혁'을 반대했다. 스테판은 혼자가 아니었다.

러시아에서는 실질적으로 종교개혁의 정신 속에서 일종의 '황제 교황주의'316)가 확립되었다. 모스크바의 필라레트 (Филарет Московский)는 프로테스탄트 모델을 근거로 구상된 종무원(обер-консистория)이 "하나님의 섭리와 교회의 정신에 의해 신성종무원(Святейший Синод)으로 변형되었다"고 말했다. 물론 맞는 말이다. 종무원과 '콜레기움(Коллегиум)'은 명칭만 다를 뿐이었다. 그러나 원칙적으로 표트르 개혁의 구상은 포기되거나 망각되거나 폐기되지 않았다. '종교 법규'는 국가 입법 행위로만 남았고, 어떤 교회 법적 가치도 가지지 못했다. 비록 후에 사람들이 종교 법규에 대해서 기억하는 것을 내키지 않아 했지만, 그것은 폐지되지 않았다. 종무원의 구성원들은 임직을 시작할 때 표트르 때 확립한 특별한 공식을 따라 충성을 서약했다. 그들은 전(全) 러시아의 군주와 자신들의 지극히 자비로운 왕을 '영

---

316) 황제 교황주의(цезаре-папизм): 통치자가 국가뿐 아니라 교회에 대해서도 최고의 권위를 가지는 것을 지칭한다. 역사학자들에 의해서 황제가 그리스교회에 대한 막강한 권력을 휘둘렀던 비잔티움에 처음 적용되었다.

적 종교회의의 최종 심판자'(이 서약의 공식은 1901년이 되어서야 폐지되었다기보다는 중단되었다)로 고백하고 선언했다. 종무원은 항상 '위대한 차르로부터 권력을 부여받아', 또는 '황제 폐하의 명령으로' 활동하는 황제의 관청이었다.

개별적인 신자들 또는 교회 활동가들이 이 실질적인 '황제 교황주의'에 복종하고 때로 심지어 그것에 고무되기도 했지만, 교회의 의식 또는 양심은 황제 교황주의를 자기 것으로 받아들이거나 인정하지 않았다. 교회의 신비적인 완전함은 훼손되지 않았다.

표트르의 개혁은 교회성의 프로테스탄트적인 변형이었다. 러시아정교회의 '바벨론 포로기'[317)]가 시작되었다. 러시아의 성직 계급은 표트르 시대 이후부터 '겁먹은 계층'이 되어 버렸다. 부분적으로 그들은 사회적 하층으로 전락했다. 그러나 상층부에는 이중적인 침묵이 형성되었다. 가장 훌륭한 이들은 자기 자신 속으로 숨어들었다. 그들은 자기 가슴속 '내적 광야로 물러났다. 왜냐하면 18세기에는 외적 광야로 물러나는 것이 허용되지 않았기 때문이다. 이 겁먹은 '종교 계급'의 속박은 표트르 개혁의 가장 공고한 결과물이었다. 그 후 러시아의 교회의식은 오랫동안 이 이중적인

---

317) 바벨론 포로기: 구약성경에서 이스라엘 민족이 바벨론 제국에 포로로 끌려갔던 시기를 말하는 것으로, 여기서는 교회가 국가에 속박된 시기를 의미한다.

방해, 즉 행정 명령과 내적인 소심함 아래서 발전했다.

3

페오판 프로포비치는 무서운 사람이었다. 심지어 외모에조차 무엇인가 불길한 것이 있었다. 그는 전형적인 고용인이자 모험가였다. 그런 학문적인 고용인들은 당시 서구에 많이 있었다. 페오판은 내밀한 꿈을 고백하고 진짜 견해를 말할 때조차 진실해 보이지 않았다. 그는 항상 타산적인 펜으로 글을 썼다. 그의 모든 정신적 특징에는 부정직함이 느껴진다. 그를 활동가보다는 실리주의자라고 부르는 것이 더 올바를 것이다. 동시대 역사가 가운데 한 사람은 그를 '표트르 개혁의 앞잡이'라고 불렀다. 그러나 페오판은 표트르에게 아첨하지 않고 충실하게 복종했으며, 개혁에 자신의 모든 것을 열정적으로 쏟아부었다. 그는 개혁을 진심으로 소중하게 생각했던 표트르의 몇 안 되는 가장 가까운 협력자였다. 표트르의 장례식에서 그가 한 칭송의 말에는 자신을 생각하는 두려움뿐 아니라 진정한 슬픔이 나타나 있다. 오직 이 점에서만 페오판은 진실했던 것 같다. 개혁자이자 영웅이었던 표트르에 대한 이런 충실함 속에서만….

페오판에게는 자신만의 장점도 있었다. 총명했고 학식이 있었다. 교육을 많이 받았으며, 모든 종류의 '계몽'을 진심으로 사랑하고 추구하는 사람이었다. 학문에 대한 태도는 비굴할 정도였다. 많은 것을 알았으며, 많이 읽었고, 독서를 좋아했다. 자주 정당하지 못한 방법으로 상당한 재산을 획득했는데, 책을 사는 데는 아낌없이 돈을 썼다. 트 그의 개인 도서관은 매우 방대했으며 잘 만들어져 있었다(후기의 목록은 3,192권에 달한다). 이 논쟁할 바 없는 학문성은 어떤 내적인 사상의 부정직함으로 오염되고 빈곤해졌다. "지성적인 그는 기독교를 잘 알고 있었다. 그는 기독교를 명료하고 완전하게 알았다. 그러나 기독교는 그의 삶을 지배하는 원리가 아니었다. 교활하고 선견지명이 있었던 그는 양심에 묻지 않고 행복을 찾을 줄 알았다"(체르니고프의 필라레트318)). 그 혼자만 그러했던 것은 아니다. 당시 '양심'은 국가의 관리들에게 꼭 필요한 것도 아니었고, 적절한 것으로 여겨지지도 않았다.

페오판은 라틴·폴란드 학교에서, 그 후에는 로마의 성 아타나시우스 그리스 콜리지에서 공부했다. 로마에서는 가명을 썼던 것 같다. 그는 학업을 마치기 전에 분명한 이유도 없이 그곳에서 도망쳤다(sine ulla causa, cum scandalo omnium). 키예프로 돌아왔을 때 그는 '교황주의 정신'을 공공연하게 반대했다. 키예프 아카데미의 교사였을 때 그는

---

318) 체르니고프의 필라레트(Филарет Черниговский, 1805~1866): 1859~1866년까지 체르니고프의 주교였다.

시학과 수사학 강의에서 아직은 이전에 받아들였던 지도 방침을 버리지 않았다. 그는 시학을 폰타노[319]와 스칼리제르[320]의 방식에 따라 가르쳤다. 그러나 곧 폴란드식 수사학적 방법과 교육 기법에 한해 확고한 적대자가 되었다. 후에 '종교 법규'에서 그는 폴란드와 키예프의 '경박한 웅변가들'을 신랄하고 악의적으로 평가했다. 페오판 자신은 다른 방식으로 가르쳤다. 그는 표트르의 개혁을 선전하기 위해 자주 강단에 섰다. 설교를 할 때 곧바로 찬사 또는 선전으로 옮아가거나 악의적인 정치 풍자에 빠져들었다. '종교 법규'에서 그는 설교사의 '의무'를 다음과 같이 그린다. "설교사들은 회개와 삶의 개선, 권력, 특히 차르의 최고 권력에 대한 복종, 모든 관등의 의무에 대해 성경의 논증을 가지고 확실하게 설교해야 한다." 폴란드의 웅변가들 대신에 페오판은 즐라토우스트를 읽을 것을 충고한다.

페오판은 로마의 학식, 그 '환영적이고 공상적인 가르침'을 증오하고 거부했다. 그는 항상 매우 짜증스럽게 이 '근거가 없는 현자들', '스코모로히'[321]에 대해 말했다. 특히 그를

---

319) 조반니 폰타노(Giovanni Pontano, 1422~1503): 이탈리아의 정치가이자 인문주의자다.

320) 조제프 스칼리제르(Joseph Scaliger, 1540~1609): 프랑스의 칼뱅주의 인문학자이자 언어학자다.

321) 스코모로히(скоморохи, ludimagistri): 고대 러시아에서 여러 마을을 돌아다니며 연극을 하고 마술을 보여 주었던 방랑하는 음유

화나게 했던 것은 '입술을 라틴어로 칠한 학자 나부랭이'인 키예프의 로마주의자들이었다. 이러한 거짓 학식은 사람들에게 강요하기 때문에 무지보다 더 위험하다. 페오판 자신은 개혁 정신, '새로운' 학식, 17세기의 이론으로 충만해 있었다.

키예프 아카데미에서 강의한 그의 교리적인 '논문들'이 보존되어 있다. 그 논문들은 그의 사후 1770년대에 독일에서 출판되었다(그것은 처음에는 키예프의 학장이었다가 후에는 라이프치히에서 대주교가 된 사무일 미슬랍스키(Самуил Мислaвский)가 편집하고 보충해 1773~1775년에 완전한 형태로 출판했다). '종교 법규'에서 페오판은 신학 교육의 올바른 방침을 이야기했다. "신학 교사는 성경의 진정한 의미와 중요성을 분별하기 위해 성경과 교회법을 읽어야 한다. 모든 교리는 성경의 증거로 굳건하게 해야 한다. 그리고 이 일을 돕기 위해 교부들, 특히 이단들과 투쟁하면서 교리에 대해 쓰는 데 자신을 바친 교부들의 책을 부지런히 읽어야 한다." 공의회들의 업적도 알아야 한다. 그는 다른 신앙을 가진 작가들의 최신 저작들을 사용할 수는 있지만, 반드시 성경의 증언과 교부들의 전승으로 그 저작들을 검토해야 한다고 주장했다. 심지어 '다른 신앙을 가진 자들'과 직접적인 차이가 나타나지 않는 교리의 진술까지 그렇게 하기를

시인들을 일컫는다.

요구했다. "그러나 그들의 논증을 쉽게 믿어서는 안 된다. 성경 또는 교부들의 책에 그런 구절이 있는지, 그리고 그것들이 받아들이는 것과 같은 의미로 쓰이는지 점검해야 한다." 물론 페오판이 '다른 신앙을 가진 자들'이라고 표현한 것은 '로마주의자들'을 말하는 것이었다. 그는 '로마의' 신학을 매우 경계했다. "이 학자 양반들이 교황이 별 뜻 없이 하는 말을 무오하다고 떠받들지 않고서는 들을 수 없다는 것은 불행한 일이다."

페오판 자신은 기꺼이 '최신의', '다른 신앙의' 저작들을 풍부하게 이용했다. 그러나 그것은 주로 프로테스탄트 저작들이었다. 자신의 신학 강의에서 페오판은 누구보다 아만두스 폴라누스 폰 폴란스도르프(Amandus Polanus von Polansdorf)[바젤의 개혁주의 신학자. ≪기독교 신학 집성(Syntagma theologiae christianae)≫은 1609년에 하노버에서 출판되었다], 요한 게르하르트[322]의 전집[≪신학강요(Loci communes)≫, 초판 1610~1622]을 자주 사용한 것이 보인다. 성령에 관한 편(篇)에서 페오판은 제르니카프를 반복한다. 벨라르미노의 ≪토론≫[323]은 항상 그의 손이 닿

---

322) 요한 게르하르트(Johann Gerhard, 1582~1637): 예나 대학의 보수적 루터교 신학 교수다.

323) ≪토론(Disputationes)≫: 1581~1593년에 로마에서 최초로 출판되었으며 가톨릭과 프로테스탄트 신학을 모두 요약한다.

는 곳에 있었다. 그리한 것은 단지 반박하기 위한 목적 때문만은 아니었다.

페오판을 모방자라고 부를 수는 있지만, 그는 그저 남의 것을 모으기만 하는 사람은 아니었다. 현대의 신학 문헌들, 특히 프로테스탄트 문헌들을 많이 읽었으며 자유롭게 연구했다. 독일 신학자들과 개인적인 교분을 가지기도 했다.

곧바로 이 말을 해야겠다. 페오판은 17세기 프로테스탄트 스콜라주의에 속해 있었다. 그의 저작들은 충분히 독일 개혁주의 신학의 역사에 포함될 만했다. 페오판의 '논문들'에 러시아 주교라는 명칭이 없었다면, 그를 프로테스탄트 신학부 교수로 추측하는 것이 더 자연스러웠을 것이다. 모든 것은 서구 정신, 개혁의 공기로 충만했다. 그러한 정신은 모든 것에서, 사고의 습관, 단어의 선별에서도 느낄 수 있었다. 우리가 보는 것은 심지어 서구주의자도 아닌 그저 서구인, 외국인이다. 페오판이 과학 아카데미의 외국인들, 외국의 외교관들, 그리고 학식 있는 독일인들과 있을 때 더 편안하게 느꼈던 것도 공연한 일은 아니다. 그는 정교회 세계를 방관자로서 바라보았다. 그는 정교회가 로마를 꼭 본뜬 것이라고 생각했다. 그는 정교회적 삶에 대해서는 아무것도 느끼지 못했다. 그는 완전히 서구의 논쟁 속에서 살았다. 그 논쟁 속에서 그는 끝까지 프로테스탄트들과 함께했다.

엄밀히 말해, 페오판의 시스템 안에는 교회에 대한 가르침이 존재하지 않는다. 그가 내리는 교회의 정의는 매우 불충분하다. "하나님은 자신에게 충실한 자들이 그리스도를 통해 회복되어 교회라고 불리는 일종의 시민권 또는 공화국 안에서 결합되기를 원하셨다(in quandam certam republcam seu civitatem conpingere, quae dicitur ecclesia). 그럼으로써 그들은 자기 스스로를 더 잘 인식하게 되고 서로 돕고 함께 기뻐하고 하나님의 도움으로 적들을 대항해 스스로를 보호할 것이다."

페오판은 교회의 신비한 실제를 느끼지도 알아차리지도 못했다. 그에게 교회는 단지 기독교적 상호부조와 같은 사상의 연합체 같은 것이었다. 이런 견지에서 볼 때 그의 모든 종교적·정치적 프로그램과 활동이 이해된다. 페오판은 그 자체로 신빙성 있고 자기 충족적인 신앙의 제1원천으로서 성경에 대한 논문으로 자신의 시스템을 시작한다. 여기서 그는 교회에 대한 절(節)을 성경에 대한 절로 대체한 게르하르트와 가깝다. 페오판은 로마의 저자들에 반대하여 성경의 완전성과 자기 충족성을 열성적으로 주장한다. 성경에는 필요한 모든 진리와 믿음이 충만하고 완전하게 담겨 있다. 오직 성경만이 신학과 믿음에서 인식의 원리(principium cognoscendi)다. 오직 성경만이 하나님의 말씀으로서 권위를 갖는다. 인간의 추측과 판단은 결론 또는 '논증' 이상의 의미를 갖지 못하며, 결코 '권위'의 위치까지 올라가지 못한다. 성경은 해석과 분석을 요구한다. 성경을 해석하는 가장 좋은 방법은 그 자체만을 대상으로 삼는 것이다. 그럼으로써 부차적이고 인간적인 수단이 신뢰성의 수준을 낮추지 않을 수 있다. 공의회들은 종속된 해석의 권리를 갖는다. 심지어 교부들의 일치(consensus patrum)조차 페오판에게는 인간의 증언(humanum tesimonium)일 뿐이다. 교부들의 일치는 단지 과거와 특정한 시대의 교회적인 견해들에 대한 역사적인 증언일 뿐이다. 페오판이 이해하는 신학자의 과제는 문헌들을 비교하고 배열하는 것이다. 이런 의미에서 자신의 서구 지도자들의 뒤를 이어, 그는 신학의 '형식적인' 성격과 의미에 대해 말한다. 로마의 '스콜라주의'를 미워했지만, 그 자신도, 멜란히톤[324] 이후 17세기 프로테스탄트 신학자 대부분이 그러했듯이, 스콜라적인 신학자로 남아 있었다. '새로운' 철학을 잘 알고 있었는데도[데카르트(Descartes), 베이컨(Bacon), 스피노자(Spinoza), 라이프니츠(Leibniz), 볼프[325]를 읽었다], 그는 매우 많은 프로테스탄트 계승자들을 거느린 수아레스[326]와 가장 가까웠다. 페오판은 어느 지

---

[324] 필리프 멜란히톤(Philipp Melanchthon, 1497~1560): 독일의 신학자이자 종교개혁자다. 루터의 종교개혁 운동의 지도자급 인물로 종교개혁 운동을 통한 복음주의의 확립을 위하여 투쟁했다. 비텐베르크 대학의 교수로 있으면서 개신교 신학의 기초를 세우는 데 노력했다.

[325] 크리스티안 볼프(Christian Wolff, 1679~1754): 독일 계몽주의를 대표하는 철학자다. 마르부르크와 할레 대학에서 가르쳤다. 경제학과 공공 행정을 학문 분야로 정착시킨 인물로도 유명하다. ≪자연신학(Theologia naturalis)≫ 등 많은 저작을 남겼다.

점에서도 서구의 학문적 신학 논쟁의 매혹적인 영역을 벗어나지 않았다. 거기에는 종교개혁 논쟁의 모든 비극적인 문제들이 결정화(結晶化)되어 있었다.

페오판의 특별한 '소논문들' 중에서 중요하고 흥미로운 작품은 무죄한 인간과 타락한 인간을 다룬 예닐곱 편이다. 이 주제에 관해서 페오판은 러시아어로 < 감당할 수 없는 짐에 대한 바울과 베드로의 논쟁(Распри Павля и Петра о иго неудобносимом) > 이라는 글을 썼다(1712년에 쓰였으나, 1774년이 되어서야 페오판의 전집에 수록되었다). 이 책자에 나타난 칭의에 대한 페오판의 가르침이 바로 그의 반대자들로 하여금 그의 '교회와 반대되는 가르침'에 대해 말하도록 하는 첫 계기를 제공했다. 그는 '칼뱅의 독'에 전염되었고, 러시아 세계에 종교개혁의 지혜를 들여왔다는 것이다. 그러한 책망과 의심에는 충분한 근거가 있었다. 페오판은 가장 엄격한 인간학적 염세주의에서 출발한다. 그 때문에 구원의 과정에서 모든 인간의 적극성은 일찌감치 가치를 상실해 버린다. 바로 그 때문에 그는 신학적 논의의 중요성을 제한한다. 인간은 타락해 깨지고 더럽혀졌으며, 죄에

---

326) 프란시스코 수아레스(Francisco Suárez, 1548~1617): 스페인의 제수이트로서 철학·신학·법률·정치에 대한 글을 많이 썼다. 그의 ≪형이상학 토론(Disputationes metaphysicae)≫은 프로테스탄트와 가톨릭 대학 모두에서 널리 사용되었다.

속박되어 있다. 페오판은 '의롭다 함(Оправдание)'을 완전히 법률적인 차원(justificatio forensis)으로 이해한다. 의롭다 하는 것은 회개하고 그리스도를 믿은 죄인이 거저 받아들여지고 옳다고 선언되며, 그의 죄들이 그에게 돌려지지 않고 그리스도의 의로움이 그에게 돌려지는 하나님의 은혜의 행위라는 것이다(gratis justum habet et declarat, non imputasis ei peccatis ejus, imputata vero ipsi justitia Christi). 페오판은 믿음으로 구원이 '이루어지며', 인간의 행위는 어떤 실질적인 힘도 갖지 못한다는 점을 강조한다.

페오판의 체계를 자세하게 분석할 필요는 없다. 훨씬 더 중요한 것은 그의 체계가 지닌 내적인 일반적 양식을 느끼는 것이다. 결론에서 논쟁이나 망설임이 있을 수 없다. "페오판은 진짜 프로테스탄트였다"(카르타쇼프327)). 이에 대해서 당대인들도 여러 번 언급했다. 페오필락트 로파틴스키328)[《주님의 은혜로운 멍에에 대하여(Об иге Господнем благом)》에서]와 특히 마르켈 로디솁스키329)가 쓴 바

---

327) 안톤 카르타쇼프(Антон Карташов, 1875~1960): 탁월한 러시아 망명 교회사가로서 파리의 성 세르기우스 아카데미(St. Sergius Academy)의 설립자 중 한 사람이다.

328) 페오필락트 로파틴스키(Феопилакт Лопатинский, 1670?~1741): 키예프 아카데미를 졸업하고 1704년에 모스크바로 와 모스크바 아카데미에서 철학을 가르쳤으며, 후에 신학 교수와 학장, 종무원 회원이 되었다.

있다. 그 둘은 모두 자신들의 대담함 때문에 잔혹한 고통을 맛보았다. 빈틈없고 교묘히 빠져나갈 줄 알았던 페오판은 신학적인 공격을 피하는 방법을 알고 있었다. 동의하지 않는 자들에 대한 반박은 그의 펜 아래서 눈치채지 못하는 사이 정치적 고발로 변했다. 페오판은 신학 논쟁을 탐정국330)의 재판에 회부하기를 주저하지 않았다. 자기방어의 가장 강력하면서 신뢰할 만한 무기는 해당 문제에서 페오판과 견해를 같이하거나 그를 격려한 사람이 바로 표트르라는 사실을 상기시키는 것이었다. 그렇게 되면 군주의 사람도 비난을 면치 못하게 되고, 페오판을 비난한 자는 폐하를 직접 모욕한 죄를 짓는 것이 되어 자유로운 신학 토론 대신 탐정국의 조사와 검토를 받게 되었다. "표트르 대제는 강할 뿐 아니라 지혜로운 군주로서 나의 설교에서 어떤 이단도 발견하지 못했다."

표트르에 대한 인용은 단지 주의를 다른 데로 돌리기 위

---

329) 마르켈 로디솁스키(Маркелл Родышевский, ?~1742): 키예프 아카데미에서 가르쳤던 그는 페오판의 영향력 덕분에 유리예프 수도원의 원장이 되었다. 표트르의 개혁을 철저히 반대했으며, 한때 친구였던 페오판을 공개적으로 비판했다. 페오판에 대한 전기를 집필하기도 했다.

330) 탐정국(Тайная Канцелярия): 표트르 대제가 설립한, 정치적 조사와 재판을 맡은 기관이다. 1718~1726년까지 존속했다. 황세자 알렉세이의 사건을 심사하기 위해 세워졌다가 점차 중요한 정치 사건을 담당하게 되었다.

한 것만은 아니었다. 실제로 표트르는 많은 점에서 페오판에게 동의하고 있었기 때문이다.

'미신'과의 투쟁은 이미 표트르 시기에 표트르 자신에 의해 시작되었고, '종교 법규'에 공개적으로 명시되어 있었다. 페오판은 '미신'에 대해 항상 특별한 관심을 가지고 글을 썼다. 이런 점에서 그의 희비극 < 블라디미르, 성령에 의하여 불신앙의 어둠으로부터 복음서의 빛으로 인도된 슬라브·러시아 땅의 공후이자 지도자(Владимир, Славеноросийских стран князь и повелитель, от неверия тмы в свет евангельский приведенный Духом Святым) > 는 매우 주목할 만하다. 그것은 동시대에 대한 가장 명료한 암시들로 가득 찬 '사제들'과 그들의 '미신'에 대한 악의적인 풍자였다. 성직 계급, 특히 대러시아의 성직 계급에 대해서 페오판은 노골적인 경멸을 표했다. 그 집단과 맺는 관계에서 그는 항상 자신을 외국인이요, 국외자로 느꼈다. 그는 전형적인 '계몽가'였다. 그는 의식(儀式), 기적, 금욕주의적인 공적, 교회의 위계에 대한 혐오감을 감추지 않았다. 이 모든 '망상들'에 대항하여 오만한 공론가로서 집요하게 투쟁했다. 이 투쟁에서 그는 올바르지는 못했을지라도, 어쨌든 솔직했다. "나는 내 영혼의 모든 힘을 다해 주교관(冠), 법의, 지팡이, 촛대, 향로, 기타 그런 우스운 것들을 혐오한다." 그는 우정 어린, 친밀한 편지에서 이 말을 했다.

러시아 삶과 일상생활에서 미신은 당시 실제로 지나칠

정도로 많았다. 그러나 페오판과 표트르는 신앙의 이름보다는 상식과 '복지'의 이름으로 미신과 싸웠던 것이다.

옐리자베타 페트로브나(Елизавета Петровна) 여제의 즉위 때까지 러시아의 프로테스탄티즘은 국가권력, 심지어 국가법의 특별한 비호를 받았다. 표트르 정부는 너무나 자주 프로테스탄티즘의 이익을 자신의 이익과 동일시했으며, 정교회는 일종의 독특한, 온건하고 의식주의(儀式主義)적인 프로테스탄티즘이고, 정교회와 프로테스탄티즘은 쉽게 일치될 수 있다(familime legitimetique uniantur)는 인상을 만들려고 노력했다. 프로코포비치의 친구이자 페테르부르크 아카데미 회원이었던 콜리[331]는 자신의 특성이 잘 드러나는 제목의 책 ≪그리스 루터 교회(Ecclesia graeca lutheranisans)≫(뤼베크, 1723)에서 이렇게 증명했다. 후에 예카테리나 2세는 정교회와 루터주의에는 차이점이 '거의' 없다고 주장했다.

안나(Анна)의 치세기에, 즉 비론[332]이 집권할 때, 교회와 국가권력의 관계는 특히 첨예해졌다. "그들은 우리 정교

---

331) 콜리(Колий): 1725년 초빙되어 과학 아카데미에서 수사학과 교회사를 가르쳤다.

332) 에른스트 비론(Ernst Biron, 1690~1772): 안나가 공작 부인으로 쿠를란트(발트해 연안에 있는 폴란드의 봉신 국가)에 있을 때 그녀의 궁정에서 일했다. 안나가 여제가 되어 러시아로 올 때 그녀의 애인으로서 함께 와서 그녀의 치세 동안 실질적인 권력자가 되었다.

회의 경건함과 신앙을 마치 기독교 안에 있는 불필요하고 유해한 미신을 뿌리 뽑기라도 하듯이 여러 구실을 내세워 공격한다. 오, 얼마나 많은 성직자들과 그보다 많은 학식 있는 수도사들이 그런 구실로 성직을 박탈당하고 박해받고 근절되었는가! 무엇 때문에? 그가 미신적이고 고집스러운 광신자, 위선자, 아무짝에도 쓸모없는 사람이라는 것 외에 다른 대답은 들리지 않는다. 이런 일들은 정교회 성직 계급을 없애고 성직 계급을 새롭게 고안된 무사제파로 대체하기 위하여 교묘하게 의도적으로 이루어진다." 안나 시대에 대해 옐리자베타 치세기의 한 설교사는 이렇게 회상한다(암브로시 유르케비치[333]).

표트르 자신은 트베리티노프 사건[334]을 제기하고, 루터 교회와의 차이점에 대하여 지나치게 신랄하고 직접적으로 문제를 삼은 스테판 야롭스키에게 불만을 느꼈다. 스테판의 ≪신앙의 반석≫은 그 안에 담긴 프로테스탄트들에 대

---

333) 암브로시 유르케비치(Амвросий Юркевич, 1690~1745): 당대 잘 알려진 설교사로 1740년부터 노브고로드의 주교였다.

334) 트베리티노프(Тверитинов) 사건: 의사이자 과학자였던 트베리티노프는 루터교의 가르침을 신봉하여, 그 이단을 퍼뜨린 주모자로 지목받았다. 페테르부르크로 도주한 그는 종무원에 도움을 요청했는데, 야롭스키는 그의 문제를 표트르에게 직접 알려 표트르가 종무원과 마찰을 빚도록 함으로써 표트르를 언짢게 만드는 결과를 낳았다.

한 격렬한 공격 때문에 표트르 당시에는 출판되지 못했다. 그 책은 1728년 페오필락트 로파틴스키의 감독 아래 추밀원의 허락을 받아 처음으로 출판되었다. 이 책이 출판되자 독일에서는 많은 사람들이 동요했다. 1729년에 예나에서 부데우스의 '변증적인' 답변이 인쇄되어 나왔다. 이 답변이 페오판의 것이라는 소문이 돌았다. 1731년에 모스하임335)이 ≪신앙의 반석≫을 반대하는 글을 썼다. 스페인 대사 리리아 공작(duke de Liria)의 가정 사제였던 도미니쿠스 설교사 리베라(Bernardo de Ribera)가 야롭스키를 지지했다. 논쟁은 혼란스러워지고 복잡해졌으며, 탐정국에 의해서 겨우 종결되었다.

1732년 8월 19일 ≪신앙의 반석≫ 유통 금지 명령이 다시 내려졌다. 모든 책들이 수거되어 봉인되었다. "우리 집안의 적들은 정교회 신앙을 전복하기 위한 전략을 고안했다. 그들은 이미 출판할 준비가 되어 있는 종교책들을 잊히게 만들었다. 그리고 사형으로 위협해 다른 책들을 쓰지 못하게 막았다. 그들은 교사들뿐 아니라 그들의 가르침과 책들을 묶고 속박했다. 사태는 더 심각해져 정교회 국가에서

---

335) 요한 모스하임(Johann Mosheim, 1694~1755): 교회 역사 연구에 현대의 역사학적 방법을 최초로 적용한 학자로 헬름슈테트 대학의 신학 교수였다. 괴팅겐 대학을 설립했으며, 교회 역사에 대한 교과서를 집필했다.

종교에 대해 입을 여는 것이 위험할 지경까지 이르렀다. 사람들은 곧바로 재난과 박해를 걱정해야만 했다"(암브로시 유르케비치). 야롭스키의 책이 자유롭게 유통되기 시작한 것은 1741년 황제의 명에 따라서였다.

≪신앙의 반석≫이 박해와 금지를 당한 것은 종교개혁에 반대하는 논쟁적인 태도가 느껴졌기 때문이다. 반대로 바로 그 이유 때문에 야롭스키의 라틴주의에는 어떤 호감이나 매력도 느끼지 못하던 정교회 신자들이 그의 책을 높이 평가했다. 포소슈코프336)가 그런 인물이었다. "랴잔의 대주교 스테판 야롭스키 예하(猊下)가 쓴 ≪신앙의 반석≫은 신앙을 굳게 하고 루터주의, 칼뱅주의, 기타 성상 파괴론자들로부터 신앙을 지키기 위하여 출판되어야 한다. 학교마다 대여섯 권씩 보내 성직자가 되고자 하는 자들이 어떤 질문에도 답할 수 있도록 이 귀한 책을 외우게 해야 한다." 포소슈코프는 '성상 파괴론'의 위험성, '루터교의 정신없는 지혜', 루터교의 '경박스러운 지혜'에 대해 진실로 염려하고 당혹해했다. 그는 표트르 개혁을 직접 열렬히 지지했다. 그러나 개혁과 '복지'를 위해서 조국의 신앙을 거부하거나 새로 만들어진 경박하기 그지없는 신앙으로 조국의 신앙을 대체하는 것이 필요하다거나 가능하다고는 생각하지 않았다.

---

336) 이반 포소슈코프(Иван Посошков, 1652~1726): 러시아 최초의 경제학자로 알려진 인물이다.

그는 페오판과 차르 못지않게 민중, 심지어 성직자의 무지와 미신, 민중의 가난과 불의를 강하게 비판했다. 그는 모든 곳에 학교를 세울 것을 주장했으며, 집사가 되고자 하는 자들에게 '읽을 수 있는 능력'을 요구했다. 그리고 수도사들에게 배우고 '논쟁에 능해질 것'을 권유했다. 그러나 포소슈코프의 이상은 세속적인 삶이 아닌 '영적인 삶'이었다. 그 때문에 그는 스테판 야롭스키의 라틴주의에도 불구하고 그에게 친숙함과 신뢰를 느꼈던 것이다. 스테판에게서 그는 많은 자료를 발견했다.

상황은 스테판이 벨라르미노의 영향을 받아 신학에 대해 글을 쓰면서 실제로는 러시아정교회를 종교개혁으로부터 보호하는 식으로 전개되었다. 18세기 러시아 신학의 역사적 운명은 서구 종교개혁 이후의 로마와 프로테스탄트 스콜라주의의 옹호자들 사이의 논쟁 속에서 형성되었다. 이 논쟁에서 일시적으로 페오판이 승리했으나 그렇게 되기까지는 시간이 걸렸다. 18세기 중반까지 새로 설립된 학교들에서는 여전히 이전의 로마주의적인 키예프 전통이 지속되었다. 새로운 사상들이 보편화되는 데는 시간이 소요되었다.

박식한 페오판이 승리했다. 그것은 프로테스탄트 신학의 승리였다.

4

'종교 법규'에서 페오판은 법규와 연관성을 가지고 있고 법규의 사상에 공명하는 새로운 학교교육 프로그램을 구상한다('교육 기관들, 교사들과 학생들, 또한 교회 설교사들'이라는 장 전체에서). "교육의 빛이 없는 곳에는 교회의 좋은 행실도 없다. 무질서와 조롱받아 마땅한 미신, 불화, 그리고 말도 안 되는 이단들이 생겨날 것이다."

페오판이 생각하는 모델 또는 본보기는 키예프 아카데미였다. 그는 북방에 그런 '아카데미'를 세울 것을 제안했다. 그 학교는 보편 교육을 실시하는 단일한 학교로서 여러 해 동안 많은 학년을 거쳐야 했고, 모든 학년이 동시에 운영되어야 했다. 그것은 철학과 신학으로 종결되는 보편 교육을 위한 학교였다. 아카데미 내에는 신학교, 즉 '수도원과 같은' 공동생활이 있어야 했다. 페오판의 의견에 따르면, 학교는 공동생활부터 시작해야만 했다. 그는 또다시 서구의 모델 또는 경험에 의지했다. "이런 것들은 외국에 적지 않다." 그가 염두에 두고 있는 것은 그 스스로가 공부했던 로마의 성 아타나시우스 그리스 콜리지인 듯하다. 그러한 신학교 내에서의 생활양식은 폐쇄적이고 가능한 한 외부 생활('도시 안이 아닌 근교에')과 가족들, 옛 환경으로부터 멀리 분리되고 단절된 것이어야 했다. 그런 방식으로만 새로운 유형의 사람들을 길러 내고 교육할 수 있었다. "그러한 삶이 젊은이들에게는 지루하고 감옥같이 느껴질 수도 있다. 그러나 그런 생활에 1년 동안이라도 익숙해진 사람에게는 가장 즐거운 것이 된다. 우리는 우리 자신의 경험과 다른 이들의 경험으로부터 그 사실을 알고 있다."

페오판은 곧 그러한 신학교를 만들려고 시도했고, 1721년에 카르포프카에 있는 자신의 집 안에 학교를 열었다. 그것은 초등학교였고, 외국인들(바이어[337])와 셀리우스[338]))이 가르쳤다. 페오판 사후 그 학교는 폐쇄되었다. 북방에서 가장 중요한 학교는 모스크바의 스파스카야 아카데미(자이코노스파스키 수도원)였다. 1700년 또는 1701년에 이미 그 학교는 키예프의 모델을 따라 스테판 야롭스키의 보호 아래 라틴 학교로 개조되었다. 총대주교 도시테우스가 그 학교가 모든 것을 '라틴의 가르침'에 따르고 있다고 비난한 것은 근거가 있었다. 반면, 모스크바의 제수이트들은 그 학교를 호의적으로 평가했다. 당시 모스크바에는 모스크바의 귀족 자제들을 위한 학교가 세워져 있었다. 그 두 학교의 학생들

---

337) 고틀리프 바이어(Gottlieb Bayer, 1694~1738): 쾨니히스베르크 대학에서 공부한 역사학자이자 인문학자다. 상트페테르부르크 과학 아카데미의 고고학과 동양 언어 교수로서 역사와 지리 분야에서 러시아에 큰 공헌을 했다.

338) 아담 셀리우스(Adam Sellius, ?~1746): 덴마크인으로 예나에서 부데우스의 제자였다. 1722년 러시아로 와 페오판의 학교에서 라틴어를 가르쳤다.

은 우호적인 관계를 유지했고, 공동으로 스콜라적인 대담을 개최하기도 했다. 한때 스테판 자신도 제수이트들과 우호적인 관계에 있었던 것 같다.

아카데미의 모든 교사들은 키예프에서 온 이들이었다. 그중에서 특히 페오필락트 로파틴스키를 언급할 필요가 있다. 후에 그는 트베리의 대주교가 되었고 안나 이바노브나(Анна Ивановна) 치세에는 교활한 이들로부터 견딜 수 없을 정도로 고통을 받았다. 특히 그가 프로테스탄티즘이라고 비난하고 폭로한 페오판으로부터 누구보다 많은 박해를 받았다. 페오필락트는 학식이 높고 대담한 정신의 소유자였지만, 신학에서는 전형적인 스콜라주의자였다. 그는 아퀴나스식으로 가르쳤다(그의 ≪성스러운 과학(Scitntia sacra)≫(1706~1710)은 원고 형태로 존재한다. 크로콥스키(И. Кроковский)와 비교해 보라). 후에 그는 ≪신앙의 반석≫ 출판을 감독했다.

일반적으로 말해서, 대러시아의 학교들은 당시 소러시아에서 온 대주교들이 설립했다(소러시아인들만이 대주교와 수도원장으로 임명되도록 허용된 시기가 있었다). 그들은 모든 곳에서 자신들이 공부했던 라틴 학교와 유사한 학교들을 세웠다. 보통 교사들 역시 키예프에서 데려오거나 초빙해 왔다. 그들 중에는 때로 '폴란드 혈통'을 가진 자들도 있었다. 학생들을 남쪽에서 데려온 경우도 있었다. 그것은 남러시아인들 또는 '체르카스인들'의 직접적인 이주였다.

북쪽에서는 이러한 이주를 종종 외국의 침입으로 이해했다. 신학교 역사에서 표트르 개혁은 직접적이고, 글자 그대로 '우크라이나화'를 의미했다. 대러시아의 학생들에게 이 새로운 학교는 '라틴적인 가르침'의 학교로서, 그리고 '체르케스' 교사들의 학교로서 두 배로 낯설었다. 즈나멘스키[339]는 자신의 유명한 책에서 18세기 신학교들에 대해서 이렇게 말했다. "이 모든 감시인들은 학생들에게 당시 소러시아로 알려진 낯선 땅에서 온, 말 그대로 낯선 사람들이었다. 그들은 독특한 습관과 개념, 학문, 대러시아인의 귀에는 잘 이해되지 않는 이상한 언어를 가진 사람들이었다. 그들은 자신들이 가르치는 젊은이들과 그들을 부른 나라에 적응하기를 원하지 않았을 뿐 아니라, 심지어 대러시아인들을 야만인처럼 명백히 경멸했고, 그들을 조롱했으며 소아시아와 닮지 않은 것은 모두 비난했다. 그리고 자신의 것만을 유일하게 좋은 것으로 내세우고 강요했다." 이러한 이주자들 가운데 많은 이들은 러시아의 방언에 익숙해지지 않았고, 소러시아의 언어를 사용했다고 알려져 있다. 에카테리나 시대에만 상황이 바뀌었다. 그러나 이때쯤에는 이미 대러시아인들 중에서 라틴주의자 세대가 성장해 있었다. 학교는 여

---

[339] 표트르 즈나멘스키(Пётр Знаменский, 1836~1917): 저명한 러시아정교회 역사가다. ≪러시아정교회 역사 입문(Руководство к русской церковной истории)≫(1870)을 썼다.

전히 라틴적이었다. '타민족의 거주지'는 확대되었지만, 여전히 타민족의 거주지로만 남아 있었다.

"표트르 시기부터 러시아에서 숨 쉬고 발전한 문화는 모스크바가 아닌, 키예프·우크라이나 문화의 유기적이고 직접적인 연장(延長)이었다"(트루베츠코이 공작340))라는 말은 지나친 것이 아니었다. 여기에 한 가지 단서를 달아야겠다. 이 문화는 '유기적 연장'이라고 말하기에는 너무나 인위적이고 강제로 도입된 것이었다.

새로운 학교의 구조에는 불명료하고 지리멸렬한 점이 많았다. 그 과제에서 이 학교는 '신분적인' 학교였다. '성직계급'에 이 학교는 강제적이었다. 군대 징집, 감옥, 그리고 육체적인 처벌의 위협으로 성직자의 자녀들을 신병처럼 강제로 끌어왔다. 그러나 소러시아에서 이 학교는 모든 신분에 개방된 성격을 띠었다. 그곳에서 성직자는 예카테리나 시대까지는 특별한 신분으로 고립되지 않았다. 키예프 아카데미 외에 이런 점에서 특징적인 것으로 골리친 공341)이

---

340) 트루베츠코이 공작(Кн. Н. С. Трубецкой, 1890~1938): 러시아의 슬라브 문학 망명사가이자 언어학자다.

341) 알렉산드르 골리친(Александр Голицын, 1773~1844): 러시아의 유서 깊은 귀족 가문의 후손으로 알렉산드르 1세의 평생 친구였다. 알렉산드르 치세기에 종교와 교육 분야에 막강한 권력을 행사했으며, 러시아성경협회의 회장을 맡기도 했다. 아락체예프(Аракчеев)와 같은 정치적 라이벌을 두기도 했으나 그의 영향력은 니

물질적으로 크게 도와주어 벨고로드의 대주교 예피파니 티호르스키[342]에 의해 1722년 설립된 신학교가 1726년에 콜레기움으로 바뀐 하리코프의 학교가 있었다. 때때로 그 학교는 티호리안 아카데미라고 불리기도 했다. 이곳에서는 이미 1734년에 신학 수업이 개설되었다.

어쨌든 수도원 또는 교회의 재정으로 새로운 학교를 설립하는 것은 주교들의 책임이었다. 이 학교들은 새로운 전문 성직자를 만들어 내고 교육한다는 목적을 가지고 '성직계급의 희망'을 걸고 설립되었다.

그러나 프로그램으로 보면 일반 학교였다. 신학은 마지막 학년에서만 가르쳤다. 수년간 힘든 과정을 거쳐 이 마지막 학년에 이르는 이들은 소수에 지나지 않았다. 대부분은 신학 교육을 아예 접해 보지도 못한 채 신학교를 떠났다. 일찍감치 떠난 이들은 불량한 학생들('학문에 적합하지 않거나', '수업을 이해하지 못해서')만이 아니었다. 너무나 자주 가장 훌륭한 학생들이 다른 직업 또는 단지 '관직'을 얻으려는 희망으로 '세속적인 명령'에 응했다. 사실 18세기 내내 신학교는 유일하게 조직적이고 광범위한 학교망이었다.

갑자기 학년이 많은 그런 학교망을 널리 퍼뜨리는 것은

콜라이 1세 시기에도 지속되었다.

[342] 예피파니 티호르스키(Епифаний Тихорский): 체르니고프의 수도원장으로 1722년부터 1731년까지 벨고로드의 주교를 지냈다.

불가능한 것으로 나타났다. 그것이 불가능하다는 것은 마땅히 예측했어야 하는 일이었다. 어디에서도 필요한 숫자만큼 교사를 찾아서 모집할 수 없었다. 특히 '가장 완전한 학문', 즉 신학과 철학에 능숙한 교사를 찾기가 힘들었다. 어쨌든 1750년까지 문을 연 신학교 스물여섯 곳 가운데 네 곳만이 신학을 가르쳤고, 또 다른 네 곳에서는 철학을 가르쳤다. 심지어 수도의 알렉산드르 네프스키 신학교에서조차 교사들의 무능력 때문에 수업은 잘 진행되지 못했다. 학교에 결석하는 것이 탈영한 것과 비슷한 처우를 받았는데도, 학생들을 모집하는 것도 매우 어려웠다. 경찰국가에서는 학업과 군복무에 차이가 없었다. 학업 자체가 이미 군복무 또는 의무였다. 이 시기에는 학생을(심지어 아주 어린 학생조차도) 단지 징계가 아닌 사법적인 처벌의 두려움 때문에 자신의 직무에 해당하는 모든 의무를 다하는 사람으로 바라보았다. 따라서 심지어 가장 불량한 학생들조차(악의를 가지고 난폭하게 자주 싸우는 학생도 있었다) 마지못해 학업을 면제해 주었다. 그런 경우에는 학교 대신 군대로 보냈다. "이런 점에서 신학생들은 교회가 모집한 일종의 군인들이었다." 출석하지 않거나 사라지거나 도망간 학생들을 찾아내어 강제로, 때로는 심지어 족쇄에 채워서 데려오기도 했다. "그들을 '종교 법규'에 묘사된 대로 교육하고 시험하기 위해서"였다. 그러나 이 모든 것들은 도주를 막지 못했다. 신학생들 거의 절반이 도주한 경우도 있었다. 학적부에는 장중한 톤으로 '평생 도망 다니는 자(semper fugitiosus)'라고 표기되었다.

이러한 학생들의 광적인 도주와 은닉은 성직 계급의 어둠, 태만 또는 미개함의 표식이 아니었다. 이러한 거부의 이유는 표트르와 페오판이 그렇게 웅변적으로 선언한 성직 계급의 무지 또는 미신 때문이 아니었다. 그 이유는 이 새로운 학교가 낯선 것이었으며, 고국 땅에 예기치 않게 나타난 라틴·폴란드의 식민지였다는 데 있었다. '전문적인' 견지에서도 그 학교가 무익하다고 할 만한 근거가 있었다. "실제적인 이성은 라틴 문법과 '신학교에 대한 조심성 있는 태도'에서 어떤 이익도 보지 못했으며, 교회의 직무를 준비하기 위해서 친숙한 옛 방식을 버리고 옛 방식을 낯설고 의심스러운 새 방식으로 바꾸어야 할 이유를 발견하지 못했다. 누가 성직을 더 잘 수행하도록 준비되었는지 증명하려면 아직 멀었다. 어린 시절부터 교회에서 봉사하고 읽는 것과 노래하는 것, 그리고 예배 의식을 실제로 배운 시 낭송 사제인지, 아니면 라틴 어형 변화와 어휘를 몇 개 배운 라틴 학생인지"(즈나멘스키). 이 라틴 학교에서는 슬라브어를 사용하지 않아 거의 잊어버렸다. 심지어 성경조차 수업에서 라틴어로 번역되는 경우가 더 많았다. 라틴 문법, 수사학, 시학을 배웠고 러시아 수사학은 이후에야 추가되었다. 부모들이 왜 그토록 불신하는 태도로 자녀들을 '이 저주받은 신학교에 고통을 받으라고' 보내기 싫어했는지 이해하는 것은 어렵지 않다. 아이들은 이 교육의 직무를 벗어나기 위해서라면 차라리 감옥에 가기를 원했다. 왜냐하면 새로 도입된 이 학교에서는 신앙은 아니라 하더라도 민족성이 바뀐다는 고통스러운 인상이 형성되었기 때문이다.

표트르 시대에는 유럽주의의 '보편 인류적인 원리'가 습득된 것이 아니라, 단지 서구의 일상이 도입되었을 뿐이었다. 서구의 일상은 강제로, 너무나 자주 정신적으로 굴욕적인 방식으로 도입되었다. 특히 그러한 굴욕적인 방식은 다음 세기 초까지 모든 학교들에 팽배했던 '빈곤', 즉 노골적인 적빈에서 현저히 드러났다. 자신의 시대에 대하여 모스크바의 필라레트는 성직을 준비하는 젊은이들이 "충분한 원조를 받지 못하고 인내와 끈기만으로 교회의 봉사를 준비했다"고 말했다.

세기 후반에 들어서 상황은 다소 나아졌다. 좀 더 모범적이고 교육적인 이상이 제시되었다. 심지어 프랑스어가 프로그램에 포함되었다. 그 이상은 실제로는 너무나 조금 반영되었다.

학교들을 설립했다는 사실 자체가 논쟁의 여지 없이 긍정적인 수확이었다. 그러나 라틴 학교를 러시아 토양에 이식하는 것은 교회 의식(意識)의 단절을 의미했다. 신학적인 '학문'과 교회의 경험 사이의 단절.... 그러한 단절은 기도는 슬라브어로 하고 신학은 라틴어로 하는 데서 더 명확하게 감지되었다. 동일한 성경이 수업 시간에는 국제적인 라틴어로, 사원에서는 모국어로 울려 퍼졌던 것이다.

교회 의식 내부에서 일어난 이러한 병적인 단절은 아마도 표트르 시대의 가장 비극적인 결과일 것이다. 일종의 새로운 '이중 신앙' 또는 두 마음이 형성되었다. "한번 독일인들 속으로 들어가면 그들에게서 나오기란 매우 어렵다"(게르첸). 서구적 문화가 형성되고 있었다. 심지어 서구적 신학이 세워지고 있었다.

18세기에는 학문이라는 것이 주로 '박학'을 의미했다. 이러한 18세기 러시아 라틴 학교들의 신학적 박학은 교회적 삶의 내부에서는 (충분한 근거를 가지고) 뭔가 외적이고 불필요한 것으로 받아들여졌으며, 교회적인 삶의 유기적인 필요에 전혀 부응하지 않았다. 이러한 박학은 중립적인 것이 아니었다. 페오판에 따르면, 신학 연구는 모든 문제를 프로테스탄트적으로 제기하고 보는 것을 의미했다. 박학과 더불어 심리도 모방되었고, 정신 구조도 '개혁되었다'. 바로 이것이 지금까지도 교회에 속한 광범위한 층의 민중과 성직자들에게 신학에 대한 불신과 고집스러운 무관심이 사라지지 않고 있는 가장 큰 이유라 할 것이다. 또한 이것이야말로 신학을 동방정교회에 낯선 외국, 특히 서구의 발명이라고 생각하는, 아직도 사라지지 않고 있는 태도의 이유다. 그런 태도는 러시아의 종교의식(意識)이 건강해지는 것과 옛것과 새것에 대한 편견으로부터 자유로워지는 것을 비극적으로 가로막았다.

나는 역사적인 진단을 하고 있는 것이지 평가를 하는 것은 아니다. "라틴어와 학문을 배우는 많은 신학생들이 갑자기 권태를 느끼는 것이 눈에 띄었다"(1770년에 트베리의 주교 플라톤 렙신343)에게 다시 러시아 교육을 위한 학교를 요청하는 매우 흥미로운 <상인들과 잡계급 자녀들의 통곡>이라는 글에서). 이 '권태', 종종 심지어 '슬픔'(즉, 오성의 파괴)은 정신적인 상처와 발작에서 비롯된 것이었다. 표트르 시대뿐 아니라, 그 후에도 불신과 의심을 낳는 너무나 충분한 이유들과 근거들이 있었다. 학문은 미신에 대항했는데, '미신'이라는 것은 너무나 자주 신앙과 모든 형태의 경건 자체를 의미했다. 그 시대는 '계몽'의 시대였던 것이다. 이러한 '미신'과의 투쟁에서 표트르 시대의 실무적인 공리주의는 예카테리나 시대의 화려한 자유사상과 자유주의를 예고하고 있었다. '미신'과의 투쟁에서 표트르 자신이 페오판보다 더 확고하고 거칠었다. 페오판은 장인은 아니었던 것이다.

이런 점에서 수도원과 수도 생활에 대해 표트르가 제정

---

343) 플라톤 렙신(Платон Левшин, 1737~1811): 예카테리나 2세 시기의 몇 안 되는 위대한 사제 중 한 사람으로 당대 가장 뛰어난 설교사로 알려졌다. 1770년 트베리의 주교가 되었으며 1775년에 모스크바의 대주교가 되어 1812년까지 37년간 그 직무를 수행했다. 전통적인 경건함과 계몽주의의 이상을 결합했으며, 많은 글을 써서 당시 교회 교육에 막대한 영향력을 행사했다.

한 법은 시사하는 바가 매우 많다. 표트르는 수도 생활에서 오로지 기만과 나태만을 보았다. "그리스의 황제들에게 그 위선자들이 찾아갔을 때, 그들은 더 자주 황제들의 아내들을 찾아갔다." "이러한 괴저(壞疽)는 처음부터 러시아에 퍼져 있었다." 표트르는 러시아에서 수도 생활은 기후 조건만 보아도 완전히 부적절하다고 생각했다. 그는 수도원들을 작업장, 버려진 아이들 또는 상이군인들을 위한 수용 시설로 만들고, 수도사들을 군 병원의 하인, 수녀들을 방적공으로 만들려고 계획했다. "그들은 기도하라고 말하고 또 모두가 기도한다. 사회가 그들의 기도로부터 얻는 이익이 무엇인가."

특기할 만한 것은 수도사들에게 책과 관련된 작업을 금지한 것이었다. 그러한 금지는 종교 법규에 부록으로 첨가된 수도원에 대한 '규칙들' 중 하나였다. "수도사들은 수도원장이 개인적으로 모른다면, 자신의 승방에서 책의 발췌든지 충고의 편지든지 어떤 글도 써서는 안 된다. 그럴 경우, 엄중한 육체적 형벌을 받게 될 것이다. 또한 수도원장의 허락이 없이는 어떤 편지도 받아서는 안 된다. 종교적·시민적 규정에 따라 일반의 영적인 유익을 위해서 수도원장이 허락하는 경우를 제외하고는 잉크나 종이를 소유해서는 안 된다. 수도사들은 이 규칙을 엄격하게 준수해야 한다. 왜냐하면 공허하고 헛된 글만큼 수도사의 침묵을 깨는 것은 없기 때문이다."

이러한 금지 명령에 대해서 길랴로프 플라토노프344)는 매우 적절하게 지적했다. "표트르 1세가 수도사들이 그들의 승방에서 펜과 잉크를 소유하는 것을 금했을 때, 그리고 영적인 아버지가 그에게 고백한 죄들을 예심판사에게 알려야 한다고 명령했을 때, 성직자들은 이제부터는 국가권력이 그들과 민중 사이에 놓여 있으며, 민중의 생각을 지도하는 유일한 것이고, 목자와 양 떼 사이에 있었던 영적인 관계, 상호 신뢰를 파괴하려 한다는 것을 느껴야만 했다."

동시에 표트르는 수도사들이 성경을 참되게 이해하도록 교육하기를 원했다. 그는 먼저 공부를 위해 (30세 이하의) 젊은 수도사들을 자이코노스파스코예 아카데미로 소집했다(1723년 9월 1일의 명령). 그러나 소집은 새로운 동요를 야기할 뿐이었다. 수도사들에게까지 라틴 학교에서 교육받을 의무가 확대되었다고 이해할 수밖에 없었다(그것은 '개혁'의 정신에 완전히 들어맞는 것이다). 얼마 후에 표트르는 수도원을 계몽 활동가들의 온상, 특히 유익한 번역을 위한 장소로 개조하려는 계획을 세우기도 했다.

새로운 학교는 일종의 국가의 장악과 간섭 수단으로 받아들여졌다. 표트르와 페오판이 길러 내기를 원했던(1724년의 '선언'을 보라) 우둔하고 흥분된 머릿속에 이 생명력 없

---

344) 길랴로프 플라토노프(Гиляров Платонов, 1824～1887): 슬라브주의 사회 평론가다.

는 라틴 학문을 억지로 집어넣은 라틴·키예프 식의 새로운 '학문적' 수도사들은 옛 경건한 수도원들의 파괴와 폐쇄, 그 안에서 행해지던 하나님에 대한 봉사의 중단에 대해 그 누구도 납득시킬 수 없었다(이에 대한 이후의 파이시 벨리츠콥스키345)의 솔직한 판단을 비교해 보라).

표트르의 정부는 종교적·심리적인 변화를 받아들일 것을 강요했다. 바로 이러한 강요 때문에 18세기의 종교의식(意識)은 그토록 자주 위축되고 그 자신에게도 질문할 수 없을 정도로 침묵했던 것이다.

단일하고 보편적인 언어가 상실되었고 상호 이해를 가능케 하는 호의적인 관계가 끊어졌다. 18세기 러시아 문화의 주동자들과 계몽가들이 그 속에서 자신을 연마한 조소와 야유가 이러한 과정을 촉진했다.

18세기의 이 모든 모순과 상처는 거대한 힘과 병적 징후를 띠고 러시아 신학과 러시아 종교의식(意識)의 역사에 반영되고 나타났다.

---

345) 파이시 벨리츠콥스키(Паисий Величковский, 1722~1794): 18세기의 유명한 수도사이자 장로로 정교회 성인으로 시성되었다. 러시아에 헤시키즘적인 수도원 전통을 부흥시킨 인물로 잘 알려져 있다.

5

학교교육에서 페오판의 직접적인 영향력은 곧바로 나타나지 않았다. 그 자신은 키예프에서 오래 가르치지 못했고 제자들을 남기지 못했다. 그의 '체계'는 완성되지 않은 채 남았고, 그의 기록들은 훨씬 후에야 출판되었다. 페오판의 체계가 학교의 일상으로 들어간 것은 세기 중반이 되어서였다(키예프에서는 아르세니 모길랸스키[346]가 대주교로 있었던 1759년부터). 세기 전반기에 신학 교육은 모든 곳에서 이전의 로마식을 따라 행해졌다(모스크바에서는 페오필락트(Феофилак), 게데온 비시녭스키(Гедеон Вишневский), 부분적으로는 키릴 플로린스키(Кирилл Флоринский), 키예프에서는 이노켄티 포폽스키(Иннокентий Поповский), 흐리스토포르 차르누츠키(Христофор Чарнуцкий), 이오시프 볼찬스키(Иосиф Волчанский), 암브로시 두브네비치(Амвросий Дубневич), 그리고 여기서 아르세니 마츠세비치(Арсений Мацсевич)를 언급하는 것이 적당할 것이다). 새로운 신학교들에서는 보통 이오사프 크로콥스키(Иосаф Кроковский) 또는 페오필락트의 강의 개요를 따라, 즉 아

---

346) 아르세니 모길랸스키(Арсений Могилянский, 1704~1770): 1744년부터 종무원의 회원이었으며, 은퇴 후에 키예프의 대주교가 되었다.

퀴나스 신학을 배웠다. 이 시기에 철학은 어디서나 폴란드 제수이트들이 쓰는 교과서를 따라 아리스토텔레스 학파(Philosophia Aristotelico-Scholastica)를 가르쳤다.

거의 동시에 신학 교육에서는 아퀴나스에서 페오판으로, 철학에서는 스콜라적인 아리스토텔레스에서 볼프로 옮아갔다. 바우마이스터(Baumeister)의 교과서가 오랫동안 일반적으로 필수로 받아들여졌다(반티시 카멘스키(Бантышь-Каменский)판 ≪바우마이스터의 철학 원리(Baumeisteri Elementa philosophiae)≫(모스크바, 1777)는 키예프에서 이미 1752년부터 쓰였다. 프로테스탄트적인 라틴 스콜라주의의 지배가 도래했다. 학교의 언어는 여전히 라틴어였고, 교육 방법과 학교의 생활양식은 변하지 않았다. 페오판의 기록 외에도 게르하르트(Gerhard), 크벤슈테트(Quenstedt), 홀라티우스(Hollatius), 부데우스(Buddeus)가 쓴 프로테스탄트 방식과 자료들이 직접 사용되었다.

이전에 로마의 책들에서 그렇게 했듯이, 프로테스탄트 서적들에서 편집, '축약', '발췌'가 행해졌다. 이러한 편집본 중에서 몇 가지가 출판되었다. 그러나 실베스트르 쿨랴프카[347], 게오르기 코니스키[348], 가브릴 페트로프[349]의 강의

---

[347] 실베스트르 쿨랴프카(Сильвестр Кулябка, 1701~1761): 키예프 아카데미에서 수사학·철학·신학을 가르쳤으며 후에 페테르부르크의 대주교가 되었다.

는 출판되지 않았다. 일련의 강의 개요는 후에나 출판되었다. 부데우스와 슈베르트(Schubert)에 기초한 페오필락트 고르스키350)의 《교리(Doctrina)》(라이프치히, 1784), 그리고 페오판에 기초한 이아킨프 카르핀스키351)의 《강요(綱要, Compendium)》(라이프치히, 1786), 실베스트르 레베딘스키352)의 《강요(Compendium)》(상트페테르부르크, 1799; 모스크바, 1805), 1812년에 출판된 팔콥스키353)의 《개요》. 이 모든 책과 개요에서 자유로운 사상의 움직임을 찾는 것은 헛된 일이다. 그 책들은 교과서였고, 움직일 수 없는 '학교 전승', 박학의 무거운 짐이었다.

18세기는 (역사학자보다는 인문학자들의) 박학과 고고학의 세기였다. 그 사실은 교육에도 잘 나타난다. 18세기의

---

348) 게오르기 코니스키(Георгий Конисский, 1718~1795): 모길료프의 대주교로 우니야에 대항해 투쟁한 것으로 잘 알려져 있다.
349) 가브릴 페트로프(Гавриил Петров, 1730~1801): 트베리의 첫 주교였으며 후에 페테르부르크의 대주교가 되었다.
350) 페오필락트 고르스키(Феофилакт Горский, ?~1778): 모스크바 아카데미의 교수이자 학장이다.
351) 이아킨프 카르핀스키(Иакинф Карпинский, 1723~1798): 신학교 다섯 곳과 수도원 열 곳에서 다양한 경력을 거쳤다.
352) 실베스트르 레베딘스키(Сильвестр Лебединский, ?~1808): 카잔 아카데미의 학장이자 아스트라한의 대주교다.
353) 이리네이 팔콥스키(Ириней Фальковский, 1762~1823): 키예프 아카데미의 수학과 신학 교수다.

교육 실험의 의의는 바로 이러한 자료들의 축적과 수집에 있다. 심지어 시골 신학교에서도 뛰어난 학생들은 책을 많이 읽었다. 고대 역사가들과 교부들까지, 주로 그리스어본보다는 라틴어 번역본으로 읽었다. 왜냐하면 그리스어는 '일반적인', 즉 중요한 수업 과목에 속하지 않았고, 필수도 아니었기 때문이다(모스크바 대학의 규정에 표현된 "그리스어를 가르쳤으면 좋겠다"는 희망을 참조해 보라). 1784년에서야 "성경과 우리 그리스, 러시아정교회 교사들이 자신들의 언어로 책을 썼다는 고려에서" 그리스어 교육에 관심을 가지게 되었다. 그러나 무엇보다 '그리스 프로젝트'[354]와 연관된 정치적 고려 때문에 그리스어를 배우라는 제안이 나왔다. 그리스어에 대한 이러한 상기(想起)는 아무런 실질적 결과를 낳지 못했다. 심지어 그리스어를 열렬하게 옹호한 모스크바의 플라톤 대주교가 아끼고 후원한 트로이츠키 신학교에서조차 그리스어를 공부하기를 원하는 학생은 전부 해 봐야 10~15명에 불과했다. 플라톤 자신은 졸업 후에야 그리스어를 배웠다. 그는 신학생들이 '단순한 그리스어'로 말하고 '헬라 그리스어'로 읽을 수 있는 능력을 성취하기를 기대했다. 그는 이 목적을 이루었다. 심지어 신학교에서는

---

[354] 그리스 프로젝트: 흑해 연안에서 터키를 몰아내고 콘스탄티노플을 수도로 하여 비잔틴 제국을 재건한다는 예카테리나 2세의 구상을 말한다.

학생들이 그리스어로 시를 쓰기도 했다. 트로이츠키 신학교에서는 스파스카야 아카데미에서처럼 교부들의 책과 다른 책들을 그리스어와 라틴어에서 번역했다. 그리스어가 히브리어와 함께 필수 과목이 된 것은 1798년 개혁355)에 이르러서였다.

18세기의 그리스 숭배자들 가운데 누구보다도 그리스어와 동방 언어에 정통하고, 유명한 미하엘리스356)의 제자인 시몬 토도르스키357)(그는 프스코프의 대주교로 사망했다)를 언급할 필요가 있다. 키예프 아카데미의 이아코프 블로니츠키358)와 바를람 라솁스키359)는 토도르스키의 제자들이었다. 그들은 둘 다 후에 슬라브 성경의 새 판(版) 작업에

---

355) 이때 아카데미는 키예프 · 모스크바 · 상트페테르부르크 · 카잔에서 네 곳이, 그리고 신학교는 여덟 곳이 새로 설립되었다.
356) 요한 미하엘리스(Johann Michaelis, 1668~1738): 할레 대학의 동방 언어와 신학 교수다.
357) 시몬 토도르스키(Симон Тодорский, 1701~1754): 코스트로마의 주교를 거쳐 프스코프의 대주교가 되었으며, 종무원의 회원이었다.
358) 이아코프 블로니츠키(Иаков Блонницкий, 1711~1774): 1743년부터 1748년까지 모스크바 아카데미에서 가르쳤으며 짧은 그리스 문법책을 집필하기도 했다.
359) 바를람 라솁스키(Варлаам Лящевский, ?~1774): 키예프 아카데미에서 그리스어를 가르쳤으며, 후에 모스크바 아카데미의 학장, 종무원 회원을 지냈다.

참여했다('엘리자베트 성경'은 1751년에 출판되었다. 인쇄는 1756년, 1757년, 1759년에 반복되었다). 그 작업은 쉽지 않은 과제였다. 편집자들에게 진정한 인문학적인 절도와 감각이 요구되었다. 대조를 위한 근거로 어떤 판을 사용해야 하는지 결정해야만 했다. 결국 월턴 수개 국어 대조 성경360)과 콤플루텐시안 수개 국어 대조 성경361)이 채택되었다. 이전의 익숙한 판에서 번역의 실수가 발견될 경우 어떻게 해야 할지는 바로 결정되지 않았다. 심지어 이전의 번역과 새로 교정한 번역을 병행하여 다 출판하자는 의견도 생겨났다. 그러나 인쇄된 성경에는 단지 변경된 내용들만을 색인으로 표시했다. 교정은 칠십인역 성경을 근거로 행해졌다. 페오판은 히브리어 성경뿐 아니라, '동방교회에서 일반적으로 사용하지 않는' 다른 그리스 성경들의 번역을 비교하는 것에 반대했다. 이러한 논증은 한 세기 후에 '스콜라

---

360) 월턴 수개 국어 대조 성경(Walton Polyglot): 브라이언 월턴(Brian Walton)과 에드먼드 캐슬(Edmund Castle)이 1654~1657년 런던에서 편집했다. 히브리어·사마리아어·아람어·그리스어·라틴어·에티오피아어·시리아어·아랍어·페르시아어 성경을 포함하고 있다.

361) 콤플루텐시안 수개 국어 대조 성경(Complutensian Polyglot): 스페인의 추기경이자 정치가 히메네스 데 시스네로스(Jimenez de Cisneros)의 후원을 받아 1514~1517년에 편찬한 성경이다. 히브리어 구약성경과 칠십인역 성경, 그리고 그리스 신약성경과 아람어 성경을 결합하고 있다.

주의로의 회귀'를 옹호한 자들이 반복했다.

이아코프 블로니츠키는 한때 트베리와 모스크바의 교사였다. 그는 성경 교정을 다 마치지 못하고 비밀리에 아토스로 가 그곳에서 10년 동안 불가리아의 조그라포우 수도원에서 슬라브어와 그리스어 문법을 정리하는 작업을 계속하며 지냈다.

새로운 신학 교육의 긍정적인 측면은 성경적 리얼리즘, 즉 성경을 구체적인 연관 속에서, 심지어 역사적인 전망 속에서 이해하려는 노력이었다. 18세기의 성경 주석학에서는 도덕적 · 교훈적 알레고리즘이 매우 강했다. 그런데도 성경은 거룩한 역사를 기록한 책으로 인식되었다. 교회적이고 역사적인 통각(統覺)이 형성되기 시작하고 있었다.

1798년에는 교회 역사가 교과과정에 도입되었다. '고전적인' 책(즉, 교과서)이 없었기 때문에 모스하임, 빙엄362) 또는 랑게363)의 책이 추천되었다. 모스크바 아카데미에서는 1760년대에 역사서들이 많이 번역되었다. 파벨 포노마레프(Павел Пономарев, 1782년부터 학장이었으며, 후에 트베리와 야로슬라블의 대주교가 됨)는 티몽364)의 ≪회고록

---

362) 조지프 빙엄(Joseph Bingham, 1668~1723): 영국의 성직자이자 학자다.
363) 요아힘 랑게(Joachim Lange, 1670~1744): 할레 대학의 신학 교수다.

(Memoires)≫을 번역했으나, 번역서는 검열의 제재에 부딪 혔다. 이예로님 체르노프(Иероним Чернов, 1788년부터 학 부장)는 빙엄을 번역하여 출판했다. 메포디 스미르노프365) (1791, 1795년의 학장, 후에 트베리의 대주교)는 역사적인 내용을 담은 서론을 덧붙인 신학 강좌를 시작했다. 1805년 에 이미 그의 책 ≪3세기와 4세기 초의 그림 암호 역사 (Liber historicus de rebus in primitiva sive trium primorum et quarti ineuntis seculorum ecclesia christiana)≫가 출판 되었다. 그것은 러시아에서 최초로 나온 교회사 개론서였 다. 형식과 문체에서 그 책은 완전히 18세기에 속한다. 모스 크바 대학에서는 여러 해 동안 아르한겔스크의 사제장이며 러시아 아카데미 회원이었던 표트르 알렉세예프(Пётр Алексеев)가 강의했다. 그는 지나치게 진보적인 견해의 소유자 였다. 교회의 물건과 용어를 설명한 그의 주저인 ≪교회 사 전(Церковный словарь)≫은 3판까지 나왔다(모스크바, 1773; 제3판 1819). 1779년에 그는 ≪정교회 신앙고백(Православное Исповедание)≫ 출판에 착수했다. 이미 1부 전 체와 2부에서 서른 개의 질문이 인쇄되어 나왔다. 그러나

---

364) 루이 세바스티앵 티몽(Louis-Sébastien Tillemont, 1637~1698): 프랑스의 사제이자 학자다.
365) 메포디 스미르노프(Мефодий Смирнов, 1761~1815): 모스크바 아카데미의 학장이자 보로네즈의 주교, 트베리의 대주교를 지냈다.

후에 '주석에 첨부된 대담한 내용들' 때문에 출판이 전부 정지되었다. 후에 그가 집필한 ≪교리문답서(Катихизис)≫도 출판이 정지되었다.

베니아민 루몹스키366)(1811년 니즈니노브고로드의 대주교로 사망함)의 이름도 언급할 필요가 있다. 그는 ≪새로운 석판(Новая Скрижаль)≫(모스크바에서 1803년에 최초로 출판됨)의 저자로 상당히 잘 알려져 있었다. 그 외에도 고아르(Goar)의 ≪에우콜로기온≫367)을 번역했다. 또 한 사람 이리네이 클레멘티옙스키368)(1818년에 프스코프의 대주교로 사망)는 그의 주석서와 그리스어로 된 교부 저작들을 번역한 것으로 유명하다.

옛 프로테스탄트 스콜라주의의 영향에 새로운 흐름, 즉 경건주의가 매우 일찍감치 가세했다. 이런 점에서 다시 한

---

366) 베니아민 루몹스키(Вениамин Румовский, 1739~1811): 아르한겔스크와 니즈니노브고로드의 대주교가 되기 전에 알렉산드르 넵스키 신학교에서 가르쳤다.

367) ≪에우콜로기온(Euchologion)≫: 봉사(奉事) 성사경(聖事經), 성체례(聖體禮) 의식문(儀式文), 여러 기도문 모음집. 교회의 전례에 쓰는 책으로 성찬식문(聖餐式文), 기도문, 기타 의식문을 담고 있다.

368) 이리네이 클레멘티옙스키(Ириней Клементьевский, 1753~1818): 모스크바 아카데미에서 그리스어와 히브리어를 가르쳤으며, 1788년부터 종무원 회원, 1792년에 트베리의 주교, 1798년에 프스코프의 대주교가 되었다.

번 시몬 토도르스키의 이름을 거론할 필요가 있다. 그 스스로가 말하듯이 그는 키예프 아카데미를 졸업한 후, "바다를 건너 마그데부르크에 있는 할레 아카데미로 갔다". 할레는 당시 경건주의의 매우 중요한 격동적인 중심지였다(1723년에 그곳에서 볼프가 추방당한 것을 참조하라). 토도르스키는 그곳에서 동양의 언어들, 무엇보다 성경의 언어를 배웠다. 경건주의의 성경에 대한 이 고양된 관심은 매우 특징적이다. 거기에는 인문학적이고 도덕적인 동기들이 예기치 않게 결합해 있었다(아우구스트 프랑케369)에 의해 라이프치히에 세워진 성경 연구 협회(Collegium philobiblicum)를 참고해 보라. 프랑케 자신도 히브리어 교수였다. 한때 토도르스키는 심지어 할레에 있는 경건주의자들의 유명한 '고아들의 집(Orphan Asylum)'에서 교사가 되기도 했다. 바로 그곳에서 그는 요한 아른트370)의 ≪참된 기독교에 대하여(Wahres Christentum)≫(할레에서 1735년에 출판됨)

---

369) 아우구스트 프랑케(August Francke, 1663~1727): 라이프치히에서 경건주의로 개종해 그곳에서 1685년에 성경 연구 협회를 세웠다. 후에 할레에서 그리스어 · 히브리어 · 신학을 강의했으며, 동시에 지방 교구 목회를 담당했다. 당대 유명한 설교사였으며 선교와 빈민 교육에 헌신했다.

370) 요한 아른트(Johann Arndt, 1555~1621): 독일의 루터교 목사로서 신비주의적인 글들로 매우 인기가 있었다. 그의 글은 후에 티혼 자돈스키(Тихон Задонский)에게도 영향을 미쳤다.

를 번역했다. 그 외에도 ≪설교사 아나스타시우스의 그리스도 수난의 인식에 대한 안내(Анастасия проповедника руководство к познанию страданий Спасителя)≫와 익명의 ≪기독교적인 삶의 원리에 대한 가르침(Учение о начале христианского жития)≫을 번역했다. 이 모든 책은 향후 그런 책들이 러시아어로 번역되지 못하도록 하기 위해 1743년에 러시아에서 유통이 금지되었다.

토도르스키는 할레에서 곧바로 고향으로 돌아오지 않았다. "그곳을 떠난 뒤 나는 여러 곳에서 제수이트들 사이에 1년 반 동안 머물렀다." 그 후 헝가리 어디쯤에서 그는 정교회를 믿는 그리스인들을 가르쳤다. 1739년이 되어서야 키예프로 다시 돌아왔다.

세기 후반에 경건주의적이고 감상주의적인 견해는 매우 두드러졌다. 그러한 견해는 프리메이슨의 신비주의적인 영향과 결합했다. 신학교들에서 이러한 공상적인 도덕주의의 영향은 매우 현저했다. 아마도 플라톤 대주교 시절 모스크바에서 그 영향이 가장 두드러졌던 것 같다. '볼프주의' 자체도 감상적인 것이었다. 볼프의 체계를 '감상주의적인 인간의 교리'라고 부른 것은 근거가 있었다.

비록 세기의 얼굴은 여러 번 변했지만, 한 세기 내내 신학교들의 구조와 조직에는 근본적인 변화가 일어나지 않았다. 예카테리나 치세 초반에는 '감독 교구에 가장 유익한 신학교들을 설립하는 것'에 대한 작은 위원회가 조직되었다.

당시 트베리 주교였던 가브릴, 프스코프 주교였던 이노켄티 네차예프[371], 그리고 수도 사제였던 플라톤 렙신이 그 위원회를 구성했다. 1766년에 있었던 일이다. 위원회는 라틴 유형의 학교를 바꿀 필요를 찾지 못했고, 단지 학교 시스템(그리고 프로그램)에 더 완전한 단일성과 일관성을 도입할 계획을 세웠다. 위원회는 교육의 순차적인 단계를 나누고, 신학교 네 곳(노브고로드, 상트페테르부르크, 카잔, 야로슬라블)의 강좌를 확대하고 모스크바 아카데미에 일반 강좌를 개설하여 '신학대학'으로 승격시킬 것을 제안했다. 성직 계급의 사회적인 수준과 환경을 개선해야 할 필요성에 대한 문제가 명료하게 제기되었다('학생들을 격려하고 학식 있는 성직자들의 생계를 향상시키기 위한 법령' 등등). 이 모든 계획에서는 새로운 정신이 느껴졌다. 공공의 발전에 대한 관심이 두드러졌으며, 훈련과 풍속이 완화되었다. "학생들에게 경건한 명예심을 심어 주어 그들의 행동을 용수철처럼 다스릴 수 있도록" 하고, 새로운 언어들을 도입하라는 내용이 제안되었다. 학교에 더 큰 자율성을 부여하기 위해 모든 신학교를 세속적인 보호자와 영적인 보호자 두 명의 감

---

[371] 이노켄티 네차예프(Иннокентий Нечаев, 1722~1799): 모스크바 아카데미의 철학 교수이자 학부장, 성 삼위일체 수도원의 원장, 트베리의 주교, 프스코프의 대주교, 종무원 회원이다. 학자보다는 설교사와 영적인 글을 쓰는 작가로 더 유명했다.

독에 맡기자는 제안은 매우 특징적인 것이었다. 성직 계급의 '개선'과 생활을 보장하지 않고는 신학교 개혁이 실질적으로 불가능하다는 것이 명확해졌다. 1762년 위원회는 이미 교회 재산에 관한 제안 사항들에서 이 점을 지적했다(테플로프(Теплов)가 지도적인 역할을 맡았다).

1766년 위원회의 계획은 실질적인 결과를 낳지 못했다. 그러나 같은 해에 학문 활동을 위해서 신학교 학생들 중 일단의 젊은이들이 해외로 파견되었다. 그들은 괴팅겐·레이던·옥스퍼드 등으로 갔다. 1773년에 괴팅겐에서 해외 장학생들이 돌아오자, 종무원의 감독 아래 모스크바에 귀국한 전문가들이 가르칠 수 있는 신학부를 설립하는 문제가 다시 제기되었다. 1777년에 학부에 대한 상세한 계획이 수립되었다. 그러나 이번에도 일은 진전되지 않았다. 1755년에 모스크바 대학이 설립될 당시 신학부를 별도로 만드는 것에 대해 단서가 붙어 있었던 것이다. "철학과 법학 외에도 모든 대학에서는 신학을 가르쳐야 한다. 그러나 신학에 대한 것은 신성종무원의 감독에 맡기는 것이 타당하다"(계획안, 4절).

괴팅겐의 장학생들 가운데 한 명만이 신학교에서 직책을 맡게 되었다. 그는 다마스킨 세묘노프 루드네프(Дамаскин Семенов-Руднев, 1737~1795)로, 후에 니즈니노브고로드의 주교이자 러시아 아카데미의 회원이 된 인물이다. 괴팅겐에서 어린 학생들의 학생감으로 있으면서 신학이 아닌 철학과 역사를 배웠고, 네스토르를 독일어로 번역했다. 그러나 그는 신학 강의를 들었으며, 심지어 페오판의 소논문 <성령의 발현에 대하여(Об исхождении Св. Духа)>(1772)를 보충하고 주석을 달아 출판하기도 했다. 귀국 후 수도사가 되기로 서약함과 동시에 모스크바 아카데미의 교수이자 학장이 되었다. 예카테리나 시대의 기준으로 보아서도 그는 볼프 철학과 자연법의 원리 아래서 교육받은 '자유주의' 사제였다. 대주교 가브릴은 그에게 "머릿속에 꽉 들어찬 독일의 헛소리를 모두 버리고 수도사 서약을 더 충실히 수행할 것을 권했다"고 한다. 레이던에서 공부한 이들 중에서는 베니아민 바그랸스키(Вениамин Багрянский)만이 후에 이르쿠츠크의 대주교가 되었다(1814).

그 시기에 키예프 아카데미를 대학으로 승격하자는 제안이 대두되었다. 수도사들을 내쫓고 사회의 일반적인 기초 아래 대학을 세속 권력에 복종시키자는 것이었다(그것은 라주몹스키[372], 루먄체프[373]의 생각이었고, 1766~1767년 위원회에 참여한 키예프, 스타로둡스키 귀족들의 바람이었다). 새로운 학부들을 개설하자는 제안도 있었다(1766

---

[372] 키릴 라주몹스키(Кирилл Разумовский, 1728~1803): 우크라이나의 마지막 수령(гетман)이었다. 1764~1798년의 오랜 기간 러시아 과학 아카데미의 의장직을 맡기도 했다.

[373] 표트르 루먄체프(Пётр Румянцев, 1725~1796): 유명한 장군으로 1764년에 우크라이나의 총독이 되었다.

년 키예프 총독 글레보프(Глебов)의 제안). 아카데미는 변하지 않았지만, '공동생활에 필수적인' 세속 과목들과 새로운 언어의 교육은 가까운 시일 내에 강화되었다(프랑스어는 이미 1753년부터 가르치고 있었다). 사무일 미슬랍스키(페오판의 출판자이자 계승자)가 대주교로 있을 때, 교사 후보자들은 빌나 대학이나 슬루츠크에 있는 프로테스탄트 수도원으로 파견되어 그곳에서 공부를 계속했다(모스크바 대학으로도 갔다).

1798년의 신학교 개혁도 학교의 기초를 건드리지는 않았다. 페테르부르크와 카잔의 신학교는 교육 내용을 확충하고 보완하여 '아카데미'로 지위가 승격되었다. 새로운 신학교들이 설립되었고 커리큘럼도 다시 한 번 수정되었다. 18세기의 교회 교육 활동가들 가운데 가장 중요하고 두드러진 인물은 물론 플라톤 렙신 대주교(митр. Платон Левшин, 1737~1811)였다. 그가 "모스크바 아카데미의 표트르 모길라"였다는 말(스미로노프374))은 적절한 것이었다. 플라톤은 자신의 시대, 그 화려하고 공상적이며 혼란스러운 세기의 전형적인 인물이었다. 그의 형상에는 시대의 모든 모순과 의혹이 응집되어 반영되어 있다. 요제프 2세375)는

---

374) 스미로노프(С. К. Смирнов): 모스크바 아카데미의 교수이자 학장이다. 역사학자, 그리스 교부학자, 성경학자로서 잘 알려져 있었다.

그에 대해 철학자이자 사제(Plus philosophe que prêtre)라고 평했다. 바로 이 점이 예카테리나의 마음을 끌었다. 어쨌든 그는 충분히 '계몽되어 있었고', '미신들'에 대해서 시대정신을 따라 반응했다. 이 모든 것에도 불구하고 플라톤은 매우 경건하게 기도하며, 교회 음악과 예배를 매우 사랑하는 사람이었다. 격한 동시에 굳건하며, 직선적인 동시에 공상적이며, 지나치게 쉽게 흥분하고 고집스러웠던 그는 항상 자신과 타인들에게 개방적이고 솔직했다. 그는 궁정에서 오래 견디지 못했고, 영향력도 유지하지 못했다.

플라톤은 무엇보다 설교사였다. 그가 설교사였다는 사실 역시 수사학적 시대의 스타일에 걸맞은 것이었다. 심지어 그는 궁정에 있는 사람들로 하여금 흐느끼고 눈물을 흘리게 만들 수 있었다. 그러나 플라톤의 설교에서는 그의 따뜻한 경건함에서 우러나는 진실성과 긴장감이 생생하게 느껴진다. 인위적이고 형식적인 달변 속에서도 탄력적인 의지와 확신이 느껴진다. 플라톤은 (대수도원[376]) 신학교의 수사학 교사로 있을 때) 내적인 확신과 이끌림 때문에 수도사 서약을 했다. 그는 "계몽에 대한 각별한 사랑 때문이었다"

---

375) 요제프 2세(Joseph II): 1765~1790년까지 오스트리아 황제였으며 18세기의 계몽 군주들 가운데 한 사람이다. 1780년과 1785년에 두 차례 러시아를 방문했다.

376) 모스크바 근교의 성 삼위일체 수도원을 말한다.

고 스스로 말했다. 수도 생활에 대하여 그는 상당히 독창적인 생각을 가지고 있었다. 그에게 수도 생활의 모든 의미는 결혼하지 않은 상태라는 데 있었다. "그는 수도 생활이 복음과 세례의 서약이 이미 부과한 것 이상의 다른 의무를 기독교인에게 지울 수 없다고 생각했다." 그를 더 매혹한 것은 기도뿐 아니라 학문적 훈련, 그리고 우정을 위한 고독에 대한 사랑이었다. 플라톤은 의식적으로 교회의 길을 선택했다. 그는 자신에게 제안된 다른 세속의 지위뿐 아니라 대학에 들어가는 것도 거절했다. 그는 헛된 세속적인 삶의 분망함 속에서 자신을 잃고 싶어 하지 않았다. 그가 모스크바의 대수도원으로 가서 그곳에서 자신의 우정 어린 은신처인 베다니를 지은 것에서 독창적인 루소주의의 특징을 엿볼 수 있다.

플라톤은 학문과 계몽의 열렬한 옹호자였다. 그에게는 성직 계급에 대한 나름의 생각이 있었다. 그는 인문 학교를 통해서 학문적이고 문화적인 성직자들을 다시금 양성하고 싶어 했다. 그는 성직자들을 깎아내리고 '삼류급의 사람들', 심지어 얼굴조차 없는 조세 계층 속에 용해시키려고 하는 세기에 그들을 사회의 상층부로 올려 세우기를 원했다. 그 때문에 플라톤은 신학교 교육을 '계몽된' 사회의 취향과 개념에 적응시키려고 그토록 마음을 썼던 것이다. 그는 특히 성 삼위일체 대수도원 신학교를 위해 많은 일을 했다. 스파스카야 아카데미의 역사에서 플라톤의 시대는 번성기였다.

그는 대수도원을 모델로 하여 1797년에 베다니 신학교를 설립했다. 그러나 신학교가 문을 연 것은 1800년이었다.

플라톤의 이상은 '선한 일을 하기 위해' 이성과 가슴을 계몽하는 것이었다. 그의 이상은 교회 정신의 감상주의적 표현이었다. 플라톤의 영향으로 교회적인 활동가의 새로운 유형이 출현했다.

박식한 사람이자 계몽을 사랑하는 사람이었던 플라톤은 사상가도, 심지어 학자도 아니었다. 그는 계몽의 열렬한 옹호자요, '애호가'였다. 그러한 인물은 18세기에 매우 어울렸다.

플라톤은 신학자라기보다는 교리를 가르치는 사람이었다. 그러나 그가 젊은 시절(1757, 1758) 모스크바에 들여온 그의 '교리문답', 담론, 또는 ≪기독교 법의 기초적인 교훈(Первоначальное наставление в христианском законе)≫은 신학의 역사에 전환을 가져왔다. 1765년에 ≪정교회의 가르침 또는 축약된 기독교 신학(Православное учение или сокращение христианской Богословии)≫이라는 제목으로 출판된 대공들과의 수업 내용은 러시아어로 신학 체계를 세우려는 최초의 시도였다.

"쉬운 서술이 이 저작의 가장 뛰어난 점이다"라고 체르니고프의 필라레트는 지적했다. 이 이중적인 의미를 지닌 칭찬은 아주 공정하지는 않다. 플라톤은 수사학자라기보다는 교사였다. 그는 달변보다는 계몽에 대해 더 많이, 우선적으로 생각했다. "나는 웅변술과 다채로운 문체에 대해서는 마음을 써 본 적이 없다." 그에게는 사람들을 설득하고 계몽시키고자 하는 굳건한 의지가 있었다. 여기에서 그의 풍부한 표현력과 명료함이 비롯된다. "진리의 얼굴은 그 자체로 아름다워서 아무런 꾸밈이 필요하지 않다." 이런 점에서 구교도들과 벌인 논쟁은 시사하는 바가 매우 많다. 그 논쟁에서 드러난 그의 '계몽적인' 부드러움과 관대함은 피상적인 단순화를 막지 못했다(소위 '하나의 신앙'이라는 구상은 성공했다고 보기 어렵다). 어쨌든 플라톤의 '교리문답'은 그 내용이 충분치 못했다.

플라톤은 신학을 삶에 가깝게 만들고자 노력했다. 시대정신 속에서 그는 신학을 도덕 또는 어떤 정서적·도덕적 휴머니즘 속에 용해시킴으로써 이 일을 할 수 있으리라 기대했다. "지금 학교들에서 가르치는 여러 신학의 체계들에서는 학교와 인간적인 지혜의 냄새가 난다." 이 모든 것은 '믿음' 대신에 '정신을 선으로 향하게 하는 것'을 더 선호했던 시대의 작용이었다.

플라톤은 살아 있고 삶과 연관된 신학을 추구했다. 그러한 신학은 오직 성경에서만 찾을 수 있었다. 성경을 해석하는 데 무엇보다 필요한 것은 억지와 강제, '문자적 의미를 찾는 것', 그리고 '있지도 않은' 비밀스러운 의미를 찾기 위해 성경을 악용하는 것을 피하는 것이다. 본문을 서로 비교함으로써 성경이 스스로 설명하도록 해야만 한다. "동시에 최고의 해석자들을 붙잡아라." 여기서 플라톤은 교부들을 말하는 것이다. 그에게 즐라토우스트(그리고 아우구스티누스)가 끼친 영향은 매우 분명했다. 교리들에 대해서 플라톤은 서둘러 짧게 말하곤 했다. 그의 교리적인 '신학'은 당시의 불명료하고 도덕주의적이며 감정적인 루터주의와 거의 구별되지 않았다. 모든 곳에서 교회성의 신성한 의미는 충분히 제시되지 않고, 도덕적인 적용[스콜라적인 실천(usus)]만이 지나치게 강조되었다. 교회의 정의도 매우 부정확하다. '예수 그리스도를 믿는(다른 곳에서는 '그의 법을 따라 사는'이라는 말이 첨가되어 있다) 사람들의 모임', 이 부정확한 정의는 그 모임의 특성을 매우 잘 드러내 준다.

플라톤은 새로운 러시아와 서구적인 경험에 몰입해 있었다. 그는 매우 경건했음에도 충분히 교회적이지 않았다. 여기에 그의 한계가 있었으나, 그 한계는 그가 세운 다른 공적의 실질적인 중요성을 약화하거나 폐기하지 못했다.

플라톤이 러시아정교회 역사에 계속해서 관심을 기울였던 것은 중요한 의미를 지닌다(니코딤 셀리우스의 역사적인 연구를 참조하라. 1746년 사망). 그는 최초로 교회 역사의 개요를 출판하기도 했다(1805년에서야). 훨씬 후에 가서야 이러한 역사적인 과거로의 공감 어린 회귀가 교회의 자기의식을 심화하는 결과를 낳았다.

특히 플라톤의 역사적인 한계는 러시아어에 대한 태도에서 명료하게 나타난다. 그는 러시아어로 설교했을 뿐 아니라, 러시아어로 ≪신학≫을 출판했다. 그러나 그는 그 책을 학교에서 사용하기 위해서 라틴어로 번역했다. 예를 들어, 툴라의 신학교에서 그랬다.

플라톤은 저학년에서 모국어 교육을 강화하는 데 마음을 썼다(라틴어 말고도 로모노소프에 근거한 러시아어 문법과 수사학을 도입했다). 그러면서도 단순히 러시아어로 읽고 쓰는 것을 배우는 것이 라틴어 교육의 성취를 방해할까 봐 두려워했다.

"18세기 말까지 성 삼위일체 신학교의 신학 강의에서 라틴어로부터의 가장 크게 해방된 것은 라틴어로 번역하지 않은 채 슬라브어 성경을 사용한 것이다"(즈나멘스키). 1790년대에 최초로 그 일을 시도한 사람은 메포디 스미르노프였다.

그 이전에도 그런 시도가 드물게 있기는 했다. 플라톤이 트베리 대주교로 임명되었을 때(1770), 그는 그곳에서 신학 수업이 러시아어로 이루어지고 있는 것을 보았다. 이러한 혁신은 1764년 학장 마카리 페트로비치(Макарий Петрович, 세르비아인으로 테메시바르 출신이며, 키예프와 모스크바에서 수학했고, 한때 모스크바 아카데미의 설교사이자 학부장을 지냈다. 1734~1766)가 이루었다. 마카리의 책은 그의 사후에 출판되었다(≪자신의 구원을 추구하는 기독교인이 알고 행해야 하는 모든 것을 담고 있는 동방정교회 교회의 가르침(Церкви восточные Православное учение, содержащее все что христиану своего спасения ищущему,

знать и делать надлежить)≫(상트페테르부르크, 1783)].
마카리는 학교의 토론을 러시아어로 번역해, 그 토론을 교부적인 기초 아래서 다른 생각을 가진 사람들과의 대담으로 바꾸려고 노력했다('교부들의 독서가 이루어지는'). 마카리의 후계자 아르세니 베레샤긴(모스크바 아카데미 출신으로서 후에 트베리의 대주교가 되었다)[377]은 그의 뒤를 따랐다. 플라톤이 임명되면서 이 모든 것은 폐지되었고 다시 라틴어가 돌아왔다.

훨씬 후 1805년에 신학교의 새로운 계획에 대해 논의하는 자리에서 플라톤은 러시아어로 수업하는 것을 반대하며 격하게 자신의 의견을 피력했다. 그는 학문성, 특히 학문의 명예가 쇠락하는 것을 두려워했다. "외국인들은 우리의 성직자들을 거의 무지하다고 여기고 있다. 왜냐하면 우리는 프랑스어도, 독일어도 할 줄 모르기 때문이다. 그러나 우리는 라틴어를 말할 줄 알고 편지도 주고받기 때문에 명예를 유지하고 있다. 만약 우리가 그리스어를 배우듯이 라틴어를 배운다면, 우리는 마지막 명예를 잃어버리게 될 것이다. 우리는 어떤 언어로도 말할 줄도, 편지를 쓸 줄도 모르게 될 것이기 때문이다. 그러니 라틴어를 보존하기 바란다." 이

---

377) 아르세니 베레샤긴(Арсений Верещагин, 1736~1799): 1761년부터 트베리에서 수사학을 가르쳤다. 마카리 페트로비치의 사후 그를 이어 학장과 신학 교수가 되었다.

논의에서 플라톤의 관심이 얼마나 학교 전통에 제한되었으며, 그가 교회의 필요를 얼마나 느끼지 못했는지 매우 명료하게 나타난다.

그런데도 18세기 신학교의 가장 약한 부분은 바로 그 라틴적인 성격에 있었다. 얼마 후에 역시 계몽주의 시대의 사람인 예브게니 볼호비티노프378)는 충분한 근거를 가지고 이렇게 말했다. "작금 우리의 강좌는 철학에 이르기까지 아직까지도 학문 강좌가 아니라, 단지 라틴 문학 강좌에 지나지 않는다."

18세기에는 러시아어를 가르치는 것이 위험하지는 않을지라도 이루어질 수 없는 꿈인 것처럼 어디서나 이상할 정도로 확신 없이 말들을 했다. 하리코프 콜레기움의 설립에 관한 헌장에서(1831년 3월 16일) 선언된 대담한 희망은 성취되지 못했다. "신분과 상관없이 정교회 교도들의 모든 자녀들에게 시학과 수사학뿐 아니라 철학과 신학을 슬라브·그리스어·라틴어로 가르치고, 동시에 그런 학문을 러시아어로 소개할 것." 라틴어는 여기서 가장 우세한 언어였다.

1750년에 키예프에서 대주교 아르세니 모길랸스키가 ≪정교회 신앙고백≫을 러시아어로 읽도록 했을 때, 그 명

---

378) 예브게니 볼호비티노프(Евгений Болховитинов, 1767~1837): 1822년부터 1837년 사망할 때까지 키예프의 대주교였다. 고문서 자료들의 수집과 짤막한 역사적 저작들로 알려져 있다.

령은 약함과 무지에 대한 덧없는 양보로 받아들여졌다. 중요한 신학 강좌는 '순수한 라틴 스타일을 보존하고 조야하고 평범한 방언으로부터 보호하기 위해' 여전히 라틴어로 진행되었다.

새로운 세기 초에 수도원장 유베날리 메드베드스키379)의 ≪기독교 신학의 체계(Система христианского богословия)≫(3부, 모스크바, 1806)가 러시아어로 출판되었지만 학교에서 사용하기 위한 목적이 아니었다.

이 집요한 학교의 라틴주의에는 약간 뒤늦기는 했지만 서구의 본보기가 무엇보다 강하게 작용했다. 그 결과로 러시아어는 정체되었다. "모스크바 아카데미에서 공개 토론을 하기 위해 제출된 테제에서 발견할 수 있는 학문적이고 신학적인 러시아어는 너무나 발달되지 않은 나머지, 심지어 교부들의 번역과 고대 루시의 독창적인 신학 작품들의 언어보다 더 열등하다"(즈나멘스키). "어떤 논증을 사용하고, 어떤 기초를 자신의 논쟁들(opugnae)에 제공해도, 모든 논증은 논적과 그의 교사로부터 해결된다." 학생들은 자신의 생각을 러시아어로 곧바로 쓸 수 없어서 라틴어로 표현한 후에 번역해야 할 정도였다. 심지어 학생들은 교사들

---

379) 유베날리 메드베드스키(Ювеналий Медведский, 1767~1809): 종교 저술가로 성 삼위일체 대수도원에서 고백 사제와 교리문답 선생이었으며, 여러 신학교에서 가르쳤다.

의 러시아어 설명을 라틴어 단어를 상당히 섞어 가면서 필기했다. "이런 환경 덕분에 라틴과 이교 작가들에 대해서는 상당히 잘 알지만, 성경과 교회의 작가들에 대해서는 아는 것이 없는 사제들이 생겨났다"(모스크바의 필라레트의 언급). 그러나 이것이 최악은 아니었다. 더 나쁜 것은 모든 학교 시스템의 비조직성이었다. 그런 상황에서는 신학 수업이 교회적인 삶의 직접적 영향 또는 경험으로 인해 활력을 얻는 것이 불가능했다.

18세기 학자들과 학문적 성과의 규모와 의의를 축소해서는 안 된다. 어쨌든 그 시대에는 매우 중요한 문화·신학적인 경험을 이루어 냈다. 러시아 전역에 상당히 복잡한 학교망이 형성되었던 것이다. 그러나 이 모든 '학교의' 신학은 엄밀한 의미에서 토양이 없는 것이었다. 그것은 타지에서 발생하여 자라났으며 마치 사막에 세워진 구조물 같은 것이었다. 뿌리 대신에 말뚝 위에 선 것이다. 말뚝 위에 선 신학, 그것이 18세기의 결론이었다.

6

프리메이슨은 러시아 역사에서 표트르 시대의 소동 속에서 탄생하고 형성된 새로운 사회 사건이었다. 그들은 서구의 길에서 '동방의' 길을 잃어버린 사람들이었다. 그들이 새로운 길을 서구와 교차하는 지점에서 발견했다는 것은 아주 자연스러운 일이었다.

표트르의 최초 세대는 공리주의의 원칙들 위에서 교육받았다. 새로운 문화 계층은 '전향한', 즉 개혁을 받아들인 사람들로 형성되었다. 바로 이 개혁을 수용하고 인정하는 것으로 당시 새로운 '계급'에 속하는 것이 결정되었다. 새로운 사람들은 자신의 모든 존재를 오직 국가적 이익과 공공 복지의 카테고리에서만 이해하는 데 익숙해 있었다. '관등표'는 신앙고백과 세계관 자체를 대체했다.

이 새로운 사람들의 의식은 발작에 이를 정도로 외향적이었다. 영혼은 이 외적인 인상들과 체험들의 뜨거운 물결 속에서 상실되고 용해되었다. 소란스럽게 새로운 사회를 건설하는 표트르 시대에는 생각하고 정신을 차릴 여유가 없었다. 좀 더 자유로워졌을 때 영혼은 이미 상실되고 황폐해져 있었다. 도덕적 감수성은 무뎌졌다. 이 새로운 사람들의 종교적인 필요는 억압되어 들리지 않게 되어 버렸다. 이미 다음 세대에서는 '러시아에서 풍속의 파괴'에 대해 우려 어린 말들을 하기 시작했다. 그러나 그 주제에 대해서 끝까지 말하지는 않았다. 그 시대는 어디서나 흥미로운 모험과 쾌락이 있던 세기였다.

18세기의 러시아 정신사는 아직 쓰이지 않았다. 우리는 단지 단편적인 일화들만을 알 뿐이다. 그러나 그 일화들 속에서 우리는 어디서나 피로, 아픔, 우수의 소리를 듣는다.

예카테리나 시대의 가장 훌륭한 사람들로부터 이 경박하고 방탕한 시대에 냉담한 태도와 가장 강렬한 절망을 통과해 삶의 의미와 진리를 찾기 위해 그들이 지나가야 했던 시련이 어떤 것이었는지 알게 된다. 그중 많은 이들에게 볼테르주의는 도덕적이고 정신적인 진짜 질병이었다.

세기의 후반기에는 정신적 각성이 시작되었다. 그것은 심각한 정신적인 혼절로부터 깨어나는 것이었다. 그러한 각성이 너무나 자주 히스테리와 비슷했던 것은 놀라운 일이 아니다. 프리메이슨의 각성에 대하여 클류쳅스키는 '양심적인 사상의 발작'이라고 말했다.

그러나 그것은 단순한 발작이 아니었다. 러시아 프리메이슨의 모든 역사적 의의는 심리적인 금욕주의이자 정신의 집중이었다는 데 있다. 러시아 프리메이슨의 영혼은 페테르부르크의 타재[380]와 산만함으로부터 자기 자신에게로 돌아왔다.

러시아 프리메이슨은 러시아 사회의 새로운 역사에서 하나의 일화가 아니라 하나의 단계였다. 1770년대 후반에 이르러 프리메이슨 운동은 당시의 문화 계층 전반을 휩쓸었다. 프리메이슨 지부의 시스템은 그 가지들로 그 계층 전체에서 자라나고 있었던 것이다.

러시아 프리메이슨의 역사에는 많은 논쟁과 분리, 갈등

---

[380] 타재(他在): '내가 아닌 다른 존재'를 의미하는 철학 용어다.

이 있다. 최초의 러시아 프리메이슨주의자들은 본질상 도덕적인 자기 인식을 추구하는 이성적인 도덕과 자연 종교를 고백하는 이신론자들이었다(최초의 옐라긴 연합 지부가 그러했다. 제임스 앤더슨(James Anderson)의 ≪조직(Конституция)≫을 참조하라). 처음에는 '프리메이슨들'과 '볼테르주의자들' 사이에 아무런 차이가 없었다. 신비주의의 흐름은 조금 후에 나타났다(소위 '약한 감독 체계'라고 부르던 라이헬(Reichel)의 '높은 단계'의 추구를 참조해 보라). 그러나 당시 러시아 프리메이슨 중심지 가운데 가장 영향력이 있었던 것은 모스크바의 로젠크로이츠주의자들[381]이었다.

프리메이슨은 외적으로 엄격한 규율을 가질 뿐 아니라 내적으로도 그러한 비밀단체였다. 이 내적인 규율 또는 금욕(단지 온건한 정신 건강뿐만 아니라)이야말로 프리메이슨 활동에서 가장 중요한 것이었다. 당시에 했던 말로 인간의 마음속 '거친 돌'을 깎아 내는 작업이었다. 이런 '금욕' 속에서 새로운 유형의 인간이 교육되었다. 우리는 이런 유형의 인간을 다음 시대의 '낭만주의' 세대에서 만난다. 낭만주

---

[381] 로젠크로이츠주의: 중세 말 독일의 크리스티안 로젠크로이츠(Christian Rosenkreuz)가 설립한 철학적 비밀 회합을 일컫는 용어다. 그들의 교리는 '평범한 사람들에게는 감추어져 있는 고대의 비교(秘敎)적인 진리에 기초'를 두고 있었다. 그 진리는 자연과 우주, 영적 영역에 대한 통찰력을 주는 진리였다. 상징은 장밋빛 십자가였다.

의에 일반적으로 '신비적인 근원'이 있었다는 것은 지금은 논쟁의 여지가 없다.

프리메이슨은 러시아 사회의 감상주의적 교육, 감성의 각성이었다. 프리메이슨 속에서 미래의 러시아 인텔리겐치아는 자신의 존재의 이중성을 최초로 인식했고, 통일성을 갈구하기 시작했다. 이런 추구·우수·동경은 그 후 '1830년대'(그리고 1840년대) 세대, 특히 슬라브주의자들에게서 반복된다. 심리적으로 슬라브주의는 (시골 영지의 생활에서가 아니라) 바로 예카테리나 시대의 프리메이슨으로부터 자라 나왔다.

프리메이슨의 금욕은 많은 동기(動機)를 가지고 있다. 여기에는 스토아주의 유형의 이성적인 무관심, 삶의 무상함에 대한 피로, 때로는 '죽음에 대한 직접적인 사랑'('장례의 희열'), 그리고 참된 가슴의 건전함도 있다. 프리메이슨 내에서는 복잡한 자기관찰과 자기 억제의 방법이 통용되고 있었다. 로푸힌[382]은 '진정한 프리메이슨'의 과제를 '자기 거부의 십자가에서 죽고 정화의 불에서 타 버리는 것'으로 정의했다. 이기주의와 산만함에 대한 투쟁, 감정과 사고의

---

382) 이반 로푸힌(Иван Лопухин, 1756~1816): 노비코프의 추종자로 서구의 신비주의자들과 프리메이슨들의 작품을 번역했으며, 그 자신이 소논문들을 쓰기도 했다. 모스크바 프리메이슨 지부의 지부장(Grand master)이었다. 자선과 교육 활동에도 공헌했다.

집중, 정욕의 제거, '가슴의 교육', '의지의 훈련' 등이 그 내용이었다. 악의 뿌리와 근거지는 바로 이 이기주의와 자기애에 있기 때문이다. "영과 혼과 육체 속에서 자기를 완전히 없애는 것 외에는 다른 것에 신경 쓰지 말라."

이렇게 자기 자신과 벌이는 투쟁에서 모든 자의지와 자기애를 피하는 것이 필수적이었다. 자신을 위해 십자가를 찾거나 선택하는 것이 아니라 십자가가 주어지면 짊어지는 것이다. 자신의 구원을 이루는 것보다 구원을 기대하고 기쁘게 신의 뜻 아래 겸손해져야 한다.

프리메이슨은 삶의 엄격함과 책임성, 도덕적인 활동, 도덕적인 고상함, 절제, 침착, 자기 인식, 자제, '선행', 그리고 '조용한 삶'을 설교했다. "이 세상 속에 살면서 그 허망한 것들에 마음을 두지 말라." 자기 자신 속에서 육체의 강제 아래 있는 '속사람'을 해방하고 '옛 아담을 벗어 버려야' 한다. "자신 속에서 진리를 구하라." 그러나 프리메이슨은 개인의 완성뿐 아니라 사랑의 실천도 요구했다. "사랑의 실천은 영혼 속에 있는 예수 왕국의 최초 발현이자 그 시작과 끝이다." 당시 러시아 프리메이슨주의자들의 박애주의 활동은 충분히 잘 알려져 있다. 신비주의적인 프리메이슨은 계몽주의 정신에 대한 내적 반작용이었다. '이론적인 등급'[383]에

---

383) 이론적인 등급(Theoretical Degree): 로젠크로이츠 집단의 등급으로 1782년 러시아에 도입되었다.

서 모든 파토스는 '맹목적인 이성의 조작들'과 '볼테르 패거리의 거짓 지혜'에 대항하는 데 집중되어 있었다. 강조점은 직관으로 옮겨 갔다. 신비주의는 18세기에 나타난 두 번째 극단적 흐름이었다. 이 회의주의적 세기는 또한 경건주의[384]의 세기였던 것이다. 페늘롱[385]은 볼테르만큼이나 그 시대에 인기 있었다. 이 시대에 '신앙과 감정의 철학'은 '백과전서'만큼이나 시대를 특징짓는 것이었다. 그때는 감상주의의 시대였다.

감상주의는 프리메이슨과 유기적으로 연관되어 있다. 감상주의는 단순히 문학 경향이나 운동이 아니었다. 감상주의는 우선 신비주의 운동이었고, 종교적·심리적 변화였다. 그 원천은 16세기와 17세기의 스페인·네덜란드·프랑스의 신비주의에서 찾아야 한다.

감상주의는 공상성과 감상성, 항상 생각에 잠긴 상태, 일종의 '성스러운 멜랑콜리' 속에서 영혼을 양육하는 것이었다(젊은 카람진의 정신적인 길, 그리고 후에 주콥스

---

[384] 경건주의: 17세기 후반 독일을 중심으로 일어난 종교개혁 운동이다.

[385] 프랑수아 페늘롱(François Fénelon, 1651~1715): 프랑스의 가톨릭 신학자이자 시인이다. 17~18세기에 유행했던 신비주의와 정적주의의 영향으로 다양한 내용의 책을 저술했다. 프랑스 전제정을 공격한 ≪텔레마크의 모험(Les Aventures de Télémaque)≫ (1699)의 저자로 잘 알려져 있다. 특히 예카테리나 2세 시기에 러시아에서 큰 인기를 누렸다.

키386)의 발전을 비교해 보라). 이것은 항상 정신의 집중만을 의미하지는 않았다. 지나치게 자신의 상태를 살피는 습관은 매우 자주 의지의 마비로 귀결되었다. 그 세대의 사람들은 쉽게, 그리고 자주 '반성'의 질병을 앓았다. '잉여 인간' 유형의 형성에는 이 '감상주의적인 교육'이 강한 영향을 미쳤다. '성스러운 멜랑콜리'에는 항상 무엇인가 회의주의의 냄새가 풍겼다.

그 세대의 사람들은 상상, 이미지들과 반영들의 세계에서 사는 데 익숙했다. 그들은 비밀들을 꿰뚫어 보거나 눈을 뜬 채 꿈을 꾸었다. 이 시대에 어디서나 창조적인 환상, 시적인 조형술(造形術)의 힘이 깨어났다는 것은 우연한 일이 아니다. '아름다운 영혼'은 역설적으로 민감해지고 작게 사각거리는 존재의 모든 소리에도 떨고 전율했다. 17세기 말부터 이미 종말론적인 예감이 강해지기 시작했다. 대중 속에서 일어난 소위 '각성(Erweckung)'이 시대를 특징지었다. 이론적으로 가슴에 호소하는 것은 가슴의 각성을 재차 증언하는 것이었다. 경건주의자들이 말한 '은혜의 파도(Durchbrunch der Gnade)'는 직접적인 체험, 경험의 은사였다.

---

386) 바실리 주콥스키(Василий Жуковский, 1783~1852): 러시아의 시인이자 번역가다. 모스크바에서 교육받았으며, 나폴레옹 전쟁 당시 군에 복무했다. 1826년에 황태자 알렉산드르 2세의 개인 교사가 되었다. 문학 그룹 아르자마스의 창시자며, 실러, 괴테, 바이런, 호메로스 등 서구 문학작품을 번역했다.

그러한 공상성과 '무욕'은 완전히 양립 가능한 것이었다. 당시의 신비주의에는 의지의 절제가 있었지만, 가슴과 상상력의 건전성은 결여되어 있었다.

그렇게 새로운 정신적인 세대가 자라나고 있었다. 로젠크로이츠주의자인 쿠투조프387)가 에드워드 영388)의 < 저녁의 사색(Complaint or Night Thoughts) > 을 번역한 것은 우연이 아니다. 그 시는 감상적인 인간의 고백일 뿐 아니라, 새롭게 각성된 민감한 세대의 신비주의적 안내서였다. 그 시대의 어떤 인물은 "나는 그때 그 시를 포에마(서사시)가 아닌 복음으로서 두 번 읽었다"라고 회상했다.

이 멜랑콜리한 '한숨과 눈물의 철학'이 변형된 휴머니즘에 지나지 않았다는 것을 말해 둘 필요가 있다. "인간이 되라, 그러면 너는 신이 될 것이다. 단지 절반만 자신을 창조한(O, be a man, and thou shalt be a god! And half self-made)...." 외적인 활동성이 아닌 내적인 '세라핌389)의

---

387) 알렉세이 쿠투조프(Алексей Кутузов, 1748~1790): 라이프치히에서 공부할 당시 로젠크로이츠회에 가입했다. 상트페테르부르크와 모스크바의 프리메이슨 지회에서 활발한 활동을 벌였다.

388) 에드워드 영(Edward Young, 1681~1765): 영국의 초기 낭만주의 시인이다. < 저녁의 사색(Night Thoughts) > 은 시인의 슬픔, 죽음에 대한 사색, 종교적 위안의 추구를 표현하고 있는 극적인 모놀로그다.

389) 세라핌: 천사들의 위계에서 가장 높은 위치를 차지하는 천사다.

꿈'으로 부름 받은 인간. "인간은 광범위한 지식과 깊은 이해를 위해 창조된 것이 아니라 경이와 경건한 감정을 위해 창조되었다." 그 말은 내적인 집중으로의 호소였다. "우리의 외적인 행동들은 부자유스럽다. 물질이 아닌 생각을 지배해야 한다. 할 수 있는 한 자신의 생각을 잘 지켜라. 하늘이 그 생각을 듣고 있다." 그러한 태도는 자유사상에 대한 심리적인 방벽이었다.

사람들은 슈바르츠[390]가 강의에서 매우 자주 '자유사상을 가진 불경스러운 책들, 즉 엘베시우스·스피노자·루소의 책들'을 분석하고 '짙어 가는 어둠'을 물리치는 데 시간을 썼다고 말했다. 랍진[391]이 회상하듯이 "슈바르츠의 단순한 말은 많은 이들의 손에서 유혹적이고 불경스러운 책들을 떼어 냈고 그 자리에 거룩한 성경을 가져다 놓았다."

많은 신비주의 문헌이 번역되어 인쇄되거나 원고 형태로 유통되었다(모스크바에서 1784년 설립된 '인쇄국'과 비밀 인쇄 활동을 비교해 보라). 그것들은 주로 얼마 되지 않

---

390) 요한 슈바르츠(Johann G. Schwartz, 1751~1784): 심령술을 배운 독일의 귀족 출신 학생으로 1776년에 러시아로 와 모스크바 대학에서 역사와 철학을 강의했다.

391) 알렉산드르 랍진(Александр Лабзин, 1766~1825): 19세기 초반 가장 영향력 있던 러시아 프리메이슨이다. 모스크바 대학에서 슈바르츠에게 수학했으며, 1800년에 자신의 프리메이슨 지부를 열었다. 후에 성경공회 회원으로도 활발한 활동을 벌였다.

은 과거 서구 신비주의자들의 작품이었다. 무엇보다 많이 읽힌 것은 뵈메, 생 마르탱,392) 존 메이슨393)이었다. 가말레야394)는 뵈메의 작품 전체를 번역했다(출판하지는 못했다). 비겔395), 기히텔396), 포디지397)도 번역되었다. '해석'에 몰두한 작가들도 매우 많이 번역되었다. 벨링(Welling), 키르히베르거(Kirchberger), ≪화학의 즐거운 정원≫398), 펜(Penn)의 ≪화학적인 시편(Chemical Psalter)≫, 크리초만

---

392) 생 마르탱(Saint-Martin, 1743~1803): 부유한 프랑스의 귀족으로 반이성주의 운동의 대표자다. 신비주의적인 글을 쓰는 데 자신을 바쳤으며, ≪오류와 덕(Des erreur et de la verité)≫(1775)이 러시아어로 번역되어 큰 인기를 누렸다. 러시아에서 그의 인기가 얼마나 대단했던지 러시아의 프리메이슨들을 '마르탱주의자들'이라고 부르기까지 했다.

393) 존 메이슨(John Mason, 1706~1763): 유명한 영국 비국교도다.

394) 세묜 가말레야(Семён Гамалея, 1743~1822): 모스크바 데브칼리온 지부의 지부장으로서 엄청난 번역 작업에 자신을 바쳤다. 그가 번역한 뵈메의 작품은 스물두 권에 달한다.

395) 발렌틴 비겔(Valentin Wiegel, 1533~1588): 프로테스탄트 신비주의자로서 스콜라주의의 반대자였다.

396) 요한 기히텔(Johann Gichtel, 1638~1710): 탁월한 신지학자로서 루터주의를 공격한 것으로 잘 알려져 있다.

397) 존 포디지(John Pordage, 1608~1698): 영국의 점성학자이자 신비주의자다.

398) ≪화학의 즐거운 정원(Viridarium Chimicum)≫: 연금술에 관한 동판화에 풍자시를 붙여 1624년에 편찬한 포켓판 책자다.

더(Chrizomander), 로버트 플러드(Robert Fludd). 그들 외에도 상당히 다채로운 고서들과 신간들이 번역되었다. 이집트의 마카리오스[399], 아우구스티누스의 선집, 아레오파기트, 심지어 그리고리 팔라마, ≪그리스도의 모방≫[400], 요한 아른트의 ≪참된 기독교에 대하여≫, 스쿠폴리[401], 안겔루스 질레지우스[402], 버니언, 몰리노스[403], 푸아레[404], 귀용, 그리고 두제타노보(Duzetanovo)의 ≪십자가의 신비

---

[399] 마카리오스(Makarios, 300?~391): 초기 기독교의 성인이자 은둔자다. 안토니우스 성인의 제자가 되어 광야에서 수도 생활에 정진했으며, 40세에 수도사들의 지도자가 되었다. 죽은 자를 살리는 등 많은 기적을 행한 것으로 유명하다. 360년에 그의 이름을 딴 수도원을 설립했다.

[400] ≪그리스도의 모방(De Imitazione di Cristo)≫: 토마스 아 켐피스의 저서로 기독교 영성 문학의 가장 유명한 고전이다.

[401] 로렌초 스쿠폴리(Lorenzo Scupoli, 1530~1610): ≪영적 투쟁(Combattimento Spirituale)≫을 썼다.

[402] 안겔루스 질레지우스(Angelus Silesius, 1624~1677): 폴란드의 가톨릭 시인이었던 요한 셰플러(Johann Scheffler)의 필명이다. 뵈메의 영향을 받아 독일어로 종교시를 썼다. 영혼과 하나님의 하나 됨에 대한 종교시는 로마 가톨릭교도들과 프로테스탄트들 모두가 불렀다.

[403] 미겔 데 몰리노스(Miguel de Molinos, 1628~1697): 스페인의 경건주의자다.

[404] 피에르 푸아레(Pierre Poiret, 1649~1719): 프랑스의 신비주의자다.

(Mystery of the Cross)≫. 지부들에서는 지도자들의 감독과 인도로 엄격한 독서의 질서 또는 순서에 따라 책을 많이 읽었다. 지부에 속하지 않은 이들도 그들에 못지않게 독서를 많이 했다. 모스크바 프리메이슨들의 출판물은 잘 팔려 나갔다.

갑자기 막 태어난 러시아의 인텔리겐치아는 신비주의에 대한 흥분을 통째로 받아들였고, 서구의 신비주의적이고 유토피아적인 전통, 개혁 이후의 신비주의 리듬에 편입되었다. 사람들은 정적주의적인 신비주의자들과 경건주의자들, 그리고 부분적으로는 교부들의 책을 읽는 데 익숙해졌다[옐라긴405)은 말년에 교부들을 매우 체계적으로 독서했다. 그의 행동은 아마도 슈바르츠에 대한 반작용이었던 듯하다].

프리메이슨은 가슴의 문화로 끝나지 않는다. 프리메이슨에는 자신만의 형이상학, 자신만의 교리가 있다.

형이상학에서 프리메이슨은 낭만주의, 낭만적 자연철학의 전조가 되었다. 모스크바 로젠크로이츠주의자들(그리고 후에 알렉산드르 시대의 프리메이슨)의 경험은 그러한 마

---

405) 이반 옐라긴(Иван Елагин, 1725~1793): 예카테리나 정부의 부유하고 영향력 있는 관리이자 한때 궁정의 음악과 극장을 담당했다. 1750년에 프리메이슨이 되었고, 1772년에 러시아 최초의 지부장이 되었다.

술적인 뿌리에서 싹튼 러시아의 셸링주의의 발전을 위한 토양을 준비했다(오도옙스키406)의 형상을 보라). 이 마술적인 신비주의, 이 '신적인 연금술'에는 특별히 중요한 모티브가 둘 있다. 그 첫째는 세계의 조화 또는 전일성의 살아 있는 감각, 땅의 지혜, 자연의 신비주의적인 수용이다. "항상 우리들의 눈앞에는 자연의 책이 펼쳐져 있다. 그 속에는 불타오르는 글로써 신성의 지혜가 빛난다." 둘째는 첨예한 인간 중심적인 자기 인식이다. 인간은 "모든 존재들의 엑기스다." 자연철학은 프리메이슨의 세계관에서 우연한 일화 또는 혹과 같은 것이 아니었다. 자연철학은 프리메이슨의 주된 테마들 가운데 하나였다(페트로프(А. Петров)가 번역한 하우크비츠(Haugwitz)의 ≪목회 서신(Pastoral Epistle)≫(1785)을 참조하라). "자연은 신 자신이 사는 신의 집이다." 자연철학은 시적이고 형이상학적인 자연에 대한 감정의 각성이었다(18세기의 '감상주의적인' 수용 속에서 자연의 소생을 보라). 그러나 결국 이 프리메이슨의 신비주의는 이탈

---

406) 블라디미르 오도옙스키(Владимир Одоевский, 1803~1869): 러시아의 시인이자 철학자, 음악 이론가다. 1823년의 류보무드르 그룹의 창시자다. 모스크바 대학을 졸업하고 ≪모스크바 통보(Московский Вестник)≫와 ≪현대인(Современник)≫을 편집했으며, 페테르부르크로 온 뒤에는 주로 단편들과 소설들을 발표했다. 후에 원로원 의원이 되었다. 고전 러시아 음악학의 아버지로도 알려져 있다.

로 기울었다. 상징적인 해석으로 모든 세계는 지나치게 엷어져서 그림자처럼 변해 버렸다.

교리적으로 프리메이슨은 르네상스 시대부터 갱신된 플라톤의 영향을 받은 그노시스주의[407]의 부흥이라 할 수 있다. 그 주된 개념은 타락, 어둠 속에 갇힌 '빛의 섬광' 등의 개념이었다. 프리메이슨에게는 죄보다는 불결함에 대한 날카로운 감각이 매우 특징적이었다. 불결함은 회개보다는 절제에 의해서 해결되었다. 모든 세계는 상처 입고 아픈 것처럼 보였다. "이 세계는 무엇인가! 타락과 공허의 거울이다." 여기서 치유의 갈망이 발생한다(그리고 우주적인 치유). 이러한 갈망에 의해서 '자연의 비밀에 대한 열쇠 찾기'가 시작되었다.

예카테리나 시대의 프리메이슨 가운데 독창적인 작가와 사상가들은 없었다. 슈바르츠, 노비코프[408], 헤라스코프(X

---

[407] 그노시스주의: 영지주의라고도 부르는 고대의 이원론적 종교운동이다.

[408] 니콜라이 노비코프(Николай Новиков, 1744~1818): 18세기 러시아의 계몽주의 문인이다. 모스크바 대학에서 수학했으며, 1770년대에 페테르부르크에서 일련의 풍자 잡지를 발간했다. 프리메이슨에 가입했으나 신비주의에 경도되지는 않았다. 모스크바로 간 1779년부터 10년간 인쇄국에서 일했는데, 당시 러시아에서 출판된 책의 3분의 1에 해당하는 분량의 책을 출판했다. 그 가운데는 서구 작가들의 신비주의 작품도 포함되어 있었다. 1792년 불법 종교 서적을 출판한 죄로 체포되었다가 1796년에 풀려났으나 더 이

ерасков), 트루베츠코이, 쿠투조프(А. М. Кутузов), 투르게네프(Ив. П. Тургенев), 클류차레프(Ф. Ключарев), 로푸힌, 카르네예프409), 가말리야(Гамалья), 이 모든 이들은 모방자, 번역가, 아류에 불과했다. 그렇다고 해서 그들의 영향력이 줄어들지는 않는다. 1780년대에 모스크바 대학은 프리메이슨의 깃발 아래 놓여 있었다. '경건하고 시적인' 분위기는 후에 귀족들을 위해 설립된 대학의 기숙 중학교에서도 유지되었다.

이 모든 신비주의 경향은 스코보로다410)가 창작할 때만 독창적으로 변형되었다. 그는 프리메이슨은 아니었지만, 프리메이슨 그룹과 가깝게 지냈다. 어쨌거나 그들과 똑같은 신비주의 유형에 속해 있었다. 무엇보다 그는 16~17세기의 독일 신비주의에 공명했다. 그는 야코프 뵈메보다는 발렌틴 바이겔에 가까웠다. 그와 더불어 그에게는 매우 강

상 공적인 활동은 하지 못했다.

409) 자하리 카르네예프(Захарий Карнеев, 1747~1828): 알렉산드르 1세 시대의 원로원 의원으로서 1784년 오룔에 프리메이슨 지부를 세웠다.

410) 그리고리 스코보로다(Григорий Сковорода, 1722~1794): 우크라이나의 신비주의 철학자로 우크라이나를 30년간 편력한 것으로 전설적인 명성을 얻었다. 키예프 아카데미를 졸업했으며, 후에 페레야슬라블 신학교에서 가르쳤다. 대화·편지·시·노래·우화 등 다양한 문학 결과물을 남겼다.

한 헬레니즘 요소들이 발견된다.

코발린스키[411]는 스코보로다의 ≪생애(Житие)≫에서 자신이 가장 좋아했던 작가들을 열거한다. 플루타르크, 유대인 필론[412], 키케로, 호라티우스[413], 루키아노스[414], 알렉산드리아의 클레멘트[415], 오리게네스, 닐, 디오니시우스 아레오파기트, 고백자 막시모스, 그리고 '현대인 중에서 그들과 비슷한 이들'. 교부들에 대한 기억은 스코보로다에게서 플라톤적인 르네상스의 모티브들과 결합해 있다.

---

411) 미하일 코발린스키(Михаил Ковалинский, 1757~1807): 스코보로다의 평생지기 친구로 모스크바 대학의 평의원을 지냈다.
412) 필론(Philon, BC 20년경~AD 50년경): 고대 알렉산드리아의 유대인 철학자다. 당시 알렉산드리아의 유대인 사회의 지도자이며, 구약성경을 그리스 철학, 특히 플라톤의 사상을 원용하여 비유적으로 해석한 인물로 알려져 있다. 신플라톤주의나 기독교 교부 및 근세의 스피노자 철학 등에 커다란 영향을 끼쳤다.
413) 호라티우스(Horatius, BC 65~BC 8): 아우구스투스 황제 시대 로마의 대표적인 서정시인이다. 풍자시와 송시로도 유명하다.
414) 루키아노스(Lucianos, 125~180): 시리아인으로 그리스어로 글을 썼다. 수사학과 풍자의 대가다. 서구 문명 최초의 소설가로 인정받고 있다.
415) 알렉산드리아의 클레멘트(Clement of Alexandria, 150~215): 알렉산드리아파를 이끈 기독교 신학자다. 고대 그리스 철학과 문학에 능통했으며, 다른 기독교 사상가들보다 그리스 헬레니즘 철학의 영향을 크게 받았다. 대표 저작은 ≪훈계(Protrepticus)≫, ≪선생(Paedagogus)≫, ≪수기들(Stromata)≫ 등이다.

스코보로다에게는 라틴 시인들의 영향이 매우 강하게 나타난다. 현대 시인들 중에서는 그가 자주 번역했던 무레투스[416]의 영향을 많이 받았다. 이 점에서 학교의 영향을 볼 수 있다. 그런데 그가 페레야슬랍스카야 신학교를 위해서 편찬한 시학은 매우 생소한 것이었다.

어쨌든 스코보로다는 그리스어보다는 라틴어에 더 강했다. 코발린스키도 그 점을 언급하고 있다. "그는 상당히 정확하고 매우 깔끔하게 라틴어와 독일어를 말할 줄 알았고, 그리스어를 상당히 잘 이해했다." 그의 라틴어 문체는 가볍고 단순한 반면, 그리스어는 전반적으로 약했다. 그리스어와 라틴어로 되어 있는 플루타르크를 이용하면서 그가 라틴 번역만을 읽었다는 것은 흥미로운 일이다.

스코보로다의 헬레니즘은 직접적인 것이 아니었다. 그의 인문학적인 영감을 과장해서는 안 된다. 그는 항상 엘리자베타판 성경[417]을 사용했고, 그의 신비주의적인 문헌학은 모두 필론에게서 취해 온 것이었다.

어떻게 스코보로다의 세계관이 형성되었는지 말하기는 어렵다. 그가 어디에 갔고 외국에서 누구와 만났는지 정확

---

416) 무레투스(Muretus, 1526~1585): 프랑스의 인문주의자, 로마 가톨릭 사제이자 교사다.

417) 엘리자베타판 성경: 1723년 신성종무원이 1663년에 출판된 슬라브어 성경의 개정 작업을 시작했다. 작업은 엘리자베타 여제 재위 기간 중인 1751년에서야 완료되었다.

히 알 수 없다. 아마도 이미 키예프에서 그는 이 모든 스토아주의적이고 플라톤주의적이며 경건주의적인 관심사에 몰두하게 되었던 것 같다.

스코보로다의 형상에는 순례하고 생활에서 유리된('세계 시민의 가슴') 환영과 같은 특성이 나타난다. 특히 그에게서는 금욕주의적 파토스, 사고의 집중, 의지의 약화(채워지지 않음), 이 세상의 '헛됨'으로부터 '마음의 동굴'로의 도피가 강하게 느껴진다. 스코보로다는 세계를 플라톤적인 상징주의의 카테고리로 받아들이고 해석한다. "그는 언제 어디서나 사과나무의 그림자와 같았다." 그림자와 흔적은 그가 좋아하는 이미지들이었다. 그에게 중요한 것은 두 세계, 즉 보이는 감각 세계와 보이지 않는 이상 세계, 시간적인 것과 영원한 것의 대비다.

스코보로다는 항상 성경을 손에 들고 다녔다(코발린스키가 언급하듯이 "성경은 모든 것의 머리다"). 그러나 그에게 성경은 철학 우화, 상징, 기호의 책이자 존재의 상형문자였다. "성경은 상징의 세계다"라고 그 자신이 말했다. 성경을 역사적으로 이해하는 것에 대하여 그는 격렬하게 반응했다. "이 역사적인 기독교인들, 의식(儀式)적인 현자들, 문자적인 신학자들이란." 그는 성경에서 '영적인' 이해, 영적인 자기 인식의 지침을 구했다. 스코보로다가 수도 생활에 대해 완전히 부정적인 태도를 보인 것은 흥미로운 일이다. "그는 수도 생활에서 출구를 찾지 못하고 치명적으로, 그리고 애처롭게 삶을 질식시키는, 억압된 정열의 음침한 둥지를 보았다"고 코발린스키는 쓴다.

스코보로다의 순례는 어느 정도 교회, 교회 역사로부터 물러남이자(예른418)은 스코보로다가 '잠재적인 종파주의자'였다고 인정했다) '자연', 일종의 경건주의적 특성을 지닌 루소주의로의 회귀였다. 그에게는 자연을 신뢰하는 감정이 있었다. "자연의 모든 경제는 완전하다."

프리메이슨의 경험은 당시 탄생한 러시아 인텔리겐치아에게 새롭고 강렬한 인상을 많이 주었다. 그 인상은 다음 세대, 새로운 세기의 경계에서 완전하게 표현되었다.

프리메이슨의 경험은 서구의 경험이었다. 이 비교회적인 금욕주의는 공상성과 상상력의 각성을 불러왔다. 그 결과 건강하지 못한 영적인 추구, 신비주의적인 호기심이 더욱 커졌다.

세기의 후반부에는 민중 속에서 이러한 공상적이고 신비주의적인 성향이 고조되었다. 그 시대에 채찍파,419) 거세

---

418) 블라디미르 예른(Владимир Эрн, 1882~1917): 러시아 철학자로 도스토옙스키와 솔로비요프의 영향을 강하게 받았으며, 러시아의 기독교 사회주의를 지향했다. 대표 저작으로 ≪사회주의와 보편적 세계관(Социализм и общее мировоззрение)≫ 등이 있다.

419) 채찍파(хлыстовство): 17세기 중엽 다닐 필리포프(Данил Филиппов)가 창시한 종파다. 그는 자신을 신이며, 그리스도가 자신의 제자이고, 자신을 추종하는 여자 가운데 한 명이 신의 어머니라고 주

파,420) 영혼의 전사파,421) 우유파422) 등 모든 주요한 러시아 종파들이 생겨나거나 발전했다.

알렉산드르 시대에 상층부와 하층부의 이 두 흐름은 많은 면에서 서로 교차한다. 그 시기에는 양자의 공통점이 드러난다. 그 공통점이란 때로는 공상적이고, 때로는 황홀경에 빠지기도 하는 '영혼의 고뇌'였다.

예카테리나 시대에 이미 러시아에서는 헤른후터들423),

장했다. 1740년대에 모스크바에서 이단으로 박해를 당한 후 지하로 숨어든 이 종파는 19세기에 6만여 명의 신도들을 거느릴 정도로 성장했다. 그들은 삼위일체를 부정했으며, 육체를 영의 감옥으로 여겼고, 결혼과 출산을 정죄했다. 그들의 의식은 광란적인 춤과 황홀경 속에서 행해지는 예언으로 특징지어진다.

420) 거세파(скопчество): 이반 셀리바노프(Иван Селиванов)가 창시한 종파다. 18세기에 채찍파에서 파생되어 나왔다. '불의 세례' 또는 거세를 주장하며 성을 완전히 부정했다. 예카테리나 2세와 니콜라이 1세 시기에 박해를 당해 비밀리에 활동했다.

421) 영혼의 전사(戰士)파(духоборство): 우크라이나에서 발생한 종파다. 의식보다는 도덕적인 문제에 더 관심을 기울였다. 공동체 생활을 했으며 노동과 건실한 삶의 방식으로 알려졌다. 1899년에 레프 톨스토이는 이들이 캐나다로 이주하는 것을 돕기 위해 자금을 마련해 주기도 했다.

422) 우유(牛乳)파(молоканство): 부의 공평한 분배와 만민 평등을 요구한 종파다. 복음주의적인 기독교와 유사하여 성경을 유일한 믿음의 권위로 받아들이고 이콘화와 의식, 금식을 거부했다. 정교회를 거부한 구성원들이 정교회 단식일에 우유를 마셨다는 데서 명칭이 유래했다는 설이 있다.

메노나이트파,424) '모라비아 형제단'425) 같은 다양한 독일 종파주의자들이 확고하게 정착했다는 점을 언급할 필요가 있다. 알렉산드르 시대에 그 영향이 너무나 명백했는데도 그 시대의 전반적인 정신적 삶의 발전에서 그들의 영향은 지금까지 충분히 인식되고 고려되지 못하고 있다. 이러한 종파주의자 대다수는 종말론적인 공상성, 종종 직접적인 재림주의, 성경의 비유적·'영적' 해석 경향을 들여왔다.

사르페타에 헤른후터들이 거주하는 것을 특별 조사단이 승인한 것은 흥미로운 일이다. 그 조사단에는 노브고로드의 대주교 드미트리 세체노프426)가 있었는데, 그는 '복음주

---

423) 헤른후터들(Herrnhutters): 기원은 18세기 독일 작센 지방에서 헤른후트("주의 파수꾼")라고 알려진 공동체로 거슬러 올라간다.

424) 메노나이트파: 메노 시몬스(Menno Simons, 1496~1561)의 이름을 딴 16세기 프로테스탄트 종파다. 그는 로마 가톨릭교회 사제였지만, 종교개혁에 가담해 재세례파의 교리를 유아세례 불인정, 개인의 종교 자유 인정 등으로 정리했다. 또한 신약성경을 문자적으로 해석해 비폭력주의를 주장했다.

425) 모라비아 형제단: 15세기 후스의 영향을 받아 모라비아 지방에서 일어난 프로테스탄트 신앙 운동이다. 후스가 죽은 후 개혁 운동은 분열되었으나 얼마 후 프라하에서 모인 그룹은 신약성경의 '산상수훈'을 바탕으로, 사도 시대의 소박함을 재건하고자 교단을 설립했다. 가톨릭의 반(反)종교개혁과 30년전쟁으로 타격을 받았으나, 1727년 독일에서 친첸도르프(Zinzendorf) 백작의 도움을 받아 다시 일어섰다.

426) 드미트리 세체노프(Дмитпий Сеченов, 1709~1767): 1742년에

의적인 형제들'의 교리적인 가르침을 검토했다. 종무원은 이 형제단이 그 교리와 훈련에서 어느 정도 초기 기독교의 공동체 조직에 부합한 점을 인정했다(1764년 2월 11일에 있었던 형제들의 정착에 관한 명령은 이러한 호의적인 종무원의 결론에 의거한다). 종무원은 외국인들이 집요하게 요구했던 공공연한 선교 활동을 허락하는 것을 불편하게 여겼다. 선교 활동은 비공식적으로 허용되었다. 그러나 그런 활동은 큰 성공을 거두지 못했다. 예카테리나 시대의 프리메이슨과 교회의 관계는 이중적이었다. 프리메이슨 회원들은 외적인 경건을 결코 노골적으로 깨뜨리지 않았다. 그들 중 많은 이들이 모든 교회의 '의무'와 의식들을 준수했다. 어떤 이들은 '특히 그리스 종교의' 예배와 의식들의 절대 불변성과 신성불가침성을 직접적으로 주장했다. 그러나 그들을 매료한 것은 정교회의 이미지들과 상징들로 풍성한 의식이었다. 프리메이슨은 정교회에서 단지 고대에 뿌리를 둔 이 상징들의 전통만을 높이 평가했다. 그러나 모든 상징은 그들에게 환영과 같은 기호, 안내 표시에 불과했으므로 그 기호 내지 표시가 지시하는 것으로 거슬러 올라가야 했다. 즉

니즈니노브고로드의 주교로, 1757년에 노브고로드의 대주교로 임명되었다. 그는 예카테리나 시대에 교회 교육을 증진시키는 데 힘을 기울여 신학교들을 재조직하고 문법 학교들을 설립하기도 했다.

보이는 것에서 보이지 않는 것으로, '역사적인' 기독교에서 영적인 또는 '참된' 기독교로, 보이는 교회에서 '내적인' 교회로 상승해야 했다. 프리메이슨 회원들은 자신들의 비밀 조직을 '내적인 교회'로 여겼다. 그 교회 안에는 그들만의 의식과 '비밀들'이 있었다. 내적인 교회는 비밀스러운 전승을 간직하고 있는 선택받은 자들과 헌신된 자들의 비교(秘敎)적인 그룹에 대한 알렉산드르 시대의 꿈이었다. 진리는 오직 특별한 조명 속에서 소수의 선택받은 자들에게만 계시된다. 프리메이슨 회합에는 매우 드물기는 했지만 성직자들이 참석하기도 했다.

1782년에 모스크바의 프리메이슨들이 자신들의 '번역 세미나'를 개최했을 때(즉, 그들은 자신들이 장학금을 수여한 특별한 학생들의 그룹을 조직했다), 그들은 지역의 주교들과 협의하여 지방 신학교에서 대상자들을 선발했다.

1786년 심문에서는 대주교 플라톤 노비코프가 모범적인 그리스도인이라는 사실을 발견했다. 그러나 모스크바 대주교의 기준은 그리 확고하지 않았다.

7

세기말은 시작과 완전히 달랐다.

18세기는 러시아정교회의 개혁 시도로 시작되었다. 예카테리나 시대에 계몽 정신 속에서 '종교개혁'의 계획이 제안되었다(입법위원회를 위한 종무원의 명령 편찬 시 종무원장 멜리시노(Мелиссино)가 제안한 조항들을 참조해 보라. 그러나 그 조항들은 실질적으로 적용되지 않았다. 그러나 18세기는 수도원의 부흥, 영적 삶의 긴장과 고양으로 마무리되었다. 텅 비었던, 또는 황폐했던 발람427), 코네베츠 등지의 수도원 중심지들이 회복되고 활기를 띠기 시작했다. 이러한 수도원의 부흥에 대해 대주교 가브릴 페트로프가 매우 열성적이었다는 것은 흥미로운 사실이다. 그는 예카테리나 시대의 매우 훌륭한 대사제였다(그에게 여제(女帝)는 직접 자신이 번역한 마르몽텔428)의 ≪벨리세르(Bellisaire)≫를 헌정했다. 그는 금욕주의자가 되고자 하는 의도가 있었을 뿐만 아니라 실제로 엄격한 금식과 기도를 행했다. 파이시 장로와 그의 제자들이 러시아어로 번역한 ≪도브로톨류비예≫가 출판된 것은 그의 노력 덕분이었다(초판은 1793년 모스크바에서 출판되었다. 그것은 1782년 그리스어로 나온 베네치아판의 번역이었고, 알렉산드로 넵스키 아카데미와 트로이츠카야 대수도원에서 검토를 마친 것이었다). 이렇게

---

427) 발람: 러시아 북부 라도가 호수에 있는 섬이다. 유명한 발람 수도원이 있다.

428) 장 프랑수아 마르몽텔(Jean-François Marmontel, 1723~1799): 프랑스의 시인, 희곡 작가, 비평가다.

계몽주의 정신이 가라앉는 시점에서 교회는 영(靈)의 집중으로 응답했다.

18세기 배경에서 가장 눈에 띄는 인물은 티혼 대주교(Тихон Задонский, 1724~1782)의 형상이다. 그의 형상에는 익숙하지 않고 예기치 않은 특성들이 많이 나타난다.

티혼 자돈스키는 정신적 성향상 이미 새로운 시대, 표트르 시대 이후의 인간이었다. 그는 노브고로드와 트베리의 라틴어 학교에서 교육을 받았다. 교부들 외에도 그는 새로운 서구 작가들의 책을 읽기 좋아했다. 특히 '아른트를 읽고 또 읽는 것'을 좋아했다. 그의 주된 저서가 아른트의 책과 같은 《참된 기독교에 대하여(Об истинном христианстве)》라는 제목을 가지고 있는 것은 우연이 아니다. 성 티혼의 또 다른 책인 《세상에서 수집한 영적 보물(Сокровище духовное, от мира, собираемое)》은 예브게니 몰호비티노프가 지적한 바와 같이, 찰스 1세 치하의 영국 감독인 조지프 홀[429]의 라틴어 책 《때때로 일어나는 묵상(Meditatiunculae Subitaneae eque re nata subortae)》과 내용 면에서 매우 유사하다. 그 책은 후에 러시아어로 《어떤 물건을 보았을 때 갑자기 생겨나는 예기치 않은 묵상(Внезапные размышления, произведенные вдруг при воззрении на какую-ни

---

429) 조지프 홀(Joseph Hall, 1574~1656): 찰스 1세 시기의 영국 성공회 주교다.

будь вещь)≫(모스크바, 1786)이라는 제목으로 번역되었다. 티혼의 언어에서는 새로운 시대가 매우 잘 느껴진다. 그는 라틴어를 드물지 않게 사용하는데, 그것은 오히려 말의 명료성과 표현성을 강화하는 효과를 거두었다. 티혼에게는 예술적이면서 단순한 언어 표현에 위대한 재능이 있었다. 그는 항상 놀라울 정도로 명징하게 글을 쓴다. 바로 이 명징성이 놀라움을 준다. 티혼의 형상 속에서 우리에게 감동을 주는 것은 그의 평정, 명료함, 자유, 이 세상으로부터의 자유일 뿐 아니라 이 세상에서의 자유다. 즉 이 세상의 어떤 것에도 몰입하거나 매이지 않는 순례자, 이주자의 자유로운 감정이다. "이 세상에 살고 있는 모든 사람은 여행자다."

그러나 그러한 자유로움은 혹독한 시련과 공적에서 얻고 도달한 것이었다. 티혼의 투명한 영혼 속에는 때때로 격렬하게 어두운 권태와 낙심의 파도가 몰려드는 것이 보인다. "그는 기질적으로 심기증(心氣症)이었고 부분적으로는 우울질이었다"고 그의 승방에서 시중을 들던 수도사가 티혼에 대해 말했다. 이러한 낙심에 빠지기 쉬운 성향, 우수에의 유혹, 영혼의 벌거벗음은 러시아적인 공적에 전혀 익숙한 것이 아니었다. 이 모든 것은 십자가의 요한[430]이 말한

---

[430] 십자가의 요한(1542~1591): 스페인의 신비주의자, 아벨라의 테레사와 더불어 카멜리아 수도회를 개혁한 인물이다. 영혼의 성장에 관한 그의 시와 글들은 스페인 신비주의 문학의 최고봉으로 꼽

'영혼의 어두운 밤'431)을 상기시킨다. 어둔 밤, 영혼의 밤 (Noche oscura, Noche del Espiritu)(타울러432)와 아른트와 비교해 보라). 때때로 티혼은 주위의 모든 것이 어둡고 공허하고 응답이 없는 무력한 마비 상태, 묶임, 움직일 수 없는 상태로 빠져들었다. 가끔 그는 승방 밖으로 나갈 수도 없을 지경이었다. 때때로 그는 장소를 바꿈으로써 육체적으로 우수로부터 도망치려는 시도를 하기도 했다. 티혼의 모든 정신은 이런 시련을 겪으며 변했다. 그러나 이러한 시험은 흔적이나 상처를 남기지 않았다. 오히려 정화된 영혼은 원초적인 밝음을 드러냈다.

티혼이 성취한 것은 단순히 개인적인 공적이 아니었다. 티혼의 시험은 단지 개인적인 상승의 계단만을 의미하지는 않았다. 수도원에서 은거하는 중에도 그는 목자와 교사로 머물러 있었다. 그는 세상에 예민했고 세상을 동정했다. 이 세상을 위해 글을 썼으며, 구원을 찾지 않고 죽어 가는 세상을 향해 구세주를 증언했다. 그의 행동은 자유사상이 지배하는 세기의 광기에 대한 사도다운 응답이었다. 그것은 새

힌다. 1726년에 교황 베네딕토 13세에 의해 시성되었다.

431) 영혼의 어두운 밤: 하나님의 침묵과 같은 영적인 시련의 때를 말한다.

432) 요하네스 타울러(Johannes Tauler, 1300~1361): 도미니칸 수도회의 신비주의자로 마이스터 에크하르트의 제자였다. 스트라스부르와 바젤에서 아퀴나스에 근거한 신비주의 신학을 강의했다.

로운 러시아의 불신앙과 최초의 접촉이었다(한 볼테르주의자 지주가 티혼의 뺨을 때린 유명한 이야기를 상기해 보라). 도스토옙스키가 러시아의 허무주의에 대항해 티혼을 제시하고자 했을 때 그는 이 사실을 예리하게 느꼈던 것이다. 그는 이러한 대비로 신앙과 불신앙의 신비한 문제를 드러내고자 했다.

티혼의 또 하나의 특징은 그가 항상 영감의 상태에서 계시를 받아 글을 썼다(종종 받아 적게 했다)는 점이다. 그의 시중을 든 수도사는 이 점에 대해 이렇게 이야기했다. "내가 그의 입에서 듣고 나 자신이 목격한 바로는, 내가 무엇을 그에게서 받아 적을 때, 그의 말이 입에서 너무나 빨리 흘러나와 미처 받아 적기가 힘들 정도였다. 성령이 그의 안에서 강하게 역사하지 않을 때는 생각이 막혀서인지, 생각에 잠겨서인지 나를 내 승방으로 돌려보내곤 했다. 그리고 그 자신은 무릎을 꿇고, 때로는 십자가처럼 팔을 벌리고 누워서 눈물을 흘리며 하나님께 성령을 보내 달라고 간구했다. 그리고 나를 다시 부르고는 너무나 자유롭게 말을 하는 바람에 때로 나는 펜을 움직여 그를 따라가지 못하곤 했다."

티혼은 항상 성경을 읽었으며 한때는 그리스어로 된 신약성경을 '현대적인 문체로' 번역할까 생각한 적도 있었다. 그는 히브리어에서 '시편'을 다시 번역하는 것이 필요하다고 생각했다. 티혼은 교부들 중에서 특히 이집트의 마카리와 즐라토우스트, 아우구스티누스를 좋아했다.

티혼에게서 우리는 속죄의 '보상'과 성체성사의 형식과 물질의 구별에 대한 모방적인 생각을 발견한다(그는 '물질'과 '실행'이라고 번역했다). 그의 생각은 학교와 시대에 대한 존경의 표시였다. 훨씬 더 중요한 것은 그의 경험에서 몇 가지 서구적 특성이 발견된다는 것이다. 그는 그리스도의 고난에 대한 기억과 묵상에 항상 집중했다. 그는 '상처 입고 찢기고 고통받고 피를 흘리는' 그리스도를 보았다. 그리고 그의 고난을 주목하라고 촉구했다. "그는 구세주의 수난을 매우 사랑했다. 마음속에서 구세주의 수난을 보았을 뿐 아니라, 그림으로도 그의 모든 거룩한 수난을 묘사했다"(캔버스에 그려진 그림). 그가 그리스도의 굴욕과 수난에 대해 이야기할 때는 어떤 집요함과 일종의 인상주의가 엿보인다.

이와 더불어 그의 경험 속에는 비잔틴적인 명상의 회복이 느껴진다. 찬란한 환상, 다볼 산의 빛, 변형의 파토스, 부활의 봄의 예감….

죽은 자들의 부활에 대한 생각은 항상 봄의 이미지 속에서 환기된다. "봄은 죽은 자들의 부활의 이미지이자 기호다." 부활의 봄은 신이 세운 세계의 영원한 봄이 될 것이다. "믿음이 너의 마음을 인도하여 감각적인 봄으로부터 가장 은혜로우신 하나님이 그의 성경에서 약속하신 숭고한, 네가 염원해 온 봄으로 향하게 하라. 그때는 세상이 시작되었을 때부터 죽었던 모든 의로운 자들의 몸이 하나님의 능력으로 씨앗처럼 땅에서 싹터 일어나게 될 것이다. 그리고 새롭고 아름다운 모습을 띠고 불멸의 옷을 입게 될 것이며 주 하나님의 손에서 선한 면류관을 받게 될 것이다." 여기서 그리는 것은 목가적인 종말론이 아니다. 그와는 반대로 죄 때문에 검어진 자연의 그 건조함과 어둠이 더 폭로될 것이고, 더욱 인색한 모습을 띠게 될 것이다. 영원은 모든 사람에게 똑같지 않다. 복된 영원이 있는 반면, 비참한 영원이 있다. 티혼에게는 이런 다볼의 비전이 매우 자주, 때때로 매일 찾아왔다. 하늘이 열리고 견딜 수 없는 빛으로 타올랐다. 때때로 그는 자신의 승방에서 빛을 보기도 했는데, 이러한 명상으로 기쁨을 얻었다.

긴장된 영혼의 집중에는 관심과 사랑이 결합해 있었다. 이웃에 대한 사랑, 사회 정의와 자비에 대해서 그는 즐라토우스트 못지않게 분명하고 강력하게 설교했다.

티혼은 중요한 작가였다. 그의 책에서 나타나는 이미지들의 가벼움과 유연성은 독자를 매료한다. 특히 ≪참된 기독교에 대하여≫는 역사적인 의의를 가지고 있었다. 그 책이 담고 있는 것은 교리 체계가 아니라, 신비주의 윤리학 또는 금욕주의였다. 그러나 그 책은 진정한 경험이 결여된 학교의 박식과 구별되고 대조되는, 살아 있고 경험적인 신학의 첫 시도였다.

티혼 자돈스키와 파이시 벨리츠콥스키 장로 사이에는 공통점이 많지 않다. 정신적인 유형으로 볼 때 그들은 별로 닮지 않았지만, 한 일은 같았다.

파이시 장로는 독창적인 사상가는 아니었다. 작가라고 할 수도 없었다. 번역가라고 하는 것이 가장 적당할 것이다. 그러나 러시아 사상사에서 그는 독자적인 위치를 차지하고 있다.

그가 아직 소년이었을 때 키예프 아카데미를 떠나 순례하다가 몰다비아의 승방으로, 그리고 후에는 아토스로 간 것은 매우 상징적인 의미가 있다. 그는 키예프에서 공부하는 것을 거부하고 중단했는데, 그 이유는 아카데미에서 가르치던 이교적인 지혜를 배우고 싶지 않았기 때문이었다. "그곳에서 나는 자주 그리스 신들과 여신들, 그리고 경건한 이야기들을 들었는데, 마음으로부터 그런 가르침들을 증오했다"(여기서 말하는 것은 고대 작가의 책을 읽는 것임이 분명하다. 파이시는 아카데미에서 통사론 이상은 배우지 않았다. "나는 라틴어 문법만을 부분적으로 배웠다"). 당시 학장은 실베스트르 쿨랍카(Сильвестр Кулябка)였다. 전승에 의하면, 파이시는 아카데미에서 교부들을 거의 읽지 않는다고 그를 질책했다.

라틴 학교를 떠나 그는 그리스 수도원으로 갔다. 그 행동은 지식의 거부가 아니었다. 그리스 수도원으로 감으로써 조국의 신학과 사상의 살아 있는 원천으로 회귀했다.

파이시는 수도원의 설립자였다. 아토스와 몰다비아에서 그는 비잔틴 수도 생활의 최상의 전통을 부활시켰다. 그는 마치 15세기로 돌아간 것 같았다. 파이시 장로가 닐 소르스키와 매우 가까웠던 것은 우연한 일이 아니다. 그는 닐 소르스키가 했던 일을 회복하고 계승했던 것이다(파이시 장로가 닐 소르스키에게 문학적으로 빚지고 있었던 것은 분명하다). 그것은 러시아 정신이 비잔틴 교부들에게로 돌아가는 움직임이었다.

아토스에서 이미 파이시는 기념비적 금욕주의 저작들의 슬라브어 번역을 수집하고 검토하기 시작했다. 그 일은 옛 번역자들의 기술 부족과 필사자들의 부주의함 때문에 어려운 작업임이 드러났다. 그리스 원고들을 수집하는 것은 매우 어려운 일이었다. 파이시는 그에게 필요한 책들을 큰 수도원이나 승방이 아닌 작고 궁벽한 곳에 있는 성 바실리 승방에서 찾아냈다. 성 바실리 승방은 그로부터 얼마 전에 카파도키아의 케사레아에서 온 수도자들이 세운 곳이었다. 그곳에서 그는 "이 책들은 가장 순수한 그리스어로 쓰였기 때문에, 학자가 아니면 읽을 수 있는 그리스인들이 거의 없고, 대부분은 이해할 수 없기 때문에 거의 잊혔다"는 설명을 들었다.

몰다비아로 이주한 후 파이시 장로의 번역 작업은 특히 (1779년부터) 냐메츠키 수도원에서 체계적를 갖추게 되었다. 파이시는 번역 작업의 모든 어려움과 언어를 깊이 알아야 할 필요성을 잘 이해하고 있었다. 처음에 그는 몰다비아어로 된 번역에 의존했다. 그는 필사가들과 번역자들을 모았고, 심지어 제자들을 부카레스트로 보내 그리스어를 배우도록 했다. 그리고 그 자신도 이 문학 작업에 매우 몰두했다. "그가 어떻게 작업했는지는 놀라움을 자아낸다. 그의 육체는 상처로 너무나 연약했다. 상처는 몸의 오른쪽 부위를 뒤덮고 있었다. 그러나 그는 쉬러 침상으로 갈 때까지 책에 둘러싸여 있었다. 그리스·슬라브 성경들과 그리스·슬라브 문법책들, 그리고 그가 촛불 옆에서 번역하던 책들이 나란히 쌓여 있었다. 그는 자신의 육체적인 허약함과 중한 병, 어려움을 모두 잊고 어린아이처럼 밤새 허리를 굽히고 글을 썼다." 장로는 자신의 번역에 대해 매우 엄격했으며 자신의 번역이 '흠이 있거나 불완전한 채로' 널리 퍼지는 것을 두려워했다. 그의 제자들은 라틴어도 번역했다.

냐메츠키 수도원은 파이시 장로 시절 중요한 문학적 중심지이자 신학적·금욕주의적 교육의 진원지가 되었다. 이곳에서 문학 활동은 영적이고 '지적인 일'과 유기적으로 결합했다. 파이시 장로에 대해서 성자전 작가는 이렇게 말한다. "그의 이성은 항상 하나님에 대한 사랑과 결합해 있었다. 눈물이 그 사실을 증언한다." 정신적인 이중성과 분열의 세기에 영적 집중과 통일성의 설교는 특별한 의미를 획득했다. 러시아어로 된 ≪도브로톨류비예≫의 출판은 러시아 수도 생활의 역사에서뿐 아니라 러시아 문화사 전체에서도 큰 사건이었다. 그 책의 출판은 진보이자 자극이었다.

페오판 프로코포비치와 파이시를 비교하는 것은 흥미롭다. 페오판 프로코포비치는 새로운 것, 미래, 진보를 지향했다. 파이시 장로는 과거와 전승을 지향했다. 그러나 바로 파이시 장로야말로 예언자이자 선구자였다. 원천으로 돌아가는 것은 새로운 길을 여는 것이며, 새로운 시야를 얻는 것을 의미했다.

V. 신학을 위한 투쟁

1

러시아 문화의 전체적인 발전에서 알렉산드르 시대의 모든 의의는 아직까지 제대로 평가되지 못했다.

그 시대는 매우 흥분되고 감상적인 시기였으며 위대한 창조적 긴장의 시기였다. 당시 사람들은 그토록 대담하고도 순진하게 창조의 기쁨을 최초로 체험하고 경험했던 것이다.

이반 악사코프433)는 러시아 발전에서 갑자기 시(詩)가 논쟁의 여지 없는 역사적 소명이 된 독특한 이 순간을 적절하게 표현했다. 시는 '신성한 행위의 형태를 띠게' 되었던 것이다. 그 시대에 창작된 모든 시에서는 특별한 생명력과 독립성, '예술적 지배의 승리감과 기쁨'이 느껴진다. 가슴이 각성되었다. 그러나 부연해 두어야 할 것은 아직 사상이 각성된 것은 아니었다는 점이다. 상상력은 아직 제어되지도 않았고, 지적인 훈련을 통해 단련되지도 않았다. 따라서 그 시대의 사람들은 그토록 쉽게, 자주 매혹·공상·환영에 빠져들었던 것이다. 그 시대는 공상·환상·환영·예언의 시대였다.

그 시대 전반에 특징적인 것은 이러한 이성과 가슴, 사상

---

433) 이반 악사코프(Иван Аксаков, 1823~1886): 시인이자 잡지 편집자다. 1860년대 슬라브주의자들의 지도적인 사상가로 떠올랐다.

과 상상력의 분리였다. 그러한 분리는 무의지라기보다는 가슴의 무책임성이라고 할 만한 것이었다. "섬세한 감정들로 도덕법칙들을 대체한 가슴의 미학적 문화…"(클류쳅스키의 말). 바로 이러한 손상된 가슴에 경건주의의 모든 약점과 무력함이 있었다. 러시아의 영혼은 지난 세기 초 경건주의의 시험 또는 유혹을 통과해야 했다.

이 시대에 아마도 러시아 서구주의가 정점에 달했던 것 같다. 러시아의 영혼이 유럽에 속한다고 느꼈던 알렉산드르 시대의 의기양양한 얼굴에 비하면 예카테리나 시대는 아주 원시적이라 할 수 있었다. 그러한 현상은 ≪러시아 여행자의 편지≫434)가 나온 후에 일어났다. 로자노프는 이 편지에 대해 적절한 언급을 한 바 있다. "러시아 여행자의 편지들에서 러시아의 영혼은 최초로 서유럽의 기적적인 세계에 이끌리고 울고 그것을 사랑하고 이해했다. 그 이전 한 세기 동안 러시아의 영혼은 서유럽을 초점 없는 흐릿한 눈으로 바라보기만 했던 것이다." 그다음 세대에는 이미 민족적·심리적일 뿐만 아니라, 문화 창조적인 '슬라브주의'가 반대의 목소리를 높이기 시작했다.

---

434) ≪러시아 여행자의 편지(Письма Русского Путешественника)≫: 니콜라이 카람진이 1789~1790년에 독일·스위스·프랑스·영국을 여행한 후 발표한 글이다. 유럽의 가치관·관습·사상을 묘사한 이 글을 10년에 걸쳐 집필했는데 그 첫 부분을 1791~1792년에 ≪모스크바 저널≫에 발표했다.

알렉산드르 시대의 서구주의는 실질적 의미에서 탈(脫)민족주의가 아니었다. 그와는 반대로, 민족주의가 고양되었다. 그러나 이 시기에 영혼은 에올리안의 하프[435]가 되었다.

이런 점에서 주콥스키의 형상은 매우 특징적이다. 그는 놀라울 정도로 폭넓게 공감하고 창조적으로 구현하는 재능, 긴장된 민감성과 동정심을 지니고 있었으며, 자유롭고 솔직한 언어를 구사할 줄 알았다. 그러나 주콥스키는 항상 (자신의 서정적인 명상에서) 서구적인 인간, '시인처럼 가슴의 프리즘을 통해' 보는 서구적인 몽상가, 독일의 경건주의자로 남아 있었다. 그 때문에 그는 놀라울 정도로 능숙하게 독일어를 번역할 수 있었던 것이다. 그의 작품에서 우리가 보는 것은 러시아어로 표현된 독일의 영혼이었다. 이러한 공상성의 발작이 가장 전투적인 상황에서 발생했다는 것은 매우 특징적인 일이다.

19세기 초는 전 유럽이 군사행동의 무대로, 무장된 병영으로 변해 버렸다 해도 과언이 아니다.

그 시대는 위대한 역사적 변동의 시대, 역사적 꿈과 진동의 시대였으며 민족들이 새롭게 이동한 시대였다.

조국전쟁[436]과 나폴레옹, '골족(Gauls)과 스무 민족들의

---

435) 에올리안의 하프: 그리스 신화에 나오는, 바람이 불면 저절로 울리는 악기다.
436) 조국전쟁: 1812년 러시아를 침공한 나폴레옹 군대와 벌인 전쟁을

침입'…. 주변의 모든 것이 불안으로 가득 찬 것 같았다. 사건의 리듬은 열병과도 같았다. 있을 법하지 않은 예감들과 우려들이 현실이 되었다. 영혼은 기대와 두려움으로 양분되었다. 감상주의적인 감수성은 종말론적인 조급함과 결합했다. 매우 많은 사람들은 이미 종말의 영역에서 살고 있다고 느꼈다. "지금은 러시아의 고요한 아침이 아니라 유럽의 폭풍이 이는 저녁이다"라고 필라레트는 말했다.

이러한 열병과 같은 시간의 시험은 불안정하고 쉽게 동요하는 상상력을 지닌 공상적인 세대의 사람들에게는 너무나 어려운 시련이었다. 그리고 일종의 종말론적인 의심이 생겨났다.

사람들은 신이 그들을 인도하고 있다는 것을 감각적으로 느낄 정도였다. 인간의 개별적인 의지는 제거되거나 용해된 것 같았다. 섭리의 사상은 그 세대 사람들의 의식 속에서 미신적이고 마술적인 반향을 얻었다. 사람들은 더 이상 그들 자신의 능력을 믿지 않았다.

조국전쟁은 많은 이들에게 종말론적인 투쟁으로 경험되었다. '얼어붙은 들판에 내린 하나님의 심판.' 나폴레옹의 폐위는 짐승에 대한 승리로 해석되었다. "모든 곳, 모든 것에서 높고 전능한 이의 임재가 느껴졌다. 나는 알렉산드르와 쿠투조프가 그분을 보았으리라고 확신한다. 심지어 나

일컫는다.

폴레옹에게도 분노에 찬 그분의 얼굴이 비추었으리라"(비겔). 추상적인 공상과 '보이는' 또는 '외적인' 것을 거부하는 기독교 정신은 이 지상에 하나님의 왕국이 보이게 임하리라는 조급한 기대와 결합했다.

낭만주의와 계몽주의는 모두 천년왕국의 표지 아래 서 있었다는 것을 기억할 필요가 있다. 낭만주의 시대의 공상적인 유토피아주의는 부분적으로는 궁극적인 이상의 조속한 실현에 대한 믿음을 지녔던 18세기의 유산이었다. 이성의 세기든 하나님의 왕국이든 각기 다른 이름으로 모두들 다시금 황금 세기를 기대했다. 처녀 아스트레아[437]가 돌아올 것이다. 지상의 천국은 다시 열릴 것이다. "그때 지상에는 참된 새해가 내려올 것이다." 그 시대의 심리적인 역사를 바르게 이해하고 제시하는 것은 이런 흥분된 사회 전반에 퍼진 종말에 대한 기대와 전망, 당시의 전 우주적인 충격적 사건들을 고려할 때 가능하다. 그것은 신정정치적인 유토피아주의의 시대였다.

---

[437] 아스트레아(Astrea): 고대 신화학에서는 정의의 여신이었고, 후에는 순수함과 순진함의 시적 상징이 되었다. 황금시대 후 지상을 떠난 마지막 여신이었다.

2

알렉산드르 황제는 그의 이름을 따서 시대를 명명할 만한 인물이었다. 정신적인 특성과 스타일, 취향과 의도에서 그는 시대의 전형적인 인물이었다.

알렉산드르는 감상주의적인 휴머니즘의 원칙에 따라 교육받았다. 감상주의에서 신비주의적인 가슴의 종교로 옮아가는 것은 멀거나 어려운 것이 아니었다. 처음부터 알렉산드르는 몽상과 기대, 일종의 지적인 '표정', 긴장과 '이상'의 꿈속에서 사는 데 익숙했다. 두 군주가 프리드리히 대왕의 무덤 위에서 애처로운 형제서약을 한 것은 1804년이었다.[438] 어쨌든 알렉산드르가 '신비주의' 영역에 관심을 갖게 된 것은 '모스크바의 화재[439]가 그의 가슴을 밝혀 주기' 훨씬 전이었다. 스페란스키[440]는 페름에서 신비주의를 주제

---

438) 알렉산드르와 프러시아의 프리드리히 빌헬름 3세는 나폴레옹에 대항하기 위해 포츠담에 있는 프리드리히 대왕의 지하 묘소에서 영원한 우정을 맹세했다.

439) 모스크바의 화재: 1812년 나폴레옹 군대가 모스크바를 침공했을 때 모스크바 시민들이 모스크바를 불태우고 도시를 비운 사건을 말한다.

440) 미하일 스페란스키(Михаил Сперанский, 1772~1839): 프리메이슨이다. 1807년 알렉산드르의 비서로 발탁되어 유능한 정치가임을 입증했다. 교육·재정·행정 분야의 개혁을 주도했으며 1809년에 포괄적인 입법안을 제출했다. 1810년에 제안한 국무협

로 나눈 대화를 군주에게 상기시켰다. "그 대화의 주제는 황제의 가슴속에 있는 감정들과 일치하는 것이었다." 더 영향력이 있었던 인물은 로디온 코셸레프[441]였다. 그는 프리메이슨의 원로였고 라바터[442], 생 마르탱, 에카르츠하우젠,[443] 특히 골리친 공을 개인적으로 알고 있었다.

1812년에 알렉산드르는 자신이 사랑하는 누이 예카테리나 파블로브나(Екатерина Павловна)를 위해서 그 시대에 매우 특징적인 기록인 ≪신비주의 문학에 대하여(О мистической литературы)≫를 집필했다. 그는 여기에서 타인의 충고와 타인의 강령을 반복했다. 그러나 그가 이미 타인의

의회가 신설되었으나, 시베리아로 유형 갔다가 1821년에서야 페테르부르크로 돌아왔다. 가장 큰 업적은 러시아 법률을 수집하고 정리한 것이다.

441) 로디온 코셸레프(Родион Кошелев, 1749~1827): 골리친과 알렉산드르가 신비주의로 기울어지게 하는 데 결정적인 역할을 했다. 1810년에 국무협의회 의원으로 임명되었다. 1818년 이후에는 모든 공직에서 물러나 페테르부르크에 신비주의 사상을 전파하는 데 전념했다.

442) 요한 라바터(Johann Lavater, 1741~1801): 스위스의 반합리주의적인 종교 운동의 지도자다. 프로테스탄트 목사였던 그는 인간의 특성 속에서 신적 존재의 흔적을 찾는 인상학의 유사 과학을 기초한 것으로 가장 잘 알려져 있다.

443) 카를 폰 에카르츠하우젠(Karl von Eckartshausen, 1752~1803): 독일의 신비주의 작가다. 로푸힌(И. В. Лопухин)이 그의 작품들을 러시아에 알렸다.

것을 자기 것으로 만들었으며, 그 스타일에 익숙해졌고, 그에게는 이미 일정한 개인적 취향과 기호를 갖게 되었다는 것을 금방 느낄 수 있다. 제일 중요했던 것은 프랑시스 드 살[444], 아빌라의 성 테레사,[445] ≪그리스도의 모방≫, 그리고 타울러였다. 조국전쟁은 알렉산드르에게 오래된 긴장을 해결하는 촉매제와 같은 충격에 불과했다. 나폴레옹의 침입 바로 전날 그는 최초로 신약성경을 읽었고 계시록 때문에 동요했다. 구약성경에서도 그를 매료한 것은 다른 것보다도 예언서들이었다. 그 이후로 항상 그는 불가사의하고 상징적인 '계시록'의 모든 해석과 해석자들을 신뢰했다. 그가 융 슈틸링[446], 남작 부인 크루데네[447], 엠페이타즈,[448]

---

444) 프랑시스 드 살(Francis de Sale, 1567~1622): 제네바의 주교로서 스위스에서 칼뱅주의자들과 벌인 투쟁, 신비주의적 저작들로 유명했다.

445) 아빌라의 성 테레사(St. Teresa of Avila, 1515~1582): 로마 가톨릭교회의 가장 위대한 여성 신비주의자로 카멜라이트 수도회를 개혁했으며, 관상(觀想)의 삶에 대한 책을 몇 권 남겼다. 중요한 것으로는 ≪완전의 길(Camino de perfección)≫(1583), ≪내면의 성(城)(Castillo interior)≫(1588) 등이 있다.

446) 융 슈틸링(Jung Stilling, 1740~1817): 요한 하인리히 융(Johann Heinlich Jung). 마르부르크의 물리학·경제학 교수로서 신비주의 글로 유명했다. '슈틸링'이라는 이름은 경건주의자의 내적 평화의 이상을 의미하는 말이었다. 프리메이슨과 경건주의자 사이에서 특별히 큰 인기를 누렸다. 모든 종파들을 결합하는 신비주의적인 기독교를 설파하고, 알렉산드르 1세가 동방으로부터 새로운 교

오베를린,449) '모라비아 형제들', 퀘이커들, 헤른후터들에 이끌린 것은 바로 그 때문이었다. 후에 계시록 해석을 위해서 그는 발타로부터 두 성직자 페오도시 레비츠키450)와 페오도르 리세비치(Феодор Лисевич)를 수도로 초빙했다(그들은 스스로를 계시록의 '충실한 두 증인'451)이라고 생각했

    회를 세우도록 하나님에게 선택받은 도구라고 여겼다. 알렉산드르는 1814년에 유럽 평화 회담에 참가할 당시 직접 그를 방문하기도 했다.

447) 크루데네(Krudener, 1764~1824): 러시아 외교관과 결혼한 라트비아의 여인이다. 남편 사후 경건주의적 신비주의로 개종하여 유럽을 여행하며 성경 강좌를 열었다. 1815년에 알렉산드르는 직접 그녀를 만나기도 했다. 후에 페테르부르크에 살았으나 1821년 추방당했다.

448) 앙리 루이 엠페이타즈(Henri-Louis Empeitaz, 1790~1853): 크루데네 남작 부인의 제자로 제네바의 목사였다.

449) 요한 오베를린(Johann Oberlin, 1740~1826): 박애주의 활동으로 유명했던 루터교 목사다. 루소의 합리주의와 슈틸링, 스베덴보리의 신비주의를 결합한 설교로 인기를 얻었다.

450) 페오도시 레비츠키(Феодосий Левицкий, 1791~1845): 세상의 종말에 대한 글을 써서 골리친에게 보낸 뒤 그의 초빙을 받아 1823년에 페테르부르크로 왔다. 한 해 뒤에 절친한 친구였던 페오도르 리세비치도 페테르부르크로 와 함께 종말에 관한 강의와 설교를 자주 했다. 그러나 그들의 설교는 정부에 대해 지나치게 비판적이었으므로 후에는 수도원으로 보내졌다.

451) 충실한 두 증인: 종말에 나타나기로 계시록에 예언되어 있는 두 선지자다.

다). 알렉산드르가 포티[452]의 말을 듣고자 했던 것도 그가 계시록을 풀이했고, 종말론과 모든 예언자들의 입을 빌려 예언하고 위협했기 때문이었다. 당시의 역사적인 상황에서는 종말이 가까이 다가왔다는 것을 믿는 것이 그리 이상하지 않았다. 알렉산드르는 권력을 좋아하지 않았고 추구하지도 않았다. 그러나 그는 자신이 성스러운 사상의 담지자라는 것을 의식했으며, 그 사실에 대해 흥분하며 기뻐했다. 바로 여기에 그의 공상적이고 정치적인 (집요함이라기보다는) 고집의 원천이 있었다. 그 세대의 많은 이들은 자기 자신 속에서 특별한 소명의 표시를 느끼곤 했던 것이다.

그런 분위기에서 신성동맹을 고안하고 체결했다. 이 구상은 계몽의 세기의 정치 이론과 같이 우주적인 세계와 보편적인 복락을 만들어 내는 고상한 입법자의 전능함에 대한 믿음을 전제로 하고 있었다. 이 사상을 알렉산드르에게 말해 줄 필요는 없었다. 그 스스로가 복잡한 사건들 속에서 그 사상을 알아차렸던 것이다. "우리가 선포한 사상들과 법칙들을 구세주가 직접 우리에게 불어넣어 주셨다." 신성동맹은 일종의 천년왕국의 예비로서 고안되었다. "보기를 원하는 자는 누구나 알 것이다. 이 행동이 하늘에서와 같이 땅에

---

452) 아르히만드리트 포티(Архимандрит Фотий, 1792~1838): 1822년에 알렉산드르 네프스키 수도원의 원장이 되었다. 1820년대에 러시아 사회의 신비주의 경향을 공격해 주목을 끌었다.

서도 약속된 주의 왕국을 준비하는 것으로서만 이해될 수 있다는 것을..."(골리친의 말).

'형제적인 기독교 동맹'의 결정서는 '은혜의 해인 1815년' 9월 14(26)일에 조인되었다. 물론 동방의 달력에 따라 성 십자가 축일453)이 선택된 것은 우연이라고 볼 수 없을 것이다. 종무원은 신성동맹의 결정서를 도시와 시골의 모든 사원 벽에 걸도록 명했다. 그리고 해마다 성 십자가 축일에는 성명서와 함께 그 결정서를 설교단에서 읽었다. "군주가 모든 백성을 대신하여 한 유일하신 주 구세주에 대한 봉사의 서약을 모두가 이행하기 위하여..." 그 서약을 이행하기 위해 특별히 '종교·교육부(Министерство духовных дел и народного просвещения)'가 설립되었다(1817년 10월 14일 명령). '그것의 설립은 기독교 신앙으로 행해진 가장 위대한 국가적인 조처'(스페란스키)였다. 엄밀히 말해서 종교·교육부는 종교적·유토피아적 선전을 위한 부처였다. 이 부처는 '기독교적인 경건이 항상 참된 교육의 기초가 되도록 하기 위한 목적으로' 설립되었다. 달리 말하면, 종교가 모든 문화를 주도하거나 종교에 모든 문화가 집중되도록 하기 위

---

453) 성 십자가 축일: 동방정교회 12축일 중 하나다. 이날 동방교회는 325년 콘스탄티누스 대제의 어머니 성 헬레나가 성 십자가를 발견한 것과, 페르시아인들에게 빼앗겼던 성 십자가를 7세기 헤라클리우스 황제가 되찾아 온 것을 기념한다.

한 의도였다. '구속(救贖)을 위한 신앙과 지식, 권력의 합의.' 이 마지막 종합의 요소는 무엇보다도 그 시대를 특징짓는 것이었다. 그 의도는 '신앙'을 '지식'과 '권력'과 일치시키고자 하는 것이었다.

새로운 부처는 골리친 공의 개인적인 관청이라고 할 수 있었다. 그것은 관청이라기보다는 개인 기구였다. 그의 '실각'과 더불어 '특별성'은 폐지되었고, 개별 부처들은 또다시 분리되어 각기 이전의 지위를 회복했다.

골리친 공은 아마도 그 시대의 가장 특징적이고 대표적인 인물일 것이다. 그의 민감한 감수성은 거의 병적인 것이었다. 그는 신비주의에 대한 호기심으로 고통받았다. 그는 청년기를 훌쩍 넘어서서 갑자기 가슴의 변화를 경험한 계몽세기의 사람이었다. 그러나 갑자기 변화한 민감한 가슴은 둔감하고 건조한 이성과 결합했다. 골리친 공의 종교적 기질에서 공상성과 권력의지는 살아 있는 전체로 융합되었다. 그의 귀족성은 감상성 속에 예리하게 스며들었다. 신뢰를 잘하고 민감한 가슴을 지닌 그는 독재자가 될 수 있었고 또 되기를 원했다. 그는 실제로 오랫동안 독재자였다. 이 독특한 '가슴의 독재'는 매우 집요하고 참을성이 없는 것이었다. 가슴의 광신은 때때로 매우 정열적이었고, 경멸에 찬 연민과 쉽게 결합했다. 골리친은 '보편적인 기독교', 즉 가슴의 상상력과 경험의 종교로 개종했으며, 그에게는 오직 그 종교만이 기독교에서 소중했다. 여기에서 그의 종파주의적인

'회심'과 '각성'에 대한 관심이 생겨난다. 그는 종교의 본질이 불필요한 껍데기 없이 바로 여기에서 나타난다고 생각했다. 신에 대한 '외적인' 경배와 교회성에서 그가 높이 평가하고 이해한 것은 오직 상징, 의식(儀式)의 이 감정적이고 신비로운 암시뿐이었다. 이런 한계를 지니고 있었는데도 골리친은 매우 진실했고 민감했다. 그는 생애 마지막까지 구도자였다. 이런 유형의 경건에는 선전과 개종에 대한 열정이 매우 특징적이다. 골리친은 바로 관청의 직무에서 자기 자신을 발견했다.

'특별성'은 표트르 대제의 교회 개혁의 발전, 당시에 도입된 새로운 교회·정치 체제의 실현에서 새로운 연결 고리였다. 골리친은 황제의 친구이자 '측근'으로서 군주의 친밀함과 호의에 힘입어 종무원 원장의 직무를 수행했고 자신을 '종무원 관청'의 최고 자리에 올려놓을 수 있었다. 사실 개별적인 경우들에서 그는 국가의 강제로부터 교회를 옹호하는 입장에 서기도 했다(이혼의 권리를 세속 권력에 이양해야 한다는 스페란스키의 생각에 반대한 것). 이제 특별성의 설립과 더불어 그의 성공은 정식 법률에 힘입어 더욱 공고해졌다. 종무원은 특별한 '그리스·러시아 신앙고백의 지부'로서 '종교적인 사항들'을 다루는 국가 행정 체계로 편입되었다. 설립 성명서에는 다음과 같이 표현돼 있다. "가장 신성한 통치권을 가진 종무원의 일이 이 부처와 결합하는 것이 마땅하다. 그럼으로써 종교·교육부는 법무부가 법률문제를 제외하고 원로원과 맺고 있는 관계와 똑같은 관계를 종무원과 맺게 될 것이다."

'특별성'을 구상하는 데 가장 중요한 것은 신성동맹의 이념에 나타난 대로 '신적 자비'뿐만 아니라 신적 권력을 가지고 통치하고 지배하는 '왕'의 종교적 지도력 또는 수장권이었다. 신성동맹의 '조약'에서 말하듯이, "그들과 그들의 종복들이 그 부분을 이루는 기독교 백성의 전제군주는 주권을 가진 오직 그 한 사람뿐이다". 이 조약을 노보실체프[454]의 '법률 헌장(Уставная Грамота)'과 비교해 보는 것은 흥미롭다. "그리스정교회, 러시아정교회의 수장으로서 군주는 종교적 위계의 가장 영예로운 자리에 있다"(20절). 이것은 표트르와 페오판보다 진일보한 것이었다. 표트르의 국가는 세속적인 기구로서 '보편적인 복지'를 위해 교회를 외적으로 자신에게 종속시켰고 세속적인 삶에 대한 관용을 강요했다. 알렉산드르의 국가는 다시금 자신을 거룩하고 신성한 것으로 의식했으며 종교적인 지배권을 주장했고 자신의 종교 사상을 강요했다. 종무원장은 '외적인 감독을 하는 지역 수호자' 자격으로 '교회의 사제'가 된 것 같았다(후에 모스크

---

[454] 니콜라이 노보실체프(Николай Новосильцев, 1761~1836): 알렉산드르 1세의 평생 친구로 '법률 헌장'은 1818년 알렉산드르에 의해 위임된 헌법의 초안이었다. 그것은 스페란스키의 계획안보다는 보수적이었으나 역시 곧 잊혔다.

바의 대주교가 된 필라레트는 골리친이 종무원장에 임명되었을 때 그를 그런 의미로 환영했다). 종무원장은 드 메스트르455)의 독설 어린 지적에 따르면, '보편적인 기독교의 거대한 괴물'이었다. 알렉산드르는 혼합된 기독교를 고백했으며, 이 '보편' 종교의 이름으로 지배하고 다스릴 권리를 주장했다. 러시아 제국 안에 있는 모든 신앙고백은 이 보편 사상에 따르고, 그 체계 내에서 자신의 자리를 고분고분 받아들여야 했다. '특별성'은 공통의 일을 위해서뿐 아니라 단일한 영감 속에서 모든 신앙고백 또는 '교회들'을 하나로 만들지는 못하더라도 결합해야만 했다.

이런 점에서 비트베르그456)가 매우 복잡하고 다의적인 상징적 건축물로 고안한 그리스도 구세주 사원의 의도는 매우 의미심장하다. "나는 건물이 아니라 하나님께 드리는 기도를 세우고 싶었다." 이 사원은 단지 정교회 사원이 되어서

---

455) 조제프 드 메스트르(Joseph de Maistre, 1753~1821): 프랑스 출신의 반동적인 정치 사상가다. 1803년부터 1817년까지 사르디니아 왕의 대사로서 페테르부르크에 머물면서 알렉산드르 1세의 친구이자 조언자로 러시아 사회에 큰 영향력을 행사했다. 자유주의적이고 계몽주의적인 사상에 적대적이었는데, 특이한 가톨릭 정치철학을 만들어 내어 러시아를 권위주의적인 가톨릭 국가로 바꾸려는 생각을 가지기도 했다.

456) 알렉산드르 비트베르그(Александр Витберг, 1787~1855): 러시아 화가이자 건축가다. 1817년에 사원 계획을 착수했으나 수도에서 추방되면서 건축은 중단되었다.

는 안 되었다. 그 사원은 '모든 것을 포괄하는 사상'을 구현하고 표현해야만 했다. 비트베르그 자신이 말했듯이, "그리스도 구세주 사원을 그리스도께 바쳤다는 사실 자체가 그것이 기독교 세계 전체에 속해 있음을 보여 주었다." '특별성'의 정책은 잔혹하고 강제적이었다. '신비주의'는 법의 모든 힘을 빌려서 동조하지 않거나 회피하는 이들에 대해 결단성 있는 제재를 가했다. '내적 기독교' 사상에 공감하지 않는 것도 정부의 견해에 대한 저항이자 범죄로 간주되었다.

당시의 검열 법규 항목들 중 하나는 이렇다. "기독교 교회들 중 하나를 옹호하거나 정당화하려는 구실로 다른 것을 비난함으로써, 모든 기독교인들을 그리스도 안에서 하나로 묶어 주는 사랑의 연합을 파괴하는 모든 글을 금지한다." 그러한 조항 때문에 정교회의 시각에서 프로테스탄트의 견해들을 분석하는 것은 허용되지 않았다. 그러한 분석은 이미 표트르와 비론 때 금지되었던 것이었다.

신성동맹의 정체(政體)는 양심과 정신의 노예화를 의미했다. 그것은 가장 강제적인 국가통제주의의 형태, 신정정치적인 국가통제주의였다. '특별성'은 카람진이 평가한 것처럼 너무나 자주 '어둠의 기관'으로 판명되었다. 그러나 바로 이런 매우 복잡하고 애매한 역사적인 상황에서 각성이 시작되었다.

국가는 대중에게 있는 종교적인 필요를 강화하고 예리하게 만들고자 노력했다. 치스토비치[457]가 말했듯이, "골리친 공은 어디에서나 관찰되는 신앙적인 수면(睡眠)과 무관심에서 러시아 국민을 깨워, 그들 속에 고상한 영적 본능을 불러일으키고, 성경의 보급을 통해서 그들 속에 기독교를 내적으로 이해하는 살아 있는 흐름을 주입하려고 노력했다". 그는 계속해서 말한다. "성경협회가 자유롭게 존재했던 때는 18세기 이래로 세속적인 사회가 생생하고 긴장된 관심을 가지고 종교 문제들에 집중하고, 국민의 영적·도덕적 발전의 관심사들을 최우선순위에 올려놓았던 유일한 시기였다." '내적인' 기독교의 설교는 흔적 없이 지나가 버리지 않았다. 그 설교는 종교적이고 도덕적인 자주성에 대한 호소였다. 어쨌든 내적인 기독교는 지난 세기의 계몽주의적 세속화에 대해 변증법적으로 균형을 맞추는 것이었다. 그때는 의식적으로 성직자들을 사회의 하층으로 밀어내고 그들을 '평균적인 부류'로 용해해 버리려고 노력했다(예카테리나의 입법위원회에서 이 문제를 논의한 것을 참조하라). 이제는 학식 있고 계몽된 성직자의 이상(理想)이 제시되었다. 그들의 자리는 바로 상층부에 있었다. 새로운 체제의 프로그램 속에는 종교 사상과 영감의 소유자들에게 국가적인 삶에서 더 많은 자리와 참여를 제공하는 내용이 포함되었다. 표트르 시대에는 규율이, 예카테리나 시대에는 교

---

457) 일라리온 치스토비치(Иларион Чистович, 1828~1893): 러시아 정교회사가이자 과학 아카데미 회원이다.

육이, 이제는 창조가 시대의 기호가 되었다. 당시의 신비주의적인 혼합주의에는 로마 가톨릭의 요소들도 있었다. 드 메스트르는 어느 정도 당시 러시아 신비주의의 역사에 속해 있었다.

젊은 시절 그는 프리메이슨의 경험을 거쳤고, 자신의 세계관에서 많은 부분을 생 마르탱에게 빚진 바 있었다. 러시아에 체류하는 동안에는 프리메이슨이 비가톨릭 국가들에서는 신앙과 국가에 위험하지 않다는 생각을 고수했다. 그와는 반대로 성경협회의 운동을 매우 위험하다고 여겼는데, 바로 러시아에서 성경협회가 활발하게 활동하는 것을 목격했던 것이다. 이러한 인상들이 그의 신정정치적인 종합 속에 반영되었다. 고요[458]가 적절하게 지적했듯이, 드 메스트르는 ≪교황에 대하여(O папе)≫를 썼을 때 두 국가, 즉 프랑스와 러시아를 생각하고 있었다.

러시아 귀족들에게 그의 영향력은 상당했다(당시 국민교육부 장관이었던 라주몹스키에게 보낸 그의 편지를 참조하라). 새로운 세기의 몇 년 동안 제수이트들의 영향력이 강하게 느껴졌다. 수도원장 니콜[459]과 로자벤[460]의 이름을

---

458) 조르주 고요(Georges Goyau, 1869~1939): 프랑스의 교회사가다.
459) 니콜(Carl-Eugene Nicole, 1758~1835): 1810년에 러시아로 온 프랑스의 수도원장이다. 6년 후 오데사에 학교를 세워 러시아에서 추방된 1820년까지 운영했다.

상기하는 것으로 충분할 것이다. 짧은 시간에 제수이트들은 제국 내에서 자신들의 학교를 위한 특별한 교육구를 설치하는 데 성공했다. 폴로츠크 아카데미(1811~1820)가 그 행정 중심이었다. 남쪽에서는 오데사가 개종의 중심지가 되었다. 그곳에 '귀족 학원'이 세워졌는데, 그것은 곧 리슐리외(Richelieu)식의 리체이로 바뀌었으며 니콜이 교장을 맡았다.

그러나 1815년에 이미 제수이트들은 두 수도에서 모두 추방당했고, 1820년에는 아예 제국의 경계 밖으로 쫓겨났다. 그들의 학교들은 폐쇄되고 개조되었다. 그러나 그렇다고 해서 라틴의 영향력이 완전히 사라진 것은 아니었다.

알렉산드르 시대는 모순과 애매함, 이중성 속에 놓여 있다. 삶과 사상에서 모든 것이 양분되었다. 최초로 공개적인 (비록 자유롭지는 않았지만) 종교적·사회적 토론이 시작되었다. 알렉산드르 시대는 격렬하고 의미심장한 새로운 시대의 시작이었다.

---

460) 로자벤(Jean-Louis Rozaven, 1772~1851): 1794년에 페테르부르크의 제수이트 귀족 기숙학교에서 가르치기 위해 러시아에 왔다. 페테르부르크에서 제수이트들이 추방된 1815년 이후에는 폴로츠크의 제수이트 아카데미에서 신학을 가르쳤으며 1820년에 로마로 갔다.

3

세기 초부터 신비주의적인 긴장이 사회에서 감지되기 시작했다. 다시금 프리메이슨의 지부들이 생기를 띠고 활동을 개시했다. 신비주의 책의 출판이 재개되었다. 노비코프 전통461)이 부활했다. 다시금 로푸힌, 카르네예프, 코셸레프,462) 투르게네프, 랍진 같은 이들이 활동을 개시하고 계속했다.

세기 초에는 랍진의 활동이 가장 두드러졌다. 이미 1800년에 미술 아카데미의 회의 비서였던 그는 페테르부르크에 '빈사의 스핑크스'라는 프리메이슨 지부를 열었다. 그 지부는 폐쇄적이고 고립된 로젠크로이츠주의자들의 모임이었다. 랍진 자신은 한때 슈바르츠의 열렬한 청강생이었다. 파벨 시대에 그는 독일의 말타 기사단463)의 역사를 번역했다

---

461) 각주 408번을 참고하라.

462) 알렉산드르 코셸레프(Александр Кошелев, 1806~1883): 러시아 작가, 사회 평론가로 키레옙스키의 절친한 친구였다. 그의 ≪회상록(Всспоминание)≫은 1889년에 출판되었다.

463) 말타 기사단: 1080년 성지 순례자들을 위해 예루살렘에 세워진 아말피 병원에서 시작된 기독교 기사단의 이름이다. 지역에 따라, 병원 기사단, 구호 기사단, 로도스 기사단, 성 요한 기사단 등 다양한 이름으로 불린다. 제1차 십자군 원정 당시 예루살렘 정복(1099년) 이후 로마 가톨릭교회의 군사적인 성격을 띤 기사단으로 성지와 순례자들을 보호하기 위한 조직으로 발전했다. 팔레스타인에서 기독교 세력이 축출된 이후 로도스 섬으로 근거지를 옮겼으며,

[바즈루셰프(A. Вазрушев)와 공동으로. 1799~1801년 출판. 이제 그는 1780년대 모스크바의 경험을 되풀이하고 있었다.

랍진은 실제로 당시의 출판 경험을 토대로 여러 책을 출판할 수 있었다. 이미 1803년에 신비주의 서적들의 번역, 특히 융 슈틸링과 에카르츠하우젠의 책을 다시 출판했다. 그들은 그의 중요한 권위 또는 '모범'이었다. 그 외에도 뵈메와 생 마르탱, 부분적으로 페늘롱이 있었다. 1806년에 랍진은 ≪시온 통보(Сионский Вестник)≫의 출판에 착수했다. 그 시기 전반적인 정치 상황은 아직 그런 출판물에 호의적이지 않았다. 그는 잡지 발행을 중단해야만 했다. 랍진은 그가 따랐던 모델을 지적했는데, 그것은 페닝거(Pfenninger)의 ≪기독교 잡지(Sammlung zu Einem Christlichen Magazin)≫와 에발트(Ewald)의 ≪기독 월보(月報)(Christliche Monatsschrift)≫였다.

신비주의 책의 출판이 실질적으로 왕성해진 것은 조국전쟁 이후 성경협회의 활동과 관련이 있었다. ≪시온 통보≫는 '황제의 명령으로' 1817년에 가서야 다시 출판되기 시작

1522년 오스만 제국에 의해 다시 스페인 관할의 몰타로 이주했다. 그 후 1789년 나폴레옹이 이끄는 프랑스군에게 정복당했다. 그러나 그 뒤에도 살아남아 현재 로마에 본부를 두고 있으며, 영토를 제외하고 독자적인 헌법과 법원 등 독립국으로서 갖춰야 할 대부분의 요소들을 갖추고 있다.

했다. 그러나 오래가지는 못했다.

이런 '신비주의 서적들'에 대해 당시 충분한 수요가 있었다. 많은 사람이 이런 책을 소유하고 있었다. 우리는 당대인들의 말과 회상을 통해 그러한 사실을 판단할 수 있다. 그 시대에는 신비주의가 사회적인 경향이 되었고, 한때는 정부의 지지를 누리기도 했다. 신비주의적인 힘의 장(場)이 생겨났다. 당시 인물들의 전기에서 우리는 '신비주의' 시기 또는 하다못해 일화라도 발견한다.

랍진의 설교는 단순하고 전형적인 것이었다. 그의 설교는 정적주의와 경건주의의 혼합이었다. 그것은 '각성' 또는 '회심'의 설교였다.

그는 자기관찰과 반성을 촉구했다. 모든 관심은 바로 이 '회심'의 순간에 집중되어 있었다. 회심은 새로운 교의에서 본질적인 것으로 인정되었던 유일한 '교리'였다. 신학에서 이성의 오만함의 거부는 불가지론으로 (때로는 거의 실어증에까지) 귀결되었다. 모든 종교 경험은 매력적이고 고통스러운 체험들의 물결을 형성했다. "성경에서 우리는 신적인 것들에 대한 개념에 관한 한 어떤 안내도 발견하지 못한다." 그의 개념에서 이성은 계시에 반대된다. 그러나 역사적이거나 기록된 계시가 아닌 '내적인', 즉 어떤 '조명' 또는 '비침'이 중요했다. "성경은 가슴속에 살아 있는 교사를 가리키는 무언의 지도자다." 교리들이나 심지어 보이는 성사(聖事)들은 이 가슴의 삶보다 중요하지 않다. '견해들'을 가지고는 하나님을 기쁘시게 할 수 없는 것이다. "우리는 구세주에게서 어떤 교리들에 대한 해석도 찾지 못한다. 오직 무엇을 할 것인지, 그리고 무엇을 멀리해야 할 것인지에 대해 가르치는 실제적인 공리들만이 있을 뿐이다." 따라서 신앙고백을 이성의 교만함으로부터 분리해야 한다. 참된 교회는 이런 외적인 구별들보다 더 광대하고, 영 안에서 참되게 예배하는 모든 자들로 구성되어 있으며 모든 인류를 포함한다. 이러한 전 세계적인 또는 '보편적인' 참된 기독교는 랍진의 해석에서 일종의 초시간적이고 초역사적인 종교로 용해되어 버린다. 그 종교는 모든 민족과 모든 시대에, 그리고 자연의 책과 성경에서, 예언자들과 신비, 신화들, 그리고 복음서에서 하나이며 똑같은 것이다. 단일한 가슴의 종교.... 모든 사람에게는 자신만의 비밀스러운 연대기, 자신만의 시기 구분이 있다. 그 시기는 거듭남 또는 회심, 가슴에 그리스도가 태어나거나 거한 후부터 시작된다.

이 모든 신비에 특징적인 것은 매우 분명한 단계들의 구분, 그리고 '최고의' 단계들 또는 성화의 추구나 획득을 향한 절제되지 못한 노력과 성급함이다. '겨우 교리 교육만 받은 하위의 인간들'만이 역사적인 교회들 안에서 의식(儀式)적인 경건에만 만족할 것이다.

이러한 신비주의 속에는 공상성과 합리성이 이상하게 결합해 있고, 모든 문제들이 매우 감상주의적으로 단순화되어 있으며 모든 것이 지나치게 투명하고 분명하다. "그의 이성은 모든 것을 명백하고 단순하게 제시했으며, 모든 것의 근거를 필연성의 법칙과 보이는 것과 보이지 않는 것, 땅의 것과 하늘의 것을 결합하는 법칙에 두었다. 그리하여 나는 종교란 위대하고 중요한 계시라고 생각했다"[드미트리예프(М. А. Дмитрьев). 랍진에 대한 회상에서]. 랍진에 대해서는 의견들이 엇갈렸다. 많은 이들은 볼테르주의와 모든 자유사상에 대한 그의 격렬하고 단호한 공격에 매료되었고 그에 동조했다. 예브게니 볼호비티노프조차 그에 대해 이렇게 언급한다. "그는 많은 이들을 방탕한 삶은 아니더라도 종교에 대항하는 사상의 방탕에서 벗어나도록 했다." 필라레트는 랍진이 가진 의도의 순수성을 인정했다. "그는 다만 종교적 견해가 약간 특이하지만 선량한 사람이다." 다른 이들은 그에 대해 훨씬 더 가혹하게 비판했으며 결코 타협하지 않았다. 이노켄티 스미르노프[464]는 랍진의 번역 활동을 완전히 해롭고 위험한 것으로 간주했는데, 그에 동의하는 사람들이 많았다. 포티는 랍진을 이단의 가장 중요한 교사자 중 한 사람이라고 생각했다. 사실 랍진은 매우 조심성 없고 집요하게 선전했다. 그는 참을성이 없었다. 그에게는

---

464) 이노켄티 스미르노프(Иннокентий Смирнов, 1784~1819): 교회사가다. 랍진으로 대표되는 신비주의 경향을 공공연하게 반대했다. 모스크바의 삼위일체 신학교와 페테르부르크 아카데미에서 가르쳤다.

개종에 대한 파토스가 있었다. 그리고 그는 성공을 거두었다. 그의 지부에는 성직자들이 참여했던 것 같다(두 명의 수도원장, 페오필465)과 욥466)의 이름을 들 수 있다). 랍진의 지부에는 비트베르그도 드나들었다. 바로 랍진의 지부인 '빈사의 스핑크스'를 위해 당시 신비주의적이고 경건주의적인 시의 전형적인 모범이었던 헤라시코프467)의 유명한 찬가 '얼마나 영광스러운가'가 쓰였다는 것은 흥미로운 일이다. 당시의 '신비주의적인' 분위기의 또 다른 대표자는 스페란스키(1772~1839)였다. 랍진과 마찬가지로 그는 본질적으로 이전 세기의 사람이었다. 그에게서는 계몽주의 시대의 낙관주의자와 이치를 따지기 좋아하는 사람의 면모가 강하게 느껴진다. 스페란스키는 자신의 극단적인 추상성으로 당대인들을 놀라게 했고 심지어 겁을 주기도 했다. 그는 추상적인 구성과 도식, 형식의 요소에서만 강하고 대담했으

---

465) 페오필(Феофил, ?~1862): 페테르부르크 제2군사 아카데미의 교리문답 교사였으며 1818년까지 랍진의 지부 '빈사의 스핑크스'의 지도적인 멤버였다. 후에 오데사로 가 리슐리외 리체이에서 가르쳤으며, 오데사의 러시아 성경협회 지부장을 맡았다.

466) 욥(Иов): 군사 아카데미의 종교 교사로서 마담 타타리노바(Татаринова) 그룹의 멤버였다. 1818년에 랍진의 지부에 들어갔으나 그해 정신착란으로 사망했다.

467) 헤라시코프(Херасиков, 1733~1807): 러시아의 시인, 희곡 작가다. 1771년에 페테르부르크에서 프리메이슨이 되었다.

며, 실제 생활에서는 금방 지치고 어찌할 바를 몰라 했다. 심지어 도덕적인 에티켓조차 항상 준수하지 못했다. 스페란스키는 수년간 신비주의적이고 금욕주의적인 책을 읽었지만 타고난 이성주의에서 해방되지 못했다. 이 명상의 시험 속에서 그의 사상은 더 단단해졌지만 한편 더 건조해졌다. 그는 무욕이 아닌 무감각에 도달했던 것이다. 이 이성주의에 스페란스키의 모든 힘과 약함이 동시에 있다. 그는 모방할 수 없는 조직가이자 체계주의자였다. 그는 두려움을 모르는 개혁가가 될 수도 있었다. 그러나 그의 사상은 살아 있지 않았다. 그 사상은 자주 명료하긴 했지만 그때에도 얼음과 같이 차가웠다. 항상 그의 행동과 말에는 무엇인가 참을 수 없을 정도로 수사적인 것이 있었다. 그의 명료함과 투명함에는 무엇인가 모욕적인 것이 있었다. 따라서 누구도 그를 좋아하지 않았고, 그 자신 역시 누구도 사랑하지 않았다. 그는 매우 계산적이고 부자연스러운 사람이었다. 그는 지나칠 정도로 균형을 사랑했고 법규들의 전능성과 형식의 힘을 믿었다(이런 평가에 필라레트와 니콜라이 투르게네프468)가 동의한다). 모든 논리적인 계획의 대담성에도 불구

---

468) 니콜라이 투르게네프(Николай Тургенев, 1789~1871): 정부 관리이자 데카브리스트였다. 1824년 데카브리스트 혁명이 발발하기 한 해 전 외국으로 가 평생을 런던과 파리에서 살았다. 데카브리스트에 대한 설명은 각주 518번을 확인하라.

하고 스페란스키는 독창적인 사상을 갖지 못했다. 그의 명료한 이성은 깊이가 없었다. 그의 세계관은 생기 없고 맥 빠진 것이었다. 그 속에는 용기나 생기가 부족했다. 그는 고난조차도 공상적으로 받아들였다.

스페란스키는 사상가가 아니었다. 그런 유형의 인간이 신비주의적인 회오리에 끌려들어 갔다는 것은 매우 특이한 일이다.

스페란스키는 성직 출신이었다. 그는 평범한 신학교 과정을 마쳤으며 그가 공부했던 알렉산드르 넵스키 신학교에서 교사로 있었고 심지어 학부장을 지내기도 했다. 그러나 신학에 흥미를 가진 것은 시간이 더 지난 뒤였다. 1804년경 그는 로푸힌과 가까워졌고, 그의 지도로 신비주의 저작을 읽는 데 빠져들었다. 이 시기 그는 특히 뵈메와 생 마르탱, 스베덴보리[469] 등 '신지학'[470] 책을 많이 읽었다. 후에 페름

---

[469] 에마누엘 스베덴보리(Emanuel Swedenborg, 1688~1772): 스웨덴의 과학자이자 엔지니어로서 1740년대에 환상을 자주 본 후, 그 환상을 기초로 새로운 기독교의 철학 체계를 세웠다. 전통적인 삼위일체 교리를 부정했다. 전반적으로 그의 가르침은 신플라톤주의와 유사하다. 그의 책은 당대에 널리 읽혔으며 낭만주의자들과 심리학자들에게 큰 영향을 주었다. 어떤 공동체도 형성하지 않았지만, 추종자들은 1787년에 새 예루살렘 교회를 조직했고 그의 이름과 사상은 곧바로 러시아에 알려지게 되었다.

[470] 신지학: 보통의 신앙이나 추론으로는 알 수 없는 신의 심오한 본질이나 행위에 관한 지식을, 신비한 체험이나 특별한 계시로 알게 되

과 벨리코폴리예로 유배 갔을 때에야 그는 '신비주의 신학', 즉 정적주의적인 신비주의, 부분적으로 교부들에게로 옮아 갔으며, ≪그리스도의 모방≫을 번역했다. 동시에 성경을 히브리어로 읽기 위해 히브리어를 배웠다. 그리고 더 뒤에 펜자에서 독일어를 배우기 시작했다.

스페란스키에게는 당시 전형적이었던 '외적인 것'과 '내적인 것'의 구분, 심지어 그 둘의 단절이라는 특징이 매우 강하게 나타났다. 그의 역사에 대한 태도는 무관심을 넘어섰다. 그는 '역사적이고' '외적인' 기독교에 대해 적대적이고 격하게 반응했다. "역사적이고 외적인 기독교는 감각적인 세계의 모든 색채들로 뒤덮인, 보기 흉한 기독교다." 그는 한번은 자신의 학창시절 친구인 슬롭초프(П. А. Словцов)에게 이렇게 썼다. "성경에서 무익하고 허망한 역사적 진리들과 빈약한 오감에 기초한 논리의 헛된 질서를 찾으려는 것은 어린애 같은 짓이자 우리 스스로를 보잘것없는 학문과 문학으로 즐겁게 하려는 것에 지나지 않는다." 스페란스키에게 성경은 비유와 비밀스러운 상징의 책, 역사적이기보다는 신화적이거나 '이론적인' 책이었다. 성경에 대한 그러한 이해는 전반적으로 당시 신비주의와 경건주의의 현저한 특징이었다. 스페란스키의 이성적이면서도 환영을 곧잘 보는 특성, 이미지들이 아닌 도식들의 유희는 우리를 놀라게

는 철학적 · 종교적 지혜와 지식을 뜻한다.

한다. 그가 융 슈틸링과 계시록에 대해 절제된 태도를 보였다는 것은 흥미로운 일이다. 계시록에는 너무나 많은 삶과 역사의 요소가 있었던 것이다.

그는 프리메이슨이었다. 그러나 로젠크로이츠주의자들이 아니라, 페슬러(Fessler)의 '과학적인' 체계에 합류했다. 드 메스트르는 충분한 근거 없이 스페란스키를 '칸트 숭배자'라고 생각했다.

페슬러를 초청한 것은 매우 특이한 일이었다. 중요한 프리메이슨의 활동가이자 좀 더 합리적이고 비판적인 원리들 위에 세워진 독일 프리메이슨의 개혁가였던 페슬러는 스페란스키의 초청을 받아 당시 다시 문을 연 페테르부르크의 신학교 강단에 서게 되었다. 후에 스페란스키는 페슬러가 '왕의 특별한 명령으로' 초빙되었다는 것을 강조했다. 그는 히브리어 강의를 위해 초빙되었는데, 이전에 리보프에서도 히브리어를 가르친 적이 있었다(그곳에서 로디(Лодий)가 그의 강의를 듣고, 그를 스페란스키에게 소개했다). 그러나 그가 도착하자 스페란스키는 그에게서 뛰어난 철학 지식을 발견하여 히브리어 외에도 자신이 '후원하던' 철학 강좌를 맡겼다.

심지어 스페란스키의 오래된 공식 전기작가였던 코르프 남작[471]은 페슬러의 초청에는 숨겨진 동기들이 있을 것이

---

471) 코르프 남작(Барон М. А. Корф, 1800~1876): 1826년부터 니콜

라고 짐작했다. 그 후로 한때 입법위원회에서 스페란스키와 함께 일했던 가우엔실드[472]는 매우 흥미로운 언급을 했다. 가우엔실드는 페슬러가 페테르부르크에 설립하고 스펜란스키가 가입한 프리메이슨 지부를 이야기한다. 지부는 유명한 남작 로젠캄프[473]의 집에서 모였다. "전 러시아 제국에 걸쳐서 프리메이슨 지부를 세워 모든 계층의 유능한 성직자들을 의무적으로 가입하도록 할 것이 제안되었다. 영적인 형제들은 인도주의적인 문제들에 대한 글을 쓰고 설교해야 했다. 그리고 그 문서는 후에 중앙 지부로 보내야 했다." 가우엔실드는 스페란스키를 처음 만난 자리에서 그가 '러시아 성직자들의 개혁'에 대하여 말했던 것을 기억해 냈다. 바로 그런 의도를 가지고 페슬러를 초빙해 아카데미에 들어오게 했다고 생각할 수도 있었을 것이다.

페슬러는 신비주의자가 아닌 자유사상가였다. 그는 레싱과 피히테의 사상에 공감했으며, 참된 프리메이슨의 과제는 새로운 시민성을 창조하고 시민들을 다가오는 아스트

라이 정부를 위해 스페란스키 밑에서 일했으며 페테르부르크 도서관 관장이었다.

472) 마트베예비치 가우엔실드(Матвеевич Гауеншильд, 1780~1830): 트랜실베니아 출신으로 1811년에 러시아로 와 페테르부르크의 알렉산드리아 리체이의 학장으로 일했다.

473) 구스타프 로젠캄프(Gustav Rosenkampf, 1762~1832): 당대 유명한 법학자로서 알렉산드르의 입법위원회에서 일한 바 있다.

레아 세기를 위해 재교육하는 데 있다고 생각했다. 모스크바의 로젠크로이츠주의자들은 페슬러에 대한 소식을 분노와 두려움을 가지고 들었다. "그는 예수 그리스도의 신성을 부인하고 오직 위대한 인간으로만 인정하는, 슬며시 다가오는 원수다"(라주몹스키 공작에게 보내는 편지에서 포즈네예프474)의 평가). 페테르부르크에서도 그를 적대적으로 맞이했다. 그러나 그의 지부에는 중요한 인물들이 합류했다. 우바로프,475) 투르게네프,476) 입법위원회의 카르파티아 러시아인들인 로디477), 발루디얀스키,478) 오를라이,479)

---

474) 포즈네예프(Познеев, 1742~1820): 러시아 프리메이슨 창시자들 가운데 한 사람이다.

475) 세르게이 우바로프(Сергей Уваров, 1786~1855): 베네치아와 파리의 러시아 대사관에서 일했고 후에 과학 아카데미(1818)와 교육부(1833) 장관을 지냈다. 그가 제창한 '정교회, 전제주의, 민족성'은 일명 니콜라이 1세 치하의 관제 이데올로기가 되었다.

476) 알렉산드르 투르게네프(Александр Тургенев, 1785~1846): 귀족으로서 많은 곳을 여행했다. 괴팅겐에서 공부했으며 외국의 고문서에서 러시아 역사에 관한 자료들을 수집하여 러시아 역사학 발전에 크게 공헌했다.

477) 표트르 로디(Пётр Лодий, 1764~1829): 리보프와 크라쿠프 대학의 교수였으며 1803년에 페테르부르크로 와 철학을 가르쳤다.

478) 미하일 발루디얀스키(Михаил Балудьянский, 1769~1847): 헝가리에서 태어나 오스트리아에서 교육을 받았으며 1804년에 러시아로 와 페테르부르크 대학의 초대 총장이 되었다.

479) 이반 오를라이(Иван Орлай, 1771~1829): 페테르부르크에 학생

궁정 의사 슈토프레겐(Stoffregen), 유명한 의사 엘리젠(E. E. Ellisen), ≪러시아의 상이군인≫[480]과 부상자들을 위한 알렉산드르 위원회의 창시자인 박애주의자 포미안 페자로비우스...[481]. 페슬러는 아카데미에서 오래 가르치지 못했다. 곧 그의 소치니주의적인 사상의 경향이 드러났던 것이다. 그의 강의 계획안은 '의심스러운 것'으로 여겨졌다. 곧 페슬러는 입법위원회의 '객원 회원' 자리로 옮겨졌다. 그리고 곧 그와 그의 계획안을 옹호했으며 그때까지 '신학교 위원회'의 가장 활동적인 회원이었던 스페란스키는 모임에 참석하는 것을 완전히 그만두고 심지어 그를 제명할 것을 청하기까지 했다. 1810년의 일이었다. 1811년에 그는 볼가 강 연안의 헤른후터들의 공동체로 떠나야 했다. 1818년에는 루터교의 총감독직을 맡기 위해 다시 페테르부르크로 돌아왔다. 그리고 그곳에서 골리친 공의 호의를 얻었다.

이 사건은 그 혼란스러운 시기에 매우 특징적인 것이었

으로 왔으며 1821년 네진의 베즈보로드스코 리체이의 학장, 1826년에 오데사의 리슐리외 리체이의 학장이 되었다.

[480] 러시아의 상이군인(Русский Инвалид): 1813~1917년 상트페테르부르크에서 간행된 군대 신문이다.

[481] 포미안 페자로비우스(Pomian Pezarovius, 1776~1847): 예나 대학에서 공부한 후 러시아로 와 입법위원회에서 일했다. 1813년에 전쟁에서 희생된 자들을 위한 모금책으로 ≪러시아의 상이군인≫이라는 잡지를 설립했다.

다. 거기에서 모든 종교적인 견해의 지리멸렬함과 모호함이 분명하게 드러나고 있다.

4

알렉산드르 치세의 초기 몇 년 동안 신학교의 개혁이 시작되었다. 그것은 모든 학교 체제의 개혁, '국민 교육' 부분의 새로운 부처의 신설(1802)과 관련되어 있었다. 1804년 11월 5일에 새로운 대학들과 기타 시민 교육기관의 '설립'에 대한 법령이 공표되고 실행에 들어갔다. 신학교들의 새로운 구조를 '설계'하는 것은 1805년 당시 스타라야루사의 부주교였던 예브게니 볼호비티노프(1822년 키예프의 대주교가 됨)에게 맡겨졌다. 지방은 개선을 희망하는 사항에 대한 보고서를 그에게 제출했다. 개혁에 대해 완전히 부정적인 태도를 보인 것은 모스크바의 플라톤뿐이었던 것 같다. 그러나 자문을 구한 고위 성직자들 중 그 누구도 익숙한 질서의 범위 내에서 개별적인 수정과 변화보다 더 큰 것을 제안하지는 않았다. 유일한 예외는 모스크바의 부주교이자 드미트롭스키의 주교였던 아브구스틴 비노그라드스키[482]였다. 그

---

482) 아브구스틴 비노그라드스키(Августин Виноградский, 1766~1819): 자이코노스파스카야 아카데미를 졸업하고 1804년에 드미

는 수업의 단계를 구분하고 아카데미를 신학뿐만 아니라 '고급 학문들'만을 가르치는 학교로 만들 것을 제안했다. 또한 모스크바 아카데미를 삼위일체 대수도원으로 이전할 것을 제안했다.

예브게니 자신도 자신의 제안들에 대해 그다지 큰 요구를 하지 않았다. 그는 프로그램을 새롭게 하고, 라틴어 위주의 강의를 신학과 철학 교육을 위해서만 남겨 두자고 제안했다("우리가 항상 그렇게 해 왔듯이 번역서를 가지고 강의하는 것이 더 낫다"). 넵스키 아카데미 역시 같은 견해를 피력했다.

예브게니는 자신의 계획안에 한 가지 흥미로운 세부 사항을 집어넣었다. 그러나 그 세부 사항 역시 옛 취향에 따른 것이었다. 그는 관구 아카데미들에 특별한 학문적인 (더 정확히 말하면, 학문적이고 행정적인) 부서 또는 '학문적인 협회'를 만들 것을 제안했다. 그 협회는 '신학을 장려하고', 서적들을 출판·검열하며 다른 신학교들을 감독하고 교재들을 검토하는 등 상당히 혼합된 의무들과 권한들을 가지고 있었다. 그 생각은 이후 다른 계획으로 옮아갔다(1804년에 모스크바에 설립한 러시아 고대역사협회의 법령을 참조하라).

예브게니는 완전히 이전 세기의 사람이었다. 개인적인 취향으로 볼 때 그는 세속적인 사람이었다. 그는 직업적인

트롭스키의 주교가 되었다.

이력을 위해서 수도사가 되었다는 것을 숨기지 않았다. 그는 자신이 수도사가 된 이유에 대해 (친구에게 보낸 사적인 서신에서) 다소 단정치 못하게 거리낌 없이 묘사했다("수도사들은 거미들처럼 나를 검은 수도복과 망토, 두건으로 싸맸다"). 예브게니는 한때 모스크바에서 공부했는데, 당시 부분적으로 '우정협회'와 관계를 맺고 있었다. 어쨌든 아카데미의 수업보다는 샤덴483)의 강의를 선호했다. 당시 그는 신학에는 별로 관심이 없었다. 주된 관심사는 역사였다. 그는 역사에서도 단지 수집자였을 뿐이다. 이노켄티 보리소프484)의 평가에 따르면 그는 '기록자의 지성'을 가지고 있었다. 포고딘485)은 그를 '역사의 통계학자'라고 불렀다. 체르니고프의 필라레트는 "예브게니는 지식의 방대함만큼이나

---

483) 요한 샤덴(Johann M. Shaden, 1731~1797): 독일인으로 튀빙겐 대학에서 수학한 후 1756년에 모스크바로 와서 모스크바 대학에서 1797년 사망할 때까지 다양한 과목을 가르쳤다. 학생들에게 가장 인기 있고 영향력 있는 교수였다.

484) 이노켄티 보리소프(Иннокентий Борисов, 1800~1857): 니콜라이 1세 시기의 영향력 있는 교회 활동가이자 신학자다. 키예프 아카데미를 졸업하고 페테르부르크 아카데미에서 1830년까지 교수로 있었다. 1848년에 헤르손과 크림 지역의 대주교가 되었다.

485) 미하일 포고딘(Михаил Погодин, 1800~1875): 보수 성향의 러시아 역사가다. 잡지 ≪모스크바 통보≫와 ≪모스크바인(Москвитянин)≫을 편집했다. 모스크바 대학에서 가르쳤고, 교육부에서 일하기도 했다.

비활동적인 사색으로 우리를 놀라게 한다"고 말한다. 예브게니는 심지어 비판에서도 강하지 못했다. 그는 호기심 이상으로 나아가지 못했던 것이다. 그는 고문서 수집가이자 서지학자였다. 이런 분야에서는 분명 많은 공적을 남겼으나, 신학사 분야에서는 그렇지 못했다. 후에 그가 '스콜라주의로의 회귀'를 옹호하는 자들에 포함된다는 것은 우연이 아니다. 그는 신학을 좋아하지 않았고 키예프에서 대주교로 있을 때 키예프 아카데미 학생들이 신학에 관심을 갖도록 격려하지도 않았다. 그는 고문서 작업과 서지학 작업에 온 힘을 기울이는 것이 더 가치 있다고 생각했다. 한때는 새로운 문학에 매료되어 섀프츠베리·디드로·달랑베르·루소를 읽었다. 그는 라신과 볼테르의 비극과 비극적이고 감상적인 소설을 좋아했다. 그는 포프[486]의 작품을 번역하기도 했다. 그러나 그는 철학을 항상 적대시하며 조심스럽게 대했다.

그의 개혁적인 '계획안'이 충분히 유연하고 창의적이지 못했던 것은 이해할 만하다. 향후 학교에 관련된 개혁 작업에는 더 이상 참여하지 않았다.

1807년 11월 29일에 황제의 명령에 따라 '신학교의 개선을 위한 위원회'가 조직되었다. 그 위원회에는 대주교 암브

---

[486] 알렉산더 포프(Alexander Pope, 1688~1744): 영국의 시인이자 풍자 작가, 수필가로 당대 영국 신고전주의의 지도자였다.

로시[포도베도프(Подобедов)], (당시 칼루가의) 페오필락트 주교, 골리친 공, 스페란스키, 그리고 두 명의 사제장, 황제의 고백 사제와 군대의 사제장이 참여했다. 이 위원회에서 결정적이고 지도적인 역할을 했던 사람은 바로 스페란스키였다.

위원회는 작업을 매우 빨리 마쳤다. 불과 반년 후에 개혁의 전체 계획은 '신학교 조직에 관한 규칙 개요'라는 이름으로 황제의 재가를 받았다. 1808년 6월 26일에 위원회는 해산되었고 이전 구성원으로 상시 '신학교 위원회'가 설립되었다. 그 위원회는 신학교 운영에 관한 최상위의, 거의 독립적인 기구였다.

이런 노력에서 스페란스키의 집요함이 느껴진다. 그의 영향은 신학교망의 전체 계획의 체계성과 엄격한 기하학적 특성에서 분명하게 드러난다.

등급 체계가 마련되었으며 그 등급들은 개별적인 교육 기관에서 특수화되었다. 그러한 조치는 옛 질서에 정면으로 반하는 것이었다. 등급들은 넷으로 나뉘었다. 가장 낮은 것부터 시작하면 교구 학교, 지방 학교, (감독교구) 신학교, 아카데미 순이었다. 관할 지역의 표지가 구별의 근거 중 하나였다. 연속적인 등급은 복종 관계에 따라 단일한 체계를 형성했다. 모든 학교망은 아카데미를 최고로 또는 중심으로 하는 관구로 나누어졌다. 그런 식으로 지방의 교육 기관은 지방의 권력 기관으로부터 해방되었다.

이 모든 계획은 1803~1804년 법령으로 만들어진 '국민교육' 체계를 매우 많이 연상시킨다. 그 모델로 나폴레옹의 개혁을 받아들인 것이 분명하다[1806년 3월 10일의 법령에 의한 프랑스 대학(Universite de France) 조직]. 그 계획은 스페란스키의 취향에 매우 부합하는 것이었다(그러나 교육관구에 대한 생각은 이미 예브게니의 '계획안'에 있었다).

둘째 항목인 평행적인 학교망을 독립적으로 확보하는 것이 필요했다. 중요한 논거는 신학교의 특수한 목적에서 비롯되었다. 다른 목적에 부합하는 '교육의 종류' 자체가 특별하다는 것이었다. 이 학교는 국가가 아닌 교회의 봉사를 위해 사람들을 준비시켜야 했다. 매우 발달한 신학교망의 존재가 오래되었다는 사실 자체가 실제로 설득력을 가졌다. 그에 반해, 시민 학교들은 이제 막 다시 설립되려 하고 있었다.

예기치 못했던 조건 하나가 이미 최초의 '계획안'에 첨부되어 있었다. 신학교들은 학생들을 성직뿐만 아니라, 의학 아카데미를 위해서도 준비시켜야 한다는 것이었다(만약 그것이 필요하다면).

"성직자 교육의 목적은 의심할 여지 없이 확고하고도 근본적인 종교의 연구다. 성경과 고대 전승에 근거한 교리들 속에서 종교를 인식하기 위해서는 이 고대의 원천들과 그 원천들과 직접 연관되어 있는 일부 학문들을 알아야 한다. 그 학문들이란 고대 언어, 특히 그리스어와 라틴어, 슬라브어와 슬라브·러시아어의 기본 지식, 고대 역사, 특히 성경과 교회 역사, 영적 문학의 최상의 모범들에 대한 지식, 그리고 마지막으로는 신학의 모든 분야다. 이제 성직자 교육의 주된 목적은 이른바 박식(eruditio)임이 분명해진다. 박식이야말로 모든 신학교가 기초해야 할 첫째 원리다." 옛 학교의 상급 단계들은 '세미나리(семинарий)'라는 명칭으로 별도의 중등학교로 변형되었다. 이 중등 신학교 과정은 2년에 걸친 세 개의 학급 또는 '과'로 나뉘었다. 가장 낮은 학급은 문학과, 중간은 철학과, 최상은 신학과였다. 역사와 수학 개론이 프로그램에 포함되었다.

아카데미는 모든 옛 시스템 위에 완전히 새롭게 도입되었다. 새로운 계획에 따르면, 아카데미는 매우 복잡한 기관이었다. 첫째, 그것은 최상급 학교였다. 둘째, 그것은 교육적인 조합 또는 협의체였다. 이 목적을 위해서 특별한 '위원회'가 조직되었다. 거기에는 교육 애호가들과 후원자들로 이루어진 외부 인사들이 참여했다. 셋째, 아카데미는 전체 교육구의 행정 중심이었다(내적·외적 통치).

최상위 학교가 이제 최초로 독자적 교육 단위가 된 것이다. "이런 구분에 따라 신학 아카데미는 더 이상 문법과 역사의 초보적인 교육을 제공하는 초기의 의무에 제한받지 않고, 철학과 신학의 광범위한 교육에 종사하여 최상의 신학 교육을 증진할 것이다." 이와 연관하여 후에 편찬된 법령에서는 교사들의 숫자가 증가되었다. 각 아카데미에 교수 여섯과 조교수 열둘이 배치되었다.

위원회는 개혁의 계획만을 세웠고, 개혁을 위한 원칙과 과제만을 확립했다. 새롭게 설립된 위원회는 법령을 정비해야 했다. 신학교 위원회의 활동에 스페란스키가 실질적으로 참여한 것은 잠깐뿐이었다. 그 기간 동안 그는 아카데미 법령의 일부분, 즉 교육 기관과 관리에 대한 부분만을 손보았을 뿐이었다. 곧 그는 위원회의 일에서 손을 뗐다. 아카데미의 법령은 지적이고 영향력 있는(플라톤이 그에 대해 말했듯이, '지위에 비해서 용감했던') 인물이었던 페오필락트[487]가 완성하고 마무리했다. 그는 위원회의 작업에 자신의 삶의 경험을 집어넣었다. 그러나 그가 집어넣은 것은 그다지 엄격하지 않은, 다소 세속적인 정신이었다. 부분적으로 그는 예브게니를 상기시킨다. 다만 그를 매료시켰던 것은 역사가 아닌, 이전 세기의 수사학과 미학이었다.

아카데미의 법령은 1809년부터 페테르부르크 아카데미에서 시험적으로 채택되었다. 당시에는 아카데미 한 곳만 문을 열었던 것이다. 스페란스키는 일찍이 이렇게 언급한

---

[487] 페오필락트(Феофилакт, 1765~1821): 알렉산드르 넵스키 신학교의 졸업생으로 그곳에서 신학과 수사학을 가르쳤다. 1799년에 칼루가의 주교가 되었으며, 1806년에 종무원 회원이 되었다. 계몽주의 정신을 따른 교육을 적극 지지했으며, 교회 교육을 개혁하기 위해 위원회에서 열정적으로 일했다. 그러나 1810년에 페슬러를 반대한 결과 골리친과 스페란스키의 미움을 사게 되어 교회에서 영향력을 상실했다. 현대어 전문가였으며, 프랑스어 · 독일어 · 영어 · 라틴어 서적을 많이 번역했다.

바 있다. "이 일과 연관된 모든 자료를 아무리 꼼꼼하게 수집하고 고려한다고 해도, 오직 경험만이 그 자료들에 신뢰성의 도장을 찍어 줄 수 있을 것이다." 페테르부르크 아카데미의 첫 졸업생들의 경험과(1809~1814) 당시 학장이었던 필라레트의 언급에 의거해 시험 법령은 다시 한 번 수정되었고, 1814년에 인준되어 인쇄되었다. 그리고 그해에 세워진 두 번째 아카데미인 대수도원 내부의 모스크바 아카데미에 도입되었다. 키예프 아카데미는 더 이후인 1819년에야 설립되었다. 카잔 아카데미의 설립은 더 오래 지체되어 1842년에나 이루어졌다. 아카데미 중심지들이 그렇게 점진적으로 설립된 가장 주된 이유는 교사와 교수의 부족 때문이었다. 플라톤의 경고가 실현되었다. 사람들이 부족했던 것이다. 개혁 이전의 학교에서 공부한 이들을 새로운 학교를 위해 채용하는 것은 드문 일이었다. 키예프와 카잔에서는 적합한 인물을 하나도 찾을 수 없었다.

그 모든 지리멸렬함과 결함에도 불구하고 새로운 아카데미 법령은 매우 성공적이었다. 18세기의 국가에 대한 봉사 이데올로기 대신 모든 체제는 이제 진정한 교육적 기반 위에 세워지게 되었다. 교육의 과제는 이제 학생들에게 정보를 주어 그들로 하여금 일정한 정보나 지식을 기억하거나 습득하도록 하는 것으로 정의되지 않았다. "교육의 올바른 방법은 학생들의 능력과 지적인 힘을 드러내 주는 것이다. 따라서 교수들이 학생들의 지성을 일깨우기보다 자신의 지성을 보여 주기 위해 장황하게 설명하는 것은 이 방법에 맞지 않는다. 마찬가지로 수업 중에 받아쓰기를 하는 것도 좋은 방법이 못 된다." 따라서 새로운 법령은 모든 교육 계획의 단계들에서 학생들의 개인적인 작문, 그리고 전반적으로 글쓰기 훈련에 특별한 의미를 부여했다. 그와 동시에 교과서 외에도 책을 많이 읽을 것을 권장했다. 이런 강령에서 상당히 자주 후퇴해야만 했는데, 책과 교과서가 부족했기 때문이었다. 그것은 새로운 법령의 전반적이고 가장 나쁜 결함이었다. 입법자들은 자신들의 이상을 실현하기 위해 실제로 존재하는 자원의 상태를 충분히 고려하지 않았던 것이다.

라틴어가 지배적인 현상을 원칙적으로 비판한 것은 매우 중요했다. "라틴어를 학교에 도입한 것은 어떤 면에서 큰 유익을 가져다주었지만, 라틴어의 배타적인 사용은 우리 교회를 위해 꼭 필요한 러시아어와 그리스어 연구를 점점 쇠퇴하게 만든 요인이 되었다." 그러나 라틴어는 여전히 교육을 위한 언어로 남아 있었다. 후에 소수의 사람들만이 용감하게 러시아어로 옮아갔다. 그리스어는 다른 언어들과 함께 학습 대상으로만 남아 있었다.

'고전'은 필요에 의해서 오랫동안 예전 그대로 남아 있었다. 새로 편집된 책들은 모두 이전 것보다 더 나은 것은 아니었다. 그런데도 새로운 법령은 과감하게도 교사와 교과서가 '항상 각 학문의 최근의 발견과 성취에 보조를 맞출 것을' 요구했다.

이러한 어려움 외에도 곧 다른 어려움들이 생겨났다. 1809년에 새로운 법령에 의해서 페테르부르크 아카데미가 문을 열었다. 그 최초의 역사(1809~1814)는 개혁의 추상적인 프로그램에 대한 살아 있는 주석이 되었다.

"아카데미의 첫 학년을 성공적으로 마치게 된 것은 섭리의 특별한 은혜였다"라고 1812년부터 학장을 맡았던 필라레트가 후에 말했다. 그는 페슬러의 일을 염두에 두고 있었다. 페슬러(1756~1839)는 아카데미에서 강한 인상을 남기고 연고를 가질 만큼 충분히 오랫동안 가르쳤다. 게다가 그는 영감에 찬 유능한 달변가였다. 그는 "불타는 듯한 혀로 환희에 차서 생기 있게" 말하곤 했으며, 학생들을 현대 독일철학의 신비로 인도했고, "내적인 이성의 눈을 통한 진리의 복된 통찰"에 대해 설교했다. 후에 자신의 회상록에서 페슬러는 팝스키488)(히브리어 연구로 맺은 인연)와 이로디온 베트린스키489)를 자신의 아카데미 수강생 그룹에 포함시켰다.

---

488) 게라심 팝스키(Герасим П. Павский, 1787~1863): 교수이자 인문학자, 히브리학자, 성경학자이자 번역가다. 1814년에 페테르부르크 아카데미를 졸업하고 그곳에서 히브리어 교수가 되었다. 같은 해 러시아 성경협회에 가담했다. 시편과 마태복음을 번역했으며 신구약 번역을 편집했다. 1819년에 페테르부르크 대학의 신학 교수가 되었으며, 1821~1839년 ≪기독교 독서(Христианское Чтение)≫의 편집자로 일했다. 1826~1835년에는 황태자 알렉산드르(미래의 알렉산드르 2세)의 개인 교사이기도 했다.

489) 이로디온 베트린스키(Иродион Ветринский): 페테르부르크 아

"페슬러는 학식으로써 학생들을 매료했다"고 필라레트는 회고했다. "그러나 몇 번의 알력과 분규로 곧 아카데미에서 물러나게 된 것은 섭리의 은총이라 할 것이다. 후에 알려진 바와 같이 그는 위험한 사상을 가진 사람이었기 때문이다." 신비주의 경향 또는 풍조 역시 마찬가지로 위험한 것이었다.

라틴어의 포로는 독일어 또는 심지어 영어의 포로로 대체될 수 있었다. 스콜라주의 대신에 이제는 독일철학과 경건주의의 지배가 위협했다. 독일 학문의 그림자는 오랫동안 러시아 신학 위에 드리워져 많은 사람들을 유혹했다. 그런데도 이 혼란스러운 시기의 신학교 개혁은 신학 작업에 진정한 활기를 가져다주었다. 창조적인 불안과 동요가 시작되었다. 질병은 죽음이나 퇴화가 아니라 삶과 성장을 가져왔다. 비록 그 질병이 위험한 진짜 질병이었지만 말이다.

한편으로는 극단적인 신비주의와 철학에의 몰두, 그리고 다른 한편으로는 조심성 또는 의심 사이에서 점차로 교회 신학의 좁고 험난한 길이 조성되기 시작했다. 당시는 논쟁과 충돌, 투쟁의 시기였다. 그 투쟁은 신학을 위한 투쟁, 신학을 두려워하고 좋아하지 않는 이들, 사상과 창조를 두려워하는 이들에 대항한 투쟁이었다.

이 투쟁의 발단은 러시아 성경에 대한 논쟁이었다.

카데미에서 오랫동안 역사와 철학을 가르쳤다.

5

새로운 세기의 첫 20년 동안 러시아에서는 모든 일이 성경협회와 연관하여 일어났다.

성경협회는 그 전에 설립된 '영국과 외국의 성경협회'(British and Foreign Society, 1804년 설립)의 자치 분과와 같은 것이었다. 러시아 성경협회는 영국 관리들의 공적인 지지와 동조를 얻어 설립되었다. 그들의 의도와 이데올로기가 완전히 수용되었다.

정관은 1812년 12월 6일에 비준되었고 최초의 공식 회합은 1813년 1월 11일에 열렸다. 그 자리에서 당시 종무원장이었고 후에 '특별성' 장관이 된 골리친 공이 의장으로 선출되었다. 실질적으로 성경협회는 종교 관련 부처의 두 번째 또는 공식적인 얼굴이 되었으며, '특별성'의 일종의 분신이 되었다.

성경협회는 1814년 9월 페테르부르크 성경협회라는 이름을 달고 설립되었으며, 이후에는 러시아 성경협회로 개칭되었다.

처음에 성경협회의 임무는 '특별히 신성종무원에 속한 그리스·러시아 신앙을 고백하는 이들을 위해서 슬라브어 성경 출판을 신성불가침한 것으로 남겨 둠으로써' 배타적으로 외국인과 비정교회인에게 성경을 보급하는 것이었다. 그러나 1814년에 이미 협회는 슬라브어 성경, 특히 신약성경을 출판하고 보급하는 일을 맡게 되었다. 동시에 그때까지는 세속의 인사들만 참여했던 협회의 위원회에 정교회와 비정교회 사제들이 (심지어 로마 가톨릭 대주교 시에스트젠체비치[490]조차) 중책을 맡게 되었다. 1816년 초에는 러시아 성경의 출판이 결정되었다.

러시아 성경협회와 영국 성경협회의 최초의 임무는 공히 '성경을 더 많이 사용'하도록 하는 것이었다. 하나님 말씀은 각자가 그 구원의 감화력을 경험하고 '성경이 하나님을 열어 보여 주는 대로' 하나님을 직접 알 수 있도록 주어진 것이다. 따라서 항상 부분적일 수밖에 없는 인간의 해석으로 무궁무진한 하나님의 말씀의 보편적인 다의미성을 가로막지 않도록 '주석이나 설명 없이' 성경을 출판한다는 확고한 원칙이 세워졌다. 이 원칙 뒤에는 '무언의' 기호와 '가슴속에 살아 있는 교사'[491]에 대한 이론이 있었다. '성경적인' 이데올로기에는 당시 '친구들의 모임(Society of friends)', 즉 퀘이커교도들의 영향이 가장 강력했다. 초기에 러시아 성경

---

490) 스타니스와프 시에스트젠체비치(Stanisław Siestrzencewicz): 예카테리나 2세 치하에서 폴란드 병합의 종교 정책을 담당했다. 1789년에 러시아 제국 내 로마 가톨릭 수장이 되었으며, 파벨 치하에서 잃었던 영향력을 알렉산드르 시대에 다시 회복했다.

491) 성령을 의미하는 것으로 추측된다.

협회 활동가들과 영국인들 사이의 교류는 매우 긴밀했고 활발했다. 특히 세례를 받지 않은 외국인들이 거주하는 지역으로 영국인들이 선교 여행을 간 것은 주목할 만한 일이었다(부랴트족을 위해서 바이칼 너머에서 영국인들이 선교 활동을 한 것, 또는 에든버러 선교사협회가 캅카스에 세운 스코틀랜드 선교지를 참조하라). 협회의 활동은 매우 빠르게 큰 성공을 거두며 진행되었다. 제국 전체에 걸쳐 신속하게 지부망이 결성되었다. 성경이 첫 10년간 43개 언어로 총 70만 4,831권 출판되었다. 그러나 이러한 성공은 정부의 지원, 심지어 주도로 이루어진 것이었다. 러시아 성경협회는 영국 성경협회와는 달리 사회 기관이 아니었고 사회적인 공감과 주목을 전혀 받지 못했다. 성공은 행정적인 훈시와 명령으로 이루어진 것이었다. '복음'은 너무나 자주 명령으로 전달되었다. "모든 곳에서 하나님의 말씀에 대한 열정과 죽음의 그늘에 앉은 자들을 계몽하려는 열의가 나타났다. 현지사들은 설교와 완전히 똑같은 말들을 하기 시작했다. 시장들과 도시의 지도층들, 경찰서장들은 성공적으로 성경을 배포했으며, 그에 대해 성경 문구들을 가득 인용한 경건한 서한을 써서 상부에 보고했다." 이 모든 현상에는 보여 주기 위한 관청의 허식과 소동이 많았다(그것은 일종의 '포툠킨 마을'[492]이었던 것이다). 성경협회는 실질적으로 특별한

---

[492] 포툠킨 마을: 1790년 예카테리나 2세가 드네프르 강을 따라 여행

'관청'으로 변했고 상당히 냄새나고 불쾌한 관료적인 위선이 생겨났다. 그러나 이런 어두운 측면들을 강조할 필요는 없다. 성경 작업의 창조적인 결과들은 부정적인 측면만큼이나 명확하고 확실한 것이었다. 성경협회는 곧바로 다른 '박애주의적인' 기획들과 관련을 맺게 되었다. 그 기획들은 부분적으로는 영국의 모델을 따랐지만, 그런데도 활력 있고 필요한 것들이었다. 메셰르스카야 공작 부인493)의 출판 활동은 특별한 언급을 요한다. 그녀는 1799년에 설립된 소위 '종교 소책자 협회(Religious-Tract-Society)'에서 출판된 소책자나 팸플릿을 번역하거나 대중이 읽기 쉽게 편집했다 (페테르부르크의 영국 성경협회 통신원이었던 서적상의 이름을 따 일명 '메이에르' 소책자라고 부른다). '소박한 민중'을 위해 '한 경건한 부인이 편찬한' 이 소책자들이 얼마나 이해하기 쉽고 유용한 것이었는지에 대해서는 논란의 여지가 있다(티혼이나 미하일 대주교494)의 글에서 발췌한 것 등 독

할 때 탄생한 용어다. 그녀의 총신이었던 포툠킨은 여제가 배에서 바라보는 모든 것이 완전무결하도록 신경을 썼다. 색슨 외교관이었던 헬비그는 포툠킨이 건물 전면을 지어 강가에 배치했다고 풍자적으로 암시하면서 '포툠킨 마을'이라는 용어를 만들어 냈다.

493) 메셰르스카야 공작 부인(С. С. Мещерская, 1775~1848): 러시아 성경협회의 초기에 헌신적으로 활동한 회원 가운데 한 사람으로 1830년대에 페테르부르크 여자 감옥 위원회의 책임을 맡기도 했다. 책자 90여 권을 번역하여 출판하는 것을 도왔으며, 무료로 배부하는 일을 했다.

창적인 내용을 가진 것들도 출판되었다). 그러나 이 기획의 본질적인 중요성은 논박할 수 없을 것이다. '랭커스터 시스템'495)에 따른 학교 설립에 대해서도 마찬가지로 말할 수 있다. 더 중요한 것은 '황제 박애주의 협회(Императорское человеколюбивое Общество)'와 감옥에서의 활동이었다(수감자들을 돌보는 런던 협회의 회원으로서 1819년에 페테르부르크에 유사한 협회를 창립한 베닝496)의 활동을 참조하라). 이 모든 것은 영국의 영향을 받은 현상들이었다. 이 앵글로색슨의 비국교주의의 파도는 독일 경건주의와 옛 프리메이슨 신비주의의 파도와 합쳐졌다. 이전의 프리메이슨 활동가들 가운데 코셸레프, 카르네예프, 랍진, 레닙체프가 성경협회에 적극적으로 가담했다. 모스크바 지부에서는 비겔이 재치 있게 정의했듯이 '백승이자 세속적인 주교'였던 반티슈 카멘스키497)가 이 그룹에 참여했다. 아마도 그런 정

---

494) 미하일 대주교(митр. Михаил, 1762~1820): 모스크바의 삼위일체 신학교에서 공부했으며, 1796년에 궁정 사제가 되었고 1802년에 스타라야루사의 주교가 되었다. 1813년에 신성종무원에 들어가 죽기 2년 전에는 페테르부르크의 대주교가 되었다.

495) 랭커스터 시스템: 고학년 학생들로 하여금 저학년 학생들을 가르치게 하는 시스템이다.

496) 존 베닝(John Venning, 1776~1858): 영국의 상인으로 1793년에 페테르부르크로 와 러시아 감옥 협회를 세웠다.

497) 반티슈 카멘스키(Бантыш-Каменский, 1737~1814): 키예프와 모

의는 골리친 공에게 더 적합할 것이다. 그 자신이 스스로를 '세속적인 주교'로, 그 때문에 더 중요한 사람으로 느꼈던 것이다. 랍진의 출판 활동은 성경협회의 작업과 조화를 이루었다. 그의 출판물은 보통 성경협회의 기관을 통해서 배포되었기 때문에, 협회의 추천을 받은 주석서로 쉽고 자연스럽게 받아들여질 수 있었다. 이 서적들의 배포가 더 용이했던 것은 성경협회 회장이자 '특별성' 장관이 우편국의 책임을 맡고 있었고, 그 지부에 가입하거나 연관되지 않은 우편국 관리가 거의 없었던 데 기인했다. 성경협회의 중요한 회원들이 주도한 '신비주의' 서적들의 출판은 성경협회의 일에 숙명적인 그림자를 드리웠다. 성경협회가 이중적인 기관이었다는 것은 충분한 근거가 있다. 협회에서 특히 지도적이고 책임 있는 역할을 했던 구성원 중에는 극단적인 사상 경향을 가진 인물이 너무 많았다. 규정과 의도에서 성경협회는 모든 교파를 포괄하는 것이어야 했다. 그리하여 모든 '교파'들이 그 안에서 하나님 말씀의 성물을 동등하게 소유하는 것으로 제시되어야 했다. 실제로 성경협회는 최소한 심리적으로 비교(秘敎)적이고 열광적인 특별한 그룹, 일종의 새로운 교파 또는 종파가 되었다. 스투르자[498])가 "영

스크바 아카데미에서 수학했으며, 성경협회의 부회장을 지냈다.
498) 알렉산드르 스투르자(Александр Стурдза, 1791~1854): 몰다비아 출신으로 외교관 생활을 오래 했다. 골리친의 교육부에서 일하

국·러시아의 종파(la secte anglo russe)"에 대해 말하면서 성경협회를 '이국적'이라고 부른 것은 충분한 근거가 있었다.

성경협회의 많은 중요한 회원들은 타타리노바499)의 그룹 또는 '영적 연합'에 참여했는데, 그중에는 성경협회 서기였던 포포프500)도 있었다.

종교적인 관용과 초교파적인 성격은 너무나 자주 종파주의의 비호로 변질되었다(특히 영혼의 전사파와 우유파, 심지어 거세파들에게까지도. 그들 사이에서 '신비주의' 책들, 특히 융 슈틸링과 에카르츠하우젠의 책들은 잘 팔려 나갔다. 코텔니코프(Котельников)가 돈 강 유역에 세운 성경

기도 했다. 종교적·정치적 주제에 관해 많은 글을 남겼다.
499) 예카테리나 타타리노바(Екатерина Татаринова, 1783~1856): 독일 장교의 딸로서 러시아 장군과 결혼했다. 남편과 이혼하고 아들을 잃은 뒤 1813년 페테르부르크로 와 자선사업과 영적인 추구에 몰두했다. 채찍파와 거세파와도 밀접한 관계를 가졌으나, 1817년 정교회로 개종했다. 곧 자신을 예언자라고 선포했으며 자신의 집에서 모임을 가졌다. 제자 가운데는 골리친과 차르도 포함되어 있었다. 1824년 골리친의 실각 이후 체포되어 모스크바 지역으로 쫓겨나, 그곳에서 공동체를 만든 뒤 1835년까지 이끌었으나 다시 체포되어 수도원에 유폐되었다.
500) 바실리 포포프(Василий Попов, 1771~1842): 골리친의 특별성에서 공립 교육 부문의 책임을 맡았다. 타타리노바의 광신적인 추종자 가운데 한 사람으로 1824년 모스크바 외곽의 공동체에 합류했다.

을 우선시하는 종파인 '두호노스치'501)를 참조하라]. 어쨌든 당시 사람들은 참되고 내적인 기독교로부터 '낡아 빠진 장막'을 찢어 낼 수 있으리라는 기대를 가지고 '외적인 교회성'에 너무나 자주 대항했던 것이다. 융 슈틸링의 글에서는 "성경의 빛으로 소위 그리스·가톨릭 동방 신앙고백이라고 불리는 불합리와 미신을" 몰아내야 한다는 내용을 읽을 수 있다.

이러한 성경적인 기획의 행정적인 집요함 하나만으로도 짜증을 불러일으키지 않을 수 없었다. 성경에 관련되어 자유롭게 토론하는 것은 당시 정부의 안중에는 들어 있지 않았다. 만약 행정력과 검열, 경찰력의 비호 아래 정부에 의해서 모두의 동의가 강요되는 어떤 초교파적인 대변혁이 준비되고 있다는 인상이 많은 사람들에게 생겨났다면, 그 책임은 순전히 정부에 있었다. 드물게 비판적인 발언을 하려는 시도들은 권력의 거센 압력에 부딪혔으며, 의심을 더 짙어지게 할 뿐이었다.

이런 의미에서 당시 수도원장이자 페테르부르크 신학교

---

501) 두호노스치(духоносцы): 사회 하층 계급으로 흘러들어 간 신비주의 사상을 대표하는 종파다. 창시자 코텔니코프는 돈 카자크 장군으로 로푸힌과 그를 통해 융 슈틸링을 비롯한 서구 신비주의의 영향을 많이 받았다. 그의 추종자들은 종말론과 '내적 교회' 사상에 특별히 매료되었다. 1817년에 체포된 그는 1825년에 슐리셀부르크 감옥으로, 그다음 해에는 솔로브키로 보내져 그곳에서 숨졌다.

의 학장이었던 이노켄티 스미르노프의 사건은 매우 의미심장한 것이었다. 이노켄티는 1815년부터 성경협회 회원이자 회장으로서 번역 위원회에 참여했다. 심지어 펜자로 추방된 이후에도 몰도바어 번역에 대한 문제를 제기했다. 그는 메셰르스카야 공작 부인과 진실하고 굳건한 우정을 맺었다. 그는 온화한 경건함과 엄격한 영성의 소유자였으며, 순례자들과 유로디비들[502]을 사랑했다. 그를 혼란스럽게 한 것은 랍진과 골리친이 고무했던 강제적인 범교파주의 정신이었다. 1818년 말에 이노켄티는 종교 검열관의 자격으로 옙스타피야 스타네비치(Евстафия Станевич)의 ≪영아의 무덤에서 한 영혼 불멸에 대한 대화(Разговор о бессметии души над гробом младенца)≫라는 책의 출판을 허락했다. 그리스 혈통인 스타네비치는 러시아에서 교육을 받았으며, 완전히 러시아화된 인물이었다. 그는 시시코프[503]의 광신

---

502) 유로디비들: 소위 바보 성자라고 불리는 사람들로서 바보스럽고 미친 것처럼 보이는 모습은 가장된 것으로, 세속적인 거짓 자치를 폭로하기 위한 수단이다. 그중에는 정교회에서 성인으로 시성한 이들도 적지 않다.

503) 알렉산드르 시시코프(Александр Шишков, 1754~1841): 러시아 해군장교로 알렉산드르 1세 초기 새 황제의 자유주의 성향에 반대하여 사임했다. 1803년에 카람진의 산문 문체를 비판한 ≪러시아어의 옛 단어와 새 단어에 대한 논의(Рассуждение о старом и новом слове российского языка)≫의 출판으로 지식인들 사이에서 영향력을 얻었다. 러시아어가 교회 슬라브어와 동일시되는

적인 추종자이자 '대담'504)의 회원이었다. 동시에 그는 에드워드 영과 다른 영국 작가들의 숭배자이기도 했다. 스투르자가 논평한 것과 같이 그 책은 '약하지만 해롭지 않은' 것이었다. 그 책의 고의적인 신랄함은 ≪시온 통보≫와 그와 유사한 잡지들의 사상에 대한 노골적인 비판, 그리고 '특별성'의 이중적 의도에 대한 더 날카로운 암시에서 드러났다. 필라레트는 후에 이 책에 대하여 "그 속에는 권력을 쥔 사람들과 당시의 통치 정신에 대한 너무 모욕적인 표현들이 많이 포함되어 있었다"라고 말했다. 그 때문에 필라레트는 그 책의 출판을 만류했으나, 이노켄티는 듣지 않았다. 필라레트의 만류가 도전으로 받아들여졌던 것이다.

스타네비치의 책은 신속하게 골리친이 얻어 낸 황제의 명령으로 금지되고 몰수되었으며, 저자는 24시간 내에 수도에서 추방되었다. 스타네비치의 책이 골리친의 실각 이후 1824년에 다시 출판된 것도 황제의 명령에 따른 것이었다는 사실은 흥미롭다. 책의 둘째 판에 그 사실이 언급되어 있었다.

이노켄티는 미하일 대주교가 중재했는데도 최초의 호의

슬라브어의 한 방언이며, 러시아의 문학어는 모든 외국 단어들로부터 정화되어 교회 슬라브어에서 파생한 단어들로 대체되어야 한다고 주장했다. 러시아 성경협회가 현대 러시아어로 성경을 번역한다는 이유로 그것에 적대적이었다.

504) 대담(Беседа): 1811년에 시시코프가 결성한 문학협회다.

적인 시기에 페테르부르크에서 명예로운 유배를 떠났다. 이 일은 골리친이 당시 공석이었던 오렌부르크의 직책에 그를 종무원 모르게 개인적으로 추천함으로써 이루어졌다. 이 임명은 매우 어렵게 변경되어 이노켄티는 결국 펜자로 가게 되었다. 그곳에서 몇 달 후 신경 발작과 고통스러운 불안을 겪다 숨졌다.

스타네비치의 책에 대한 골리친의 몇 가지 견해는 매우 시사적이다. "누구도 영혼불멸을 공격하지 않는데도 영혼불멸에 대한 논의에 동방교회의 변호가 덧붙어 있다. 만일 그런 일이 생긴다 해도 한 개인이 그러한 변호를 떠맡을 수는 없는 일이다. 왜곡된 이해를 가진 저자는 정말로 교회가 위험에 처해 있다는 불안으로 사람들을 인도할 수 있다는 것을 느끼지 못하고 있다." 물론 스타네비치의 책은 바로 그런 불안을 심어 주기 위한 목적으로 쓰였다.

"이오안 즐라토우스트와 성 아우구스티누스 중 누가 옳은가를 판단하면서 그는 단지 자신이 동방교회에 속했다는 이유로 즐라토우스트를 선호한다. 그러나 고위 성직자들은 설교와 글에서 아우구스티누스를 자주 인용하곤 한다." 더 흥미로운 내용도 있다. "저자는 세속적인 검열이 통과시킨 책들, 예를 들면 뒤투아[505]의 글들, 즉 ≪기독교 철학

---

505) 장 필리프 뒤투아(Jean-Philippe Dutoit, 1721~1793): 프랑스의 유창한 설교사로서 귀용의 열렬한 추종자였다.

(Philosophie chretienne)≫을 중상했으며, ≪신적 철학 (Philosophie divine)≫이 출판될까 봐 걱정했다. 그러나 이미 그 책은 러시아어로, 그것도 황제의 사비로 출판되었던 것이다." 그리고 마지막으로, "그는 외적인 교회를 옹호한다는 구실을 들어 내적인 교회에 대항하고 있다. 즉, 그는 육체를 영혼으로부터 분리하고자 한 것이다". 이로부터 다음과 같은 결론이 도출되었다. "한마디로 이 책은 시민적이고 종교적인 부분 모두에서 우리의 기독교적인 정부를 지도하는 원칙에 완전히 위배된다." 골리친의 보고를 긍정하면서, 군주는 "앞으로 교회 학교 위원회가 교회 가르침의 내적인 정신을 말살하고자 하는 글들이 어떤 식으로든 그 검열을 통과하지 못하도록 조치를 취할 것을" 희망한다고 말했다. 그 말은 매우 명료하고 솔직한 선언이었다.

성경협회의 일에 전적으로 공감하고 그 일에 참여했던 사람들이 불안에 휩싸였다는 것을 주목할 필요가 있다. 예를 들어, 당시 노브고로드의 대주교였던 미하일[데스니츠키(Десницкий)]이 그런 사람이었다. 그는 노브고로드 신학교 출신으로 따뜻한 경건함과 신비주의 성향을 가진 인물이었다. 한때는 모스크바의 교구 사제로서 평범한 민중을 위한 설교사로 명성을 얻었다. 내적인 삶의 문제들이 그의 주된 관심사였다. 그는 애굽의 산만함으로부터 '내적인 은둔의 광야'로 물러날 것을 촉구했다. 그는 단순하고 진실하게 말했으며, 설교하는 것을 매우 좋아했다. 종무원에서 미하일 대주교는 교회 행정의 문제에서 골리친의 전횡에 분개했다. 물론 그는 골리친과 다른 이들이 그토록 몰두했던 히스테리컬하고 종파주의적인 열광— 린델506)과 고스너507)의 설교, 경건주의자들의 글, 또는 (비겔이 타타리노바 그룹의 광적인 의식을 신랄하게 비꼬아 일컬었듯이) '미하일롭스키 성의 장난스러운 성사들' 등에 나타난—에 찬동하지 않았다. 미하일 대주교는 '눈먼 정부 기관'과 투쟁하면서 지치고 쇠약해져 1824년에 숨졌다. 숨지기 얼마 전에 그는 왕에게 교회가 위험과 박해에 놓여 있다는 내용의 솔직한 편지를 썼다. 황제는 라이바흐에서 그 편지를 받았는데, 이미 대주교는 살아 있는 사람이 아니었다. '대주교의 살해자'에 대한 소문이 퍼졌다. 미하일과 같은 인물이 골리친과 그의 체제에 대항하여 일어났다는 것은 매우 독특한 일이다. 당시 미하일의 대리자였던 필라레트는 "그가 남긴 공허함과 고아가 된 듯한 느낌은 매우 컸다"라고 썼다. 그는 "주께서 엘리야 같은 정신과 힘을 가진 인물을 우리에게 보내 주시기를" 기도했다. "왜냐하면 그리스도의 사랑과 인내로 회개와 심판

---

506) 린델(Lindel): 독일 성경협회의 지도자로서 1819년에 페테르부르크로 왔다. 그의 설교 몇 편은 러시아어로 번역되었다.

507) 요하네스 고스너(Johannes Gossner, 1773~1858): 뮌헨의 사제로서 성경협회의 초청으로 1820년에 페테르부르크로 왔다. 가톨릭 교구의 사제로 임명된 그의 설교는 러시아 사회에서 곧 유명해졌다.

을 설교하고, 자신의 위로를 구하지 않고 자비를 베풀고 위로해야 하기 때문이다." '거짓된' 신비주의자들의 무법에 대한 불안은 성경협회, 특히 러시아 성경을 반대하는 공공연한 '반란'의 서곡이었다. "더 멀리 퍼져 갈 것이 무엇이 있겠는가? 성경협회는 이미 어떤 식으로든 보이는 교회를 대체하지 않았는가...? 그들의 모임에 모든 기독교 신앙고백이 섞여 있는 것이야말로 그들이 의도하는 보편적인 종교의 모델이라는 것을 알기가 어렵단 말인가...?" 이 '단일한 성경 단체'는 많은 이들에게 반(反)교회로 비쳤다. 성경협회는 너무나 많이 '비밀 회합'을 연상시켰던 것이다. "감리교도들, 계명결사주의자들,[508] 프리메이슨의 지부들에도 똑같은 것이 있었다." 수도원장 포티는 더 확고하게 자신의 견해를 밝혔다. "적들은 일종의 성경에 기초한 종교를 만들고 신앙을 혼합하여 그리스도의 정교회 신앙을 억누르려 한다." 이 '새로운' 신앙은 그에게 직접적인 기만으로 보였다. "우리 시대에 많은 책과 협회와 개인은 마지막 때를 위해 미리 정해지기라도 한 듯 새로운 형태의 종교를 선포한다. 그들은 새로운 종교를 새로운 빛과 교리, 영으로 그리스도께서

---

508) 계명(啓明)결사주의자들: 매우 비밀스럽고 훈련된 신비주의 단체로 1776년 독일인 아담 바이스하우프트(Adam Weishaupt, 1748~1830)가 창시했다. 제도적 종교뿐 아니라 국가와 사회를 부정하여 독일에서 박해를 받았다. 그러나 프리메이슨과 연계하여 세력을 확장해 나갔으며, 자신들을 더 진보된 프리메이슨이라고 주장했다.

오심, 교회들의 연합, 천년 통치의 회복 등 여러 형태로 설교한다. 또는 신적이고 사도적이며 교부적인 정교회 신앙으로부터 변절한 새로운 진리를 설파한다. 이 새로운 종교는 미래의 적그리스도에 대한 믿음으로 혁명을 선동하고 피를 갈망하며 사탄의 영으로 가득 차 있다. 그 거짓 선지자들은 융 슈틸링, 에카르츠하우젠, 귀용, 뵈메, 랍진, 고스너, 페슬러, 감리교도들, 그리고 헤른후터들이다." 성경협회에 대한 추측과 의심이 모두 근거 없는 것은 아니었다. 불안해할 만한 이유와 근거는 충분히 많이 있었다. 어쨌든 성경협회의 영적인 분위기는 건강하지 않았던 것이다.

그러나 이 절반만 정당한 '반란'은 정직하지 못한 음모로 변질되었으며, 불안은 병적인 발작으로 나타났다. 절제와 건전한 전망은 상실되었다. 논쟁과 투쟁에 참여한 양쪽 모두 절반만 옳았고, 양쪽 모두에게 잘못이 있었다.

6

사람들은 러시아어 성경 번역에 대해서 1816년에 공개적으로 말하기 시작했다. 골리친은 러시아 성경협회 회장으로서 황제의 구두 명령을 받았다. 황제의 명령은 "러시아인들에게 하나님의 말씀을 그들의 모국어로 읽을 수 있는 수단을 제공하라는 황제의 진지한 희망을 종무원에 정확하게 전달하라는 것이었다. 그럼으로써 그들은 현재 성경이 출판되고 있는 언어인 교회 슬라브어보다 더 잘 이해하게 될 것이다". 새로운 번역은 이전에 종무원의 허락을 받아 출판된 로마서처럼(대주교 메포디 스미르노프의 번역과 주석을 의미한다. 초판, 1794년; 3판, 1815) 슬라브 성경과 함께 인쇄될 것이다. "교회에서 슬라브 성경을 사용하는 것은 불가침으로 남아 있어야 마땅하다." 러시아어 번역은 개인적인 용도, 집에서 읽기 위해 시작되었다.

골리친은 현대어로 성경을 번역할 필요성을 옹호하면서 유사한 상황에서 그리스 총대주교가 고대 그리스어 대신 현대 그리스어로 된 신약성경을 읽도록 격려한 사실을 인용했다(키릴 총대주교의 편지는 러시아 성경협회에 보고하기 위해 1814년에 출판되었다). 종무원은 성경 번역에 대한 지도와 책임을 스스로 떠맡지 않았다. 아마도 그런 행동 방침은 상부가 지시한 것 같다.

번역은 지역의 교회 아카데미에서 믿을 만한 번역자들을 선발하도록 위임된 신학교 위원회의 관할에 맡겨졌다. 번역은 러시아 성경협회가 출판하도록 되어 있었다.

번역 작업은 황제의 보호를 받았다. 번역의 구상 자체가 황제에게서 비롯된 것이었다. "그는 이 구원의 일을 최대한 재촉할 뿐 아니라, 그 자신의 열정을 다해 협회의 일을 고무한다. 그는 지금까지 많은 러시아인들로부터 예수의 복음을 가로막은, 이해할 수 없는 언어의 출판을 철회하고, 이 책을 민중 가운데 가장 어린 자들을 위해 펴낸다. 이 책의 의도가 아니라 오직 시대의 어둠이 그들로부터 복음을 가려 왔던 것이다." 사실을 말하면, '이해할 수 없는 언어'는 성경을 민중뿐 아니라, 상위 계층, 누구보다도 황제 자신으로부터 가려 왔던 것이다. 황제는 프랑스어로 신약성경(유명한 드 사시509)의 번역본)을 읽는 데 익숙했으며, '러시아' 성경이 출판된 이후에도 그 습관은 변하지 않았다.

번역 작업의 감독은 신학교 위원회로부터 당시 페테르부르크 아카데미의 수도원장이자 학장이었던 필라레트에게 위임되었다. 그는 자신의 재량으로 번역자들을 선발할 수 있었다. 번역 작업은 아카데미에서 이루어질 것으로 여겨졌다. 필라레트 자신은 요한복음의 번역을 맡았다. 마태복음은 팝스키가, 마가복음은 당시 페테르부르크 신학교의 학장이자 후에 모스크바 아카데미의 학장이 된 폴리카르프510)[가이탄니코프(Гайтанников)]가, 누가복음은 전에 페테르부르크 조교수였다가 당시 키예프 신학교의 학장이자 후에 아카데미의 학장이 된 수도원장 모이세이(Мойсей)

---

509) 드 사시(De Sacy, 1613~1684): 1666년부터 1668년까지 바스티유에서 장세니스트로서 수감되어 있었다. 그곳에서 학식 있는 동료들과 함께 성경을 프랑스어로 번역했다. 이 성경은 파리에서 성경 번역에 대한 격렬한 논의를 불러일으켰다.

510) 폴리카르프(Поликарп): 모스크바 아카데미의 학장이자 1824~1835년에 노보스파스키 수도원의 원장이었다.

[안티포프 플라토노프(Антипов-Платонов)]511)가 번역했다. 그는 후에 그루지야의 교구장이 되었다. 성경협회 회원들로 구성된 특별 위원회가 개별 번역자들의 작업을 검토하고 대조했다. 그 위원회에는 후에 페테르부르크의 대주교가 된 미하일 데니츠키(Михаил Деницкий), 역시 미래의 대주교 세라핌 글라고렙스키512), 필라레트, 랍진, '이중 부처'의 부서장이자 성경협회 서기였던 포포프(В. М. Попов)가 참여했다. 포포프는 극단적인 신비주의 견해를 가진 인물로 린델과 고스너를 번역했고, 타타리노바 그룹의 회원이었으며 비겔이 재치 있게 그를 불렀듯이 '온화한 광신자'로서 카잔의 질란토프 수도원에서 유폐된 채 생을 마감했다. 이 감독 위원회의 예기치 않게 다채로운 구성은 매우 독특하다.

번역의 규칙은 필라레트가 작성했다. 그 규칙의 스타일

---

511) 모이세이(Моисей, 1783~1834): 페테르부르크 아카데미에서 공부했으며, 후에 그루지야의 총대주교 대리가 되었다.

512) 세라핌 글라고렙스키(Серафим Глаголевский, 1757~1843): 미하일 데니츠키의 뒤를 이어 페테르부르크의 대주교가 되어 성경협회와 데카브리스트 혁명의 소란한 시기를 지냈다. 모스크바 아카데미와 모스크바 대학을 졸업했으며, 모스크바 아카데미의 교수이자 학장이 되었다. 1814년에 트베리의 대주교, 같은 해에 신학교 위원회 회원, 성경협회의 부회장이 되었다. 1824년에 골리친의 뒤를 이어 성경협회의 회장이 되었으며 1826년에 황제를 설득해 성경협회를 폐지시켰다.

을 보면 곧바로 알 수 있다. 번역은 슬라브어보다 더 우선적인 그리스어에서 하도록 되어 있었다. 그와 더불어 "만약 슬라브어가 러시아어보다 그리스어에 더 가깝고 모호하거나 어색하지 않다면", 또는 그에 상응하는 러시아어가 "순수한 문어체에 적합하지 않다면", 번역에서 슬라브 단어들을 그대로 사용하도록 했다. 번역에서 무엇보다 중요한 것은 정확성이었으며, 그다음으로 명료함, 그리고 마지막으로 순수함이 요구되었다. 몇 가지 문체에 관한 지시 사항들도 매우 특징적이었다. "성경의 위대함은 그 힘에 있지 번쩍거리는 말에 있지 않다. 따라서 거짓된 장중함 때문에 슬라브 어휘와 표현에 지나치게 집착해서는 안 된다." 다른 언급은 더 중요하다. "말의 정신을 세심하게 관찰해야 한다. 대화는 대화 스타일로, 서술은 서술 스타일로 번역해야 한다" 등.... 이러한 규정들은 문학적인 '의고주의자들'에게는 좋지 않은, 문체의 이단으로 비쳤다. 그것이 1820년대에 러시아 성경을 반대하여 일어난 '반란' 또는 음모의 결정적인 계기 가운데 하나였다.

러시아의 복음서는 1819년에 완성되어 세상에 나왔다. 그리고 전체 신약성경은 1820년에 출판되었다.

곧바로 구약성경의 러시아어 번역이 시작되었다. 무엇보다 먼저 시편이 번역되어 1822년 1월에 따로 출판되었다. 그것은 슬라브어를 포함하지 않고 러시아어로만 된 성경이었다. 동시에 모세오경 번역이 시작되었다. 필라레트는 자신의 ≪창세기 노트(Записки на книгу Бытия)≫(1816년에 초판이 출판되었다)에 성경을 인용하는 모든 곳에서 히브리어와 함께 러시아어 번역을 제시했다. 다시 문을 연 모스크바와 키예프 아카데미, 그리고 몇몇 신학교들이 번역 작업에 참여했다. 곧바로 히브리어 성경과 그리스어 성경의 관계, 칠십인역의 장점, 그리고 마소라 성경[513]의 의의에 대한 어렵고도 복잡한 문제가 제기되었다. 칠십인역에서 조금이라도 이탈하면 곧 예배 의식에서 사용되는 슬라브어 성경에서 실질적으로 벗어나는 것을 의미하므로, 의도적인 합리화와 주석을 필요로 했다는 사정으로 인해 이러한 문제들은 더 첨예화되었다. 처음에는 이 문제가 지나치게 단순하게 해결되었다. 기본이 된 것은 '정경'인 히브리어(마소라) 성경이었다. 슬라브어 성경과 차이점을 설명하기 위해서 고대 언어를 모르는 사람들에게 설득력이 있는 특별한 서문이 작성되었다. 서문을 작성한 사람은 필라레트였고, 미하일 대주교, 당시 모스크바 대주교였던 세라핌, 그리고 야로슬라블의 대주교였던 필라레트 자신이 서명했다.

모세오경의 최종 교정은 게라심 팝스키가 맡았다. 인쇄

---

[513] 마소라 성경: 유대교의 권위 있는 히브리어 성경이다. 개신교에서 구약성경을 번역하는 데 기초로 널리 사용되며 1943년 이후로 일부 가톨릭에서도 참고했지만 동방정교회에서는 신의 영감을 받았다는 이유로 칠십인역을 계속 사용했다. 현존하는 가장 오래된 마소라 성경의 원고는 대략 9세기로 거슬러 올라간다.

는 1825년에 끝났지만 변화된 상황 때문에 출판물은 세상에 나오지도 못했을 뿐 아니라, 압수되어 곧바로 분서되었다. 성경 번역 작업 자체가 중단되었고 성경협회는 폐쇄되고 활동은 금지되었다. 이 불행한 성경 번역 작업의 결말은 설명이 필요하다.

러시아어 성경 번역은 전반적으로 관심과 공감을 얻었다. 열렬하고 열광적인 많은 찬사를 공개적으로 말하고 썼다. 그러나 그 찬사들이 다 진실한 것은 아니었다. 공식적인 수사와 노골적인 아첨이 매우 많았던 것이다. 그러나 마음으로부터 완전한 확신을 가지고 행해진 말들도 적지 않았다. 러시아 성경의 출판은 분명한 필요에 부응하는 것이었으며, 필라레트가 표현했듯이, '하나님의 말씀을 듣고자 하는 갈증'을 해소했다. 티혼 자돈스키가 러시아어 성경 번역의 필요성에 대해서 직접 말했던 것을 기억할 수 있다.

러시아 성경협회의 번역은 물론 완벽한 것은 아니었다. 그러나 번역의 어려움과 오점은 두려움과 금지 또는 의심을 통해서가 아니라 공개적인 논의와 광범위한 협력을 통해서만 바로잡을 수 있는 것이었다.

엄밀히 말해서, '이단의 옷을 입고 있는 세속적인 사람'이었던 골리친 공이야말로 불안과 공격의 진짜 대상이었다.

성경협회와 그 일에 대항하여 일어난 최종 '반란'에 가담한 사람들은 정신적인 특성과 스타일에서 서로 가깝지도 닮지지도 않았다.

반(反)성경협회 음모의 이데올로기는 두 사람, 즉 수도원장 포티와 시시코프 장군에게 속해 있었다. 그들이 대변하는 것은 서로 다른 두 이데올로기였다. 수도원장 포티[세속에서는 표트르 스파스키(Пётр Спаский, 1792~1838)]는 그가 살았던 흥분된 동란의 시대, 당시의 모든 의심스러운 혼란에 매우 전형적인 인물이었다. 신비주의, 또는 다른 악한 음모들의 광신적인 폭로자였던 포티는 자신의 반대자들과 같은 심리적 특성을 가지고 있었으며, 그들과 똑같은 병적 황홀경으로 고통받았다. 그는 후에 자서전을 썼는데, 그 자서전은 매우 설득력 있고 매우 끔찍한 자화상이었다. 우리 앞에는 참된 교회적인 현실 감각을 상실한 열광주의자, 환영을 보는 사람이 나타난다. 게다가 그는 전혀 겸손하지 않고 강압적이었다. 우리가 보는 것은 스스로 카리스마가 있다고 주장하며, 매우 의심이 많고 집요하며, 항상 자기 주변에 고립된 흥분의 분위기를 만들어 내는 인물의 형상이다. 그 형상은 전형적인 유혹의 형상, 무시무시한 거짓 금욕주의의 막다른 골목과도 같은 것이었다. 포티는 감상과 인상, 경험에 파묻혀 있었다. 그에게는 영적인 전망, 진정한 깊이, 명상적인 폭이 결여되어 있었다. 그는 놀람과 두려움 속에 숨고 생각을 공개하기를 두려워했다. 그가 공격적이 된 것은 너무 놀랐기 때문이다. 여기에 그의 진실성에 대한 어려운 문제의 해답이 있다. 그는 정직하지 않은 위선자는 아니었다. 그는 일관되게 행동하고 폭로했다. 그는 벨리

알[514])과 싸운다는('대천사의 투쟁') 분명한 확신을 가지고 성경협회를 공격했다. 그러나 이러한 유형의 광신자에게는 이러한 독특한 자기 의견, 부름을 받았거나 보내진 예언자라는 자기 확신, 특별한 사명 또는 과제를 부여받았다는 자기 느낌, 어떤 황홀경에 빠진 자기중심주의가 특징적이다. 위선이라기보다는 차라리 악령에 사로잡혔다고 말하는 것이 나을 것이다. 어쨌든 이러한 맹렬한 호소와 절규에는 교회의 옛 관습 또는 고대 전승의 목소리는 거의 들리지 않는다. 그러기에 그는 너무나 아는 것이 없었고, 심지어 금욕주의 교부들의 저작에도 익숙하지 않았다. 그는 교부들의 저작을 거의 인용하지 않았다. "교부들의 책을 가지고 있지 않다"고 스스로 썼다. "나는 성경만을 가지고 있고 그것만을 읽는다." 이런 점에서 포티는 당시의 '성경적' 시대의 습관에서 벗어나지 않았다. 그는 교회의 관습과 전승의 엄격한 옹호자 또는 보호자가 아니었다. 그는 모든 것을 자기 식대로 하는 것을 좋아했기 때문에 항상 교회 권위자들과 다투었다. 그는 보통 개인적인 통찰과 영감, 환상, 현상, 꿈을 가

---

[514]) 구약성서에는 '벨리알의 아들'이라는 표현이 몇 차례 나온다. 벨리알은 '쓸모없다'는 뜻이므로 벨리알의 아들은 '변변치 못한 사람'이라는 뜻이 된다(신명기 13장 13절, 사사기 19장 22절, 사무엘상 25장 25절). 그러나 신약성서에서 바울은 벨리알을 사탄의 또 다른 이름으로 사용한다. "그리스도와 벨리알이 어찌 조화되리오?"(고린도후서 6장 15절).

지고 논증했다. 그는 미신적이라기보다는 광신적인 사람이었다.

그는 '필라레트 수도원장의 섬세한 눈길을 받으며' 페테르부르크 아카데미에서 공부했다. 그러나 병 때문에 학업을 마치지는 못했다. 그의 병은 어떤 두려움의 발작, 정신쇠약이었다. 그는 당시의 사회적인 신비주의에 대해 당혹해하고 혼란스러워했다. 아카데미에서는 많은 이들이 융 슈틸링, 이 거짓말쟁이이자 변절자의 독성 있는 책들을 너무나 많이 읽었다. "아카데미에서는 다시 출판된 책들, 즉 슈틸링, 에카르츠하우젠, 기타 소설 같은 자유사상을 담은 책을 읽는 것이 허용되었다. 지상에서 그리스도의 천년 통치, 영원한 고통, 그 밖에 다른 영적인 문제들에 대한 논쟁이 불거졌다. 어떤 이들은 성경에서 벗어난 것을 좋아했고, 다른 이들은 어디서나 신비를 발견했다. 아카데미의 도서관에서는 교부들의 책은 내주지 않았다. 왜냐하면 누구도 충고와 모범을 제공하지 않았기 때문이다. 유익보다는 해악을 더 많이 끼친 독일과 다른 나라의 성경 주석서들이 추천되고 통용되었다." 포티는 그러한 상황에서 혼란스러웠다. 그러나 그가 아카데미에 머물렀던 1년 남짓한 기간 동안 적지 않은 것을 배웠다. 아마도 바로 이곳에서 '모든 곳에서 신비를 발견하는 것'을 배웠을 것이다. 그리고 이곳에서 계시록을 해석하고 마치 기호처럼 계시록에 따라 현시대의 수수께끼를 푸는 당시의 유행에 전염되었을 것이다. 그의 실제적인,

또는 상상의 적들이 계시록으로부터 천년왕국을 읽어 냈을 때, 그는 모든 곳에서 적그리스도를 추측해 냈다. "지금은 장작이 이미 쌓였고, 불이 점화되었다."

아카데미에서 나온 후, 포티는 넵스키 학교에 교사로 들어가 그곳에서 학장 이노켄티의 감독 아래 있었다. 1817년에 포티는 수도사 서원을 하고 곧바로 제2군사학교의 교사로 임명되었다. 관찰의 반경이 확대되었다. 그는 계속해서 폭로적인 자료들을 수집했고 다시 출판된 '특히 명백하게, 또는 은밀하게 혁명적이고 해로운' 서적들을 읽고 검토했다. 그가 수집한 서적 목록은 상당히 다채롭고 무질서했다. 여기에는 영국 유물론자의 책, 프랑스의 저속한 책, 프리메이슨과 마술, 독일철학, 뵈메와 슈틸링의 요술, 그와 유사한 '악마적인 책', '혁명적이고 악한 책', '나쁜 프리메이슨의 책', '프리메이슨의 이단', 페늘롱과 '추한 프랑스 여자' 귀용 등등, '감리교도와 정적주의자의 가르침, 기독교의 외양에 철학을 감추고 있는 자코뱅주의를 설파하는 책'이 포함되었다.

'새로운 가르침을 받은' 성직자들에 대해 포티는 항상 깊은 의심을 나타냈다. "그 일에 적합한 협력자는 심지어 단 한 명도 없었다. 모두 진리를 팔아넘길 준비가 되어 있었다." 이런 배경에서 러시아 성경이 세상에 모습을 나타낸 것이다.

처음에 포티는 활동적인 프리메이슨주의자들을 공격

했다. 그 자신이 말했듯이 "생명의 위협을 무릅쓰고 나는 ≪시온 통보≫와 랍진, 프리메이슨의 지부들과 이단들을 대항해 싸웠으며, 그 분열의 움직임을 막기 위해 노력했다". 많은 면에서 그는 옳았다. 그러나 그는 히스테리컬한 발작 속에서 모든 유혹에 대해 평가했으므로, 사람들을 설득하기보다는 짜증스럽게 했다. 그에게는 상상해 낸, 보이지 않는 특성을 뒤섞어 올바른 관찰을 왜곡하는 환희에 찬 의심병이 있었다. 미하일 대주교는 이노켄티에게 그를 진정시킬 것을 부탁했다. 이노켄티는 악마의 계교에 대한 신랄한 말로 그를 더 흥분시켰다. 포티는 후에 자신의 스승으로 여겼던 ≪이노켄티의 생애(Житие)≫를 집필했다. 그러나 그 속에서 그는 실제 이노켄티를 자기 자신 또는 그가 상상해 낸 이상적인 형상 속에 감추었다. 실제 이노켄티는 비록 자기 성찰과 참을성이 부족하기는 했지만, 훨씬 섬세하고 깊이 있는 사람이었다. 곧 포티는 수도에 있기에는 너무 시끄러운 사람이라는 것이 알려졌다. 그는 노브고로드로 보내져 처음에는 데레뱌니츠키 수도원의 원장으로, 그다음에는 스코보로드스키, 마지막으로는 유리예프 수도원의 원장으로 임명되었다. 포티가 오를로바[515] 백작 부인을 알게 된

---

515) 안나 오를로바(Анна Орлова, 1785~1848): 예카테리나 2세의 총신이었던 그리고리 오를로프의 손녀로서 매우 부유한 귀족 부인이었다. 이노켄티의 충고에 따라 포티를 '영적 아버지'로 삼고 평

것이 이때쯤이었다. 그 만남은 그의 인생에서 결정적인 사건이었다. 예기치 못하게 이 기간에 '백작 부인 안나'를 통해 포티는 골리친 공과 가까워졌다. 그들 사이에 오갔던 서신들이 남아 있는데, 그 서신들은 진실을 담고 있는 따뜻한 것이었다. 포티는 '자서전'에서 오를로바 집에서 골리친과 때로 아홉 시간이나 나눈 길고 긴 대화를 회상한다. 그는 골리친이 자신을 매우 좋아했으며, 자신의 부탁이라면 무엇이라도 들어줄 준비가 되어 있었다고 강조한다. 골리친의 편지에서 우리는 포티가 과장하지 않았다는 것을 알 수 있다. 그는 일시적으로 골리친과 세라핌 대주교를 화해시킬 수도 있었다. 골리친은 포티를 즐라토우스트나 '젊은 장로'처럼 여겨 그에게 매료되었다(포티는 당시 30세를 갓 넘겼다). 포티는 자신의 우정 어린 감정을 숨기지 않았다. "당신과 나는 육체와 영혼, 이성과 가슴처럼 둘이면서 하나입니다. 왜냐하면 그리스도께서 우리 사이에 계시기 때문입니다." '반란'은 1824년에 점화되었다. 필라레트는 반란에 대해 이렇게 회상한다. "종교성(省)과 성경협회, 성경 번역에 대항하여 반란을 조직한 이들은 개인적인 이해로 움직인 자들로서 호의적인 사람들을 끌어들이기 위해 의심되는 문제를 찾아

생 가깝게 지냈다. 헌신적인 정교회 신자였으며, 수백만 루블을 여러 수도원과 교회에 기부하여 고위 성직자들에게 영향력을 가졌던 것으로 알려져 있다.

내고 과장할 뿐 아니라 사실을 꾸며 내고 중상모략했다." 이 음모에 아락체예프516)가 관여했다는 것에 대해서는 많은 말이 필요 없을 것이다. 그에게는 이 음모가 황제와 개인적인 친분을 맺고 있는 강력한 경쟁자를 권력과 정부에 대한 영향력으로부터 제거할 수 있는 절호의 기회이자 수단이었던 것이다.

결정적인 행동의 계기가 된 것은 고스너의 책 ≪마태복음에 관하여≫의 러시아어 번역이었다(이 책의 독일어 명칭은 ≪예수 그리스도의 삶과 가르침의 영혼, 신약성서에 대한 고찰과 소견(Geist des Lebens und der Lehre Jesu Christi, in Betrachtungen und Bemerkungen ueber das ganze Neue Testament)≫(I Bd., Matthaus und Marcus)이었다. 그러나 그 책은 단지 구실에 불과했다. 그 책은 당시 출판되었던 많은 경건주의 서적들과 다를 바가 없었기 때문이다. 포티는 여러 번 황제에게 열병에 걸린 듯한 문체로 위험성을 경고하는 편지를 썼다. 그는 포위당한 교회와 조국을 수호하고 증언하기 위해 보냄을 받았다는 의식과 확신을

---

516) 알렉세이 아락체예프(Алексей Аракчеев, 1769~1834): 알렉산드르가 가장 신뢰한 조언자 중 한 사람이었다. 알렉산드르 치세에 전쟁과 군사 부문의 실권을 가졌다. 1820년대에 그의 유일한 경쟁자는 골리친이었는데, 골리친의 실각 이후 러시아에서 황제 다음으로 가장 강력한 권력을 쥔 인물이었다. 그러나 알렉산드르의 사후 정무에서 물러났다.

가지고 편지를 썼다. 종려주일에 그의 꿈에 천사가 나타났는데, 그 천사는 손에 책을 한 권 들고 있었다. 그 책의 표지에는 한 줄로 이런 글자가 쓰여 있었다. "이 책의 목적과 의도는 혁명이다." 그 책은 ≪그리스도 영의 내적인 이끌림을 따르는 것에 대해 사람들에게 하는 호소≫[프랑스어에서 번역된 것으로 1820년에 출판되었다. 번역자인 야스트렙초프(И. И. Ястребцов)는 신학교 위원회에서 실행 위원으로 일했다. 포티는 이 교활하고 불경건한 책의 주된 사상을 "그리스도를 믿는 신앙에서 벗어나 모든 면에서 시민적인 질서를 바꾸라는 호소"라고 정의했다.

'혁명'은 알렉산드르 1세의 눈에 '이중 부처'를 흔들 수 있는 유일한 이유였다. 포티는 직접적으로 이에 대해 말한다. "그러한 정치적인 행동과 계획은 모든 교회의 복지보다 그에게 더 큰 영향을 끼쳤다." 종교 문제에서 알렉산드르는 골리친보다 더 과격했다.

포티는 이렇게 증언한다. "이 도시에서 한 달 반 동안 머물며 고스너를 비밀스럽게 관찰하고 나서 그가 사람들의 정신 속에 혁명을 준비하기 위하여 이곳에 왔다는 것을 알았습니다. 그는 너무나 잘 보호받고 있었기 때문에 감히 누구도 그를 건드리지 못합니다. 그가 이곳에 온 것은 우리 정교회 성직자들 중에서는 아무도 그런 계획을 꾸밀 능력이 없기 때문입니다." 포티의 편지는 그 히스테리컬한 종말론 때문에 황제의 관심을 끌었다. 황제는 그를 개인적으로 만나고 싶어 했다. 그 전에 황제는 세라핌 대주교를 만났다. 황제를 알현한 후에 포티는 두 번 골리친을 만났다. 두 번째 만남에서 그는 골리친을 저주했다.

"포티는 성상 옆에 서 있었다. 촛불이 타오르고 있었고, 그리스도의 거룩한 성체가 그 앞에 있었다. 성경이 펼쳐져 있었다(예레미야 23장). 공작은 으르렁거리는 야수처럼 들어왔다(예레미야 5장 6절). 그리고 축복을 받으려고 손을 내밀었다. 그러나 포티는 아무런 축복도 하지 않고 그에게 말했다. 당신의 감독 아래 출판된 ≪십자가의 신비(Таинство креста)≫에 성직자는 짐승이라고 쓰여 있지요. 성직자의 한 사람인 나 포티는 하나님의 사제로서 당신을 축복하고 싶지 않소. 어쨌든 당신도 축복이 필요하지 않지 않소(그는 예레미야 23장을 주며 읽어 보라고 했다). 그러나 골리친 공은 그렇게 하기를 원하지 않고 나가 버렸다. 포티는 그가 열어 두고 나간 문을 통해 그에게 소리를 질렀다. 만약 당신이 회개하지 않는다면, 당신은 지옥에 떨어지게 될 것이오." 포티 자신이 이렇게 이야기한다. 시시코프는 자신의 ≪기록(Записки)≫에서 한 가지 점을 덧붙인다. "포티는 그의 뒤에 대고 소리쳤다. 파문이다! 저주를 받을지어다." 이날 고스너를 외국으로 보내고 그의 책의 러시아어 번역을 형리의 손으로 불태우라는 칙서가 내려졌다. 번역자들과 검열관들도 재판에 회부되었다.

포티는 자신의 난폭한 저주 때문에 황제의 노여움을 살

까 매우 두려웠는데도 계속해서 궁정으로 호소문을 보냈다. 그중 하나는 '러시아 파괴 계획'과 '평온하고 행복하게 이 계획을 갑자기 무너뜨릴 수 있는 방법'에 대한 내용을 담은 것이었다. 성경협회에 대한 문제가 여기서 매우 예리하게 제기되었다. "성경협회는 이미 많은 성경이 인쇄되었으므로, 더 이상 그 협회가 필요하지 않다는 구실로 없애야 합니다." 종교성은 폐지해야 하며, 현재 종교성을 맡은 고관을 다른 두 개 부처에서도 직위 해제해야 한다.

코셸레프는 유배되어야 하며, 고스너는 추방되어야 하고, 페슬러는 쫓겨나야 하고, 감리교도들은 지도자들만이라도 몰아내야 한다.

포티는 다시금 영감을 들먹인다. "하나님의 섭리는 지금 그 이상 더 무엇을 하라고 보여 주시지 않습니다. 저는 하나님의 명령을 받듭니다. 그 명령을 실행하는 것은 당신께 달려 있습니다. 1812년부터 1824년까지 꼭 12년이 지났습니다. 하나님은 러시아를 침공한 육체적인 나폴레옹을 이기셨습니다. 이제 하나님은 당신을 통해 영적인 나폴레옹을 이기실 것입니다." 그 후 며칠 동안 포티는 계속해서 불안한 내용의 '서신들'을 군주에게 보냈다. "크고 두려운 불법의 비밀이 활동하고 있습니다. 오, 저는 하나님의 힘과 영으로 강하신 당신께 이 사실을 알려 드립니다." 목적은 성취되었다. 1824년 5월 15일 골리친은 실각했고, '특별성'은 폐지되었으며, 이전처럼 분리되었다. 그러나 골리친은 심지어 알렉산드르의 사후에도 총애를 잃지도, 개인적인 영향력을 상실하지도 않았다. 분리된 국민교육부의 장관에는 노쇠한 장군 시시코프가 임명되었다. "절반은 죽은 것이나 다름없는 시시코프를 망각에서 찾아냈던 것이다." 시시코프는 종교성 장관은 아니었지만, 관행에 따라 '특별성'의 정책을 지속했다. 그는 집요하게 종무원의 일에 간섭했다.

시시코프의 종교적 견해는 그다지 명료하지 않았다. 그는 자신의 과격주의를 민중적이고 정치적인 고려로써 제한하고 있었던 18세기의 절제된 자유사상가였다. 심지어 그에게 호의적이고 그와 가까웠던 사람들의 증언에 따르면, 그는 '소치니주의를 완전히 따르는 것은 아닐지라도 그와 유사한 견해들'을 가지고 있었다. 포티는 그에 대해 애매하게 표현했다. "아는 한도 내에서 정교회 교회의 옹호자." 포티는 그 '지식'이 매우 빈약했으며, 주로 국가 내에서 교회의 위치에 대한 것이라는 사실을 잘 알고 있었다. 국가 안에서 교회는 반란과 혁명에 대한 지주와 보루가 되도록 부름 받은 것이다.

그러나 성경협회의 일에 관하여 시시코프는 자신만의 매우 확고한 견해를 가지고 있었다. 그에게는 성경 번역에 대한 생각 자체가 매우 악한 이단이었다. 그러나 그것은 (스베르베예프[517])의 날카로운 지적에 따르면) "문학적인 이단"

---

517) 드미트리 스베르베예프(Дмитрий Свербеев, 1799~1876): 노브

이었다. 시시코프는 러시아어가 (그가 당혹해하면서 말했듯이) "마치 무엇인가 특별한 것이라도 되는 것처럼" 존재하는 것 자체를 부정했기 때문이다. "우리에게는 슬라브어와 러시아어가 하나다. 언어는 단지 고상한 언어와 평범한 언어로 구분될 뿐이다." 이것이 시시코프의 주된 종교적·인문학적 테제였다. 문어체 또는 구어체의 러시아어는 그의 생각과 이해에 따르면, 단일한 슬라브·러시아어의 '민중 언어'에 불과했다. "슬라브어에서 분리된 러시아어가 도대체 무엇인가? 꿈, 수수께끼다! 한 단어도 갖지 못한 언어의 존재를 긍정한다는 것이 이상하지 않은가." 왜냐하면 두 스타일 또는 '언어'의 사전은 똑같은 것이었기 때문이다. "슬라브어는 구어보다 더 고상하고 따라서 독서를 통해서만 익힐 수 있는 언어다. 그것은 고상하고 학문적인 문어다." 마지막으로 시시코프는 두 언어, 즉 '믿음의 언어'와 '정열의 언어', 또는 '교회의 언어'와 '극장의 언어'를 구별한다. 성경 번역은 시시코프에게 고상하고 중요한 언어에서 이 저급한 극장과 정열의 언어로 하나님의 말씀을 '교체'하는 것으로 보였다. 그가 생각하기에 성경 번역은 거룩한 성경의 중요성을 고의로 축소하는 것이었다. 여기에서 '문체에서 정교회의 수호'를 위한 그의 모든 노력이 비롯된다. 게다가 번역은 부주의하게 행해졌다("아카데미 학생 몇 명에게 가

고로드 출신의 귀족이다.

능한 한 빨리하라는 명령과 함께 던져졌다"). 슬라브어에서 러시아어 번역으로 이탈은 교회에서 사용해 온 이 익숙하고 거룩한 성경에 그림자를 드리우고 그 성경에 대한 불신을 조장한다. "어떤 수도사 또는 허풍쟁이 학자가 히브리어로 그렇게 되어 있다고 말할 것이다. 그러나 누가 그토록 오래 전에 쓰인, 잘 알려지지도 않은 히브리어의 모든 힘을 알고 있다고 나를 확신시킬 수 있겠는가." 그는 여기서 필라레트를 염두에 두고 있는 것 같다.

시시코프는 상당히 자주 슬라브어야말로 성경의 원어라도 되는 것처럼 말하곤 했다. "어떻게 그들은 감히 하나님의 입으로부터 흘러나오는 말씀을 바꾸려고 할 수 있단 말인가." 이러한 종교적·인문학적 논의 속에서 시시코프는 혼자가 아니었다. 스페란스키 역시 유사한 동기로 러시아 번역에 대해 완전히 부정적인 태도를 보였다는 것은 흥미로운 일이다. 러시아어는 그에게 '평범한 민중의' 언어, 그렇게 표현력이 풍부하거나 정확하지 않은 언어로 여겨졌다. 차라리 모든 사람에게 슬라브어를 가르치는 것이 낫지 않을까? 스페란스키는 딸에게 어려운 구절에 대해 러시아어가 아닌 영어 번역을 참조하라고 충고했다. 많은 다른 사람들도 그와 유사한 생각을 가졌다(예를 들어, 데카브리스트[518)

---

518) 데카브리스트: 1810년 후반에서 1820년 초반에 조직된 다양한 비밀 결사에 참여한 러시아 귀족들을 일컫는 명칭이다. 전제정치에

인 슈테인겔(Штейнгель) 남작의 러시아 성경에 대한 생각을 참조하라. "교회에서 읽히는 거룩한 책들 가운데 하나에 대한 신뢰가 무너지고 있다"]. 시시코프는 '예언서들과 별도로' 모세오경의 출판이 준비되고 있는 것에서 특별한 계략을 보았다. 실제로 모세오경은 다른 책보다 먼저 출판된 러시아 성경 전체의 첫 권이었다. 시시코프는 모세오경의 번역이 혹시 단순한 민중을 몰로칸 이단[519]이나 유대주의로 끌어들이기 위해 고안되고 실행된 것은 아닌지 의심했다. 누군가 모세의 의식(儀式)적인 법, 특히 안식일의 제정을 문자 그대로 이해하면 어떡할 것인가. 이 모든 것이 단지 모형이며 지나간 그림자라는 것을 말해 주어야 하지 않는가.

세라핌 대주교의 지원을 받은 시시코프는 이 러시아어 모세오경을 넵스키 대수도원의 벽돌 공장에서 태우는 데 성공했다. 후에 키예프의 필라레트는 두려워 떨면서 이 거룩한 책의 파괴에 대해 회상했다.

시시코프는 세속적인 사람들과 민중에게 성경을 퍼뜨려야 할 어떤 필요성도 보지 못했다. "성경이 필요하다고 꾸며낸 것이 오히려 성경의 중요성을 약화하고 이단과 분열만

반대해 1825년 12월 14일 니콜라이 1세의 즉위식에서 입헌군주정과 농노 해방을 주장하며 봉기를 계획했으나 실패했다. 12월(데카브리, декабрь)에서 그 명칭이 유래했다.

519) 몰로칸 이단: 우유파와 같다. 우유파에 대해서는 각주 422번을 참조하라.

낮게 되지 않겠는가." 집에 성경을 가지고 있는 것이 성경의 위엄에 굴욕적인 것이 되지 않겠는가. "그 결과는 무엇인가...? 그렇게 대단하게 세상에 나온 복음서가 중요성을 상실하고 더럽혀지고 찢겨 의자 밑에 뒹굴고 집 안 물건을 싸기 위해 쓰이고 사람들의 정신과 마음에 아무런 작용을 하지 못하도록 하는 데 엄청난 돈이 들 것이다." 더 과격한 것도 있다. "성경을 읽는 것은 정교회를 파괴하고 국가를 혼란시키며 국가 내에 분열과 반란을 조장할 뿐이다." 시시코프는 성경협회와 혁명은 같은 것이라고 생각했다.

그가 타타르어·터키어 등 다른 언어로 성경을 번역하는 것을 반대했다는 것은 아주 당연한 것이었다. 누가 그 번역의 신빙성을 보증할 것인가.

그는 성경을 해석하는 것 역시 두려워했다. 성경이 널리 퍼지고 누구나 읽을 수 있게 된다면 누가 성경을 설명할 것인가? "그렇게 많은 양의 성경과 그 개별적인 책들이 도처에 퍼졌지만 해설자들과 설교사들이 없다면 무슨 효과가 있겠는가. 이 제어되지 않은, 전반적인 성경의 홍수 속에서 사도들의 규율과 교부들의 저작, 공의회들의 행위, 전승, 교회의 법규와 관습, 한마디로 지금까지 정교회의 보루였던 모든 것들이 있을 자리가 어디에 있는가. 이 모든 것은 구겨지고 유린되고 전복되었다." 같은 시각에서 시시코프는 ≪교리문답서≫의 출판을 교활한 음모라고 보았다. 불순한 신앙을 유포하기 위한 것이 아니라면 그렇게 많은 양을 인쇄할 필요가 무엇인가(1만8천 권 정도가 인쇄되었다).

여기서 시시코프를 가장 놀라게 한 것은 역시 러시아어였다. "종교책에서 한 분이신 하나님과 우리의 아버지를 믿사오며와 같은 기도가 평범한 민중어로 번역된다는 것은 무례하기 짝이 없는 일이다." 필라레트가 편집한 ≪교리문답서≫(이 일은 처음에 미하일 대주교에게 맡겨졌다)는 종무원의 승인을 받고 황제의 명령으로 1823년에 출판되었다. 그런데 1824년 말 '교육부와의 관계 때문에', 그리고 황제의 비호 아래 ≪교리문답서≫의 판매가 중지되었다. ≪교리문답서≫에서 성경 본문은 러시아어로 번역되어 있었다. ≪교리문답서≫의 판매 중지에 대해 필라레트는 곧 항의했고, 공개적으로 정교회에 대한 문제를 제기했다. "만약 신성종무원이 그렇게 대단하게 인정한 ≪교리문답서≫의 정교회가 의심스럽다면, 신성종무원의 정교회 자체가 의심스러운 것이 아닌가."

세라핌 대주교는 필라레트에게 보낸 답변에서 정교회에 대한 문제는 제기된 바 없으며, 정교회에 대해서는 어떤 의심과 논쟁도 없다고 강조했다. ≪교리문답서≫가 중단된 것은 단지 본문과 '기도문'의 언어 때문이었다는 것이다. 그러나 세라핌이 계속해서 하는 말은 이중 의미를 지니고 있었다. "당신은 왜 러시아어가 ≪교리문답서≫에, 특히 슬라브어와 완전히 친숙하지 않기 때문에 슬라브어로 설명된 신앙의 진리를 이해할 수 없는 어린아이들을 위해 아주 짤막하게 쓰인 책에 사용될 수 없는지 물으십니다. 러시아어가 신약의 거룩한 책들과 시편에 계속 사용되어 왔는데 말입니다. 이와 연관되어 제기될 수 있는 또 다른 많은 질문에 대해 저는 지금 당신에게 만족할 만한 대답을 드릴 수가 없습니다. 지금은 모호하게 여겨지는 것을 우리가 설명할 날이 오리라고 기대합니다. 제 견해로는 그 시간이 곧 도래할 것입니다." 이 대답은 새로운 사태의 흐름에 세라핌이 개인적으로 적극 참여하지 않는다는 것을 의미하는 것이었다. 그리고 러시아어 신약성경과 성경협회의 활동 금지가 확대됨에 따라 일관성이 없어 보이는 것이 곧 제거될 것이라는 사실을 의미하는 것이었다. 어쨌든 세라핌은 ≪교리문답서≫에서 정교회에 대한 문제가 제기되었다는 사실을 부인함으로써 직접적으로 거짓말을 하고 있었다. 포티는 그를 직접적으로, 그리고 공개적으로 이단자라고 불렀고 그를 '시궁창 물'에 비교했다. 그리고 ≪교리문답서≫를 예전의 ≪정교회 신앙고백≫과 대비했다. 마침 이때 ≪정교회 신앙고백≫이 포티와 개인적으로 가까운 (곧 아니키타 수도 사제가 된) 시린스키 시흐마토프 공작[520]의 감독하에 새로 번역되고 있었다. 그러나 번역은 게라심 팝스키의 결정에 따라

---

[520] 시린스키 시흐마토프(Ширинский Шихматов, 1790~1853): 시시코프의 정치적·문학적 제자로 1824년부터 교육부에서 일하기 시작해 1850년부터 장관으로 일했다.

종교 검열위원회에 의해 중단되었다. 공식적이지는 않을지라도 비공식적으로 ≪교리문답서≫는 검토되었다. 검토를 맡은 사람은 당시 차르스코예셀로 리체이의 신학 교사였던 코체토프 사제장(прот. И. С. Кочетов)이었던 것 같다 (1790~1854. 페테르부르크 아카데미의 1학년 졸업자로 후에 페트로파블롭스크 성당의 주임사제가 되었다). 그의 결론은 ≪교리문답서≫에 이롭지 않았다. 그는 신학보다는 언어의 문제에 더 관심이 많았다. 그는 인문학자로서 1828년부터 러시아 아카데미의 일원이었으며, 후에는 정식 회원이 되었다(그를 아카데미에 들어오게 한 시시코프의 정신을 따라 쓴 그의 <외국어에 대한 정열의 해로운 결과에 대하여> 라는 글을 참조하라).

당시 종무원에 참석하도록 초청된 예브게니 대주교 역시 ≪교리문답서≫에 대해 매우 비판적인 태도를 보였다. 트베리와 야로슬라블에서 필라레트의 후계자였던 시메온 크릴로프 플라토노프[521]는 ≪교리문답서≫를 '책 나부랭이'라고 부르며, 그 안에서 들어 보지도 못한 가르침과 '참을 수 없는 뻔뻔함'을 발견했다.

---

521) 시메온 크릴로프 플라토노프(Симеон Крылов-Платонов, 1777~1824): 모스크바 성 삼위일체 신학교에서 프랑스어와 시학을, 모스크바 아카데미에서 수사학을 가르쳤다. 1816년에 툴라의 주교가 되었고 이어 체르니고프, 트베리, 야로슬라블의 주교가 되었다.

어쨌든 ≪교리문답서≫는 주의 깊게 검토하고 새로운 판을 찍은 뒤에야 다시 통용되었다. 새 판의 본문과 모든 인용문은 '러시아어 대신 슬라브어로 제시되었으며', 설명하는 언어도 슬라브어에 의도적으로 가깝거나 적응된 것이었다. 내용의 변화는 미미했다.

시시코프는 알렉산드르로부터 러시아어 번역의 금지와 성경협회의 폐쇄에 대한 허락을 얻어 내는 데 성공했다. 그는 하나의 논거를 스스로 만들어 냈고, 마그니츠키[522] 또는 파블로프[523](당시 종무원장을 위해 일했던 자로서, 포티는 그를 '1824년의 영광스러운 전사'라고 불렀다) 같은 열성파들이 다른 논거를 제공했다.

세라핌 대주교는 시시코프와 하나가 되어 활동했다. 그러나 대주교는 주로 타인의 지시를 받아 행동했다. 대담하지 못했던 그는 당시의 소문, 공포, 몰두, 의심의 소용돌이를 이해하고 책임 있게 행동하기에는 '충분히 명료한 개념'을 가지고 있지 못했다. 개인적으로 그는 단지 '맹목적인 장관'의 제거만을 고집했다. 그 외의 다른 결론들은 암시된 것이고 심지어 억지로 밀어 넣은 것이었다. 한때 세라핌은 노

---

[522] 미하일 마그니츠키(Михаил Магницкий, 1778~1855): 아락체예프, 시시코프, 포티와 함께 골리친과 성경협회에 대항한 기회주의적인 정치가다.

[523] 파블로프(А. А. Павлов): 메체르스키 공이 종무원장으로 있을 당시 함께 일했으며, 아락체예프, 포티와 연계했다.

비코프 신학교에서 공부했고, 성경협회의 활동적인 회원이었으며, 민스크와 모스크바에서는 대주교로 일했다. 모스크바의 성경협회 모임에서 여러 번 감동적인 연설을 하기도 했다. 그러나 그는 새로운 기분으로 페테르부르크로 왔다. 그는 곧바로 골리친과 결별했다. 골리친의 해임과 더불어 성경협회의 회장이 된 세라핌은 알렉산드르 황제로 하여금 성경협회의 모든 일과 재산, 번역 과제를 종무원으로 옮기고 아예 협회를 폐지하도록 종용했다. 이 일은 이미 새로운 황제의 치세에 데카브리스트 사건의 신선한 인상 아래서 성사되었다. 시시코프는 확신 있게 그 사건의 책임을 '신비주의자들'에게 돌렸다. 그러나 성경협회의 폐지에 대한 칙서(1826년 4월 12일)에조차 매우 중요한 단서가 붙어 있었다. "제국의 주민들이 사용하고 있고 협회가 이미 슬라브어와 러시아어, 다른 언어로 출판한 성경을 원하는 자들에게 책정된 가격으로 판매할 것을 허용하노라." 심지어 니콜라이 1세도 시시코프를 따를 준비가 되어 있지 않았다. 그러나 실제로 성경협회의 출판물은 유통이 금지되었고, 다만 수감자들을 돌보는 위원회만이 러시아어로 번역된 신약성경을 유배자들과 수감자들에게 계속 공급했다.

1828년에 시시코프를 대신하여 '교육부의 장관'으로 리벤(К. К. Ливен)을 임명한 것은 흥미로운 일이었다. 그는 전에 데르프트의 감독관이었고, 그 이전 성경협회의 설립 당시부터 중요하고 영향력 있는 활동가였다. 리벤 공작은 모라비아 형제단 종파에 속해 있었다. "어디선가 중요한 문제를 가지고 온 관리는 거실의 경탁 앞에서 큰 소리로 시편을 낭송하는 그를 발견하게 될 것이다. 그는 관리 쪽으로 몸을 돌리고 그의 말을 귀 기울여 듣지만, 아무 대답도 하지 않고 자신의 예배 의식을 계속한다"(비겔). 리벤 공작은 독일인이었고 프로테스탄트였으므로, 독일 성경협회를 다시 설립했다. 그는 장관으로서 러시아 전역을 다스릴 임무를 부여받았다. 당시에 '정부의 모습'은 매우 변해 있었다.

7

1824년의 '반란'은 성경협회뿐 아니라, 모든 '새로운 질서'에 반대하여 일어난 것이었다. 모스크바의 필라레트(Филарет Московский)는 이 '반란'의 의미를 옳게 규정했다. 그 반란은 '스콜라 시대로의 회귀'였다. 이 시기 '새로운 질서'의 옹호자는 필라레트 자신이었다.

모스크바의 필라레트(1782~1867)는 크림 정복 때부터 '위대한 개혁'[524] 때까지 오랜 세월을 살았던 인물이다. 그러나 그는 바로 알렉산드르 시대의 인물이었다.

---

[524] 위대한 개혁: 1861년의 농노해방을 비롯한 일련의 개혁을 의미한다.

그는 조용하고 궁벽한 콜롬나에서 태어났다. 그는 개혁 이전의 구식 학교에서 라틴어와 라틴 서적들을 배웠다. 그러나 그가 학업을 마치고 후에 교사가 되었던 성 삼위일체 대수도원 신학교에서는 프로테스탄트 스콜라 정신이 플라톤 대주교가 대표하던 교회화된 경건주의 경향에 의해 다소 약화되어 있었다(렘신). 후에 필라레트의 회상에 따르면, 수도원장 예브그라프(Евграф, 무잘렙스키의 플라토노프)는 프로테스탄트 교재를 가지고 가르쳤다. "그는 홀라티우스[525]의 글에서 언급된 논문들을 베껴 쓰도록 하는 과제를 부과했다." 수업은 이 베껴 쓴 논문들을 번역하고 설명하는 식으로 이루어졌다. "우리와 프로테스탄트들 사이에 공통되는 성 삼위일체, 구속(救贖)에 대한 글들은 별 문제가 없었다. 그러나 다른 것들, 예를 들어 교회에 대한 것은 전혀 읽히지 않았다. 예브그라프는 교부들을 배울 필요성을 알고 실제로 교부들을 연구하기도 했지만 체계적인 교육을 받지는 못했다. 그는 전환기 세대의 대표자였다. 그는 성경의 신비주의적인 해석을 좋아했고 그런 해석에 매료되었다("하나님의 나라는 말에 있지 않고 능력에 있다"). 그는 수업을 러시아어로 하는 것으로 바꾸려고 노력했다. 후에 그는 개혁된 페테르부르크 아카데미의 학장이 되었지만 곧 숨졌다. 필라레트가 다음과 같이 말한 것은 지나치게 엄격한

---

[525] 홀라티우스(Hollatius, 1648~1713): 루터교의 목사이자 신학자다.

평가가 아니었다. "성숙하지 못한 교사가 최소한 열심히 우리에게 신학을 가르쳤다." 개인적인 회상에 의하면, 필라레트는 이 '개혁 이전의 학교'에 대해서 아주 부정적인 태도를 지니고 있었다. "거기에 부러워할 만한 것이 무엇이 있는가...." 필라레트 자신은 학교교육을 통해 고대 언어들에 대한 뛰어난 지식과 견실한 문체적·인문학적 소양을 익혔다. 나머지는 그 자신의 재능과 노력으로 성취한 것이었다. 후에 그는 고대 언어들을 현대어들보다 더 잘 알게 되었으나, 독일어는 아예 배우지 않았다. 어떤 의미에서 그가 자신을 독학자라고 부르기를 좋아한 것은 충분한 근거가 있다.

경건한 공상주의의 정신이 감도는 조용한 대수도원의 은신처에서 신참 수도사가 된 필라레트는 1809년 새로 설립된 신학교들을 '감독'하기 위해 페테르부르크로 왔다. 대조는 너무나 날카로운 것이었고, 이주는 지나치게 갑작스러운 것이었다. 필라레트에게는 페테르부르크의 모든 것이 이상하게 보였다. 그는 부친에게 보낸 편지에서 "이곳에서 일어나고 있는 일들의 추이가 저로서는 매우 이해되지 않습니다"라고 고백했다. 종무원에서는 그에게 스베덴보리의 ≪기적(Miracles)≫을 읽을 것과 프랑스어를 배울 것을 권했다. 그리고 그를 데리고 가 궁정의 불꽃놀이와 가장 무도회를 보여 주었다. '소음 속에서' 그를 종무원장인 골리친에게 소개하기 위해서였다. 필라레트는 평생 페테르부르크의 첫인상을 기억했다. "키가 크지 않은 사람이 궁정을 가로질러 황급히 가고 있었다. 그는 별과 리본으로 치장하고 검을 찼으며, 삼각형 모자를 쓰고 외투 같지도 않은 비단 망토 같은 것을 수놓은 제복 위에 걸치고 있었다. 그는 성직자들이 질서정연하게 앉아 있는 청중석으로 가더니, 종무원 회원들 사이로 다급하게 걸어 다녔다. 그들에게 고개를 숙이기도 하고 악수를 하기도 하고 지나가면서 이 사람 저 사람에게 한마디씩 흘리곤 했다. 누구도 그의 옷차림이나 자유분방한 태도에 놀라지 않았다." 필라레트는 그때 가면무도회를 처음 보았다. 그는 전에 가면무도회 의상을 본 적이 없었다. "그때 나는 종무원 회원들의 눈에 우스꽝스럽게 보였다"라고 그는 회상한다. "그렇게 나는 괴짜로 남았다." 페테르부르크에서 그는 그다지 환대받지 못했고, 아카데미에서 곧바로 가르치지도 못했다. 그러나 이미 1812년 초에 그는 아카데미의 학장이자 수도원장, 그리고 노브고로드의 유리예프 수도원의 감독이 되었다. 그는 '하나님의 말씀을 가르치는' 열성과 뛰어남, '신앙의 진리에 대한 교훈적이고 수사학적인 설교'로 인정받았다. 설교사이자 문체가 빼어난 문사로서 필라레트는 성 삼위일체 대수도원에서도 주목을 받았다. 실제로 그에게는 보기 드문 언변이 있었다. 러시아의 설교사들 중에서 플라톤과 아나스타시 브라타놉스키[526]의

---

526) 아나스타시 브라타놉스키(Анастасий Братановский, 1761~1806): 모길료프의 주교이자 1805년부터 아스트라한의 대주교

영향이 느껴진다. 페테르부르크에서 그는 17세기의 프랑스 설교사들, 특히 마시용527)과 부르달루528), 페늘롱을 많이 읽었다. 그러나 필라레트가 항상 특히 사랑하고 아꼈던 교부들의 설교, 그중에서도 즐라토우스트와 신학자 그리고리의 영향이 매우 강하게 느껴진다. 필라레트는 설교의 주제로 현대적인 것을 골랐다. 그는 은사들과 성령의 나타남, 십자가의 비밀, 그리고 경건주의와 정적주의가 좋아하는 주제인 '광야에서 외치는 자의 소리'529)에 대해 설교했다. 그는 종종 골리친 공의 가정 교회에서 심지어 평일에도 설교하곤 했다. 필라레트의 제자이자 학생인 그리고리 포스트니코프530)는 생애 말년에 노브고로드의 대주교로 있을 때 상당히 엄격하게 이 초기의 설교들에 대해 평가했다. 그는 필라레트에게는 솔직하게 이 설교들에서는 "자주 말장난과

였다.
527) 장 바티스트 마시용(Jean Baptiste Massillon, 1663~1742): 프랑스의 교육자이자 주교로서 '설교단의 라신'으로 알려졌다.
528) 루이 부르달루(Louis Bourdaloue, 1632~1704): 제수이트 신학자로서 루이 14세의 궁정에서 설교하기도 했다.
529) 성경에서 세례 요한을 지칭하는 표현으로, 여기서는 영혼의 각성을 촉구하는 예언적인 메시지를 의미하는 것 같다.
530) 그리고리 포스트니코프(Григорий Постников, 1784~1860): 필라레트의 뒤를 이어 1819년에 페테르부르크 아카데미의 학장이 되었으며, 2년 후에는 그곳에서 ≪기독교 독서(Христианвское чтение)≫를 창간했다.

난해함, 다른 사람의 사상을 애매하게 표현하려 한 흔적이 보이므로, 직접적이고 교훈적인 진리를 찾는 마음에 분노를 일으킬 수 있다"고 썼다. 실제로 초기에 필라레트는 지나치게 긴장되고 장식적인 문체로 말했다. 후에 그는 더 차분해지고 엄격해졌으나, 그의 언어는 항상 복잡했으며, 문장들은 항상 대조로 구성되어 있었다. 그러나 그런 특성이 그의 설교의 표현성을 약화하지는 않았다. 심지어 게르첸조차도 필라레트에게 보기 드문 언어의 재능이 있음을 인정했다. "그는 교회 슬라브어를 성공적으로 섞어 쓰면서 러시아어를 원숙하게 다루었다." 이 언어의 '능숙함'에 그의 말이 지닌 영향력의 첫째 원인이 있다. 그의 말은 항상 살아 있는 말이었고, 사고하는 말이었으며, 소리를 내서 하는 영감 어린 묵상이었다. 필라레트의 설교는 항상 복음을 담고 있었으며 수사학에만 머무는 법이 없었다. (1813년과 특히 1816년) 부활절 금요일에 행한 그의 모방할 수 없는 모범적인 설교들은 이 페테르부르크 초기에 속한다.

이 시기 필라레트의 교육 활동은 더 긴장된 것이었다. 그에게는 힘들고 혹독한 시험이 주어졌다. "나는 내가 배우지도 않은 것을 가르쳐야만 했다." 1810년부터 1817년까지 짧은 기간 동안 그는 신학적 해석, 교회법, 고대 교회사 등을 포함한 신학의 전 과정을 가르쳐야 했다. 그가 극도의 피로를 호소한 것은 놀랄 일이 아니었다. 이 첫 경험이 항상 성공적이고 독창적인 것은 아니었다. 그의 교육 활동이 자주 다양하고도 지나칠 정도로 신선한 인상들을 불러일으켰다는 것도 놀랄 일은 아니었다. 그러한 인상을 '영향'이라고 말하는 것은 지나치게 강한 표현이 될 것이다. 필라레트의 첫 저서인 ≪교회·성경 역사 개론(Начертание церковно-библейской истории)≫(1816)과 ≪창세기에 대한 노트(Записки на книгу Бытия)≫(1816)는 부데우스의 모델을 따라 편찬되었다. 그는 부데우스로부터 학문적인 장치를 빌려왔다. 그것은 조속히 서둘러야 하는 작업에서는 피치 못할 일이었다. 학생들에게 교과서와 시험 자료를 제공해야만 했던 것이다. 필라레트는 영감에 찬 뛰어난 교수였다.

"그는 예리하고 고상하며 지적인 어조로 명료하게 말했다. 그러나 그는 가슴보다는 지성에 호소했다. 그는 성경의 말씀이 마치 자신의 입에서 흘러나오는 것처럼 자유롭게 성경을 해설했다. 학생들은 그에게 너무나 매료된 나머지 그가 수업을 끝낼 시간이 되어서도 먹거나 마시지 않고 계속 그의 말을 듣고 싶어 할 정도였다. 그는 수업을 통해 강렬한 인상을 남겼다. 그 수업들은 누구에게나 참으로 흥미롭고 완벽한 것이었다. 수업 중에 그는 현명한 달변가이자 능숙한 작가로 보였다. 이 모든 것은 그가 많은 시간을 학문에 몰두했음을 증명한다." 포티 수도원장은 이렇게 평가했다. 그는 또한 필라레트가 수도 생활을 열성적으로 옹호했으며, 수도 생활에 "매우 동정적인 사람이었다"고 덧붙였다. 포티는 힘들고 혼란스러웠던 아카데미 시절에 필라레트의 동정심을 직접 경험한 적이 있었다.

스투르자가 말했던 것처럼, 필라레트는 당시 "매우 다양한 정신적인 영향으로 흔들리곤 했다". 그는 당시 모두가 그랬듯이 융 슈틸링, 에카르츠하우젠, 페늘롱, 귀용, 그리고 ≪프레포르스트의 선견자≫531)라는 책을 읽었다. 이러한 독서로 인한 논쟁의 여지가 없는 흔적이 그의 정신과 사고에 영구히 각인되었다. 그는 골리친뿐 아니라, 랍진, 심지어 순례하는 퀘이커교도들과도 공감대를 형성할 수 있었다. 그는 모든 영적 삶의 형태들에 관심을 가졌고 매료되었다. 그러나 그 와중에도 그는 확고하게 교회 내에 머물러 있었고, 내적으로 이러한 신비주의적인 흥분에 낯설었다. 그는 항상 외부의 인상에 매우 예민했기 때문에 의심하는 경향이 있었다. 그는 모든 것을 관찰했고 세밀한 것에 대해서까지 생각하고 살폈기 때문에 주변 사람들을 불편하게 만들곤 했다. 그러나 그는 절제력이 뛰어났고 자제할 줄 알았다. 그를 많은 점에서 책망하고 좋아하지 않았던 포티조차도 자신의 기록에서 "수도원장 필라레트의 섬세한 눈길을 받으며 지냈던 학생 시절에 그가 교회의 가르침에 반대되는 책을 아카데미의 수업 시간이나 개인적으로 읽는 것을 전혀 본 적

---

531) ≪프레포르스트의 선견자(Die Seherin von Prevorst)≫: 최면과 몽유병을 다룬 소설로 1829년에 발표했다. 독일 낭만주의 서정시인 유스티누스 케르너(Justinus Kerner, 1786~1862)가 썼다.

이 없다"고 인정했다. 포티는 단 한 가지 점에서만 필라레트를 격렬하게 비난했다. 그 점은 지나친 인내심, 도를 넘는 과묵함이었다. 이노켄티 스미르노프 역시 포티에게 더 자주 필라레트에게 찾아가 그에게서 침묵을 배우라고 충고했다. 침묵은 실제로 필라레트에게 매우 특징적인 것이었다. 그는 감추고 회피하는 것처럼 보였다. 스투르자가 ≪회상록≫에서 말하고 있는 것처럼, 그의 존재 전체에는 '뭔가 수수께끼 같은 것'이 있었다. 그는 사람들이 아닌 하나님 앞에서만 완전히 솔직했다. 그는 모든 사람 앞에서, 개개인 앞에서 개방적이지는 않았다. "필라레트는 스스럼없는 진실성의 충동에 결코 휩쓸린 적이 없었다." 그의 지나친 경계심과 조심성을 어느 정도 비난할 수는 있을 것이다. 그는 강한 권력에 대항함으로써 모험하기를 원치 않았다("유리에프와 푸스틴스키의 우리 두 수도원장은 그 속에 어떤 죄가 있더라도 교회를 구원할 수 없습니다"라고 필라레트는 이노켄티에게 말했다). 그러나 이 조심성에는 또 다른 계기가 있었다. 필라레트는 엄격한 금지 조처의 유용성을 믿지 않았고, 서둘러 간섭하거나 판단하지 않았다. 그는 항상 오류 자체와 오류에 빠진 사람을 구별했고, 인간 영혼의 모든 진실한 움직임에 호의적으로 반응했다. 가장 신비적인 몽상 속에서 그는 진실한 영적 갈망, 영적 불안을 느낄 수 있었다. 다만 '올바른 길이 충분히 형성되지 않았기 때문에' 그릇된 길로 빠져들었던 것이다. 따라서 금지만이 아닌, 가르치는 말로써 깨우쳐 주어야 할 필요가 있었다. 교훈을 주고, 이해시켜야 했다. 필라레트는 그러한 긍정적이고 창조적인 오류와 투쟁하는 것에 대해 생각했으며, 성급한 논쟁을 자제했다.

신비주의 유혹의 외관 속에서 그는 살아 있는 종교적 욕구, 영적 가르침과 계몽의 갈망을 읽어 낼 수 있었다. 따라서 그는 그토록 열성적으로 성경협회의 일에 참여했던 것이다. 그 과제 자체가 그를 매료했다. 그는 성경 번역에 교회의 힘이 필요하다고 생각했다. "아이들이 빵을 빼앗기지 않도록 해야 한다." 그는 하나님의 말씀이 가진 새롭게 하는 능력을 굳게 믿었다.

그는 자신의 삶과 이름을 성경 번역과 러시아 성경에 분리할 수 없게 연결했고 희생적으로 헌신했다. 성경에 바친 그의 공적을 제대로 평가하기는 어렵다. 개인적으로 그에게 그 일은 커다란 시련과 슬픔과 연관되어 있었다. 페테르부르크에서 일어난 반성경적인 '반란'이 최고조에 달했을 때 필라레트는 모스크바에서 "성경을 읽고자 하는 열망은 그 자체가 이미 도덕적 개선의 담보다"라고 증언했다. 누군가가 순수한 빵이 아니라 뿌리를 먹고 사는 것을 선택한다면, 그것은 성경협회의 잘못이 아니다. "기독교와 성경은 오래되고 변화가 필요 없는데, 무엇 때문에 이 새로운 기관이 있어야 하는가"라는 예상되는 질문에 대해 필라레트는 이렇게 답했다. "무엇 때문에 이 새로운 기관이 필요하냐고?

여기에 새로운 것이 무엇이 있는가? 교리인가? 삶의 규칙인가? 성경협회는 그 어떤 것도 전파하지 않고 다만 원하는 자들에게 책을 줄 뿐이다. 참된 교회는 항상 그 책에서 정교회의 교리들과 순수한 삶의 규칙들을 퍼 올렸고 지금도 퍼 올리고 있다. 새로운 협회라고? 그러나 그 협회는 기독교에 어떤 새로운 것도, 교회에 어떤 변화도 가져다주지 않는다. 무엇 때문에 외국에 기원을 둔 이 새로운 기관이 필요하냐고들 말한다. 이 질문에 대하여 친애하는 동포들에게 많은 것들을 가리키며 똑같은 질문을 할 수 있을 것이다. 무엇 때문에 외국에 기원을 둘 뿐 아니라 완전히 외국 것인 기관이 필요한가라고 말이다." 당대인의 표현에 의하면, 당시 "가장 경건한 사람들조차 이 성경을 읽으면 미치게 된다는 불행한 생각을 가지고 있었다". 한때 생도 두 명이 미쳤다는 구실로 미치는 것을 예방하기 위해서 성경을 읽는 것이 군사학교 학생들에게 공식적으로 금지되기도 했다. 다른 많은 이들은 "성경이 오직 교회에서만 쓰이고 사제들에게나 유용한 것으로 여겼다". 신비적인 오류와 지나침에 대한 두려움 때문에 갑자기 이집트의 마카리와 시리아의 이삭을 피하기 시작했다. "이성적인 마음의 기도는 폐지되었고 전염병과 파멸의 원인이라도 되는 것처럼 조롱당했다." 얼마 후 필라레트는 이미 오래전에 즐라토우스트에 의해서 그 해설이 쓰였는데도 사도 바울의 서신서들에 대한 새로운 해석을 쓰는 것이 허용되어야 한다는 것을 증명해야만 했다.

"연기가 눈을 가리는데도 그들은 '태양빛이 얼마나 독한가'라고 말한다. 연기 때문에 헐떡거리면서도 그들은 '생명의 샘으로부터 나오는 물이 얼마나 해로운가'라고 말한다." 신학에서의 이러한 겁먹은 무지의 정신은 어떻게 표현되었든지 간에 항상 필라레트를 동요시켰다.

그는 한때 이렇게 말했다. "인간 본성에는 이상한 이중성과 모순이 있다. 한편으로는 신적인 것에 대한 필요와 하나님과 교제하고자 하는 소망이 있고, 다른 한편으로는 신적인 것을 공부하는 것에 대해 비밀스럽게 내켜 하지 않는 마음과 하나님과 대화하는 것을 회피하려는 성향이 있다. 이 경향 중 첫째 것은 최초의 본성에 속하고, 둘째 것은 죄에 의해 손상된 본성에 속한다." 믿음을 가지고 지키는 것만으로는 충분치 않다. "아마도 너는 네가 정말 믿음을 가지고 있는지, 어떻게 가지고 있는지 의심할 것이다." 필라레트는 계속해서 말한다. "네가 하나님의 말씀과 신앙고백에 표현된 믿음을 가지고 있다면, 그 믿음은 하나님과 그의 예언자들, 사도들, 교부들에게 속한 것이지 너에게 속한 것이 아니다. 네가 그 믿음을 너의 생각과 기억 속에 가지고 있을 때에라야 너는 그것을 네 것으로 삼기 시작하는 것이다. 그러나 나는 네가 소유한 것에 대해 걱정이 된다. 왜냐하면 생각 속에 있는 너의 살아 있는 믿음은 아마도 네가 받아야만 하는 보화, 즉 살아 있는 믿음의 능력에 대한 약조금에 불과한 것인지도 모르기 때문이다." 달리 말하면, 교리 내용이 완전한 가운데서 믿음은 삶의 살아 있는 원리요, 중심이 되어야만 한다. 각자 이 믿음의 내용을 기억할 뿐 아니라 탐구하는 사고와 온 영혼을 통해 자기 것으로 만들어야 한다. 필라레트는 사고(思考)의 유혹에 대해 알았는데도 사고를 일깨우는 것을 두려워하지 않았다. 그는 겁먹은 은폐 속에서가 아니라 창조적인 행동 속에서만 이 유혹을 극복하고 이길 수 있다고 믿었던 것이다.

후에 그는 이렇게 썼다. "적들, 반대되는 교리들과 싸워야 할 필요성은 충분히 있다. 그러나 어떤 참된 교리에도 적대적이지 않은 의견들을 대항해 싸울 필요가 어디 있는가." 필라레트는 영적 삶의 통일성을 위한 유일하고도 대체할 수 없는 기초로서 신학 교육의 필요성을 항상 강조했다. "기독교는 어리석거나 무지한 것이 아니라 하나님의 지혜다." 따라서 그리스도인은 누구도 초보 수준에만 머물러서는 안 된다. 기독교는 길이기 때문이다.

"어떤 지혜, 심지어 비밀 속에 감추어진 지혜일지라도 우리에게 낯설거나 우리와 상관없는 것으로 여겨서는 안 되며, 겸손하게 우리의 이성을 하나님에게 향하게 해 그분을 관조해야 한다"고 필라레트는 자주 상기시켰다. 그런 깨달음과 이해를 통해서만 기독교적인 인격이 형성되며, '완전한 하나님의 사람'이 빚어진다. 필라레트는 '신학은 판단한다'는 표현을 즐겨 사용했는데, 그 '판단'의 계명은 소수가 아닌 모든 사람에게 주어진 것이다.

필라레트는 지나치게 자세한 교과서들은 해롭다고 생각했다. 그의 동기는 매우 특징적이다. "자기 앞에 위대한 고전 서적을 두고 있는 학생은 자신이 준비되어 있는 것조차 소화할 수 없다는 것을 발견한다. 따라서 무엇인가 스스로 만들어 낸다는 것은 생각조차 하지 못한다. 그런 식으로는 지성이 활동하도록 자극할 수 없다. 기억은 책의 페이지들로부터 사상이 아닌 단어들만을 습득할 뿐이다." 필요한 것은 단지 기억력을 발전시키는 것이 아니라, '이성의 작용'을 각성시키고 훈련하는 것이다.

바로 여기서 필라레트가 평생 성경과 신학 교육에서 러시아어의 사용을 위해 투쟁했던 그 열성의 수수께끼가 풀린다. 그는 신학이 모든 사람에게 접근 가능한 것이 되도록 하기 위해 노력했다. 바로 이 점이 그의 반대자들에게는 그토록 위험해 보였다. 그들은 모든 사람이 신학을 아는 것을 원치 않았던 것이다. "신약성경을 단순한 말로 번역한 것은 그에게 영원하고 지울 수 없는 오점을 남겼다"라고 포티는 썼다.

신학교에서 러시아어로 가르치기 위해서는 두 방면에서 투쟁해야만 했다. 첫째는 세속 권력의 대표자들에 맞서 치르는 투쟁이었다. 니콜라이 시대에는 모든 '생각' 자체가 반란의 시작으로 보였다. 소위 '12월 6일 위원회'[532](1826~

---

532) 12월 6일 위원회: 니콜라이 1세에 의해서 데카브리스트 반란의 원

1830)는 러시아어로 가르치는 것에 대해서 아주 부정적인 태도를 나타냈다. 그 이유는 그런 새로운 시행에 따라 불가피하게 교리적인 신학과 해석적인 신학 교과서들을 러시아어로 출판하는 것이 (교육받지 않은) 사람들의 관심을 신앙의 문제로 끌어들임으로써 "근거 없는 해석과 추측의 계기를 제공할 수 있다"는 것이었다. 둘째로, 신학 교육을 라틴어로 하는 것에 대해서 옛 학문의 대표자들과 논쟁해야 했다. 그들은 아직도 너무 많이 남아 있었다. 골리친이 해임되고 나서 종무원은 키예프로부터 예브게니 대주교를 불러들였다. 그리고 세라핌 대주교가 쓴 대로 "확고하고 흔들림 없는 정교회의 기반 위에 신학교들을 세우기 위해" 그에게 신학교들을 새롭게 조직하라는 임무를 맡겼다. 예브게니를 추천한 것은 포티였다. 그는 예브게니를 필라레트와 비교하면서 "필라레트보다 현명하고 정교회적이며, 위대한 인물이자 교회의 기둥"이라고 말했다(포티는 예브게니를 환호하며 맞이했다). 그러나 예브게니는 페테르부르크에서 자신의 개인적이고 고고학적인 작업에 지나치게 몰두한 나머지, 교회 정치적인 큰 문제에 관심을 기울일 수가 없었다.

인과 정부 개혁의 가능한 방향을 조사하도록 하기 위해 조직되었다. 코추베이(В. П. Кочубей) 공작이 의장을 맡았고 골리친과 톨스토이 백작(П. А. Толстой)이 참여했다. 지방 행정에 관한 위원회의 제안은 1837년에 채택되었다.

그런데도 새롭게 구성된 신학교 위원회의 반동적인 움직임은 상당히 강하게 느껴졌다. 이 혼란스러운 시기에 모스크바의 필라레트는 니콜라이 1세의 대관식 때 모스크바에서 짧게 열렸던 종무원 회의를 제외하고는 교구 일로 바빠 종무원에 참석하지 않았다. 그는 1827년이 되어서야 페테르부르크로 돌아왔다. 첫 주부터 그는 교회 개혁에 대한 문제를 논의해야만 했다. 누군가에 의해 황제에게 결정적인 개혁의 계획이 제출되어 있었다. 필라레트는 그 제안의 의미를 "교회 위에 종교 인사들과 세속 인사들로 구성된 프로테스탄트적인 감독 기구를 설치하는 것"이라고 말했다. 그 계획은 필시 황태자의 선생이었던 메르데르 장군533)이 제출한 것으로 보였다. 필라레트는 그 계획을 입안한 사람이 1824년 반란 때 포티와 시시코프와 함께했던 파블로프(А. А. Павлов)라고 생각했다.

종무원은 이 계획의 본질에 관한 평가를 제출하는 데 어려움을 겪었다. 필라레트는 종무원을 대신해 그 구성원의 한 사람으로 개인적인 견해를 제출했다. 황제는 그 견해에 대해 '공정하다'고 평했다. 그 글에서 필라레트는 다시 한 번 성경 번역의 문제를 제기했다. 그러나 그 생각은 세라핌 대

---

533) 메르데르 장군(Карл Иванович Мердер, 1788~1834): 1824년부터 사망할 때까지 황태자의 개인 교사였다. 인도적이고 감수성이 예민한 사람으로 알려져 있었다.

주교의 절대적인 저항에 부딪혀 더 이상 발전할 수 없었다. 필라레트는 자신의 뜻을 고집하지 않았다. "나는 교회 내에 분열을 야기하고 싶지 않다." 몇 년 내에 필라레트는 다시 한 번 개혁과 연관하여 교회 학교 문제에 대한 자신의 견해를 상세하게 서술할 수 있는 계기를 갖게 되었다.

필라레트는 옛 유형의 학교들에 대해서 매우 날카롭게 평했고, 이러한 낡은 본보기로 돌아가려는 때늦은 시도에 대하여는 더욱 신랄하게 공격했다. "신학교 개혁 이전까지 이러한 학교들 중 일부는 다른 학교들보다 라틴어 지식이 우월함을 영광으로 여겼다. 그리하여 성스러운 교회 작가들보다 이교 작가들을 더 잘 알고, 러시아어보다 라틴어로 더 잘 말하고 쓸 줄 알았던 성직자들은 살아 있는 진리의 지식으로 민중을 밝혀 주기보다 죽은 언어를 정교하게 표현함으로써 학자들 가운데서 더 빛나게 되었던 것이다. 신학은 지나치게 학교 식으로 교리적인 것만을 가르쳤다. 그 결과 건조하고 차가운 지식, 실제적인 교훈의 부족, 강제적인 어조와 열매 없는 가르침, 학교들에서는 너무나 익숙한 것으로 보이는 진리들을 민중과 이야기할 수 없는 무능함만이 생겨났다.

1814년의 신학교 개혁 때부터 실제적인 신학 수업이 도입되었다. 그럼으로써 신학 교육을 삶에 더 가깝게 활용할 수 있게 되었다.

신학 수업을 러시아어로 강의하는 것이 허용되었다. 그

결과 실제로 라틴어 지식은 더 약해졌다. 그러나 학문 용어는 더 순수하고 명료한 진리의 서술에 자리를 내주게 되었고, 참된 지식의 전파가 강화되었으며 지식을 민중에게 전달하는 것이 더 쉬워졌다." 필라레트는 "어려운 학문 용어에 기초해 라틴어로 가르치는 신학 개념들은 정신 속에서 자유롭게 작용하지 못했으며, 교육 후에 민중에게 전달하기 위해 러시아어로 옮기기 어려웠다"고 강조했다. 그는 신학교 위원회의 새로운 방침들에 반대했다. 모든 교사들이 성공적으로 자신의 수업을 구성하지 못한다는 점에 그는 동의했다. 그렇다고 해서 '자신만의 수업'을 금하고 라틴어를 강제하며, '부데우스의 루터교 신학에서 발췌한' 페오필락트의 신학을 고전으로 지정해야만 하겠는가.

다시 한 번 필라레트는 목회적인 영향에서 비롯된 결론을 제시한다. "이해할 수 있는 자국어로 하는 교육에서 라틴의 스콜라주의로 다시 돌아가는 것은 성직자를 준비시키는 교육을 개선할 수 없다. 정교회에 대한 열성이 특별히 칭송받는 시대에 라틴어에 대한 열정이 되살아나는 것은 놀랄 만한 일이다." 이 집요한 기록에 대해 종무원에서는 당시 랴잔의 대주교였으며 후에 키예프의 대주교가 된 또 다른 필라레트가 답했다. 모스크바의 필라레트와 직접적으로 논쟁하지는 않으면서 여러 이유를 들어 학문성을 유지하고 특히 러시아 서적들을 통해 교리적으로 반박되는 오류들과 이단들이 널리 알려지는 것을 막기 위해서 라틴어가 보존되어야 한다고 주장했다.

그러나 어떤 점에서는 필라레트에 동의하여 교리문답서, 특히 ≪정교회 신앙고백≫이 널리 사용되도록 러시아어와 슬라브어로 출판할 것을 제안했다. 그는 실천 신학을 러시아어로 가르치는 것이 더 낫다고 인정했다. 마지막으로 교부 저작들을 그리스어와 라틴어에서 러시아어로 번역하는 것이 바람직하다고 제안했다.

모스크바의 필라레트는 양보해야만 했다. 마지막 보고에 러시아어로 신학을 강의하는 것에 대한 제안은 포함되지 않았다. "나는 민중이 받아들이고 전달하는 것이 더 용이하도록 하기 위해, 그리고 신뢰하지 못하는 이들이 왜 비정교회인들의 언어로 성경을 가리냐고 말하지 못하도록 하기 위해, 신학교에서 러시아어로 신학을 가르칠 것을 제안했다. 나는 그리스교회에서 라틴어에 지배권을 내주는 것이 이상하고 볼품사납다고 말했다. 페오판 프로코비치는 그렇게 함으로써 당시 러시아 성직자들의 일반적인 견해와 고대 동방의 모든 모범에 반대하여 가르침을 왜곡했다. 그러나 나는 우리의 일을 더 어렵게 만들 수 있는 불일치를 잠재우기 위해 침묵해야만 했다." 그러나 그는 한 가지를 이룰 수 있었다. 종무원의 결정에 다음과 같은 특별한 조항이 첨가되었던 것이다. "교육받은 성직자들이 민중의 도덕성과 믿음을 교육하는 목적에 신학교 교육이 더 잘 부응하기 위해, 유능한 이들이 스콜라주의적인 미묘함으로 희미해지지 않은 정확한 서술로 진리를 설명하도록, 그리스정교회와 러시아 정교회의 상황에 맞추어 신학 교과서를 편찬하도록 격려할 것." 교육 언어에 대한 논쟁은 미리 논의되지 않은 채 즉석에서 결정되었다. 금지 조치에도 불구하고 짧은 기간 안에 모든 곳에서 러시아어로 가르치기 시작했다. 페테르부르크 아카데미에서는 필라레트 자신이 러시아어로 강의했으며, 그리고리 포스트니코프, 모스크바의 키릴 보고슬롭스키 플라토노프534)가 그를 따랐다. 그 둘은 모두 페테르부르크 아카데미의 첫 졸업생들이었다. 키예프에서는 학장 모이세이가, 그 후에는 멜레티 레온토비치535), 이노켄티가 러시아어로 가르쳤다.

점차로 신학교에서는 라틴어의 사용이 사라지고 1840년대에는 라틴어로 신학을 가르치는 곳이 거의 남아 있지 않았다.

그러나 러시아어가 사용된다고 해서 그 사실이 반드시 스콜라주의의 속박에서 실질적으로 벗어났음을 의미하는

---

534) 키릴 보고슬롭스키 플라토노프(Кирилл Богословский Платонов, 1788~1840): 페테르부르크 아카데미에서 공부했다. 모스크바 아카데미의 교수이자 학장, 뱟카의 주교를 지냈다.

535) 멜레티 레온토비치(Мелетий Ленотович, 1784~1840): 페테르부르크 아카데미 출신으로 1817년 키예프 아카데미의 교수로 임명되었다. 2년 후 모이세이의 뒤를 이어 학장이자 하리코프의 대주교가 되었다.

것은 아니었다. 바로 1840년대에 러시아 신학은 또 한 번의 라틴 스콜라주의의 부활을 겪게 되었던 것이다. 이번에 그것을 주도한 것은 종무원장의 감독이었다.

8

필라레트는 글을 많이 쓰지는 않았다. 그를 둘러싼 삶의 환경은 글을 쓰는 데 그리 좋지 않았다. 그는 젊은 시절에만 방해 없이 학문에 몰두할 수 있었다. 그러나 그때에도 서둘러 일해야 했다. 그 시기는 독창적인 창조보다는 배움의 시간이었다. 높은 성직으로 부름 받은 후, 필라레트는 더 이상 체계적인 신학 연구를 위한 자유로운 시간을 가질 수 없었다. 그는 최상의 시기에 설교로만 신학을 가르쳤다. 그가 한 '신학적인 말'이야말로 그가 남긴 가장 중요한 신학적 유산이다. 그는 신학의 체계를 세우지 않았다. 그의 설교는 단편적이다. 그러나 이 신학적인 단편들에는 내적인 통일성이 존재한다. 그것은 체계의 통일성보다 더 큰 관조의 통일성이다. 그 단편들에는 기도로 단련된 생생한 신학적 경험이 나타난다. 근대 러시아 신학의 역사에서 신학이 다시금 삶의 과제가 되고, 영적인 공적과 행위의 확고한 단계가 된 것은 모스크바의 필라레트에 이르러서였다. 필라레트는 신학을 가르쳤을 뿐 아니라, 신학대로 살았던 인물이었다.

사원의 설교단과 감독의 단상에서는 확고한 신앙의 가르침만을 설교하는 것이 적합했다. 필라레트는 말을 매우 아꼈다. 그는 즉흥적으로 말하는 법이 없었고, 항상 쓴 것을 읽거나 낭독했다. 그 방식은 그가 수년 동안 속했던 학교의 수업이 요구하는 바였다.

신학자와 교사로서 필라레트는 성경학자였다. 설교에서 그는 하나님의 말씀을 해석했다. 그는 증명하고 확증하며 거부하기 위해 성경을 인용했을 뿐 아니라, 성경 자체에서 설교를 끌어냈다. 부하레프[536]가 필라레트에 대해 성공적으로 표현했듯이 그에게 성경은 "우리의 이해로는 알 수 없는 살아 계시고 가장 지혜로우신 하나님의 생각에서 흘러나온 것이다". 그는 생각으로도 성경 속에서 살았다. 그는 성경의 이미지나 이야기의 특성을 들여다보면서 소리를 내어 묵상했다. 부하레프가 주목했듯이, 필라레트에게서 신학은 '회귀'의 시대에 너무나 자주 반복되었던 것처럼 '신앙적인 법규들의 재판'으로 변질되지 않았다.

---

536) 알렉산드르 부하레프(Александр М. Бухарев, 1824~1871): 모스크바 아카데미에서 공부했으며 1846년부터 그곳에서 성경을 강의했다. 고골이 ≪친구들과의 왕복 서한≫으로 곤경에 처하자 그를 돕기 위해 ≪1848년에 고골에게 쓴 세 통의 편지≫를 써서 출판하고자 했으나 필라레트 대주교의 승인을 얻지 못했다. 그 편지들은 1861년까지 출판되지 못했다. 페테르부르크에서 교회 검열 위원회에서 일했으며 말년에는 수도사 서약을 철회했다.

초기에 강의했던 몇 년 동안 필라레트는 신학 수업의 전체 계획인 ≪신학의 개요(Обозрение богословских наук)≫(1814)를 작성했다. 그 계획은 그에게 매우 특징적인 것이었다. 그것은 성경에 기초한 신학의 계획이었다. 필라레트가 이해하기로는 신학 체계의 과제는 바로 계시의 개별 사실들과 진리들을 '올바른 질서 속에 통합하는 것'이었다. 신학에서 '체계'는 무엇인가 완전히 의존적이고 파생적인 것이었다. 역사가 체계를 앞서고 예시는 살아 있는 역사와 사건들 속에서 주어진다.

필라레트가 그 속에서 성장하고 교육을 받았던 '옛 프로테스탄트' 신학 교육의 외적인 영향은 특히 초기에 강하게 나타난다. 외적으로 필라레트는 프로코포비치의 전통과 곧바로 결별하지는 않았다. 정의(定義)와 표현 방식에서 매우 많은 것을 프로테스탄트 서적에서 빌려 왔다. ≪신학의 개요≫에서 그러한 책들과 참고서들을 인용한다. 여기서 필라레트의 초기 공식들에 특징적인 불완전함과 스콜라주의적인 부정확함이 비롯된다. 그는 성경을 "유일하게 순수하고 충분한 신앙의 원천"이라고 부르곤 했다. 그는 이에 덧붙여 "쓰인 하나님의 말씀과 동등한 쓰이지 않은 하나님의 말씀을 용인하는 것은 교회를 다스리는 데뿐 아니라 교리에서도 하나님의 계명을 훼손하는 위험을 자처하는 것이다"라고 말했다. 그의 말은 예리했고 논쟁적이었다. 필라레트는 교회의 전승을 부정하지는 않더라도 그 의의를 축소하고,

소위 성경의 '자족성'이라고 불리는 프로테스탄트 사상을 재현하는 것처럼 보인다. 그가 초기에 쓴 ≪동방교회와 서방교회의 신앙 교의의 차이점 서술(Изложение разностей между Восточной и Западной церквами в учении веры)≫ (황후 옐리자베타 알렉세예브나를 위해 1811년에 편찬된)과 ≪교리문답서≫의 초판에서도 그는 전승에 대해서 아무 말도 하지 않는다. 심지어 1830년대에 완결된 ≪교리문답서≫에서조차 전승에 대한 질문과 답은 주위 사람들의 지시 때문에 포함되었다.

그러나 이 모든 것은 실제적인 관조의 부정확함이나 그릇됨이라기보다는 단지 시대 조건에 따른 특성에 불과했다.

필라레트는 결코 성경을 추상적으로 또는 분리해서 살펴보지 않았다. 성경은 교회에 주어졌고 교회가 간직하고 있으며, 교회는 믿는 이들에게 독서와 지도(指導)를 위해 성경을 준다. 성경은 쓰인 전승이며 교회의 살아 있는 지식과 이해에 의해 그 진가가 증언된다. 성경은 전승의 기록이다. 성경은 단순한 인간의 기억이 아니라 거룩한 전승인 것이다. 달리 말하면, '끊어지지 않고 단일하게 보존하기 위해' 글로 고착된 신적인 말씀의 기억인 것이다. 필라레트가 말했듯이 성경은 "다만 전승의 연장이자 변할 수 없게 공고해진 전승의 형태다." 그가 성경을 신앙의 '유일하고 충분한 원천'이라고 말했을 때 염두에 둔 것은 가죽으로 장정된 책이 아닌 교회 안에 살고, 살아 있는 모든 영혼을 일깨우는 하나님의 말씀이다. 전승인 성경을 인식하고 설명하는 것은 교회다. 그는 계속 말하기를, 참되고 거룩한 전승은 "단지 보이는 글로 된 가르침과 법들, 예배들, 의식들의 전승이 아니라, 그와 더불어 보이지 않는 은혜와 성화의 실질적인 작용이다". 참되고 거룩한 전승은 성령의 단일성, 성사들의 교제다. 역사적인 기억뿐 아니라, 바로 은혜의 불변하는 흐름이 필라레트에게는 중요했다. 따라서 오직 중단되지 않는 흐름 속에서 진리를 열어 보이고 교훈하는 성령의 은혜가 흐르고 있는 교회에서만 진정한 전승이 가능하다.

필라레트의 긴장된 성경주의는 그의 교회성과 긴밀하고 깊게 연관되어 있다. 그의 성경주의는 신학에서 교부들의 숙련된 스타일로의 회귀였다. 그와 더불어 필라레트는 항상 성경의 '외적 의미'를 정확하게 이해하기 위해서 최신 인문학 자료들을 사용해야 할 필요성을 강조했다.

성경은 하나님에 대한 말씀일 뿐 아니라, 하나님 자신의 말씀이다. 그것은 어느 날 한번 말해지고 기록된 말씀이 아니라, 영원히 역사하는 말씀이다. 성경은 하나님의 신비이고 은혜와 능력의 확실한 나타남이다. "하나님 말씀의 모든 특징 속에는 빛이, 모든 소리에는 지혜가 숨어 있다." 그 말씀은 하나님의 보물, 침묵하지 않고 창조적인 생명을 주는 말씀이다. 교회는 하나님 영의 특별한 돌보심으로 그 말씀이 보존되고 있는 거룩한 보물 창고다.

참되고 거룩한 전승은 논쟁의 여지가 없는 신앙의 '원천'

이다. 그러나 어떻게 전승을 알아볼 수 있는가, 어떻게 신앙의 전승과 학파의 전승을 구별할 수 있는가 하는 문제가 남는다. 필라레트가 항상 고심한 것이 바로 이 문제였다. 그는 전승 자체가 아니라, 전승의 인용에 대하여 조심스럽게 말하곤 했다. 그는 단순한 문헌 또는 권위 있는 증거들을 수집해 교리적인 입장들에 대한 근거를 주장하거나 증명하는 스콜라주의적인 습관에 반대했다. 그는 성경의 증거는 어떤 성경 바깥의 증거와도 동등시될 수 없다는 점을 강조했다. 직접적인 하나님의 영감의 영역이 정확히 정경의 범위를 규정한다. "언제 교회 작가가 성인이 되는지, 그리하여 인간의 평범한 약점에 취약한 단순한 작가가 되기를 멈추는지 그 순간을 올바르게 규정할 수 있는가?" 필라레트는 교회의 교사적인 권한을 제한하지 않았다. 그러나 학파의 권한은 제한했다. 역사적 전승은 여하한 검증을 거쳐야 하는 것이다. 필라레트에게는 살아 있는 역사 감각이 있었다. 이 점이 그를 논리적인 현학성을 가진 뒤늦은 스콜라주의자들과 스페란스키, 랍진, 그전에는 스코보로다가 그랬듯이 성경을 너무나 자주 우화 또는 상징으로 푸는 신비가들과 구별시켜 주는 점이었다.

필라레트에게 성경은 역사책이었다. 성경은 하늘과 땅의 창조의 묘사로 시작되고 새 하늘과 새 땅의 나타남으로 종결된다. 그것이 "지금 세상의 전 역사"라고 필라레트는 언급한다. 세계의 그 거룩한 역사는 하나님과 인간의 약속의 역사이며 교회의 역사다.

필라레트의 생각에 교회 역사는 낙원에서, 심지어 그 이전에 시작된다. "교회의 역사는 세상의 역사와 함께 시작된다. 세상의 창조는 교회의 창조에 대한 일종의 준비로 볼 수 있다. 왜냐하면 본성의 왕국이 세워진 목적은 은혜의 왕국 안에서 발견되기 때문이다." 세상은 인간을 위해 창조되었고 인간의 창조와 함께 그 시작이 하나님의 모양과 형상 속에 이미 놓여 있던 최초의 교회가 발생한다. 인간은 은혜의 빛이 그를 통하여 모든 피조물에게 확산되도록 하기 위해 이 본성의 세계 속으로 사제요, 예언자로 들여보내졌다. 그는 자유 속에서 창조적인 사랑에 응답하도록 부름 받았다. "그때 하나님의 아들은 사람들 속에 거하여 세계에서 공개적으로, 그리고 당당하게 다스렸을 것이다. 그는 마침내 땅이 하늘 자체가 되기까지 땅에 하늘의 빛과 능력을 끊임없이 부었을 것이다." 이 낙원에서 하나님과 한 약속은 타락함으로써 깨졌다. 최초의 교회는 와해되었다. 인간은 자기 속에서 하나님의 영광스러운 움직임을 멈추게 했고, 그럼으로써 세계 내에서 은혜의 흐름을 막았다. 그런데도 타락한 세상에서 하나님의 섭리는 약속과 부름을 통해 계속된다. 그리고 피조물은 신적 무한함의 심연 아래에서, 자신의 보잘것없음의 심연 위에서 하나님의 말씀에 의해 보존된다.

모든 역사는 하나님이 인간을 향한, 그리고 인간이 하나님을 향한 길이다. 이 시간과 역사의 거룩한 맥박은 특히 구약에서 들을 수 있다. 구약은 메시아의 기대와 준비의 시간이었다. 인류는 약속된 구세주를 기다리고 염원하며, 하나님 역시 인간의 자유와 사랑의 움직임을 기대한다. 그 때문에 시간의 팽팽한 긴장이 느껴지는 것이다. "피조물은 가속할 수 없는 시간의 정해진 사이클 안에서 필연에 의해 움직이고 있다." 구약은 원형과 선취의 시대, 다양한 신적 현현의 시대였다. 동시에 구약은 각성된 인류의 회귀, 인류 가운데 선택된 자들이 다가오는 하나님을 만나기 위한 움직임이었다. "인간의 형상으로 나타난 신적 현현의 보편적인 기초는 하나님의 아들의 성육신이다. 그의 신성한 인간성의 뿌리와 시작이 최초의 조상들로부터 시작된 인간들 속에서 발견되기 때문이다." 이런 의미에서 구약은 구세주의 계보라고 할 수 있다.

성모의 형상은 필라레트의 신학적 의식에 날카롭고도 명료하게 그려져 있다. 그에게 가장 명료하게 빛나는 것은 수태고지의 날이다. 나사렛에서 수태고지의 날에 구약이 끝나고 신약이 시작된다. 기다림의 긴장은 풀어진다. 성모에게서 인간의 기대는 반응한다. "그녀는 제한 없이 자신을 왕 중의 왕의 바람에 맡긴다. 그리하여 신성과 인간성의 결혼은 영원히 성취되었다."

아담의 불순종으로 망가졌던 교회는 그리스도의 탄생으로 회복된다. 이 회복된 교회는 이미 영원히 파괴될 수 없는 것이다. 은혜의 왕국이 열리고 영광의 왕국이 도래한다.

필라레트에게 교회는 그리스도의 몸, 그리스도 안에서 '하나의 생명의 연합'이다. 교회는 그리스도의 권력으로 다스려지고 있지만 단순한 하나의 권력의 연합이 아니다. 교회는 계속되는 오순절이다. 즉, 그리스도 영의 하나 됨인 것이다. 미래 왕국의 문턱에 이르기까지 영광의 왕국은 끊어지지 않고 그 은혜의 흐름을 이어 갈 것이다. "마지막 아담[537])의 신비한 몸이 그 지체들의 상호 연결과 그들 각자의 적합한 행동으로 조성되고 세워져서 그 구성원 안에서 자라나고 최종적으로 완성될 때, 그의 머리로 지탱되고 성령으로 침투된 하나님의 형상은 그 모든 지체들 안에서 당당하게 나타날 것이며, 그때 하나님과 인간의 위대한 안식일이 도래할 것이다." 그때서야 시간의 주기는 닫힐 것이다. 통치자이신 주께서 왕좌에 오르실 것이며, 어린 양의 혼인 잔치가 열릴 것이다.

신학적으로 고찰할 때 필라레트는 항상 계시된 사실들에 의거했다. 그는 결코 추상적인 사변 속에서 '명상의 높은 지점'에 서둘러 도달하기 위해 역사에서 이탈하지 않았다. 그는 '냉철한 철학'을 좋아하지 않았으며, 추론보다는 역사적인 비전에 따라 사고했다. 그는 역사적인 계시와 실현 속에서 하나님의 신비를 관조했다. 그에게는 모든 역사가 하나님의 영광과 피조물을 향한 하나님의 사랑의 위대한 현상

---

537) 마지막 아담: 그리스도를 의미한다.

으로서 드러났다. 그의 신학의 항구적인 주제는 복잡하고 다양한 역사적 운명 속에서 나타난 하나님과 인간의 계약에 대한 것이었다.

필라레트의 '체계'가 어떤 영향을 받아 형성된 것이든지 내적인 성격상 거룩한 교부 유형에 속한다(특히, 니세누스 그레고리우스538)와 비교해 보라). 필라레트는 특히 두 주제에 관심을 기울였다. 첫째는 십자가의 신비, 구속(救贖)의 비밀이며, 둘째는 그리스도 안에서 믿는 자들에게 열리는 은혜의 삶, 성령 안에서의 삶이다.

필라레트에게 그리스도는 신비한 대제사장, 제물을 드리는 위대한 대제사장이자 제물로 드려지는 하나님의 어린 양이다(히브리서를 참조하라). 복음서에서 그는 먼저 골고다의 십자가를 보며, 신인이신 그리스도에게서 고난 받는 구세주를 본다. "세계의 운명은 그의 십자가에 달려 있고, 세계의 삶은 그의 무덤에 놓여 있다. 이 십자가는 울고 있는 땅을 빛으로 비춘다. 그의 무덤으로부터 복된 불멸의 태양이 떠오른다." 십자가의 비밀은 신적 사랑의 신비다. "영적인 신비의 영역 속에서 그리스도 십자가의 모든 측면을 볼

---

538) 니세누스그레고리우스(Nyssenus Gregorius, 335?~394?): 초대 기독교의 위대한 카파도키아 교부다. 대 바실리의 동생이자 신학자 그리고리의 절친한 친구였다. 팔레스타인과 아라비아 지역의 이단들과 투쟁했으며, 교리적·논쟁적 저술과 설교문들을 남겼다.

때, 관조는 하나님의 무한한 사랑에 압도된다." 성 금요일에 필라레트는 "하나님이 세상을 이처럼 사랑하사"라는 말씀으로 설교하면서, 십자가의 궁극적인 의미를 깊이 생각하도록 촉구했다. "거기에는 무엇이 있는가! 죄 많은 인류를 향한 아버지와 아들과 성령의 거룩하고 복된 사랑 외에는 아무것도 없다. 아버지의 사랑은 십자가에 못 박는 사랑이다. 아들의 사랑은 십자가에 못 박히는 사랑이다. 성령의 사랑은 십자가에서 승리한 능력이다." 필라레트는 십자가의 사랑에 대한 감상주의적이거나 도덕적인 해석으로부터 완전히 자유롭다. 그는 반대로 그리스도의 십자가가 하나님의 지울 수 없는 자유로운 사랑에 뿌리를 내리고 있다는 점을 강조한다. 십자가의 비밀은 '피조물들이 접근할 수 없는 삼위 하나님의 성전'에서 영원 속에서 시작되었다. 따라서 성경에서는 그리스도에 대해서 세상이 지어지기 전에 이미 죽임을 당한 하나님의 어린 양으로 묘사하는 것이다. "예수의 죽음은 피조된 존재의 중심이다." "유대인들의 적대와 이방인들의 광포함으로 세워진 예수의 십자가는 이미 저 하늘에 있는 사랑의 십자가의 지상적인 이미지이며 그림자다." 자신의 설교들, 특히 수난을 기념하는 날들의 설교에서 필라레트는 서정적인 기도의 참된 높이까지 고양된다. 그의 말에서는 심장의 두근거림이 들린다. 그 말들을 말로 다시 전하는 것은 불가능하다. 그 말들을 다시 읽고 반복할 수 있을 뿐이다.

필라레트에게서 우리는 체계를 찾을 수 없다. 그는 항상 '상황에 따라' 말하곤 했다. 그러나 그에게서 우리는 무엇인가 더 큰 것을 발견한다. 곧 살아 있는 경험의 단일성, 지적인 관조의 깊이, '영의 신비한 방문'이다. 바로 거기에서 그의 신학적인 영향의 해답 또는 설명을 찾을 수 있다. 필라레트의 직속 제자들은 거의 없다. 그는 학파를 창시하지 않았다. 그러나 그는 그보다 더 큰 것, 즉 영적인 운동을 시작했다.

필라레트는 신학적인 고찰에서 항상 자신을 절제했고, 그런 책임감 있는 절제가 다른 이들에게 호소력을 지녔다. 그에게서 놀라운 점은 이 끈기 있는 책임 의식이었다. 바로 그 특성이 그의 형상을 그렇게 엄격하게 만들었다. 이러한 책임감 속에서 목회적이고 신학적인 동기들이 결합했다. 필라레트에 대해서 "그는 아침부터 저녁까지, 저녁부터 아침까지 감독이었다"라고 말한 것은 옳았다. 바로 여기에 그의 신중함의 원천이 있었다. 그러나 그에게는 또 다른 특징인 자신의 모든 결론을 정당화하려는 본능적인 욕구가 있었다. 전승에 대한 그의 모든 보류가 이것으로 설명된다. "모든 신학 사상은 그 사상이 가지고 있는 힘의 정도까지만 받아들여져야 한다." 필라레트는 개인적인 견해를 강제적인 것으로 바꾸는 것, 즉 이해하고 실험하고자 하는 사상을 인도하기보다는 구속하는 것에 항상 저항했다. 바로 그 때문에 그는 때때로 검열관 또는 편집자로서 그토록 참을성이 없고 불쾌하게 행동했던 것이다. 이노켄티의 ≪수난 주간

(Страстная Седьмица)≫에 대한 필라레트의 평가는 이런 점에서 그의 특성을 잘 보여 준다. "나는 냉정한 오성이 생기 있고 강한 상상력에 수반되어 이 일을 정화했으면 좋겠다." 필라레트는 '상상력'을 거부하지는 않았으나, 상상력을 이성과 계시의 증언이 엄격하게 검토하도록 했다. "현세의 지상적인 삶의 경험에 속하지 않는 대상들에 대해서는 자신의 철학적인 이성에 의지하지 말아야 한다. 우리보다 더 많이 기도하고 활동하며 자신의 내적 · 외적 삶을 정화하는 사람들에게 주어진 신적인 계시와 설명을 따라야 한다. 그들 속에서 하나님의 형상은 더 명료하게 드러나고 순수한 관조가 열린다. 그들의 영은 우리보다 지상에서 천국과 더 가까이 맞닿아 있다." 여기서 알 수 있듯이, 필라레트는 권위의 문제보다는 내적인 신뢰성에 더 관심을 기울이고 있다.

바로 그런 요구와 조심성 때문에 필라레트는 어떤 사람들에게는 지나치게 양보하는 것으로 보였고, 다른 사람들에게는 너무 트집을 잡는 것처럼 보였다. 어떤 이들은 그가 항상 '증거'를 요구했고 지나치게 조심스럽게 '의견'과 '정의(定義)'를 구분했기 때문에 그를 '신학의 자코뱅당'이라고 비난했다. "민중은 그를 좋아하지 않았으며 프리메이슨이라고 불렀다"(게르첸). 다른 이들은 그를 음울한 반동주의자라고 생각했고, 이상하게도 (니카노르 브롭코비치[539])뿐

---

539) 니카노르 브롭코비치(Никанор Бровкович, 1827~1890): 페테

아니라, 로스티슬라보프540)까지도) 그보다 프라타소프541) 백작을 더 좋아했다. 어떤 이들은 필라레트가 라틴주의를 분열뿐 아니라 이단이라고도 선언하지 않는 데 대해 당혹해 했다. 그는 라틴주의가 단지 "교회의 정의(定義)가 아닌 의견"에 불과하다고 하면서 특히 지나친 과장을 경계했다. "교황주의를 아리우스주의와 같은 선상에 두는 것은 잔인하며 무익한 일이다." 그가 동방정교회는 "자신의 교의를 멋대로 해석하여 그 해석에 신앙 교리의 중요성을 부여할 만한 인물을 갖고 있지 않다"고 말한 것은 지나치게 조심스러운 것처럼 보인다. 또한 그는 비록 '교회 교사들의 도움과

　　르부르크 아카데미에서 수학한 후 여러 신학교에서 가르쳤으며, 헤르손과 오데사의 대주교가 되었다. 소설가 톨스토이의 견해에 대한 논쟁적인 글 몇 편이 잘 알려져 있다.

540) 드미트리 로스티슬라보프(Дмитрий Ростиславов, 1809~1877): 페테르부르크 아카데미에서 수학과 물리학을 가르쳤다. 현대 교회의 상태, 특히 종교교육에 대해 쓴 글 몇 편은 프로테스탄트 성향과 비판적인 어조로 상당한 물의를 일으켰다.

541) 니콜라이 프라타소프(Николай Пратасов, 1799~1855): 20년간 종무원장으로 일하면서 교회에 대한 정부의 통제를 최대로 강화했다. 프라타소프는 교회 정치에서 니콜라이 시대의 원칙 또는 체제의 충실한 전도자였다. 바로 그의 시대에 다른 것들과 나란히 '부처'로서 교회 행정의 국가적 조직화가 완료되었다. 성직자들은 이 부처에 소속되었으며 국가의 관리와 감독 기구에서 이제 종무원장의 직위는 '종무원의 명령' 아래에서 명실상부한 권력 기구가 되었다.

하나님 말씀의 인도에서'일지라도 너무나 많은 것을 믿는 자들의 '개인적인 판단과 양심'에 맡기는 것처럼 보인다.

다른 사람들은 그의 강제적이고 독재적인 이미지를 묘사하기 위한 어떤 말도 찾아낼 수 없었다. 이런 점에서 역사가 솔로비요프의 호의적이지 않은 자서전적인 '기록'은 매우 특징적이다. 솔로비요프의 묘사에서 필라레트는 자신에게 복종하는 사람들에게 있는 창조와 독창성의 싹을 죽이는 악한 천재로 그려져 있다. 특히 솔로비요프는 필라레트가 모스크바 아카데미의 창조 정신을 죽였다고 주장했다. 이 점에 대해서는 후에 더 말하게 될 것이다. 여기서는 솔로비요프의 중상에 대하여 적지 않은 반대 증거들이 있다는 점을 언급하는 것으로 충분할 것이다. 필라레트를 좋아했다고 보기가 어려운 한 사람의 증언만 소개하기로 한다. 그것은 유명한 급진주의자이자 ≪조국 수기(Отечественные Записки)≫의 편집자로, 1840년대 초반에 모스크바 아카데미의 학생이었고 후에 카잔에서 교수가 된 옐리세예프[542] (도스토옙스키가 라키틴[543]의 형상을 창조했을 때 염두에

---

542) 옐리세예프(Г. З. Елисеев, 1821~1891): 카잔 아카데미에서 1854년까지 러시아정교회사를 가르쳤다. 1858년부터 페테르부르크에서 저널리스트로 활동하기 시작했고, 체르니솁스키, 도브롤류보프 등과 협력했다. 후에는 인민주의 운동의 지도자가 되었다.

543) 라키틴: 도스토옙스키의 마지막 작품 ≪카라마조프가의 형제들(Братья Карамазовы)≫에 등장하는 수도사로서 저널리스트가 되

둔 것이 이 사람이었던 것 같다)의 평가다. 옐리세예프의 평가에 따르면, 모스크바 아카데미에는 자유가 지나치게 허용되었고, 배타적인 감상성, 부드러움, 동지애의 분위기가 형성되어 있었다.

솔로비요프는 근시안적이었고 매우 편파적으로 판단했다. 그는 자기가 동의하지 않는 사람들에게서 밝은 특징들을 찾아낼 줄 몰랐고 그러기를 싫어했다. 특히 그의 헤겔 우파적인 세계관을 모욕하는 '불안한 사상'을 가진 사람들은 그를 짜증나게 했다. 그가 그렇게 엄격하게 심판한 사람은 필라레트 하나만이 아니었다. 호먀코프에 대해서도 부정적이고 더러운 말밖에는 발견되지 않는다. 필라레트에 대해서 솔로비요프는 역사가로서도 공정하지 못했다. 그는 필라레트의 겉으로 드러나는 엄격함이 슬픔과 불안에서 나온 것임을 이해할 수도 없었고 이해하기를 원하지도 않았다. "이 사람은 뜨거운 머리와 차가운 가슴을 가졌다." 이 평가에는 기만적인 절반의 진실이 있을 뿐이다. 필라레트의 이성이 불과 같고 뜨거웠으며, 불안한 생각들이 그의 마른 얼굴에 날카로운 자국을 남긴 것은 사실이다. 그러나 필라레트의 가슴이 차가웠다는 것은 중상이자 거짓말이었다. 민감하고 예민했던 그의 가슴은 늘 무서운 불안 속에서 타오르고 있었다. 보이는 성공, 명예는 오로지 근시안적인 관찰

겠다는 야심을 가진 인물이다.

자로부터만 이 슬픔과 불안, 감춰진 아픔을 가릴 수 있었다. 긴장되고 용감한 침묵을 택함으로써 필라레트는 러시아에서 일어나고 있는 일들에 대한 자신의 불안을 간신히 덮고 진정시킬 수 있었다. 그는 어느 날 "우리는 이미 바벨론 내부는 아닐지라도 그 변두리에 살고 있는 것 같다"라고 말했다.

호먀코프가 언젠가 표현했듯이, 필라레트는 쓸데없는 공격의 구실을 주지 않기 위해서 '우회해서' 가야만 했다. 한 당대인은 "예기치 않은 공격을 야기하지 않기 위해서 그는 관용을 더 멀리 치우고, 더 많은 요구를 해야 했다"고 증언했다. 필라레트 자신은 어느 날 그리고리에게 다음과 같이 썼다. "사람들이 공격할 구실을 노리고 있는 그 사람이 공격의 구실을 준다면 애석한 일이다." 필라레트는 쉽고 편안한 길을 좋아하지 않았다. 왜냐하면 그는 쉬운 길이 정의로 인도하리라고 믿지 않았기 때문이다. 좁은 길이 쉬운 길이 될 리는 만무하다. "나는 지상에서 두려워할 것이 아무것도 없다고 생각하는 기쁨을 두려워한다."

9

필라레트는 개혁된 신학교들에서 가르치고 있었던 새로운 '가슴의 신학'의 가장 권위 있는 뚜렷한 대표자였다. 교육의 과제는 바로 '내적 인간의 형성', 구원하는 믿음의 진리에 대한 확고하고 개인적인 살아 있는 확신을 심어 주는 것에 있었다. "활동적인 기독교를 위해 젊은이를 내적으로 교육하는 것은 이 학교들의 유일한 목적이다"(1814년 8월 30일의 명령). 여기서 당시 유행했던 네안더544)의 아포리즘인 "가슴이 신학자를 만든다(petus est quod facit theologum)"는 말을 상기하는 것이 적절할 것이다.

그러나 러시아 학교들에서 이 '가슴'의 경향이 유일한 것은 아니었다. 처음부터 우리는 서로 엇갈리는 두 경향을 구별할 수 있다. 그 하나는 '가슴의 신학'이고, 다른 하나는 당시 통상 '네올로기즘'이라고 부르던 것이었다. 네올로기즘은 기독교를 도덕적이고 합리적으로 해석하던 학파였다. 페테르부르크 아카데미에서 이 경향을 도입한 것은 페슬러였다.

후에 노브고로드의 대주교가 된, 새로운 아카데미의 첫 졸업생들 가운데 한 사람이었던 그리고리 포스트니코프가 1819년에 필라레트 뒤를 이어 아카데미 학장이 되었다(1860년 사망). 그리고리는 모스크바의 필라레트의 계승자, 후계자이자 숭배자, 심지어 친구이기도 했다. 그러나 개인적으로 그는 필라레트를 별로 닮지 않았다. 그는 매우 명철하고 명료한 사상의 소유자였다. 그러나 그에게는 어떤 내

---

544) 아우구스트 네안더(August Neander, 1789~1850): 기독교로 개종한 유대인으로서 유명한 교회사가가 되었다.

적인 열정도 없었다. 그에게는 불안한 사상의 탐구심이란 것이 없었다. 그의 앞에는 필라레트가 그 속에서 사는 데 익숙했던, 현기증이 날 정도의 전망이 펼쳐진 적이 결코 없었다. 그런 그에게는 설교에서조차 긴장이 전혀 느껴지지 않는다. 모든 것이 지나치게 투명하고 목소리는 항상 고르고 평온했다. 그는 교리적인 주제를 좋아하지 않았고, 실제적인 주제를 선호했다. 그에게는 강한 도덕적인 힘이 느껴지기는 하지만, 매우 절도 있고, 심지어 성가실 정도의 도덕주의가 더 많이 나타난다. 그를 좋아하지 않았던 포티는 '단순, 위엄, 진실'이라는 단어로 그에 대해 평했다.

그리고리의 성격은 언어에 반영된다. 어떤 수사학도 꾸밈도 없으며, 둔중하고 거칠며 간소하다. 그는 말년에는 더욱더 '민중'을 위해 쓰는 것을 좋아했다. 그러나 그에게는 항상 언젠가 읽었던 영국의 교훈적인 서적들, 세기 초의 소책자들의 영향이 느껴진다. 그의 사상은 바로 외국, 특히 영국 작가들을 독서함으로써 형성되었다. 한때 그는 학생들과 함께 영어를 공부하기도 했던 것 같다. 그는 애서가였으며 학생들에게 독서를 매우 권장했다. 그는 학생들에게 책을 읽힐 목적으로 보수를 지급하며 번역을 제안하기도 했다.

교사와 강의자로서 그리고리는 매우 인기가 있었고 사랑을 받았다. 그는 러시아어로 가르쳤고, 강의 중에 슬라브어가 아닌 러시아 번역으로 성경을 분석했다. 그는 생애 마지막까지 러시아어 성경을 열렬하게 옹호했다. 그는 구약에서 '히브리의 진리'를 선호했으며, 여러 판본들에서 '칠십인역' 번역을 정확하게 복구하는 것은 사실상 불가능하다는 점을 강조했다. 그러나 마소라의 구두점545)에 대해서는 조심스럽고 비판적인 태도를 보였다.

1822년에 그리고리는 자신의 신학 강의 몇 장(章)을 출판했다. 필라레트는 그것을 검토하고 승인했으며 물론 수정했다. 그 속에 독창적인 것은 별로 없었으나, 그리고리의 신학 강의는 저자의 살아 있는 목소리, 태도로서 중요했다.

훨씬 후에 그리고리는 분리파 교도들 또는 구교도들에 반대하는 ≪참된 고대의 참된 정교회 교회(Истинно-древняя и истинно-православная Церковь)≫(1855)라는 유명한 책을 썼다. 역시 그 속에 새로운 것은 적었으나, 그 책은 고상하고 침착하며 호의적인 어조로 사람들을 매료했다. 저자는 실로 인내심을 가지고 절제된 태도로 설득하고 증명하려고 노력하며, '진리의 말씀'으로 성공을 거두기 위하여 애썼다. 그리고리는 종교적인 독립의 진실한 보호자, 계몽의 옹호자였다. 그에게는 참된 목자적인 관심과 끈기가 있었다.

페테르부르크 아카데미에서 잡지를 창간한 것은 그리고

---

545) 본래 히브리어 성경은 모음점이나 구두점 없이, 현재와 같은 장이나 절의 구분도 없이 기록되었다. 후에 마소라(전승) 학자들이 읽기와 발음에 도움이 되는 모음점과 악센트 기호 체계를 확립했다.

리 대주교의 특별한 공적이었다. ≪기독교 독서(Христианское чтение)≫라는 특징적인 명칭으로 잡지는 1821년부터 발간되기 시작했다. 잡지의 첫 과제는 모든 교회의 애서가들에게 교훈적인 독서를 위한 재료를 러시아어로 제공하는 것이었다. 성경적인 경향성은 "사도들과 선지자들의 터 위에 세워진"(에베소서 2장 20절)이라는 제사의 선택에서 분명하게 드러난다. 어쨌든 이후 '반동'의 시기에 이 제사는 강제적이고 위험한 것으로 보여 다른 것으로 대체되었다(1842년부터 디모데전서 3장 15절이 채택되었다. "너로 하나님의 집에서 어떻게 행하여야 할 것을 알게 하려 함이니 이 집은 살아 계신 하나님의 교회요, 진리의 기둥과 터이니라." 나중에 이 두 제사는 결합되었다).

초기에 ≪기독교 독서≫는 논문들의 선별과 특징에서 ≪시온 통보≫를 매우 연상시켰다. '신비적인 연대기'라는 특별한 부분이 실렸다. "우리 조국에서는 성령이 인간의 마음에 행하는 은혜의 작용이 잘 알려지지 않았다. 따라서 기독교를 사랑하는 모든 이들, 특히 성직자들은 하나님의 영광을 위해 명백하게 알려지도록 그러한 작용에 대하여 편집자들에게 알려 줄 것을 청하는 바다." 유명한 종교 기적들에 대한 소식이 외국 출판물로부터 차용되기도 했다. 그러나 1825년부터 잡지의 스타일은 한결 엄격해졌으며, 교부들의 저작을 더 많이 번역하기 시작했다.

≪기독교 독서≫는 발간 초기부터 예기치 않은 성공을

거두었다. 첫해에 구독자 수가 2천4백 명에 달했다.

모스크바 아카데미에서 그리고리의 뒤를 이은 사람은 그와 동급생이었으며 후에 포돌스키의 대주교가 된 키릴 보고슬롭스키 플라토노프였다. 그는 러시아어로 가르쳤으며, 최신 철학을 좋아하지 않았고, 금욕주의 서적들을 읽었다. "복음서를 가르치는 데 특별히 중요한 것은 하늘의 심판에 대한 슬픔과 두려움으로 충격을 받은 마음을 위로하고 자신의 깊은 영적 상태를 들여다보도록 하는 것이다. 그러나 스스로 십자가의 사랑을 경험하지 못하고, 가슴이 구원으로 인도하는 하나님에 대한 애통으로 가득 차지 않은 사람이 어떻게 복음서 교육의 힘과 위로를 깨닫고 다른 사람들에게 설명해 줄 수 있겠는가!" 키릴이 모스크바 아카데미의 학장으로 있는 동안 학생들은 각자 일기에 자신의 행동과 생각을 기록해야 했다. 키릴 자신은 몰다비아 장로들의 제자들과 가까웠고, 포돌스키의 대주교로 있을 때는 발트의 페오도시 레비츠키에 관심을 가졌다. 그는 레비츠키에 대해 진정으로 영적인 사람이라고 평하며 완전한 공감과 승인을 표시했다. 아카데미에서 그는 교회의 전승에 대한 논문을 인용하며 강좌를 끝내곤 했다.

키예프 아카데미에서는 새로운 신학의 대표자들로 1834년에 사망한 그루지야의 교구장 모이세이 안티포프 플라토노프, 후에 하리코프의 대주교가 된 멜레티 레온토비치(1840년 사망)가 있었다. 그들은 둘 다 러시아어로 가르쳤다. 그들은 모두 페테르부르크 아카데미의 졸업생이었다.

매우 뛰어났던 이 첫 졸업생들 가운데 몇 명을 더 언급해야만 한다. 쿠트네비치(В. И. Кутневич)는 곧바로 모스크바 아카데미의 철학 조교수로 보내졌으며, 그곳에서 골루빈스키 같은 제자이자 후계자를 곧 발견했다. 쿠트네비치 자신은 곧 아카데미를 떠나 후에 군사 상급 사제이자 종무원 회원이 되었다(1865년 사망). 모스크바 아카데미로 폴리카르프 가이탄니코프(Поликарп Гайтанников)가 보내졌으며, 그는 후에 그곳에서 수도원장이 되었다(1837년 사망). 그는 그리스 교부들의 책을 많이 번역했다.

알렉세이 말로프(Алексей Малов, 1855년 사망)는 이삭 성당의 사제장이자 불구자의 집의 성직자로서 뛰어나고 감동적인 설교를 해서 명성을 얻었다. 그는 '영적이고' '보편적인 기독교'의 전형적인 추구자였다. 파머[546]를 만났을 때 그는 교회의 구성원과 한계에 대한 자신의 생각이 얼마나 엉성한지 알고 매우 혼란스러워했다. 말로프는 타타리노바의

---

546) 윌리엄 파머(William Palmer, 1811~1879): 영국 성공회 고위 성직자로 옥스퍼드에서 가르쳤다. 러시아정교회에 관심이 많았으며, 특히 성공회와 정교회의 교제를 촉진하는 데 관여했다. 1840년과 1842년 두 차례 러시아를 방문하며 러시아정교회의 중요한 인물들을 만났다. 호먀코프와 서신 교환을 한 것으로도 알려져 있다. 후에 그는 성공회에 매우 비판적이 되어 1855년에 로마 가톨릭으로 개종했다.

'영적인' 모임에 그 그룹의 많은 구성원들의 고백 사제로 참여했던 것 같다.

페테르부르크 아카데미 졸업생들 가운데 아카데미 초기 새로운 분위기의 가장 영감 있는 표현자요, 전도자였던 이는 마카리 글루하레프(Макарий Глухарев, 1792~1847)였다. 아카데미에서 글루하레프는 필라레트의 완전한 영향에 놓여 있었다. "그는 자신의 의지를 필라레트에게 완전히 맡겼으며, 그의 조언과 축복 없이는 어떤 것도 하지 않았고 시작하지 않았다. 그는 거의 매일 그에게 자신의 생각들을 고백했다." 선생과 제자 사이의 이 영적인 관계는 영원히 남았다. 글루하레프는 매우 민감한 성격의 소유자였다. 그의 정신은 완전히 내면으로 향해 있었기 때문에 일상적인 환경은 그에게 힘겨웠다. 아카데미에서 그는 많은 신비주의 책들, 특히 아른트를 읽었다. 그 책들을 통해 그는 성령의 빛을 받은 내적 인간의 부활과 갱신에 대한 가르침을 습득했다. 어느 날 그는 타타리노바의 모임에 참석했으나 놀라 도망쳤다.

아카데미를 졸업하고 나서 그는 교사가 되어 예카테리노슬라블로 보내졌다. 그곳에서 몰다비아의 장로들을 통해 수도사가 된 지역 주교인 이오프 포툠킨[547]을 만났고 그를

---

[547] 이오프 포툠킨(Иов Потемкин, 1750~1823): 예카테리나의 총신 포툠킨의 조카로 1793년 예카테리노슬라블의 주교가 되었다.

통해 몰다비아에서 온 두 수도사 리베리(Ливерий)와 칼린니크(Калинник)와 가까워졌다. 그들의 영향으로 글루하레프는 수도사가 되기로 결심했다. 이 시기에 그는 완전히 불안한 추구에 빠져 있었다. 곧 그는 코스트로마의 신학교 학장이 되었으나, 행정뿐 아니라 수업도 고통스러울 정도로 벅차했다. 기회가 오자마자 그는 일을 그만두고 페체르스카야 수도원으로 들어갔다. 그는 후에 당시 관조적인 삶의 부흥의 요람 중 한 곳이었던 글린스키 수도원으로 갔다. 그곳에서 장로 필라레트548)의 지도를 받아 독서를 많이 했으며, 아우구스티누스의 ≪고백록≫, ≪사다리≫, 그리고리 벨리키의 담화, 스투디오스의 테오도로스549)의 말을 번역했다. "이곳은 그리스도의 학교, 지상에서 밝은 점들 가운데 하나다. 그곳에 들어가려면 그리스도의 유아기까지 낮아져야 한다." 마카리는 프랑스어에서 스페인의 테레사를 번역했으며, 파스칼을 번역할 생각이었다.

마카리는 다른 신앙고백에 대해서 항상 호기심이 많고 호의적인 태도를 취했다. 예카테리노슬라블에서는 '영적 그리스도인들(몰로칸들)'과 함께 기도했고, 하나님이 그들

---

548) 필라레트(Филарет, 1773~1841): 우랄 지역에 있던 글린스키 수도원의 장로로 수도원의 영적 부흥은 그에 힘입은 바 컸다.

549) 스투디오스의 테오도로스(Theodore the Studite, 759~862): 콘스탄티노플의 스투디움 수도원의 원장으로 비잔틴 황제 레오 5세의 공격에 맞서 이콘화를 옹호했다.

의 따사로운 신앙에 빛을 비추고 있음을 발견했다. 1819년에 러시아를 여행하고 있던 그렐레550)와 앨런551)은 필라레트에게 소개장을 받아 예카테리노슬라블로 그를 찾아와 많은 공통점과 정신적인 유사성을 발견했다. 후에 마카리는 모스크바에 정교회교도들, 가톨릭교도들, 루터파들을 위해 세 부분으로 나눠진 사원 건축을 꿈꿨다. 마카리는 수도원의 은둔 속에 그리 오래 머물지 않았다. 그는 일을 하고 싶어 했다. 그는 시베리아의 이민족들에게 설교하는 것에서 자신을 위한 일을 찾았다. 모스크바의 필라레트는 마카리를 '낭만주의 선교사'라고 불렀다. 실제로 그는 선교 일에 열정적으로 몰두했다. 그는 처음에 토볼스크의 두 신학생들의 도움을 받았고, 최초의 선교 진영을 위한 모범적인 지시를 작성했다. "우리끼리는 모든 것, 돈, 음식, 옷, 책, 기타 물건들을 공동으로 소유할 것을 희망한다. 이 조치는 우리의 일치를 향한 노력에 도움이 될 것이다." 선교는 극도의 빈곤

---

550) 스티븐 그렐레(Stephen Grellet, 1773~1855): 프랑스인으로 프랑스 혁명 이후 남미로 갔다가 미국으로 이주한 후, 퀘이커의 목사가 되었다. 북미와 유럽으로 선교 여행을 몇 차례 떠났으며, 1814년에 영국에서 알렉산드르 1세를 만났다.

551) 윌리엄 앨런(William Allen, 1770~1843): 화학자로 영국에서 박애주의 사업에 적극적으로 참여했다. 1814년에 알렉산드르가 런던에 왔을 때, 1822년 빈에서 그를 만났다. 그렐레와 앨런은 1818~1820년 노르웨이, 스웨덴, 핀란드, 러시아, 콘스탄티노플과 그리스 섬들을 다니며 전도 여행을 했다.

과 궁핍한 조건 속에서 이루어졌다.

마카리에게 선교는 진정한 사도의 공적이었다. 그는 선교에 열정과 영혼의 긴장된 힘을 모두 쏟아부었다. 소심한 선교사에게는 '이 불이 기독교를 위해 성숙되지 않은' 것으로 보일 수도 있었다. 그러한 의심에 대해 마카리는 확고하게 답했다. "내가 누구이기에 모든 인류의 구원을 위하여 십자가에서 지극히 깨끗한 피를 흘리시고 죽음을 맛보신 예수 그리스도를 전 세계가 믿는 일에 어떤 민족들이 성숙되지 않았다고 판단할 수 있겠는가." "주께서 자신의 것으로 생각지 않는 민족은 없으며, 하나님의 아들이 내려오지 못할 만큼, 하늘을 굽히고 자신을 굽히지 못할 만큼 깊은 무지와 어둠은 없다." 선교의 일에 대한 생각을 마카리는 ≪러시아 제국에 살고 있는 유대인, 마호메트교도, 이교도 사이에 기독교 신앙을 성공적으로 퍼뜨리기 위한 방법에 대한 생각(Мысли о способах к успешнейшему распространению христианской веры между евреями, магометами, и язычниками в Российской державы)≫(1839)이라는 특별한 기록에 서술했다. 마카리는 카잔에 선교 본부를 조직하고 그곳에 엄격한 공동생활의 규칙과 다양한 교육 프로그램을 가진 특별한 선교 학교를 만들 것을 제안했다. 마카리는 자신의 동료들에게 랭커스터 학교의 시스템과 의료 보호의 기초, 농업의 규칙들을 소개하고 싶어 했다. 관조적인 공상성은 마카리의 생활에서 건전함을 파괴하지 않았다.

마카리 때의 알타이 선교의 역사는 우리 역사상 가장 영웅적이고 신성한 사건들 가운데 하나다. 그러나 마카리가 사도로서 들인 노고들 가운데 그를 특별한 정열로 사로잡은 새로운 생각이 있었다. 그 생각이란 성경 번역 계획이었다. 이미 1834년에 마카리는 < 러시아정교회를 위해 성경 전체를 원문과 함께 현대 러시아어로 번역할 필요성에 대하여 >를 써서 필라레트 대주교를 통해 종무원에 제출했다. 필라레트는 성경을 러시아어가 아니라, 일부 또는 완전히 야만적인 이민족의 언어로 번역하는 것이 마땅하다고 판단했던 고위 권력의 분노와 형벌로부터 이 '낭만적인 선교사'를 보호하기 위해 그 편지를 숨겼다.

마카리는 그 논거들을 듣지도 못하고 이해하지도 못했다. 1837년에 그는 신학교 위원회에 욥기의 초반부 번역본과 황제에게 보내는 서신을 제출했다. 그 일은 또다시 진전되지 못했다. 1839년에 마카리는 이사야서 번역과 황제에게 보내는 새로운 서신을 제출했다. 이듬해에 그는 전에는 알지 못했던 팝스키의 번역과 비교하여 다시 검토한 이 두 책을 제출했다. 논의와 설득을 하던 마카리는 이번에는 위협과 분노에 찬 예언을 했다. 전에 그는 하나님의 말씀을 죽은 언어가 아닌 살아 있는 언어로 소유해야 할 필요성과 그 유용성을 설명했다. "러시아 민족은 완전한 러시아어 성경을 가질 자격이 있다." 그는 "러시아인들은 완전한 러시아어 코란을 가지고 있으면서, 완전한 러시아 성경을 여전히 가지지 못하고 있다"고 개탄했다. 그는 "러시아어의 가장 순수하고 귀중한 재료들을 가지고 견고하고 올바르고 정확하며 취향과 위엄, 우아함을 갖춘 하나님의 지혜의 사원을 건설할" 시간이 무르익었다고 확신했다. "그 사원은 세상에서 무엇보다 가장 아름다울 것이고 모든 교회들과 즐거워하는 하늘 앞에서 우리 정교회의 참된 영광이 될 것이다." 이제 마카리는 슬퍼하며 위협한다. "오 슬프도다! 그 성소에서 복음서 기자들이 나와서 러시아어로 된 자신의 복음서를 가지고 예수 그리스도의 이름으로 러시아정교회를 축복했던 왕의 문은 닫혔다. 모든 것이 숨겨지고 어두워졌다. 모세오경이 모두 순수한 러시아어로 번역되어 많은 귀인들의 집 창고에 놓여 있다는 말을 들은 지가 몇 년인가. 지성소에 있는 여호와의 언약궤 안에 놓여 있었고 여자와 아이들, 이방인들을 가리지 않고 모든 민족이 듣는 데서 전 이스라엘 앞에서 읽었던 그 거룩하고 무서운 하나님의 율법 책이 말이다. 진정 슬라브 문자로 된 하나님의 말씀이 러시아어로는 하나님의 말씀이 되지 못한단 말인가?" 마카리는 순진하고 소박한 태도로 가장 첨예하고 아픈 문제를 건드리는 것이다. 심지어 그는 하나님의 분노의 표적들을 열거하기까지 한다. 1824년의 대홍수, 1825년의 반란, 1830년의 콜레라, 겨울 궁전의 대화재. 이번에는 종무원이 명령서를 통해 마카리에게 그가 교만하게도 자신을 "부름 받지 않은 하나님의 심판의 해석자"로 내세우며, 감히 "자신의 지위와 책임의 한계를 벗어나고" 있음을 설명했다. 그 결과 그는 주교 톰스키의 집에서 '기도의 벌'에 처해졌다. 체르니고프의 필라레트는 이 벌에 대해 다음과 같이 말한다. "그는 강제로 6주 동안 매일 예배 의식을 집전해야 했다. 그러나 그는 이 벌을 하나님의 자비로 받아들여 매우 만족했다." 아마도 그는 어째서 페테르부르크에서는 매일 예배를 드리는 것이 성직자에게 벌을 주는 것으로 간주되는지 의아했을 것이다.

마카리의 직무 일지에는 그가 "성경 전체를 원전에서 러시아어로 번역해야 한다는 자신의 생각과 희망을 정부에 제출한 일로 인해 40일간의 정화를 위한 벌을 치렀다"고 기록되어 있다.

그 후 마카리는 곧 선교직에서 물러나고 싶다는 요청을 했고, 오룔 현의 볼홉스키 수도원의 감독으로 임명되었다. 그곳에서 그는 오래 머물지 못했으나 기운을 회복할 수 있었다. 그는 자신의 번역 작업을 중단하지 않았다. 이제 그는 성스러운 땅으로 가서 그곳 제롬의 동굴[552]에서 정주하는 것을 꿈꾸었다. 그리고 가능하다면 그곳에서 구약 번역을 끝마치고 싶어 했다. 그곳에 가는 길에 라이프니츠에 들러 자신의 번역을 출판하려 했다고 한다. 그는 어렵게 여행 허가를 얻었다. 그러나 그는 떠나기 전날 밤 병에 걸려 곧 사

---

[552] 성 제롬(Jerome, 340~420)이 불가타역을 번역했던 베들레헴에 있는 수도원을 가리킨다.

망했다.

마카리는 거룩한 진실성과 순수함을 소유한 사람이었다. 그에 대해 스마라드553) 주교는 '살아 있고 실제적인 복음서'라고 말했다. 마카리는 자신의 개인적인 경험에서 수도 생활의 명상적인 전통을 학교의 복음서 수업과 결합했다. 그는 대단한 지식의 소유자였고, 훌륭한 히브리학자였다. 그는 성경 작업에서 무엇보다 로젠뮐러554)에 가까웠으나 그의 오류를 따르지는 않았다. 그는 또한 영적인 단순함과 투명한 영혼의 소유자였다. "마카리는 그리스도 하나님의 참된 종이었다"라고 그의 사후 1847년에 모스크바의 필라레트는 썼다. "그가 평온한 시기에 하나님의 말씀을 전파하는 것을 등한시한 것에 대해 슬퍼하리라고 예언한 것은 괄목할 만한 것이다. 후에 실제로 슬픔이 찾아왔던 것이다." 성 삼위일체 수도원이 있는 시골의 정적과 세르기예프 파사드의 구석에 위치한 모스크바 아카데미의 고립된 처지는 그곳에서 새로운 시대를 지도하는 분위기가 뚜렷하게 구현되도록 하는 데 매우 크게 기여했다. 물론 플라톤 시대의 준비와 습관이 호의적으로 작용했다. 로스티슬라보프는 회고록

---

553) 스마라드(Смарад, ?~1863): 랴잔의 주교였다.

554) 로젠뮐러(Rosenmüller, 1768~1835): 독일 루터교 신학자이자 히브리학자였으며 라이프니츠 대학에서 동양어 교수를 지냈다. 주요 저작으로 ≪성경 고고학 핸드북(Handbuch der Biblischen Altertumskunde)≫이 있다.

에서 필라레트가 페테르부르크 아카데미를 '절반의 은둔처'로 만들려고 했다며 그를 비난했다. 모스크바 아카데미는 정말로 '절반의 은둔처', 학문적인 '가슴의' 수도원이었다. 이곳에서 보편적인 스타일이 형성되었다. 그 스타일은 모든 곳에서 쉽게 감지된다. 예를 들어, 학생들에게 권장한 도서 목록을 들 수 있다. 1833년에 그 목록에는 드 사시가 번역한 프랑스어 성경, 페늘롱 또는 프랑수아 드 살레, 아른트, 존 메이슨의 저작이 포함되어 있었다. 학기 말 작문을 위한 주제는 다음과 같은 것들이었다. 피조물들의 탄식에 대하여, 신앙고백의 동일성에 대하여, 어떤 신앙에서도 구원이 가능한가에 대하여, 내적인 교회와 외적인 교회에 대하여(1826년의 주제들), 소위 영적 메마름의 상태에 대하여, 은혜로운 위로 속에서 영적인 사람의 일시적인 빈약함에 대하여, 무엇 때문에 그리스도와 사도들의 시대에 그 전후보다 더 귀신 들린 사람들이 많았는가에 대하여(1832년의 주제들). 1817~1818년의 도덕 신학 과목에서 젊은 조교수는 학생들에게 이집트의 마카리와 성 아우구스티누스 외에도 아른트, 토마스 아 켐피스, 호른베크,555) 심지어 익명의 저자가 쓴 ≪거듭난 이들의 역사(История возрожденных)≫를 읽을 것을 권했다. 그는 부데우스의 책으로 강의

---

555) 호른베크(Hornbeck, 1641~1697): 독일인으로서 영국으로 가 성공회 목사가 되었다.

했다. 1820년과 1821년에 학생들은 요아힘 랑게의 ≪그리스도와 기독교의 신비(Mysterium Christi et christianismi)≫를 번역했다.

이 시기에 가장 눈에 띄는 교사는 물론 개혁 후 첫 졸업생이었던 페오도르 골루빈스키556)였다. 그는 시대의 전형적인 대표자였다.

개혁 이전의 학교들에서 공부했던 구세대의 대표자들 가운데 '가슴의' 신학에 속한 이들로는 대주교 미하일, 필라레트의 선생이었던 예브그라프 수도 사제, 이노켄티 스미르노프가 있었다. 이노켄티는 러시아 신학의 역사에 ≪교회 성경 역사 개요(Начертание церковно-библейской истории)≫(1816~1818)의 편집자로 포함된다. 이 책은 성급하게 집필되었다. 그 책이 강제로 학교들에서 그의 사후에, 심지어 그것이 이미 낡고 소용없게 되었던 1860년대에조차 교과서로 남아 있었던 것은 저자의 잘못은 아니었다(사후 출판은 코체토프557)가 맡았다). 그 책은 특히 바이스만558),

---

556) 페오도르 골루빈스키(Феодор Голубинский, 1797~1854): 코스트로마 신학교와 모스크바 아카데미에서 수학했으며, 모스크바 아카데미의 인기 있는 철학 교수였다.

557) 이오아킴 코체토프(Иоаким Кочетов, 1789~1854): 1814년에서 1851년까지 페테르부르크 아카데미의 교수였으며, 성 베드로와 바울 대성당의 주임사제였다.

558) 크리스티안 바이스만(Christian Weismann, 1677~1747): 슈투트

슈판하임,559) 바로니우스,560) 그리고 ≪마그데부르크의 세기들≫561)을 참조하여 편찬되었다. 구성은 매우 건조하고 세부적이었으며, 서술은 지나치게 형식적이었다.

이노켄티와 같이 생기 넘치는 사람에게조차 스콜라주의 습관을 극복하는 것은 쉽지 않았다. 그가 학장으로 있었던 페테르부르크 신학교에서 이노켄티는 라틴어로 가르쳤다. '실천 신학'에 대한 그의 기록은 그의 사후 필라레트의 감수로 라틴어 개요를 러시아어로 번역한 형태로 출판되었다. 이 구세대에 속한 많은 이들 가운데 우리는 '가슴의' 경건과 스콜라주의적인 '학문성'의 결합을 발견한다.

가장 현저한 예는 후에 유명한 키예프의 대주교가 된 필라레트 암피테아트로프(Филарет Амфитеатров, 1779~1857)다. 그는 따뜻한 경건함, 큰 애정, 참된 영적 삶의 소유자였고 의롭고 거룩한 사람이었다. 그러나 교육에서는 과거 스콜라주의를 완강하게 옹호했다. 그는 개혁된 아카데미들에서 그리 오래 가르치지는 않았다. 암피테아트로프는

가르트와 튀빙겐의 역사학 교수였다.
559) 프리드리히 슈판하임(Friedrich Spanheim, 1632~1701): 하이델베르크와 레이던에서 신학을 가르쳤다.
560) 카이사르 바로니우스(Caesar Baronius, 1538~1607): 가톨릭교회사가이자 추기경이었다.
561) ≪마그데부르크의 세기들(Centuriae Magdeburgenses)≫: 1559년과 1574년 사이에 출판된 최초의 프로테스탄트교회사였다.

처음에는 페테르부르크에서, 나중에는 모스크바에서 감독관이자 학장으로서 항상 라틴어로 가르쳤다. 그는 러시아어로 신학을 가르치는 것을 확고하게 반대했다. 그는 이리네이 팔콥스키의 책으로 교리를 강의했으며, 성경 해설은 누구보다 비트링아[562]를 많이 참조했다. 수강생들은 그의 서술의 압축성, '수학적 정확성', 그리고 논증의 명료성을 주목했다. 그러나 그의 강의는 엄밀한 의미에서 강의라기보다는 항상 설교, '뭔가 복음전파와 같은 것'일 때가 많았다.

'신비주의적인' 경향에 대해서 필라레트는 우호적이지 않았다. "내가 모스크바 아카데미에서 교수로 재직할 당시 그곳에는 신비주의 경향이 매우 강했는데, 나는 온 힘을 다해 그것에 반대했다." 그는 철학에 대해서도 관용적이지 않았다. "그는 철학 공식뿐 아니라, 스피노자니 헤겔이니 하는 이름마저도 싫어했다." 심지어 그가 마음으로 사랑했던 모스크바의 필라레트조차 그에게는 지나치게 학문적이고 지혜로워 보였다. 과연 그런 학문성이 수도사적인 서약과 겸손과 부합하는가? 초기에 필라레트 암피테아트로프는 성경협회에 참여했고, 심지어 1842년에는 모스크바의 필라레트를 지지하여 그와 함께 종무원에서 물러나야만 했다. 그러나 후에 매우 조심스러워져서 러시아 성경 번역을 격렬하게

---

[562] 캄퍼히위스 비트링아(Campegius Vitringa, 1659~1722): 네덜란드의 개혁주의 구약 학자이자 교회사가다.

반대했다.

구세대에 속한 이들 가운데는 순수한 이들이 많이 있었다. 예를 들어, 모스크바에서 매우 영향력 있고 모두에게 잘 알려진 세묜 소콜로프(Семен Соколов)가 그런 사람이었다. "모스크바에서 그는 엄격하고 교훈적인 고백 사제로, 슬픔과 유혹의 때에 의심과 불평으로 혼란스러워하는 이들의 신중한 안내자로, 심오한 영성을 가진 신비가로 알려져 있다"라고 그의 영적인 자녀들 가운데 한 사람[필라레트]에 대한 자신의 기록에서, 수슈코프(Н. В. Сушков)]이 말했다. 그는 성 삼위일체 신학교에서 공부했으며, '우정협회'의 회원들과 관계를 맺고 있었다. 그는 매우 긴 생을 살았다(1772~1860). 토마스 아 켐피스의 유명한 책을 번역하고 자신의 영적인 자녀들에게 교훈할 목적으로 어떻게 읽어야 하는가에 대한 지도(指導)를 첨가하여 출판했다(1834). 그 자신은 좀 더 후에 ≪시온 통보≫를 읽기를 좋아하여 여러 번 되풀이하여 읽었고, 에카르츠하우젠을 읽는 것을 금하지 않았다.

표트르 이후 러시아에서 '유럽화'의 힘이 너무나 강력했기 때문에 영적 삶의 전승으로 돌아가는 것도 서구의 길, 서구의 모범을 따라서나 가능했다. 사람들은 도브로톨류비예보다 아른트를 먼저 알았고, 아른트는 많은 사람들에게 첫사랑의 빛과 같이 남아 있었다. 사실 매우 일찍이 그리스 교부들, 특히 금욕주의자들을 읽은 것이 이에 결합했다. 그러나 러시아에서 명상적인 수도원들의 부흥, 영적 삶의 정교회적인 전승으로 살아 있는 회귀가 있은 후에야 서구의 신비주의에 대한 몰두의 물결은 잠잠해지기 시작했다.

신학교들에서 알렉산드르 시대의 영향은 길고 끈질긴 것이었다. 그러한 환경에서 필라레트 구밀렙스키, 고르스키[563] 같은 성격들의 신학적 '감수성'이 형성되었다. 알렉산드르 시대의 정신을 고려할 때만 페오도르 부하레프[564]의 비극적 운명을 이해할 수 있다.

10

개혁 신학교들의 운용 초기부터 우리는 신학적 작업 속에서 지금껏 논의된 것과는 다른, 그와는 정면으로 반대되는 충분히 규정된 경향을 알아차릴 수 있다. 가장 뚜렷한 대표자는 게라심 팝스키일 것이다. 그는 페테르부르크 아카데미의

---

563) 알렉산드라 고르스키(Александра Горский, 1812~1875): 모스크바 아카데미의 학장이었다. 그는 수도사는 아니었지만 수도원적인 삶의 양식과 경건, 학식으로 잘 알려져 있었다.

564) 페오도르 부하레프(Феодор Бухарев, 1824~1871): 모스크바 아카데미를 졸업하고 1852년에 그곳의 성경학 교수가 되었다. 1854년에 카잔 아카데미로 옮겨 교리학 교수가 되었다. 후에 페테르부르크의 종교서적검열위원회에서 활약하기도 했다.

첫 졸업생이었으며, 뛰어난 히브리학자였고, 오랫동안 아카데미의 히브리어 교수였다. 그는 페테르부르크 대학에서 신학 교수를 지내기도 했고, 후에는 궁정의 사제장, 미래의 알렉산드르 2세인 황태자의 고백 사제이자 스승이기도 했다. 팝스키는 인문학자였다. 그에게는 인문학적 재능과 감각이 있었다. 그는 학문에 뜨거운 열정을 가지고 히브리어 성경을 사랑했다. 게제니우스[565]의 문법책이 출판되기 전에 셈족의 인문학을 공부했다. 그의 학문적인 세계관은 18세기 권위자들의 일정한 영향력 아래 형성되었다. 아카데미에서 가르친 처음 몇 년 동안 그는 히브리어 문법을 편찬하여 출판했다(1818). 그 기간에 그가 편찬한 구약성경에 대한 히브리어와 칼데아어 사전은 출판되지 않았다. 팝스키는 곧 성경협회에 합류하여 번역 작업에 몰두했다. "언어는 내게 소중한 것이 아니었다"고 그는 후에 말했다. "내게는 순수하고 해설로 왜곡되지 않은 성경이 소중했다. 언어에 대한 지식의 도움으로 나는 성경을 올바르게 해석하기를 원했다. 히브리어에 대한 올바른 이해가 신학의 이해로 인도한다는 것은 잘 알려진 사실이다." 성경협회를 위해서 팝스키는 시편을 번역했으며(공부할 당시 그는 시편에 대해서 작문을

---

[565] 빌헬름 게제니우스(Wilhelm Gesenius, 1786~1842): 할레 대학의 동양어 교수다. ≪히브리어 문법≫은 1813년 할레에서 처음 출판된 뒤 그의 생전에 13판까지 찍었다.

하기도 했다), 모세오경의 출판을 감독했다. 그는 성경협회가 폐쇄된 뒤에도 번역을 계속했으며, 아카데미 수업에 학생들과 함께하는 번역이 포함되었다. 그가 아카데미를 떠난 후에야 학생들의 주도로 그의 번역은 석판으로 인쇄되었으며, 곧 신학교에 광범위하게 유포되었다. 이 '비밀스러운' 번역의 등장은 특히 종무원 고위층에 불안을 야기했다. 번역은 금지되었으며 책들은 색출되어 폐기되었다(이 일은 1842년에 일어났다). 팝스키는 공식 재판이 아닌 심문에 처해졌다. 그러한 불안과 비난에는 근거가 있었다. 성경 번역은 단지 문학적 훈련으로 머물러 있을 수 없었다. 팝스키에게도 번역은 그런 것이 아니었다. 번역은 언제나 해석이었다. 석판으로 인쇄된 번역은 부제목과 설명, 소개하고 해설하는 주석을 첨가한 몇 개의 부분으로 나뉘어 있었다. 이런 점에서 팝스키는 누구보다도 로젠뮐러를 가까이 따랐다. 그 결과 팝스키가 메시아의 예언을 매우 제한적으로 받아들이고 어떤 책들과 문헌의 진위를 의심한다는 인상이 생겨났다. 지금 그런 의심에 대해 논쟁할 필요는 없다. 그가 심문 과정에서 그런 의혹을 완전히 부인하기는 했지만, 실제로는 그것이 그의 진짜 견해였다.

구약에 대한 이 자유주의적이고 비판적인 수용은 그의 전반적인 종교적 세계관에 부합하는 것이었다. 그는 철학자도 사상가도 아니었다. 그러나 그에게는 매우 분명한 종교적·철학적 확신이 있었다. 대학에서 그는 처음에 '인간

사회에서 종교 사상의 발전사'를 강의했다. 수업은 루니치566) 때 이노켄티의 책에 의거해 교회사를 강의하는 것으로 대체되었다. 학생들에게 참고서로 드레제케567)의 ≪믿음, 사랑, 소망(Glaube, Liebe und Hoffnung)≫을 추천했다. 후에 그는 직접 ≪단순한 체계로 된 기독교 가르침(Христианское учение в краткой системе)≫이라는 책을 썼다.

팝스키는 상당히 모호하고 독특한 종교적·도덕적 이상주의를 신봉하고 있었다. 그는 "종교는 감정이다"라고 정의했다. "인간 정신은 감정으로, 내적으로 보이지 않고 영원하며 거룩한 자를 품으며, 그 안에서 복락을 누린다. 종교가 주는 가르침의 의미는 이런 신성한 감정을 더 자주 각성하고 생생하게 하며 양분을 주어 그 감정이 더 강해지고 환해지며 인간 내부에서 불타오르도록 하는 데 있다. 그럼으로써 자기 자신의 내부에서 그의 전체, 모든 이해, 모든 사상과 욕구, 행동에 힘과 빛과 생명을 주도록 하는 것이다."

---

566) 드미트리 루니치(Дмитрий Рунич, 1780~1860): 1821년에서 1826년까지 페테르부르크 학교 구역의 관리자였다. 마그니츠키의 보수주의적인 교육 계획에 동조해 페테르부르크 대학에서 서구 지향성을 가진 교수들을 몰아냈다.

567) 요한 하인리히 베른하르트 드레제케(Johann Heinrich Bernhard Draeseke, 1774~1849): 독일 작센의 주교로 휴머니즘적인 기독교를 옹호하고 합리주의와 경건주의를 결합하고자 한 것으로 잘 알려져 있다.

따라서 긍정적인 종교란 이 최초의 감정이 매우 부적당한 이성적인 요소로 변하는 것에 지나지 않는다. 의식들과 교리들은 단지 외적인 형식, '암시'에 지나지 않고, 이성적인 교리들은 심지어 이 직접적인 '신성한 감정'을 억압하거나 막아 버릴 수 있었다. 팝스키가 이해하는 종교는 거의 도덕으로 귀결되는 것이었다. 그에게 그리스도는 많은 이들의 선생 이상이 되지 못했다.

팝스키는 기독교에서 '본질적인 것'을 성경의 직접적인 증언으로 제한했다. "내가 그 속에서 태어나고 자라난 교회가 증거도 없이 어떤 것이든 믿으라고 내게 강요하지 않는 것에 대해 하나님께 감사드린다. 교회는 나로 하여금 순수하고 거룩한 하나님의 말씀을 깊이 탐구하도록 허용하며, 만약 무엇을 지시할 때는 항상 하나님의 말씀과 교회의 계몽된 교사들의 공통된 목소리 안에서 그 지시에 대한 근거를 제시한다." 팝스키가 이해하는 교회는 교리들의 '참된 본질'을 포함하는 한 모든 신앙고백을 포괄한다. 파머는 이 말을 듣고 매우 놀랐다. 파머와 나눈 대화에서 팝스키는 매우 개방적이었다. 사제는 목사와 결코 다르지 않으며, 따라서 루터교에서도 '계승 관계'는 단절되지 않았다. "보이지 않고 닿을 수 없는 그리스도의 왕국은 그리스도의 교회에서 그 흔적을 가지고 있다. 기독교회들 가운데 그리스도 왕국의 사상을 더 순수하게 표현하는 교회가 더 완전에 가깝다. 모든 보이는 교회는 단지 완전을 향한 도상에 있을 뿐이며 완전의 충만함은 멀리, 보이지 않는 교회, 하늘의 왕국에 있을 뿐임을 알아야 한다." 팝스키가 수도 생활에 매우 격렬하게 반대했다는 점도 언급해야 한다. "나는 수도 생활이 순수하지 않으며 본성의 법칙, 따라서 하나님의 법에 거스르는 일이라고 이해한다. 교회의 역사는 내게 그것을 확신시켜 주었다." 그는 성경협회의 두드러진 활동가이자 '간부'였으나, '신비주의'에 대해서는 항상 적대적인 태도를 가졌다. 그는 '어그러진 길'을 좋아하지 않는다고 말하곤 했다.

바르테네프[568]는 팝스키에 대해 그가 '가볍고 회피적이며 흔들리는 경건의 대표자'라고 적절하게 언급했다. 이런 점에서 그는 상당히 전형적이었다.

팝스키는 주콥스키와 메르데르 장군과 매우 친밀했으며, 장군의 제안으로 황태자의 스승으로 초빙되었다(그는 이 직책을 1835년에 그만두어야 했다. 그의 신학적 견해가 상당히 그릇되었다고 판단한 필라레트의 압력 때문이었다).

팝스키가 보여 준 것은 신학뿐 아니라 영혼의 자기감정에서도 가장 첨예한 서구주의였다. 그것은 심리적으로 독일 전통 안으로 스스로 들어가는 것이었다. 그러한 경향은 진정한 수도원적인 삶이 존재하지 않았던 페테르부르크 아

---

[568] 표트르 바르테네프(Пётр И. Бартенев, 1829~1873): 모스크바 대학의 학생으로 역사 문헌들을 수집해 러시아 역사학 발전에 큰 기여를 했다.

카데미에서 특히 심했다.

팝스키는 뛰어난 인문학자였고, 인문학적 견지에서 볼 때 그의 번역은 매우 가치 있는 것이었다. 그는 성경 저자들의 문체와 문학 양식, 성경 언어의 운율적인 구조를 가르칠 수 있었다. 번역자의 러시아어 어휘는 매우 풍부하고 신선했다. 팝스키는 교사로서 재능이 있었다. 청강생들에게 많은 것을 가르칠 수 있었다. 그러나 그에게는 직속 제자가 적었다. 오직 한 사람 사비닌(C. K. Сабинин, 1789~1863)만이 독자적인 작업을 수행했다. 그는 코펜하겐, 후에는 바이마르에서 외교관으로서 업무를 수행했고 그 밖의 나라에서 사제로 지냈다. 사비닌은 아가서의 의미를 어떻게 이해해야 하는지에 대하여 작문을 제출했다. 후에 그는 이사야서를 가지고 작업했다. 그는 ≪기독교 독서≫에 특히 예언들에 대한 일련의 주석적인 글들을 실었다. 팝스키의 번역이 금지된 후부터 사비닌은 주제를 스칸디나비아로 바꾸어 아이슬란드어 문법책을 출판했다. 팝스키처럼 그에게도 인문학에 대한 관심이 주된 것이었다.

다른 의미에서 러시아 신학의 '독일적인' 경향에 속한 인물로는 이노켄티 보리소프(1800~1855)가 있었다. 그는 키예프 아카데미의 첫 졸업생이었으며, 후에 페테르부르크 아카데미의 학생감, 키예프 아카데미의 학장, 그리고 마지막으로 헤르손과 타브리체스키의 주교가 되었다. 한때 그는 집요하게 '신(新)교의'라는 의심과 비난을 받았고, 그의 사상에 대해서 '비밀 심문'이 행해지기도 했다. 거기에는 그럴 만한 이유가 있었다.

이노켄티의 관심을 가장 많이 끈 것은 철학이었다. 그러나 그는 사상가는 아니었다. 그의 지성은 예리하고 민감했으나, 창조적이지는 않았다. 그는 결코 연구자였던 적이 없었다. 그는 흥미를 끄는 질문을 제기하고 예기치 않은 관점에서 문제성을 드러낼 줄 알았으며, 독자나 청강생의 주의를 집중시키고 타인의 답변을 매우 열성적으로 훌륭하게 전달하는 능력이 있었다. 다만 뛰어난 서술 방식만이 그의 창조적인 독창성의 부족을 포장할 수 있었다. 그러나 그의 서술은 서술일 뿐 결코 연구가 될 수는 없었다. 이노켄티에 대해 모스크바의 필라레트가 말했듯이, 그에게는 판단력이 결핍되어 있었고 상상력이 지나치게 풍부했다. 이노켄티는 웅변가였다. 이 '웅변술'에 강단과 설교단에서 거둔 그의 영향력과 성공의 비결이 있었다.

신학을 강의할 때도 이노켄티는 독창적이지 않았다. 그는 신학 강의 선생이었던 모이세이와 마찬가지로 돕마이어[569]의 '체계'에 맞추어 신학을 강의했다. 당시 그 '체계'는 오스트리아의 가톨릭 학교들에서 받아들여지고 있었다. 그러한 강의는 계몽주의에서 낭만주의로, 레싱과 헤르더, 칸

---

569) 마리안 돕마이어(Marian Dobmayer, 1753~1805): 독일의 신학자로 셸링의 영향을 많이 받았다.

트에서 셸링과 심지어 바더570)로 가는 이 '전환기'의 특징에 일치하는 것이었다. 이 '체계'의 주된 사상은 '도덕적인 교제'로 휴머니즘적으로 해석된 하나님 왕국의 사상이었다. 모든 면에서 계몽주의의 영향이 감지되었으며, 기독교는 일종의 자연적인 도덕과 복락의 학파 정도로 묘사되었다. 기독론은 매우 희미하고 애매했다.

이 모든 특징들이 이노켄티에게서 발견된다. 그의 졸업 논문이 <예수 그리스도의 도덕성에 관하여>라는 점은 특징적이다. 이노켄티의 유명한 책 《예수 그리스도가 지상에서 보낸 삶의 마지막 날들(Последние дни земной жизни и Иисуса Христа)》(초판, 1847)은 문학적으로 훌륭했기 때문에 주목을 끌었다. 그러나 그의 책은 문학이었지 신학은 아니었다. 이노켄티는 그 책에서 수사학적이고 감상주의적인 휴머니즘의 한계를 벗어나지 못한다. 그에게서는 항상 신학 대신 심리학, 역사 대신 수사학이 발견된다. 그는 진정한 영적 삶의 깊은 곳으로는 결코 내려가지 않는다.

이노켄티는 절충주의자였다. 그의 세계관의 많은 요소들이 계몽주의 시대에서 비롯된다. 그러나 그는 또한 알렉산드르 시대의 신비주의에도 많이 몰두했다. 그는 강의할

---

570) 프란츠 폰 바더(Franz von Baader, 1765~1841): 독일의 사상가이자 신지학자다. 그는 신을 영구적인 자기 갱신의 과정을 겪는 존재로 사유했다. 현재 가톨릭의 가장 탁월한 신학자로 평가받는다.

때 경건주의 전통에 대해 많이 언급했으며, 페늘롱과 귀용, 슈틸링과 에카르츠하우젠이 '긍정적인 영향을 많이 끼쳤다'고 하면서 큰 공감을 표했다. 이노켄티는 슈베르트[571]의 주제, 꿈과 죽음에 관하여, 그리고 물론 ≪프레포르스트의 선견자≫에 대해서도 많이 말했다. 이노켄티는 신학에서 우주론적인 모티브를 부각했다. "모든 자연은 완전하고 충만한 전능자의 초상화다." 여기에서 신비주의적인 자연철학의 반향이 들린다.

이노켄티를 읽는 것은 여전히 흥미롭다. 물론 그의 강의를 듣는 것은 더 흥미로울 것이다. "이노켄티의 강의의 어떤 부분들은 종이 위에서 읽을 때가 아니라 들을 때 받을 인상만을 고려한다. 그의 강의는 너무 가까이 다가가면 유쾌한 빛의 놀이의 인상 대신 불쾌한 연기가 나는 인상만을 받게 되기 때문에 멀리서만 바라보고 너무 자세히 들여다보지 않는 것이 나은, 재능이 보여 주는 불꽃놀이와 같은 것이었다"(즈나멘스키). 이노켄티를 흉내 내려 하거나 따르려는 모든 시도는 실패로 드러났다. 그에게는 실패한 모방자들은 있었지만 후계자들이 없었고 있을 수도 없었다.

이노켄티에게는 사람들을 매료하는 재능이 있었다. 키예프의 필라레트는 그에 대해 심지어 '종교적인 선동가'라

---

[571] 요한 에른스트 슈베르트(Johann Ernst Schubert, 1717~1774): 독일의 신학자다.

는 말을 하기도 했다. 그는 심지어 로스티슬라보프같이 '견고한 정신'을 소유한 사람과 종교적인 몽상가들, 명상적인 계시를 추구하는 사람들도 곧바로 매료할 수 있었다. "이전의 스콜라주의적 서술 방식에 익숙해져 있던 이노켄티의 강의를 들은 사람들은 그에게서 엄격하고 중요한 신학적 진리가 생각지도 못했던 빛나는 옷을 입고 있는 것을 보았다." 사상의 힘보다는 바로 이 '상상력의 생생함'이 그들을 놀라게 했다. "지성의 힘은 이미지들의 풍부함으로 나타났다." 이노켄티의 대담함은 그의 사유의 무책임성, 피상성에서 비롯되었다. "그러나 자기 능력의 특성과 경향으로 인해서 그는 자신이 가르친 학문에서 새로운 시대를 만들어 내지 못했고 만들어 낼 수도 없었다. 그는 그 학문을 진전시키지도 못했으며, 심지어 잘 다듬지도 못했다. 학문이 아무리 그 유명한 성직자에게 소중한 것이었을지라도 학문이 아닌 예술, 인간 언어의 고상한 예술이 그의 진정한 소명이었다." 과학 아카데미에 보고할 목적으로 쓴 장엄한 추도사에서 마카리 불가코프[572]는 이노켄티에 대해 이렇게 썼다. 그리고

---

[572] 마카리 불가코프(Макарий Булгаков, 1816~1882): 1860년대 가장 영향력 있었던 성직자다. 키예프 아카데미를 졸업한 후 페테르부르크 아카데미의 신학 교수, 후에는 학장이 되었다. 1857년에는 탐보프, 후에는 하리코프와 리톱스크의 주교가 되었으며, 1879년에는 모스크바의 대주교가 되었다. 교회사와 신학에 관한 다수의 저서를 남겼다.

이렇게 덧붙이고 있다. "그러나 기독교적인 심오한 사상과 신학적인 학문성은 보이지 않는다." 그런데 이상하게도 이노켄티는 마카리의 교리신학, 이 때늦은 스콜라주의로 돌아가려는 시도에 대해 과장된 찬사를 했다. 그러면서도 이상스럽게 스콜라주의에 판단력과 탐구심이 결여되어 있는 것을 공격한다. 1840년대에 필라레트의 교리문답을 좀 더 교회적인 다른 것, 즉 로마화한 것으로 대체하려는 생각이 생겨났을 때, 가장 먼저 떠오른 것은 이노켄티의 이름이었다. 그의 옛 스승이었던 스크보르초프[573]는 그때 그에게 이런 질문을 했다. "자네는 정말 우리 가운데 일부와 같은 생각을 하고 있는가. 우리에게는 광범위한 철학 지식은 불필요하고 오직 신학 계시만으로 충분하다고 말이네." 초기에 이노켄티는 바로 교리의 이름하에 진짜 신학 대신 철학 추론들을 제시했다는 비난을 받았다. 그는 바로 그런 추론들로 청자들을 매료했다. 그러나 그 자신은 감정적으로만 철학에 이끌렸다. 그를 매혹한 것은 철학자들의 다의적인 해답들이었다. 문제 자체는 그를 동요시키지 못했다.

이노켄티는 박학했으며 웅변가였다. 그러나 역사가는 아니었다. 그의 역사 작업은 항상 빈약했다. 그는 자신이 이

---

[573] 이반 스크보르초프(Иван Скворцов, 1795~1863): 페테르부르크 아카데미에서 가르쳤으며 키예프 아카데미에서 철학 교수, 모스크바 대학에서 신학 교수를 지냈다.

름을 붙인 ≪교리 선집(Догматический сборник)≫ 또는 ≪정교회 신앙의 기념비(Памятник православной веры)≫의 출판을 오랫동안 준비했다. 그것은 연대기순으로 정리한 선집, 교의들과 신앙고백의 모음이 되어야 했다. 그의 열렬한 탐구심에도 불구하고 이노켄티는 전승의 살아 있는 사상에 도달하지 못했다. 선집은 결국 출판되지 못했다.

탁월한 이노켄티의 공적은 키예프 아카데미에서 ≪주일독서(Воскресного чтения)≫라는 이름의 잡지를 창간한 것이었다(1837년부터). 그것은 학문적이라기보다는 교훈적인 잡지였다. 설교사로서 이노켄티는 누구보다도 마시용과 가까웠다.

모든 면에서 그는 서구 전통과 연관되어 있었다. 그에게서 교부적인 모티브는 그 무엇보다 찾아보기 어려웠다. 그가 개작한 우니아트의 일련의 '찬송가들'을 언급해야만 한다. 그 속에서 그를 매료한 것은 역시 이 감상적인 정신, 경건한 상상력의 유희였다.

이런 점에서 이노켄티를 키예프 시절의 동급생이자 동료인 암피테아트로프(Я. К. Амфитеатров, 1802~1848)와 비교할 수 있을 것이다. 그는 한때 아카데미에서 유명한 설교학 교수였다[그의 ≪교회 문학 강의(Чтение о церковной словесности)≫는 1847년에 나왔다]. 프랑스의 설교 모범으로부터 암피테아트로프는 교부 설교로 돌아갔다. 그러나 여전히 그에게 이 감상적인 음조, 거의 '신성한 멜랑콜리'

라 할 만한 것, 우수와 몽상성의 경향은 강하게 남아 있었다. "태양이 비추지만, 그 빛은 우울하다." 어떤 의미에서 '서구주의'는 개혁된 신학교들에서, 특히 학교의 규칙상 불가피했다. 외국의 서적들과 지침서들을 가지고 공부해야 했던 것이다. 교사들의 첫째 임무는 서구 신학교들의 현대 학문과 그 자료들을 러시아 학교에 도입하는 것이었다. 그리고 가르치는 언어가 점진적으로 러시아어로 이행됨에 따라 '고전', 즉 교과서들을 편찬하고 번역하는 문제가 첨예하게 대두되었다. 그러한 문제는 라틴어가 서구와 러시아에서 유일하고 보편적인 신학 교육을 위한 언어였던 때는 존재하지 않았다. 1814년의 칙령은 교사들에게 자신들의 노트 또는 지침서를 만드는 것을 권장했다. 그러나 '회귀'의 시기에 그런 행동은 통제와 검토를 어렵게 만들었기 때문에 반대로 의심을 샀다. 지난 세기 첫 10년 동안 학생들은 번역본 또는 원본, 때로는 패러프레이즈를 통해 외국의 지침서들을 가지고 수업을 했다. 최초의 러시아 책들은 패러프레이즈에 지나지 않았다. 성경에 대한 것으로는 암브로시 포도베도프[574] 대주교의 책[≪성경 읽기 지침서(Руководство к чтению Св. Писания)≫(모스크바, 1799). 호프만[575]의

---

[574] 암브로시 포도베도프(Амвросий Подобедов, 1742~1818): 모스크바 아카데미의 설교사이자 학부장이다. 1791년에 노브고로드와 페테르부르크의 대주교가 되었다.

책]과 람바흐576)의 ≪성서 해석학의 원리들(Institutiones hermeneuticae sacrae)≫이 있었다. 한때 페테르부르크 아카데미의 학장이었던 이오안 도브로즈라코프577)의 논문 <일반 성서 해석학 개요(Delineatio hermeneuticae sacrae generalis)>는 람바흐의 책을 기초로 쓰였으며 역시 '고전'으로 사용되었다. '사변'(즉 '이론적이거나 교리적인') 신학에서는 여전히 이전 세기의 책들, 즉 포로코포비치, 특히 이리네이 팔콥스키, 드물게 플라톤 또는 마카리 페트로비치의 러시아어 서적들, 간간이 티혼의 ≪참된 기독교에 대하여≫가 사용되었다. 아카데미들에서는 새로운 권위자가 출현했다. 키예프에서는 돔마이에르, 모스크바에서는 학장 폴리카르프가 리베르만578)을 강의했고, 독일에서 나온 새로운 강좌들을 활용했다. 얼마 후에 필라레트 구밀렙스키는 클레579)와 브레너580)를 강의하면서 '독일 합리주의의 견

---

575) 호프만(Hoffmann, 1703~1777): 독일의 설교사이자 비텐베르크 대학의 신학 교수였다.

576) 요한 람바흐(Johann J. Rambach, 1693~1735): 할레 대학의 교수다. 그의 신학은 경건주의와 볼프의 철학을 결합한 것이었다.

577) 이오안 도브로즈라코프(Иоанн Доброзраков, 1790~1872): 페테르부르크에서 수사학과 신학을 가르쳤으며, 1830년에 펜자의 주교, 1847년에 돈과 노보체르카스의 대주교가 되었다.

578) 브루노 리베르만(Bruno Libermann, 1759~1844): 제수이트로서 마인츠 신학교의 교장이었다.

해를 참조했다'. 교부 저작들이 추천되기는 했지만, 실제로 당시 모든 관심은 새로운 문헌에 있었다. 학장 폴리카르프는 모든 문제에 대해서 동방교회 교부들의 증언을 참조하는 습관이 있었다. 고학년 학생들은 그 발췌문들을 공부해야 했다.

도덕 또는 '실천' 신학의 교과서로는 여전히 페오필락트가 개정한 부데우스, 종종 코스트로마의 사제장 아르세니예프581)가 라틴어에서 번역한 슈베르트의 신학(1805), 또는 코체토프의 교과서 ≪신앙의 실제 가르침의 특징들(Черты деятельного учения веры)≫ 이라는 책이 사용되었다. 그 책은 부데우스와 모스하임의 지침에 따라 편찬된 이노켄티 스미르노프의 라틴어 강의를 러시아어로 개작한 것이었다. "학장의 라틴어 노트가 러시아어로 번역되었다. 그 외에 다른 것은 없었다"고 필라레트 구밀렙스키는 언급했다 [코체토프의 책은 1814년에 출판되었다. 그의 또 다른 책인 ≪기독교적 의무들의 서술(Начертание христианских обязанностей)≫은 1828년에 나왔다. 목회 신학에서 주된 지

---

579) 하인리히 클레(Heinrich Klee, 1800~1840): 람바흐의 제자로서 교회사·철학·신학을 강의했다.

580) 프리드리히 브레너(Friedrich Brenner, 1784~1848): 독일의 가톨릭 신학자이자 변증가였다.

581) 이아코프 아르세니예프(Иаков А. Арсеньев, 1768~1848): 코스트로마 신학교에서 라틴어·수사학·철학을 가르쳤다.

침서는 스몰렌스크의 주교 파르페니 소프콥스키582)의 성공적이고 오래된 책 ≪교구 장로들의 의무들에 대한 책(Книга о должностях пресвитеров приходских)≫(초판, 1776)이었다. 어떤 이들은 그 책을 기프트슈츠583)의 번역서(가톨릭 교과서)보다 선호했다. 예배서로는 보통 ≪새로운 석판(Новая Скрижаль)≫ 또는 드미트렙스키584)의 책인 ≪신성한 예배에 대한 역사적이고 비밀스러운 설명(Историческое и таинственное объяснение Божественной литургии)≫(1804년에 초판이 인쇄된 후 여러 번 재인쇄됨)이 사용되었다. 글을 쓰기 위해서는 다시 외국 서적들에 의존해야만 했다. "논문을 작성하기 위해서는 라틴 서적들 외에도, 특히 독일 서적들이 중요한 참고서가 되었다. 따라서 학생들은 아카데미에 입학하자마자 독일어 책들을 이해하기 위하여 그 언어를 배우는 데 전력을 쏟았다"라고 모스크바 아카데미의 역사학자는 말했다. 그러한 상황이 19세기 내내

---

582) 파르페니 소프콥스키(Парфений Сопковский, 1716~1795): 노브고로드의 신학교에서 수사학을 가르쳤으며 후에 그곳 학장이 되었다. 1761년부터 스몰렌스크의 주교이자 종무원 회원이 되었다.

583) 프란츠 기프트슈츠(Franz Giftschutz, 1748~1788): 빈 대학의 신학 교수였다.

584) 이반 드미트렙스키(Иван Дмитревский): 모스크바 아카데미의 학생이었으며 신성종무원의 번역자로 일했다. 성 클레멘트와 철학자 이소크라테스의 번역을 출판했다.

모든 곳에서 지속되었다. 그러한 조건에서 서구의 신학 연구와 작업이 진행되던 그 종교적 환경이 끼친 결정적인 영향은 불가피한 것이었다. 그 영향은 곧바로 주목의 대상이 되었다. 그 때문에 많은 사람들은 겁을 먹고 동요했으며, 때때로 경악하기도 했다. 이러한 서구 학문의 전통들과 접촉하는 것을 아예 거절하고 이 의심스럽고 낯선 원천을 맛보지 않는 것이 차라리 낫지 않겠는가? 실제로 비슬라브어권의 서적들을 읽는 것은 항상 해로웠다. 주된 위험은 신학 사상이 어려운 논쟁으로 흘러들어 가거나 옆으로 빠지는 것에 있지 않았다. 더 중요한 것은 영혼 자체가 분열되고 견고한 기반으로부터 단절되었다는 것이었다. 이런 면에서 특히 교훈적이고 시사적이었던 것은 바로 우정 어린 서한들이나 학생들의 일기들에서 발견되는 친밀한 고백들이었다. 예를 들어, 필라레트 구밀렙스키와 고르스키 사이에 오간 우정 서한이 흥미롭다. 균형을 회복하는 것은 오직 금욕적인 기도의 훈련을 통해서만 가능했다.

위험은 교회적 삶과 유기적으로 연결되지 않은 학교의 인위적인 특성에 뿌리박고 있었다. 성직자가 될 젊은이들은 몇 년 동안이나 절반만 정교회적이고, 절반만 러시아적인 학교의 인위적인 고립 속에서 살았다. 따라서 추상적인 이론화의 습관, 독특한 공상적인 지성주의가 발전했다. 알렉산드르 시대의 상황과 막 시작된 낭만주의가 그런 경향을 촉진했다.

그러나 이 '서구적인' 단계가 아무리 어렵고 위험한 것이었다 해도, 불가피한 것이었다. 그 사실을 불가피한 것으로, 그리고 상대적인 진실로 받아들여야만 했다. 왜냐하면 사상의 위험성을 피하는 것은 금지가 아닌 창조를 통해서만 가능했기 때문이다.

11

1824년에 설치된 '종교성(省)', 세라핌 대주교가 말한 대로 '이집트의 멍에'의 쇠락은 교회와 국가의 관계가 가진 일반적인 성격을 조금도 바꾸지 못했다. 포티가 "우리의 장관은 오직 아버지 하나님께 영광을 돌리는 주 예수 그리스도 한 분뿐이다"라고 서둘러 선언한 것은 헛된 것이었다. 왜냐하면 '세속적인 사람'이 전과 다름없이 교회 안에서 권력을 유지하고 있었기 때문이었다. '특별성'의 장관이 아니었는데도 시시코프는 여전히 성경 번역과 교리문답서에 관한 종무원의 일에 관여했다. 네차예프(С. Д. Нечаев, 1833~1836)가 종무원장으로 있던 시기에 교회 행정을 일종의 특별한 '행정 부서'로 바꾸는 과정은 더욱 가속화했다. 사후에 보고하는 방식으로 종무원장은 자신의 손으로 모든 종무원의 일과 관계들을 장악했다. 그는 종무원의 견해를 묻지도 않고 독단적으로 어떤 일들을 결정하기를 주저하지 않았으며, 심지어 종무원의 결정을 번복하기도 했다. 그는 황제의 비준에 의해 자신의 보고를 철회하는 길조차 막아 버렸다. 네차예프는 프리메이슨이었고 성직 제도와 고위 성직자들을 경멸적으로 대했다. "어디서인지는 모르겠으나 갑자기 주교들과 종무원 회원들을 경찰에 고발하기 시작했다. 고발 내용은 대부분 거짓된 것이었다. 우리 관청에서는 러시아에서 종교적인 행정을 비하하고자 했던 종무원장 자신이 고발에 직접 참여하고 있다고 의심했다. 주교들과 종무원 회원들은 할 수 있는 한 자신들을 방어했다. 종무원은 크게 동요했고, 종무원장 자신도 동요의 빛을 보였다. 그는 경찰 감시 체제가 유익보다는 해를 가져온다고 말하면서 회원들의 불만을 부추겼다." 당시 종무원의 관리였던 이스마일로프(Исмайлов)가 자신의 '기록'에서 이렇게 말한다. 모스크바의 필라레트도 감시를 받았다. 공식 보고서에서 그는 다음과 같은 경솔한 발언을 했다. "거짓된 정보에 대한 책임감도 없이 소문만으로 고발하는 경찰의 권리는 행정의 자유를 억압하고, 말과 행동에서 국민의 평정을 앗아간다." 이 말은 경찰 원칙 자체에 대한 직접적인 비판이었다. 니콜라이 시대에 그러한 말은 대주교가 한 것이라 할지라도 망각될 수 없는 것이었다. 필라레트는 이미 1830년에 콜레라가 창궐할 당시 차르들의 죄와 하나님의 징벌에 관하여 너무 많이 설교했기 때문에 불온하다고 여겨졌다. 마침내 미래의 알렉산드르 2세인 황태자를 원로원과 다른 고등 국가 기관처럼 종무원에도 참석시키자는 생각이 거부되었다. 아마도 필라레트가 그렇게 주장한 것 같다. 그는 놀라울 정도로 무례하게 교회의 내적 독립성에 대해 상기시켰던 것이다. 심지어 니콜라이 황제는 필라레트를 보는 것조차 불쾌하게 여길 정도였다.

필라레트에게는 자신만의 국가 이론, 신성한 국가에 대한 이론이 있었다. 그러나 그 이론은 공식적이고 반동적인 국가의 최고 권위에 대한 교리와 전혀 일치하지 않는 것이었다. "군주는 자신의 모든 합법성을 교회의 기름 부음으로부터 받는다." 즉, 교회 안에서, 교회를 통하여 기름 부음을 받는 것은 군주이지 결코 국가가 아니다. 따라서 국가권력 기관들은 교회 일에서 어떤 재판권도 가질 수 없다. 필라레트의 사고방식은 니콜라이 시대의 정부 실무가들에게는 매우 거리가 멀고 낯선 것이었다. 필라레트는 그들에게 위험한 자유주의자로 보였다. 옆에서 관찰하는 사람들도 그런 인상을 받았다. "필라레트는 일시적인 권력을 능숙하고 재치 있게 비하할 줄 안다. 그의 설교에서는 라코르데르[585]와 선견지명이 있는 가톨릭교도들에게서 빛을 발하던 그런 명

---

585) 장 바티스트 라코르데르(Jean-Baptiste Lacordaire, 1802~1861): 프랑스의 유명한 설교사다. 자유주의적인 사회·정치사상을 옹호함으로써 프랑스에서 가톨릭교회의 영향력을 재건하는 데 힘을 썼다.

료하지 않은 사회주의가 비치고 있다"고 그에 대해서 게르첸이 [≪과거와 생각(Былое и Думы)≫에서] 평한 바 있다.

네차예프에 대한 종무원의 불만은 극도에 달하여 마침내 다시 공동 작업이 가능한 다른 종무원장을 임명해 줄 것을 군주에게 청원하기로 결정했다. 이 일에 결정적인 역할을 한 것은 당시 종무원장의 조력자였던 유명한 무라비요프(А. Н. Муравьев)였다.

프라타소프 백작(Н. А. Пратасов)이 종무원장으로 임명되었다. 그러나 그는 네차예프보다 더 권력을 지향하는 인물임이 드러났다. 그에게는 자신만의 시스템, 개혁에 대한 아주 정연한 프로그램이 있었다. 또한 자신의 계획을 눈치 빠르고 능숙하게 실행할 사람들을 선발하는 능력이 있었다. 프라타소프는 교회 정치에서 니콜라이 시대의 원칙 또는 체제의 충실한 전도체였다. 바로 그의 시대에 다른 것들과 나란히 특별한 '부처'로서 교회 행정을 국가적으로 조직하는 일이 완료되었다. 그때부터 교회는 '정교회 신앙고백 부처'로 명명되었다. 성직자들은 이 부처에 소속되었다. 이제 종무원장의 직위는 국가의 관리와 감독 기구에서 명실상부한 권력 기구가 되었다. 그렇게 된 것은 당시 스페란스키가 명료한 정의를 내렸던 표트르 개혁의 정신에 완전히 부합하는 것이었다. "기독교적인 군주로서 황제는 지배적인 신앙 교리들의 최고 수호자요, 보호자이며 정교회와 모든 교회의 신성한 경건함의 감시자다. 이런 의미에서 황제는 왕위 계승에 관한 법령에서(1797년 4월 5일) 교회의 머리로 불린다. 교회 행정에서 전제 권력은 자신이 설립한 신성종무원의 중개를 통해 기능한다"(1832년 판, 기본 법령들, 42~43쪽). 교회의 일에 대하여 프라타소프는 "우리의 조국이 자신의 도덕적 힘을 빚지고 있는 가르침"이라는 식으로 오직 국가적 이해의 관점에서만 바라보았다. 그는 제국을 세웠고 그 안에 교회를 세웠다. 프라타소프는 제수이트 가정교사에게 교육받았고, 주위에 이전 폴로츠크 우니야 대학 출신 동료들과 조언자들을 두었다. 그는 독특하고 세속화된 관료적 라틴주의의 표현자로 활동했다. 정확한 정의를 내리려는 경향은 시대의 보편적인 군사적이고 반동적인 정신과 결합했다. 프라타소프에게 로마에 대한 공감은 전혀 없었다. 그의 시대에 서구적인 러시아의 우니야주의자들은 로마로부터 완전히 분리되었다. 그러나 그의 개인적인 취향에 무엇보다 부합한 것은 신학과 교회법의 로마화된 서적들이었다.

프라타소프는 교회 행정을 지배하기를 원했을 뿐만 아니라, 교회 행정을 절대적이고 종교적인 국가의 기본 원칙들과 정확히 상응하도록 개혁 또는 조직하기를 원했다. 이 계획성 속에 그의 활동의 모든 역사적 의의가 있다. 종무원에 임명되기 전에 프라타소프는 우바로프 시절 그의 동료로서 국민교육부에 소속되어 있었다. 그때는 마침 1835년의 대학 법령과 '학교 관구에 대한 법규'를 개정하던 시기였다.

그 부처에서는 장관 자신의 반성직주의적이고 계몽주의적인 견해에 완전히 부합하는 신학교 개혁에 대한 특별한 계획이 준비되고 있었다. 특별한 신학교의 망이 존재한다는 것 자체가 위험한 신분적 이기주의, '매우 해로운 이기주의'의 발현이 아닐까…? 1814년의 모든 법령은 이미 낡은 것이 되어 버리지 않았는가…? 교육부는 두려움에 기초한 모든 교육 체계를 매우 신랄하게 비판했으며, 교육 자료들의 부족과 교육 프로그램의 부재를 강조했다. 신학에 철학을 적용할 때의 유해함에 대해 특별한 주의를 기울였다. 그런 적용은 기독교 안에서 헤아릴 수 없는 모든 것을 일종의 신화로 바꾸고자 하는 노력이 아닌가. 교구 학교와 신학교를 지방 학교와 결합해 교육부의 관할에 두자는 의견이 제안되었다.

다시 한 번 필라레트가 나서서 신학교와 해로운 이기주의라고 비난받은 계층을 옹호했다. 학교들의 결합 또는 폐지에 대한 논의는 철회되었다.

그러나 프라타소프는 개혁을 고집했다. '신학교 위원회'는 문제를 확대하고 개혁에 대해 고려할 의사가 없었다. 단지 여러 신학교에서 제출한 교재와 고전적인 학습안을 재검토하는 것으로 만족했다. 그러자 프라타소프는 '위원회'와 심지어 종무원을 우회해 행동하기로 결심했다. 1839년에 그의 상주(上奏)에 의하여 '위원회'는 폐지되었고 그 대신에 종무원장이 직접 관리하는 특별한 종교·교육 관리 부서가 신설되었다.

관리 부서를 신설하는 것은 타당했다. '신학교 위원회'는 본질적으로 변화해야 할 이전의 모든 학교 제도와 유기적으로 연관되어 있었던 것이다. 원칙, 이상 또는 과제 자체를 바꾸는 문제가 제기되었다. 알렉산드르 시대의 모든 학교 행정의 기초에 놓여 있었던 전반적인 발전과 문화적 성장의 원칙은 프라타소프에게 위험하고 애매하며 인위적이고 해로운 것으로 보였다. 그는 다시 18세기의 공무상 직업주의로 돌아가기를 원하는 것 같았다. 이전의 법령은 설립된 학교들의 고유한 목적이 '학문'이라고 천명했다. 프라타소프는 바로 그것을 원하지 않았다. 이 자기 충족적이고 '죽어 있는 학문', 특히 이 '불경건하고 무신론적인 학문'인 철학을 먼저 없애 버려야만 했다. 프라타소프의 견해에 의하면, 과거 "러시아 성직 계급의 젊은이들의 교육은 많은 점에서 제멋대로이고, 비정교회적이며 여러 프로테스탄트 종파들과 공통된 원칙에서 이루어졌다". 이 말은 바로 알렉산드르 시대에 대한 상당히 노골적인 암시였다. 이전의 법령에는 직접적으로 "최근의 발견들과 성과들과 보조를 나란히 할 것"이 제안되어 있었던 것이다. 바로 이 최근의 것들이 비정교회적이고 제멋대로인 학문을 의미하는 것이었다. 프라타소프는 여기서 즐라토우스트를 상기한다. "선한 무지가 악한 지식보다 낫다." 어쨌든 신학교들에서는 농촌 생활에 적용할 수 있는 교육 과정과 방식이 요구되었다. "신학교를 떠나 학생들은 성직자가 되어 농촌으로 간다. 그들은 농촌의 생활상을 알고 심지어 일상적인 일에서까지도 농민에게 도움이 될 수 있어야 한다. 그렇다면 농촌의 성직자에게 그런 거창한 신학이 무슨 소용이란 말인가? 무엇 때문에 그에게 철학과 자유사상, 헛소리, 이기주의, 자만의 학문이 필요한가? 삼각법, 미분, 적분이 그에게 다 뭐란 말인가? 차라리 교리문답과 교회법, 노래를 반복하는 것이 더 낫다. 그것으로 충분하다. 높은 수준의 학문은 아카데미에서나 배우게 하라." 당시 새로운 법령을 제정하기 위해 종무원장의 부름을 받아 뱟카의 신학교 학장으로 있던 니코딤 카잔체프(Никодим Казанцев)는 이렇게 프라타소프의 지시를 전달했다. 그는 모스크바 아카데미의 학생이자 교사 출신이었다(그는 후에 예니세이의 주교가 되었고 1874년 영면했다). 프라타소프와 그의 절친한 동료였던 카라셉스키[586]는 니코딤에게 모든 방법을 써서 이 제한적인 직업주의의 원칙을 불어넣었다. "러시아의 모든 육군 생도는 행진하는 법과 소총에 대해 알고 있다. 선원은 배의 마지막 못에 이르기까지 그 못이 어디 있는지, 그 힘이 어느 정도인지 알고 있다. 기술자는 가

---

586) 알렉산드르 카라셉스키(Александр Карасевский, 1796~1856): 1832년에 신학교 위원회에 가담했으며, 1839년에 위원회가 종무원의 한 부서가 되었을 때 첫 책임자가 되었다. 알렉산드르 2세가 통치할 때 교육 행정 분야에서 계속 일했으며 특히 여자들을 위한 학교를 여는 데 적극 활동했다.

능한 한 모든 쇠지렛대, 갈고리, 와이어를 측량한다. 그런데 당신들 성직자들은 당신들의 영적인 일에 대해 알지 못한다." 프라타소프가 '영적인 일'이라고 하는 것에는 '법'과 '노래'뿐 아니라, '민중'과 더불어 이야기할 줄 아는 능력도 포함되었다. 이러한 강제적인 '민중성'에는 기획된 개혁의 모든 격렬한 면모가 나타나 있다. 이 모든 것은 국가 재무부의 지시를 받은 듯했다. 프라타소프는 키셀레프[587])의 생각을 발전시키고 적용했을 뿐이었다. 민중을 위해 도덕을 가르칠 초보 교사 요원들을 만들어 낼 필요가 있었다. 그것을 위해서 성직자들을 이용하도록 결정되었다. "첫 번째 조사로 판단해 보건대, 농촌의 성직자는 어린아이와 같은 단순한 마음으로 목자가 말하는 모든 것을 받아들일 준비가 되어 있는 사람들과 관계하므로, 상세하고 깊게 학문을 알 필요는 없어 보인다. 그보다는 기독교 진리와 복음서의 도덕성을 단순하고 명료하게 설명하는 능력이 필요하다. 농촌의 단순한 사람들이 이해할 수 있도록 복음서의 진리들을 농촌 생활에 적용할 수 있도록 해야 한다." 프라타소프의 모든 의도는 단순화에 거는 내기와 다르지 않았다.

---

587) 파벨 키셀레프(Павел Киселев, 1788~1872): 유명한 장군이자 정치가로 1829년부터 1834년까지 몰도바와 왈라키아를 점령했던 러시아 군대의 총사령관이었다. 1837년부터 1856년까지 국가재산청의 장관이었으며 국가 농노에 관련된 광범위한 개혁을 도입했다. 1856년부터는 파리에서 러시아 대사로 복무했다.

시골 생활의 환경에서 '심오한 학문적 지식'보다는 생활상의 실제 습관을 익히는 것, 의학의 기초와 합리적인 농사 경영의 기본 원칙을 확실히 아는 것이 더 유용하지 않겠는가! '차가운 학문성' 대신에 이런 학문을 신학교 프로그램에 도입하고 강화하는 것이 더 필요하지 않을까.

프라타소프는 모든 학교의 구조에서 '보편적인 민중성의 특성'을 강화하고 모든 수업에 '농촌 교구민들의 필요에 상응하는 방향성'을 부여할 것을 제안했다. 프라타소프는 신학교의 과제를 "제단에서 섬길 자격이 있는 일꾼들과 민중에게 주의 말씀을 전할 설교사들을 교육하는 것"이라고 정의했다.

그의 제안들은 '신학교 위원회'에서 매우 강력한 저항에 부딪쳤다. 필라레트는 그의 제안들을 조목조목 반박했으며, 그 제안들이 '교회법의 정신'에 얼마나 일치하는지 의문을 제기했다. 모스크바의 필라레트와 키예프의 필라레트가 없는 여름 동안에만 프라타소프는 교육 계획과 프로그램 가운데 몇 가지를 수정하는 제안을 위원회를 통해 통과시킬 수 있었다.

문학 교사에게는 "그의 일의 직접적인 목적이 성직자가 신앙과 도덕의 진리들에 대해서 민중과 올바르고 자유롭게, 알아들을 수 있고 설득력 있게 대화할 수 있도록 교육하는 것이 되어야 한다"는 점을 상기시켰다. 따라서 세속적인 수사학, 시 작법 등은 대충 지나쳐도 무방했다.

역사 수업에서는 "일방적인 논리의 무기로 역사적인 기념비들(곧 그들의 신빙성)을 파괴할 수 있는 고등 비평"과 민족들과 개인들이 '그들에게 숙명적인 어떤 사상'의 담지자들로 묘사되는 '자의적인 체계화'를 모두 피하도록 지시했다.

철학에서는 약간 의외로 라틴 프로그램을 제안했다. "철학은 라틴어로 말하는 데 익숙해져 있다." 이러한 라틴어의 선호는 모두가 이해할 수 있는 언어로 철학을 교육하는 것이 공개 토론에서 신중하지 못한 처사일 수 있다는 생각으로 설명될 수 있지는 않을까! 신학 교육에 대해서는 가장 일반적인 지침만이 주어졌다. "이슬람교나 이교 또는 기독교에서 벗어난 환경에서 태어난 민중과 이야기할 기회가 있을 때 사제가 큰 어려움 없이 이 학문을 적용할 수 있도록" 교육해야 한다. '타락하지 않은 이성이 의심하지도 않는' 질문들과 의심들을 굳이 해결할 필요가 없다. 교육의 기초에는 표트르 모길라의 ≪정교회 신앙고백≫이 놓여 있었고, '신학적인 가르침의 세부 사항들을 그것과 비교하도록' 했다. 바로 그해 1838년에 ≪정교회 신앙고백≫이 러시아어 번역으로 새로이 종무원에서 출판되었다. 그 외에도 신학교 프로그램에 새로운 교육 과목인 '거룩한 교부들에 대한 역사적인 가르침'이 도입되었다. 이 과목의 프로그램은 아직 더 손질해야 했고 그 프로그램에 따라 교과서를 편찬해야 했다.

프라타소프는 이 시기에 교회적인 삶의 모든 영역에 대한 지침서를 출판하는 것에 마음을 쓰고 있었다. 그 지침서는 교회 자체의 가르침과 법령으로 쉽고도 절대 신뢰할 수 있는 것이어야 했다. 1838년에는 표트르 모길라의 ≪정교회 신앙고백≫ 외에 ≪≪정교회 신앙고백≫에 대한 동방 가톨릭교회의 설명을 포함한 종무원 설립에 관한 황실과 총대주교의 칙서(Царская и патриаршия граматы о учреждении Свят. Синода, с излодением Прaвослоaвного Испoведания Восточно-Католические Церкви)≫가 출판되었다. 번역과 편집은 모스크바의 필라레트가 맡았다. 그는 라틴식 표현을 없애면서 원서를 대거 수정했다(세속인들에게 성경을 읽는 것을 금하는 조항과 '변체'[588]라는 용어를 빼 버렸다). 후에 교회 교육 행정부는 모든 신학교 학생들이 상급 단계로 진학할 때 그들에게 이 '칙서'를 한 권씩 교부하도록 지시했다. "그들이 과정을 마치고 신학교에서 나갈 때 이 책을 항상 지니고 사용할 수 있도록 하기 위해서였다." 이러한 '상징적인 책들'의 출판과 관련하여 다시금 교리문답에 대한 문제가 제기되었다. 프라타소프는 자신의 관청 장(長)인 세르비노비치[589](1817년에 폴로츠크 아카데미를 졸업

---

588) 변체(變體): 성찬의 빵과 포도주가 실제로 그리스도의 살과 피로 변하는 것을 뜻한다.

589) 콘스탄틴 세르비노비치(Константин Сербинович, 1797~1874):

함)의 지지를 받아 전승과 예정에 대한 새로운 질문과 대답을 포함시킬 것을 주장했다. 그러나 보이는 자연을 통한 신 인식에 대한 문제는 삭제되었다. 필라레트는 교리문답에 소위 '교회의 계명들'을 하나님의 계명들과 나란히 놓는 것이 불필요하다는 이유로 거절했다. 그 대신 지복의 계명들이 첨가되었다(≪정교회 신앙고백≫에서와 마찬가지로). '교리문답'에 본질적인 변화는 생겨나지 않았다. 이 시기는 논쟁 없이 지나간 것 같다. 필라레트는 자신의 ≪교리문답≫의 새로운 편집에 만족한 듯 보였다. 수정과 보충을 거친 후 그것은 이미 '교리문답'일 뿐 아니라 축약된 형태의 신학 '체계'가 되었다. "신학으로 인정할 만한 책이 없고 우리 신학자들은 항상 진리의 말씀을 정확하게 전달하지 못하므로 나는 교리문답을 보충해야겠다는 생각이 들었다." 프라타소프와 세르비노비치는 그에 만족하지 않았다. 어쨌든 가까운 시기에 여러 차례 새로운 인물이 교리문답의 편찬에 대한 문제를 제기할 것이었다. 1850년대에는 마카리의 이름을 거론하곤 했다.

1839년에는 ≪종법집≫을 대신하여 ≪법규집(Книга правил)≫이 간행되었다. 거기에는 교회법들만 포함되었고, 시민법상 규정은 제외되었다. 프라타소프는 스페란스키 시

폴로츠크의 아카데미 출신으로 오랫동안 교육부의 기관지 편집자였다. 1856~1859년까지 프라타소프의 상관이었다.

절 국가법을 간행한 것처럼 교회법 '전집'을 간행하는 것이 시기적절하지 않다고 생각했다. 그는 표트르 시대와 그 이전 세기의 지나치게 많은 법령들이 '꼴사납다'는 것을 이유로 들었다. 이제 와서 그 법령들을 알리는 것은 적절치 않고 오히려 해를 줄 수 있다는 것이었다. 이미 쿠니친590) 교수가 준비하던 ≪신성종무원 제정 이후 러시아 종교 법령 전집(Полное собрание духовных узаконений в России со времени учреждения Святю Синода)≫은 원고 형태로 작업이 중단되었다. 오렌부르크의 주교 아브구스틴 사하로프591)의 유익하고 방대한 ≪교회법 전서≫도 마찬가지였다. 심지어 온갖 서적이 개정, 재판(再版)되던 그 시기에 ≪종교 법규≫는 재판되지 않았다. ≪교회 감독국 법령(Устав духовных консисторий)≫을 1838년에 새로 편찬해 일시적으로 사용했다. 최종판은 1841년에야 승인되고 출판되었다.

프라타소프의 구상에는 두 가지 과제가 밀접하게 결합

---

590) 알렉산드르 쿠니친(Александр Куницын, 1783~1841): 페테르부르크 대학의 교수로 칸트와 루소의 영향을 받아 ≪자연법≫을 집필했다.

591) 아브구스틴 사하로프(Августин Сахаров, 1768~1841): 페테르부르크 아카데미에서 설교학과 그리스어를 가르쳤으며 1806년에 오렌부르크의 주교가 되었다. 열다섯 권짜리 ≪교회법 전서(Полное собрание духовных законов)≫를 편집했다.

해 있었다. 그 과제는 유익과 질서, 훈련, 그리고 전문적인 유용성, 쓰인 법령 또는 법규로써 모든 질서를 엄격하게 규정하는 것이었다. 프라타소프는 수도 생활을 좋아하지 않았는데 국가적인 견지에서 볼 때 수도 생활이 해롭다는 것은 논리적이었다. 그는 좀 더 실질적인 세속적 방향에서 '정교회 젊은이들'을 교육하는 것을 선호했다. 어쨌든 그는 수도복보다는 제복이 더 맘에 들었던 것이다. 로스티슬라보프는 이에 대해 회상록에서 매우 흥미롭게 이야기하고 있다 (특히 < 소년병 병영의 모델을 따른 페테르부르크 신학 아카데미의 개혁에 관하여 > 라는 장에서). 1840년이 되어서야 마침내 신학교를 위한 새로운 교육 계획이 입안되고 승인되었다. 그해 가을에 그 계획들은 모스크바와 카잔의 관구에 도입되었다. 프라타소프는 집요하고 고집스러웠음에도 불구하고 지나치게 많은 점에서 양보하고 타협해야 했다. 그가 매우 노력한 결과 새 과목인 '일반 민중 의학'과 농업이 신학교의 프로그램에 포함되었다. 그러나 교육의 전반적인 성격은 변하지 않았다. 단지 러시아어로 교육하는 것이 모든 과목에서 의무화되었다. 따라서 라틴어는 특별 과목으로 분류되었다. 새로운 언어들과 히브리어는 희망자들을 위해 선택 사항으로 남게 되었다. 철학 수업은 심리학과 논리학으로 제한되었고 형이상학의 다른 과목들은 포함되지 않았다. 어쨌든 이런 변화들로 인해 교육이 '일반 민중을 위한' 것이 된 것은 아니었다. 그러나 알렉산드르 시기

학교 법령의 유리한 점이었던 교과목들의 집중성과 질서정연함은 사라졌다. 새롭게 도입된 것 중 흥미로운 것으로는 이미 교육을 마친 이들을 위한 '성직 예비 과정'이 있었다. 그 과정은 좀 더 현실적인 프로그램을 갖춘 것이었는데, 단순한 치료 방법을 소개하기 위한 목적으로 도시의 병원을 견학하는 내용도 포함되어 있었다.

학문 차원에서 본질적인 변화는 없었다. 학년에 따라 과목을 구분하는 것이 변했을 뿐이었다. 새로운 과정들이 도입되었고 심지어 새로운 강좌가 개설되기도 했다. 교부학, '신학 백과사전', 교육학, 러시아 역사…. 그러나 가장 중요한 것, 즉 시대정신이 변화했다.

프라타소프는 자신의 구상을 좀 더 기술적인 교회·신학 언어로 번역할 수 있는 새로운 사람들을 성직 계급에서 찾고 있었다. 몇 차례의 실험과 실패 후에 그는 그런 사람을 찾아냈다. 당시 (오데사에 있던) 헤르손 신학교의 학장이었던 아파나시 드로즈노프[592]였다. 모스크바의 박사 출신인 그는 1842년에 페테르부르크 아카데미의 학장이 되었다(후에 아스트라한의 대주교가 되었고 1876년에 사망했다). "프라타소프 백작은 아파나시 수도원장에게서 자신이 좋아하

---

[592] 아파나시 드로즈노프(Афанасий Дрознов, 1800~1876): 1841년에 페테르부르크 아카데미의 학장이 되었다. 후에는 아스트라한의 주교가 되었다.

는 사상을 몇 가지 찾아냈고 그를 자신의 어깨에 올려놓았다"(모스크바의 필라레트의 말). 아파나시는 아카데미에서 어떤 자리도 맡지 않았고 어떤 과목도 가르치지 않았다. 그러나 그에게는 과목들에 대해 올바른 생각을 불어넣으면서 모든 교사들을 지도하는 책임이 맡겨졌다. 그 외에도 고전과 강의 개요에 대한 특별 위원회의 의장으로 임명되었다. 이제 모든 공격은 교육 프로그램에 집중되었다.

서면과 구두로 하는 논쟁이 불거진 최초의 주제는 성경에 대한 것이었다.

아파나시는 서로 다르고 독립적인 두 개의 신앙 원천으로 성경과 전승을 꼽는 것에 불만이었다. 그에게는 성경을 경시하는 명백한 경향이 있었다. 성경이 충분하지 않으며 신뢰할 만하지 않다는 것을 증명하는 그의 정열과 무책임 속에서는 뭔가 개인적인 아픔이 느껴졌다. 그는 오만과 정열로 당대인들을 놀라게 했다. 그를 대신해 학장이 된 예브세비 오를린스키[593](후에 모길료프의 주교가 됨)는 "내게는 그에게서 성령의 은혜가 물러난 듯 보인다. 그는 자주 성령의 평화와 위로를 상실한 것 같았다"라고 썼다. "그런 상태에서 그는 괴로워했으며 어찌할 바를 알지 못했다. 그는

---

593) 예브세비 오를린스키(Евсевий Орлинский, 1808~1883): 모스크바와 페테르부르크 아카데미의 학장을 지냈으며, 사마라·이르크추크·모길료프의 주교로 일했다.

어떤 오만한 공상을 붙잡았다 잊어버리곤 했으며, 터무니없는 생각에 빠졌다가는 다시금 보기에 딱하게 행동하곤 했다." 단순한 신중함이 아닌 그의 신학적인 의심의 원천은 바로 이 내적 불확신, 견고하지 못한 신앙에 있었다. "다른 누구도 아닌 아파나시, 그렇다, 아파나시만이 이렇게 설교했다. 내게는 모길라의 ≪신앙고백≫과 ≪종법집≫이 전부이고 그 외에는 아무것도 없다고." 필라레트 구밀렙스키는 페테르부르크에서 고르스키에게 이렇게 써 보냈다. 교부들도, 성경도 아닌 ≪종법집≫이라니. 아파나시는 ≪종법집≫으로써 자신을 의심으로부터 보호하고 싶어 했다. 대주교 필라레트의 말을 빌려 고르스키가 기록한 바에 따르면, 아파나시는 "하나님의 말씀보다 교회의 책을 더 믿었다. 하나님의 말씀으로 구원받는 것이 아니라, 교회의 책으로 구원받을 것이다"라고 했다. 아파나시는 확고하고 일관성 있는 비개화주의자였다. 그는 의심과 불신에서 비롯된 비관적인 비개화주의자였다. 헤르손의 니카노르는 이 끔찍하고 비극적인 형상을 공감과 동정적인 태도로 그려 냈다. 아파나시는 무식하지도 무관심하지도 않았다. 그는 어쨌든 호기심이 많고 지식욕이 강한 사람이었다. "대상을 깊숙이 파고들어 가는 예리한 지성"이라고 니카노르는 그에 대해 말했다. 그러나 그 지성은 오만하고 멸시하는 것이었다. 아파나시는 좀 더 후에 문학에 대한 관심이 고조되었을 때에도 러시아 서적을 전혀 읽지 않았다. "문학은 쓸데없는 거라네, 내

형제여." 그는 새것이건 옛것이건 오직 외국 서적만을 읽었
다. 무엇보다 그의 흥미를 끈 것은 성경이었다. 그는 훌륭한
히브리어 학자였다. 그는 고대 종교 역사와 초대 기독교 시
대에도 관심이 많았으며, 포티우스594)에 이르기까지 모든
교부들을 다시 읽었다. 그는 바우어595)와 슈트라우스596)까

---

594) 포티우스(Photius): 858~867년과 878~886년에 콘스탄티노플
의 총대주교였다. 동방교회와 서방교회의 분열의 역사에서 중요
한 인물로, 신학적인 근거에서 필리오케*를 최초로 공격했다. 그
는 9세기 비잔티움에서 가장 학식 있는 학자였고 많은 면에서 위
대한 교부들의 시대를 마감하는 인물이었다.
 * 필리오케(Filióque): '또한 아들에게서 역시'라는 뜻의 라틴어다.
본래 제1차 콘스탄티노폴리스 공의회(381년)에서 채택된 것으로
알려진 니케아-콘스탄티노폴리스 신경(이하 '신경'이라 함)의 그
리스어 원문에는 없던 단어인데, 스페인에 잔존하고 있었던 아리
우스주의를 경계할 의도로 589년 제3차 톨레도 시노드에서 서방
교회가 라틴어로 번역한 신경에 처음으로 사용했다.
따라서 그리스어 신경 원문 중 "성령은 성부에게서 발(發)하시고
(τὸ ἐκ τοῦ Πατρὸς ἐκπορευόμενον)"라는 구절은 라틴어 신경에서
"성령은 성부와 성자에게서 발하시고(qui ex Patre Filióque
procédit)"로 바뀌게 되어, 동방교회에서 사용하는 그리스어 신경
과 서방교회에서 사용하는 라틴어 신경 간에 불일치가 발생하게
된 것이다.

595) 브루노 바우어(Bruno Bauer, 1809~1882): 독일 프로테스탄트 성
경 비평학자이자 역사가다. 예수의 역사성을 부인하고 전통적인
기독교 교리의 근거에 의문을 제기했다. 그의 저작들은 니체와 마
르크스에게 영향을 미쳤다.

596) 다비트 프리드리히 슈트라우스(David Friedrich Strauss, 1808~

지의 현대 '독일철학'을 잘 알고 있었다. 그는 자연과학도 잘 알고 있었는데, 책에서 배웠을 뿐 아니라 직접 식물을 채집하고 광물을 수집해 지식을 얻었다. 이렇게 지식이 깊고 관심사가 풍부했기 때문에 그는 지치고 의심했다. 그는 자기 자신을 두려워했고 의심했다. 생애 후반기에는 글을 많이 썼다. "그는 내용과 체계를 잘 갖춘 방대한 연구서를 썼다." 그러나 모든 것을 "쓰고 나서는 불태웠다." 이렇게 모든 작품을 소각했는데도 남은 것이 있었다. 아파나시가 생애 후반기에 작업했던 책인 ≪그리스도를 믿는 사람들과 기독교인들(Христоверы и христиане)≫의 원고가 보존되었던 것이다. 그것은 기독교의 발생에 관한 책이었다. 제목 자체가 매우 흥미롭다. 저자는 '그리스도에 대한 신앙'과 '그리스도 없는 기독교', 즉 그리스도 예수 이전의 기독교를 구별하고 있다. 그는 이 기독교의 역사, 이 가르침과 전승의 역사에 몰두했다. 그는 변증가들로부터 이 '기독교'의 '유기적인 잔여물'을 찾아냈다. 그가 찾아낸 것은 "예수 그리스도에게서 시작된 기독교가 아니라, 그보다 앞선 무엇인가 다른 것이었다". 에세네파,[597] 테라페우타이,[598] 필로[599] 등이 그

1874): 튀빙겐 학파의 신학자로서 헤겔의 영향을 강하게 받아 복음서를 신화적인 용어로 해석했다. 그의 저작인 ≪예수의 생애(Das Leben Jesu)≫(1835~1836)는 바우어의 저작과 더불어 역사적인 예수에 대한 거센 논쟁을 야기했다.

597) 에세네파: 기원전 2세기부터 기원후 1세기까지 팔레스타인에서

가 연구한 사실들의 고리를 형성했다. "그리스도를 믿는 작가들이 역사적인 기념비들 가운데서 기독교 신앙 이전의 기독교에 대한 증거를 지우고자 한 노력"은 완전한 성공을 거두지 못했다. '마르시온600)의 복음서'는 기독교를 '보편적인 그리스도 신앙'으로 변모시키는 과정에서 중요한 위치를 차지한다.

니카노르가 설명했듯이, 아파나시는 "가장 고통스러운 내적인 비애를 느끼곤 했다. 그 비애는 지성의 질병이었다. 그러나 그 질병은 단지 지적 광기의 결과가 아니라, 지식의

    성행했던 유대 종파에 속한 이들이었다. 그들은 여성을 받아들이지 않았으며, 모세의 율법을 엄격하게 지켰고, 예루살렘의 성전에서 드리는 예배를 거부했다. 그들의 가르침은 당시 많은 이원론적인 신비주의 종교와 유사했다.

598) 테라페우타이: 기원전 1세기 말에 이집트의 유대 헬레니즘 운동에서 기원한 종파다. 매우 금욕적이고 명상적인 집단이었다.

599) 필로(BC 13~AD 50): 그리스 로마 시대의 가장 위대한 유대 철학자이자 신학자다. 플라톤의 영향을 많이 받아 유대주의를 그리스인들에게 이해시키려고 노력했다.

600) 마르시온: 2세기의 반(半)그노시스적인 이단자로서 두 신, 즉 세상과 악을 창조한 구약의 분노와 보복의 신과 완전한 선이자 세상으로부터 전적으로 소외되어 있는 예수 그리스도의 아버지인 신을 믿었다. 144년에 로마에서 정죄된 그는 본질적으로는 바울 서신서였던 복음서와 유대적으로 오염된 부분을 제외한 누가복음 외의 모든 성경을 부정했다. 마르시온의 복음서는 교회의 성경 정전 작업을 촉진하는 계기가 되었다.

과잉, 지적인 이율배반의 해결 불가능성, 일시적이고 지나가는 것이었지만 어머니의 젖에서 빨아들이고 영혼과 함께 자라난 지적인 원칙들의 대혼란으로부터 비롯된 것이었다". 가슴의 신앙의 이 끔찍한 '괴멸', 의심을 품은 가슴의 비애가 아파나시의 반동적인 불안이 자라난 불안정한 토양이었다. "그는 사람들을 장작 위에서 태워 죽이고 성물을 모독할 것이다. 그러나 이 모든 것이 인류의 유익을 위한 행위라는 절반의 확신에 여전히 머물 것이다." 아파나시의 정책을 비판하면서 필라레트 구밀렙스키는 이렇게 썼다.

아파나시와 프라타소프의 협력, 이 어두운 의심과 권력 있는 자의 자기 과신의 연합은 오래 지속될 수 없었다. 그들 사이에 공통점은 많지 않았다. 실제 결론은 합치했지만, 전제는 달랐다. 5년 후에 아파나시는 멀리 떨어진 사라토프의 주교로 쫓겨났다.

아파나시는 페테르부르크 아카데미에서 반동적이었는데, 카르포프[601]에게 자신의 노트에 따라 강의하지 못하게 하고 빙클러[602]에 의거해서만 강의하도록 한 것으로 그 활

---

601) 바실리 카르포프(Василий Карпов, 1798~1867): 이상주의 전통의 철학자로서 키예프와 페테르부르크 아카데미에서 철학을 가르쳤다. 플라톤을 러시아어로 번역한 것으로 유명했다.
602) 요한 빙클러(Johann Winkler, 1767~1838): 독일의 할레와 예나 대학의 철학 교수다. 그의 저작은 독일과 동유럽의 많은 대학들에서 교과서로 사용되었다.

동을 시작했다. 사실 카르포프는 빙클러를 '비판적으로' 강의했다. 즉, 그를 가차 없이 논박하고 그 후에 기꺼이 철학사로 옮겨 갔던 것이다.

아카데미에서의 감독 첫해에 아파나시는 아카데미 학술위원회를 통해서 신성종무원에 자신이 편찬한 교과서인 ≪간략한 해석학(Сокращенная Герменевтика)≫을 제출했다. 그 책에서 그는 자신의 신학적 세계관의 기본 원칙들을 서술했다. 키예프의 필라레트는 제출된 책을 심사하고 평하는 것을 단호하게 거절했다. 아파나시는 모스크바의 필라레트에게 그 책의 심사를 의뢰해야만 했다. 필라레트는 신랄하고 상세한 평을 해 주었다.

아파나시는 이 평가에 모욕을 느끼고 분노하여 필라레트를 동방 총대주교들의 재판에 회부하기를 원했다.

필라레트는 마치 "성경이 건전한 가르침의 모범을 보여 주지 못하고 모든 교리를 담고 있지 않기라도 한" 것처럼 성경에 그림자를 드리울 요량으로 전승의 의의를 높이고자 한 이 시도에 매우 동요했고 우려를 나타냈다. 아파나시는 성경의 불충분함, 이해의 어려움, 모순성, 모호함, 심지어 의도적인 난해함을 보여 주고자 지나치게 노력했다. "성령은 어둡게 하기 위해서가 아니라 밝혀 주기 위해서 성경을 말씀하신 것이다"라고 필라레트는 반박했다. 아파나시는 해석상의 불일치와 다르게 읽기를 매우 절망적인 것으로 받아들였다. 필라레트는 이렇게 답했다. "만약 검토 중인 해석학의 판단을 올바른 것으로 받아들인다면, 우리는 구약에서도 신약에서도 무엇이 하나님의 말씀이고 무엇이 인간의 말인지 확실하게 알 수 없을 것이다. 이렇게 생각하는 것은 무서운 일이다. 다행히도 이 해석학은 올바르지 않다." 성경의 신뢰성을 공격하는 것은 '상당히 조심스러운' 방법이 아닌가, 그 방법은 전승의 신뢰성에조차 타격을 입히는 것이 아닌가. "하나님과 그분의 거룩한 말씀, 그리고 그분의 거룩한 교회 앞에서 충성스러움의 의무는 여기서 다음과 같은 것을 증언하게 한다. 거룩한 성경의 참된 완전성에 대해 말하지 않고 그 속에 있는 거짓된 결함들을 들춰내려는 긴장된 관심에 기초한 성경에 대한 판단은 성령의 영감으로 된 성경의 가치와 어울리지 않을 뿐 아니라, 정교회에 위험할 수 있다."

그렇게 격렬하게 동요한 것은 필라레트 한 사람만이 아니었다. 1845년에 황제의 고백 사제였던 바자노프603)는 아카데미의 학술위원회 회원의 자격으로 학생들의 시험 작문을 읽어야 했다. 그중 하나에서 그는 뭔가 의혹을 일으키는 것을 발견했다. 그것은 타라시 세레딘스키604)(폴란드 출신

---

603) 바실리 바자노프(Василий Бажанов, 1800~1883): 페테르부르크 아카데미를 졸업하고 그곳에서 독일어를 가르쳤다. 1848년에 황실의 고백 사제이자 황실 예배당의 주임 사제가 되었다.

604) 타라시 세레딘스키(Тарасий Серединский, 1822~1897): 페테르부르크 아카데미를 졸업하고 후에 나폴리와 베를린에서 러시아

으로 후에 베를린에서 유명한 사제장이 됨)의 작문이었다. 저자는 복음서와 교부들의 저작을 하나님의 말씀이라는 공통된 제목 아래 두고 있었다. 그는 복음서는 쓰인 하나님의 말씀이며, 존경받는 교회 작가들의 저작은 말로 전해진 하나님의 말씀이라고만 구분했다. 그러한 새로운 견해는 정교회의 가르침에 반대되는 것이었고 그 가르침의 중요한 쟁점을 건드리는 것이었다. 바자노프는 세레딘스키라는 학생이 하나님의 말씀에 대한 그런 잘못된 개념을 어디에서 받아들였는지에 위원회가 주목하도록 하는 것이 자신의 의무라고 생각했다. 그 잘못된 개념이 그의 개인적인 잘못인가 또는 주변의 훈계의 결과인가. 그 후 곧 바자노프는 학술위원회에서 탈퇴해야만 했다.

'회귀'에 찬동하는 이들은 성경을 이차적인 위치보다 더 멀리 옮기려고 노력했다. 그들은 거짓된 해석을 방지하기 위해 아예 세속인들에게는 성경 읽는 것을 금해야 한다고 집요하게 말하곤 했다. "평범한 그리스도인들에게 성경 읽기를 금한다는 것은 그 생각만으로도 나를 공포스럽게 한다"라고 당시 트베리의 대주교였던 그리고리 포스트니콥은 모스크바의 필라레트에게 썼다. "어디서 그런 생각이 왔는지 이해할 수가 없다. 혹시 숨어서 활동하는 라틴주의자들

대사관의 사제가 되었다. 주요 저작으로 ≪서방교회의 예배에 대하여(O богослужении западной церкви)≫ 등이 있다.

이 만들어 낸 것이 아닐까? 아니면 전에 서구 교회의 성직자들에게 그랬듯이 후에 우리를 비웃기 위해 우리 시대에 점증하고 있는 자유사상이 빚어낸 것일까?" 슬라브어 성경을 불가타역과 마찬가지로 '특별히 독립적인 것으로' 선포하고 사원과 학교, 가정에서 의무적으로 슬라브어 성경만을 사용하게 하는 것에 대한 문제가 제기되었다.

그런 시기에 새로운 러시아어 구약성경 번역, 그것도 히브리어에서 번역된 것에 대해 공감을 이끌어 내고자 한 마카리 글루하레프의 반복적이고 대담한 시도가 얼마나 시기 적절하지 않았는지 상상하는 것은 어렵지 않다.

그러한 주의 환기는 단지 의심과 완고함만을 가중시킬 뿐이었다. 더욱 큰 동요를 일으킨 것은 페테르부르크 아카데미 학생들이 석판으로 인쇄한 팝스키 대사제장의 성경 번역이 유포된 사실이었다.

팝스키의 번역 유포가 불러일으킨 동요는 블라디미르에서 대주교 세 명에게 보낸 익명의 편지에서 시작되었다. 곧 밝혀진 바와 같이, 그 편지는 모스크바 아카데미의 학생감이었던 아가판겔 솔로비요프(Агафангел Соловьёв, 후에 볼린스키의 대주교가 되었으며 1860년에는 종무원장의 억압과 전횡을 공개적으로 비판했다. 1876년 사망) 수도원장이 써 보냈다. 아가판겔은 결코 러시아어 성경 번역의 반대자가 아니었고, 그 자신이 번역을 했으며, 후에는 욥기와 시라(Sirach)의 아들 예수의 책을 러시아어로 번역하여 출판했다(1860, 1861). 바로 그 때문에 그는 학자라는 이름의 권위에 가려졌으나 교리적·신학적으로 지나치게 부정확한 번역판이 은밀히 유포되는 것에 동요했던 것이다. "학문성과 박식이 번역본의 광범위한 유포를 가져온다면, 그때는 침묵도 적절치 않고 관용도 도움이 되지 않는다." 편지의 저자는 예언의 거짓된 해석을 예로 들었고, 번역이 성공적이지 못했으며 의도적으로 거칠다는 것을 지적했다. 전반적으로 그는 번역에 대해 매우 신랄한 평가를 내렸다. "이것은 새로운 마르시온의 작품이다", "살아 계시고 참되신 하나님의 말씀이 아닌, 옛 뱀의 독설이다." 그러나 저자는 더 나은 번역의 필요성을 언급함으로써 결론을 맺는다. "러시아 번역본을 다 없앨 필요는 없다. 그런 조치로는 그리스도인들로 하여금 교회에 반대하도록 무장시킬 뿐이다. 번역본의 유포를 촉진한 것은 번역자의 생각을 공유하고자 하는 독자들의 소망이 아니라 번역의 필요성에 대한 일반적인 감정이다.

그리스도인은 군데군데 이해할 수 없고 옳지 못한 표현들이 그에게서 진리를 가리는 슬라브어 번역본으로 만족할 수 없다. 그에게는 다른 번역본이 없다. 그는 무엇으로든 자신의 갈증을 해소하기 위해 탁해진 물이라도 마셔야만 하는 것이다. 세속적인 교육을 받은 이들은 이미 오래전부터 구약의 슬라브어 번역본을 읽지 않고 외국어 번역본에 의존하고 있다." 이 편지는 1841년 말에 각지로 보내졌다. 저자는 순진하게도 누군가 그 일을 조사하고 그의 보고와 충고에 대해 논의할 것이라고는 생각하지 못했다. 그는 순진하고 경솔하게도 '회귀'의 옹호자들을 찾고 있었던 권력을 상당히 격하게 자극했던 것이다. 그는 러시아어 성경의 출판을 주장했다. "이 일과 관련해 미신적이거나 무지의 어둠 속에 있기를 고집하는 사람들의 불평을 피할 수 없다는 말은 정당하다. 그러나 진리를 찾는 영혼들에 무슨 잘못이 있는가? 그런데도 미신과 무지의 평안을 깨는 것을 두려워하여 그들에게 양식을 주지 않고 있다." 이상하게도 저자는 '무지의 어둠 속에 있기를 고집하는' 이들 중에 누구보다도 페테르부르크 대주교와 신성종무원의 종무원장, 그리고 종무원의 많은 고위층이 속해 있다는 사실을 잊고 있었다.

모스크바의 필라레트는 그 보고가 퍼지는 것을 막으려 시도했으나 이미 늦어 버렸다. 잘못된 번역에 불안을 느낀 키예프의 필라레트가 그가 받은 익명의 편지를 프라타소프에게 전달했던 것이다. 종무원의 예비 심의에서 모스크바의 필라레트는 성경의 러시아어 번역은 공개적으로 재개되어야 하며 신성종무원의 이름으로 출판되어야 한다는 확고한 입장을 표명했다. 프라타소프는 그 입장에 대해서 서면으로 보고할 것을 제안했다. 그 후 종무원에서 그 논의를 재개하지 않은 채 프라타소프는 아주 나이가 많은 세라핌 대주교의 이름으로 필라레트의 견해에 대한 신랄한 반박문을 쓸 것을 명령했다(아마도 아파나시가 썼을 것이다). 그리고 노쇠하여 절반밖에는 책임을 감당하지 못하는 장로의 서명을 쉽게 받아 내어("절반은 죽어 가는 손으로 쓴 것이 생기 있고 힘찬 손으로 쓴 것처럼 보였다"고 필라레트는 말했다) 그 두 견해를 황제가 판단하도록 제출했다. 그리고 또다시 아무 어려움 없이 세라핌 대주교의 관용의 여지가 없는 확고한 판단에 대해 황제의 동의를 얻어 냈다. 니콜라이 1세는 특히 교회 일에서 의견이 일치하지 않는 것을 병적으로 싫어했다. 모든 것은 '추론과 해석이 아닌 교리의 정확한 의미에' 기초하여 완전히 한마음과 한목소리로 결정되어야만 했다.

필라레트는 엄밀히 말해 불경한 고발의 저자와 같은 입장을 고수하는 글을 썼다. 더 정확히 말하면, 모스크바 아카데미에서 공부하고 일했던 아가판겔은 필라레트에게서 비롯되고 성 삼위일체 아카데미에서 모두가 받아들인 생각을 표현했던 것이다. 단지 그는 충분히 신중하지 않게 행동했을 뿐이었다("내게는 그의 지성의 괴상한 활동이 뜻밖이었고 이해되지 않았다"라고 필라레트는 그에 대해 말했다). 필라레트는 다음과 같이 강조했다. "금지하는 것만으로는 충분치 못하다. 하루하루 더 퍼져 가는 지식욕은 자신을 만족시키기 위해서 모든 방향으로 내닫고 있으며, 합법적인 길이 충분히 마련되지 않은 곳에서 비합법적인 길로 더욱 강하게 터져 나오고 있다." 따라서 필라레트는 일련의 긍정적인 대안들을 제안했다. 즉 구약의 예언서들에서 시작하여 성경에 대한 해석서들을 점차로 출판하자는 것이었다. 이때 성경은 칠십인역을 사용하고 '히브리적인 진리'를 고려하면서, 신약에 나타난 구약 해석, 그리고 교부들의 설명에 기초해야 한다. 필라레트는 '학문성의 무게'로 거추장스러워진 학문적인 주석이 아니라 '신앙을 굳건히 세우고 삶을 바로잡기 위한' 교훈적인 설명을 계획했다.

후에 필라레트는 엘리자베타판 성경에 불필요하게 보충된 모든 글과 문헌의 수정에 대한 보고를 삭제한 새로운 슬라브어 성경의 출판을 제안했다. 이때 잘못된 해석에 쉽게 빠질 수 있는 어려운 단어나 표현의 이해를 돕는 설명적인 주해를 필요한 곳에 덧붙이도록 했다. 무엇보다 중요한 것은 각 장에 간략한 내용의 개요를 포함하는 것이었다.

키예프의 대주교는 모스크바의 필라레트의 제안에 전적으로 동의했다. 이 메모에는 러시아어 번역에 대해서는 전혀 언급되어 있지 않았다.

그러나 그런 온건한 제안조차도 프라타소프와 세라핌에게는 아주 위험한 것으로 보였다. "정교회 내에서 신앙의 구원의 진리를 보존하고 전파하는 것은 목자들 계급이 보장한다. 이런 목적으로 그들에게는 교사의 은사가 주어졌으며, 그들은 교사가 되기 위해 신학교에서 준비 과정을 거친다. 만약 이 번역이 단지 지식욕의 결실일 뿐이라면, 교회의 유익에 좀 더 부합하는 다른 방향이 제시되어야 한다." 하나님의 말씀에 대한 믿는 자들의 '지식욕'은 불필요하고 '교회의 유익'에 부합하지 않는 것으로 선언되었다.

그러나 그것이 끝이 아니었다. 해설서의 출판 제안도 거절되었다. 교부들의 해석은 허용되었으나, 개별 교부들의 해석을 결합하는 것은 위험한 것으로 선언되었다. "정교회인들이 교부들에게 품고 있는 경외심을 약화하고 신앙의 대상을 단지 차가운 연구의 대상으로 만들 우려가 있기 때문이다." 성경에 대한 주석은 논쟁과 불일치의 구실만 제공할 뿐이다. "주석은 마치 하나님의 말씀이 인간적인 정당화를 필요로 하고 사람이 신앙의 일에서 재판관이 될 수 있다는 생각을 불러일으킨다." 팝스키의 조사는 불안한 인상만을 낳았다. 왜냐하면 팝스키는 신학에 관한 견해가 지나칠 정도로 자유로웠고, 심문에서 모든 것을 부인했기 때문이다. 팝스키 개인에게 그 일은 직위 해제와 목자적인 훈계, 그 훈계를 그가 거부한 것으로 끝났다. 훨씬 더 중요한 것은 석판으로 인쇄된 번역본의 유포에 대해 심사를 재개한 것이었다. 번역본은 몰수되었으며, 그것을 가진 자들은 엄한 심문을 받았다. 자신의 책을 내어 주기를 공개적으로 거절하는 용기를 가진 사람들은 극소수였다. 그 소수의 사람들 중에서 법률학교[605]에서 가르쳤고 후에 두 권으로 된 ≪거룩한 역사(Священная история)≫를 쓴 보고슬롭스키[606]를 언

---

[605] 1835년에 페테르부르크에 설립된 학교로 악사코프와 차이콥스키가 이 학교 학생이었다.

급할 필요가 있다. 공식 진술서에서 그는 그 책이 자신의 소유이며, 그에게는 "하나님의 말씀을 읽어야 할 의무가 있다"고 설명했다. 어떤 이들은 분실했거나 심지어 일부러 없애 버렸다고 말함으로써 자신들의 책을 지켜 냈다.

이 심문의 결과, 신학교와 아카데미의 교수들은 또다시 겁을 먹고 전보다 더 침묵했다. 얼마 후에 주콥스키는 바이마르에 있는 자신의 고백 사제인 바자로프 사제장에게 다음과 같이 썼다. "독일에서는 스스로 해석함으로써 불신앙이 생겨났지만, 러시아에서는 해석하지 않음으로써 불신앙과 다름없는 죽은 신앙이 생겨납니다. 불신앙은 광기의 살아 있는 적입니다. 불신앙은 싸움을 걸어 오지만, 그것을 극복하고 이길 수 있는 것은 확신뿐입니다. 죽은 신앙은 시체와 같습니다. 시체를 가지고 무엇을 할 수 있겠습니까!" 팝스키에 대한 심문이 끝난 후에 곧바로 두 필라레트는 다시는 돌아오지 않을 생각으로 페테르부르크와 종무원을 떠났다. 그러나 그들은 종무원의 회원 자격을 여전히 가지고 있었다. 그와 동시에 무라비요프도 종무원을 떠났다.

몇 년 후에 종무원의 구성원은 주로 '회귀의 움직임'을 열

---

606) 미하일 보고슬롭스키(Михаил Богословский, 1807~1884): 신학과 그리스어 교수로서 후에 모스크바 우스펜스키 사원의 주임 사제가 되었다. 구약성경을 러시아어로 번역하는 데 적극적인 역할을 했다.

성적으로 지지하는 자들 중에서 선출되었다. 필라레트가 말했듯이, 그의 짐을 모스크바로 보냈을 때 "자물쇠를 부수고" 가방을 "비밀스럽게 수색했다. 혹시 그 속에 이단 사상이 숨겨져 있지 않나 해서였다". 당시 페테르부르크에서는 필라레트에 대해 "중상을 하지 못해 안달이었던" 것이다. 그는 교회에 어떤 일이 닥칠지 매우 염려하며 모스크바로 떠났다.

필라레트 구밀렙스키는 당시 고르스키에게 보낸 편지들에서 공개적으로, 그리고 생생하게 당시 페테르부르크의 긴장된 상황을 묘사했다. 모스크바 아카데미의 학장들 중에서 당시 막 선출되어 리가의 대주교로 임명된 필라레트는 리가로 가는 것이 가능해질 때까지 1841년 말부터 몇 달 동안 페테르부르크에 강제로 남아 있어야만 했다. 그동안 팝스키에 대한 이 모든 논쟁이 진행되고 있었다. 그는 양쪽 편에서 사건을 관찰할 수 있었다. 한쪽은 그가 존경하고 많은 면에서 그와 비슷했던 자신의 대주교를 통해서였고, 다른 한쪽은 그가 '면도한 구교도들'[607]이라고 신랄하게 불렀던 종무원장의 감독을 받는 관리들로부터였다. 프라타소프와

---

[607] 구교도들은 턱수염을 면도하는 것이 금지되었다. 면도한 구교도는 여자와 같다고 여겨졌고 성찬식에 참여할 수 없었으며, 면도한 사제는 예배 의식을 집전할 수 없었다. 한편, 여자 구교도는 머리를 자르는 것이 금지되었다.

세르비노비치는 그가 비꼬았던 것처럼 '이미 오래전에 고집스러운 루터주의자의 명단에 그를 포함시켰음에도' 불구하고 그를 자신들의 목적에 이용하고 싶어 했다. 필라레트가 느낀 전반적인 인상은 매우 어두운 것이었다. "자유롭지 못한 시기였다. 모든 걸음을 빈틈없이 살펴보게 만드는 시기였다." 이것은 주위를 배회하고 빙빙 돌고 있는 그림자들이 아니던가! 그리고 그는 박해에 대해 직접적이고 공개적으로 말했다. "그들은 지금 자신들의 손에 지배권을 장악하고 교회를 명예욕을 위한 공적의 전장으로 만들기 위해 우리들의 죄를 찾아내고 있다." 교회는 포위되었다. 그것이 필라레트가 받은 인상이었다. "겉으로는 신앙의 일, 정교회의 일을 염려하는 듯이 보인다. 심지어 낯설고 잘 모르는 사람과도 정교회와 신앙에 대한 말만 할 뿐이었다. 그러나 이 모든 것은 마음의 혀에서는 다음과 같은 것을 의미할 뿐이었다. 우리의 일은 정치이고 그 외의 일은 중요하지 않다.

그런 사람들과 사는 것은 얼마나 이상한 일인가. 지상의 헛된 소동의 파멸하는 심연 속으로 생각의 폭풍이 나의 영혼을 쓸어 가 버리지 않을까 두려워하게 된다. 오늘과 내일, 지금과 다음 시각에 한 가지를 생각하게 된다. 나를 어떤 음모에 빠뜨리지나 않을까 생각하거나, 신앙과 성물을 어떤 훈장, 또는 고위 계층의 미소와 교환하는 음모자들을 판단하고 심지어 심판하게 된다." 1842년 11월 14일 황제에게 올린 보고서에서 프라타소프는 막 이긴 싸움을 결산하고 향후 행동 프로그램의 윤곽을 그린다. 프라타소프는 모든 신학교를 옳지 않은 사상과 이단, 즉 프로테스탄티즘의 온상이라고 아주 공공연히 비난했다. 만약 지금까지 이러한 신학교의 프로테스탄티즘적인 성향에서 돌이킬 수 없는 불행이 생겨나지 않았다면, 그 이유는 오로지 신학교의 학생들이 제단에서 섬기기 시작하면서 회중과 의식(儀式)들, 교회의 규칙들과 교회적인 삶 자체에서 학교에서 배운 것과는 전혀 다른 원칙들과 개념들을 만나게 되었기 때문이다. 그들은 삶의 영향력 아래에서 이 못된 학교의 사상들을 버리게 된 것이다.

보고서의 저자는 러시아 신학교 이단의 역사를 페오판 프로코포비치에게까지 거슬러 올라간다. 그는 특히 성경협회가 활동했으며, 성경 외에 신지학적이고 신비주의적인 서적들이 퍼졌던 오래되지 않은 과거의 사건들을 상세하게 설명한다. 그러나 이제 비슬라브적인 힘에 대항하여 결정적인 조치들을 취하고 있다. 그 조치들은 "정교회의 동방과 우리 조국을 모든 서방의 파괴적인 오류들로부터 지켜 주었던 사도들과 공의회에서 가르침의 은혜로운 빛이 영적 지식의 포도원을 항상 비추도록 하기 위함이다." 이 비판에는 옳은 점이 많다. 옳지 않은 것은 오직 결론뿐이다. 서구의 유혹을 극복하는 것은 금지하는 수단만 가지고는 불가능한 일이다.

'보고서'는 이번에도 프라타소프를 위해서 아파나시가

작성한 듯했다. 어쨌든 아파나시는 바로 그렇게 생각했던 것이다. 모스크바의 필라레트는 그에 대해 이렇게 말했다. "페테르부르크 아카데미의 학장으로서 아파나시 주교는 자기 이전의 러시아 신학은 모두 정교회적이지 않았다고 주장했다." 프라타소프의 의도에는 새로운 신학 '체계'를 서둘러 출판하려는 계획이 포함되어 있었다. 그 체계는 최소한 신학교들에서만큼은 '고전'으로서 속히 의무적으로 사용되어야 했다. 한때 모스크바의 필라레트는 '황제의 이름으로' 교과서 편찬에 착수하라는 '지시를 받은 적도 있었다'. 그는 건강상 이유로 그 일에 착수하지 못했다.

프라타소프는 그 후에 필라레트 구밀렙스키에게 교과서 편찬을 권유했다. 필라레트 구밀렙스키는 그 제안이 "자기애를 만족시키지만, 사태의 정황을 민감하게 고려한 건전한 판단에는 부합하지 않는 것"이라 판단하여 거절했다. 필라레트는 자신의 교리 신학 과정을 완전하게 다듬어서 오랜 시간이 흐른 후 1864년에야 출판했다.

당시 젊은 수도 사제이자 키예프 아카데미의 조교수였던 마카리 불가코프는 좀 더 순종적이었다. 그는 1842년에 다른 사람들을 교육하는 데 모든 주의를 집중하기 위해 강의를 거절한 학장 아파나시를 대신하여 아카데미에서 신학을 가르치기 위해 페테르부르크로 왔다. 그때까지 마카리는 신학을 연구한 적이 없었고, 역사적인 주제에 흥미를 더 느꼈다. 그는 키예프 아카데미의 역사에 대한 졸업논문을 썼는데, 그것을 위해서 로마주의적인 시대였던 옛 키예프의 신학 강의안 원고들을 참조해야만 했다. 아마도 이 때문에 로마 가톨릭 서적들과 체계들에 대한 개인적인 호감이 생겨난 듯싶다. 마카리는 아카데미에서 후에 (두 번이나) 헤르손과 타우리다의 주교가 된 디미트리 무레토프[608]의 신학 강의를 들었다. 그러나 그는 드미트리에게서 스콜라적인 기법을 도무지 배울 수가 없었다.

드미트리의 신학 수업에 대해서는 그가 쓴 몇 안 되는 단편적 기록들과 학생들의 회상을 통해서만 판단할 수 있다. 드미트리는 진실되고 온유하며 겸손한 마음으로 사람들을 매료했다. 그의 매력은 거부할 수 없는 것이었다. 그러나 그의 '다정다감함'은 결코 수사학이나 달콤한 감상주의로 변하지 않았다. 이 다정다감함은 혼적인 것이 아닌 영적인 것이었다. 자신의 강의에서 그는 신학 문제를 영적인 원천, 영적인 경험에 연관시키고자 했다. 그에게서는 항상 사상을 시험하는 탐구심이 느껴졌다. 그의 세계관은 이제 설교를 통해 복구되어야 한다. 그는 교리적인 주제에 대해서 설교하는 것을 매우 좋아했다. 그는 매우 단순하게 말했으나, 순진하다고 할 정도로 단순한 말로 종교적인 관조를 매우 정확하게 표현하고, 심지어 일상적이고 사소한 것들 속에서

---

[608] 디미트리 무레토프(Димитрий Муретов, 1811~1883): 키예프의 아카데미 학장을 지냈으며, 헤르손과 오데사의 대주교였다.

도 내적인 전망을 드러낼 줄 알았다(예를 들어, 새해에 행한 시간과 영원에 대한 그의 설교를 참조하라). 드미트리는 교리적인 탐구심, 사상을 논하는 힘과 일관성, 그리고 유연한 정의(定義)의 재능으로 다른 누구보다도 모스크바의 필라레트를 연상시켰다. 게다가 드미트리에게는 소박한 매력과 놀라운 온유함이 겸비되어 있었다. 드미트리가 툴라의 주교로 있을 때 그를 개인적으로 알았던 호먀코프는 그를 매우 높이 평가했다. 어떤 의미에서 드미트리는 러시아의 교회적인 삶에서 알렉산드르 시대의 움직임에 속한다고 봐야 한다. 그는 그 시대의 서적들과 그 시대의 인상들 아래서 교육받았다. 그는 이노켄티와 철학적 취향과, 정열까지도 공유했다. 신학에서 드미트리는 무엇보다 철학적 방법을 사용했다. 그는 주어진 계시와 하나님 말씀의 증언으로부터 출발하여 곧바로 교리의 의미와 힘을 사변적으로 파헤치는 것으로 옮아간다. 그는 비록 교리를 역사적 방법으로 설명했지만 역사가는 아니었다. 그는 결코 서구주의자였던 적이 없었다. 그의 창조적 지성의 독창성, 관조의 신비적인 현실주의가 그를 서구주의에서 지켜 주었던 것이다.

마카리는 드미트리에게 직접적으로 영향을 주지 않았다. 마카리는 교리를 철학적으로 연구하는 것에 관심이 없었다.

마카리가 이야기하기를, 페테르부르크에 도착하자마자 아파나시는 '특히 정교회의 요점들에 대하여' 그의 신학 지식을 엄격하게 시험했다. 그는 도착 2주 만에 아무런 준비도 없이 곧바로 강의를 시작해야 했다. 게다가 그는 곧바로 '석판 인쇄에 넘기기 위해' 강의록을 집필해야만 했다. 마카리는 아파나시의 프로그램에 따라 강의했다. 적합한 교과서가 아직 없었을 때, '주제에 따라' 배열된 드미트리 로스톱스키의 저작들에서 선별한 발췌문을 일시적으로 이용하는 방법이 제안되었다(그 발췌문은 1842년 ≪기독교 독서≫에 인쇄되었다. <성자이며 기적을 행하는 자, 우리의 거룩한 아버지 드미트리 로스톱스키의 저작들에서 선별한 교리적 가르침>). '거룩한 신앙과 교회에 대하여'라는 절(節)이 맨 앞에 배치되었다. 아파나시는 이 발췌문에 매우 만족했다. 필라레트 대주교가 그에 대해 전하는 바에 따르면, 아파나시는 "신학을 체계적으로 가르쳐서는 안 되며, 성경과 교부들을 읽는 것으로 충분하다"고 생각했다.

프라타소프는 1844년에 페테르부르그에서 다시 편찬된 교리 ≪강의 개요≫를 심의하고 그에 대해 결론을 내리도록 모스크바에 있는 필라레트에게 보냈다. 필라레트는 절을 새롭게 배치한 것에 대해서 매우 부정적인 반응을 보였다. 그는 가장 믿을 만한 순서는 신앙고백에 주어져 있다고 주장했다. "전 교회적인 신앙고백은 교리 신학의 축약된 체계와 다르지 않다." 필라레트는 그 체계가 후에 교묘함을 더한 서구 학파의 체계가 아닌, '전 교회적 교부들의 체계'라고 강조했다. "이것이 사도적인 전승의 체계다." 사실 신앙고백의 순서는 ≪정교회 신앙고백≫에 보존되어 있다.

그리스도의 교회에 대한 가르침은 하나님이신 그리스도에 대한 가르침이 밝혀지기 전에는 완전히 설득력 있게 서술될 수 없을 것이다. '러시아정교회의 이성'을 그렇게 집요하게 앞세우는 것이 과연 바람직하고 신중한 것일까? 그렇다면 '로마 가톨릭교회의 이성'의 권리 역시 허용해야 하는 것이 아닐까? 필라레트는 자신에게 보내진 ≪강의 개요≫에서 라틴화의 혁신 몇 가지를 지적했다(예를 들어, 성체성사에서 '형식'과 '물질'의 구별과 그 외 유사한 경우들).

1848년에 당시 키예프 아카데미의 수도원장이자 학장이었으며 후에 카잔의 대주교가 된 안토니 암피테아트로프(Антоний Амфитеатров, 1815~1879)의 ≪교리 신학(Догматическое богословие)≫이 출판되었다. 그것은 옛 스타일로 쓰인 책이었다. 안토니는 철학과 논의, 그리고 모든 '자유로운 말'을 피하기를 원했다. 그는 이미 성경과 교회가 직접 정의한 것만을 선호했다. 여기에는 키예프의 필라레트의 직접적인 영향이 느껴진다. 아마도 그의 '지도로', 그의 바람에 따라 이 '교리서'가 편찬된 듯하다(안토니는 그의 조카였다).

안토니는 결코 학자가 아니었다. 드미트리와 이노켄티 후임으로 안토니와 같은 성벽의 사람이 아카데미의 학장으로 임명되었다는 것은 의미심장한 일이다.

그러나 안토니는 스콜라주의자도 아니었다. 그는 학자라기보다는 설교사이자 교훈을 주는 선생에 가까웠다. 그는 자신의 수강생들에게 신앙적인 사고와 감정을 불러일으키고 강화하고자 노력했으며, 그들에게 영적인 관조와 도덕적인 자아 성찰을 촉구했다. 마카리의 교리서가 나왔지만 안토니는 인정하지 않았다. "마치 루터교의 모델에 따라 편찬된 것 같다!" 교과서 덕분에 안토니는 박사 학위를 수여받았다.

프라타소프는 그에게 감격에 찬 편지를 써 보냈다. "당신은 우리에게 위대한 기여를 했습니다. 당신은 지금까지 러시아에 자신만의 신학 체계가 없었다는 치욕을 우리에게서 거두어 버렸습니다." 마카리는 그사이 페테르부르크에서 강의를 계속하고 있었고, 강의 내용을 장별로 ≪기독교 독서≫에 기고했다. 1847년에 그의 ≪입문≫을 별도의 책으로 출판했고, 그 후 몇 년에 걸쳐 다섯 권짜리 ≪체계≫를 출판했다(1849~1853). 후에 마카리의 이 '대교리서'는 여러 차례 재출판되었고, 곧 프랑스어로 번역되었으며 지금까지도 계속 사용되고 있다. 이 책에 대한 인상은 처음부터 양분되었다.

마카리 교리서의 의의는 특히 역사적인 전망에서 볼 때 논란의 여지가 없다. 여기에 수집되고 편찬된 자료는 거의 빠뜨린 것이 없을 정도로 풍부하다. 물론 이 자료들을 수집하는 데 마카리는 완전히 독창적이지는 않았다. 그리고 반드시 독창적이어야 할 필요도 없었다. 서구의 저자들, 특히 옛 라틴의 석학들에게서 그는 ≪심포니≫[609]와 교부들의 인용을 모아 놓은 것 등 그에게 필요한 모든 것을 찾을 수 있었다. 그 모든 것을 다시 찾을 필요는 없었다.

최초로 그렇게 풍부하고 철저한 근거가 있는 자료가 누구나 사용할 수 있는 형태인 러시아어로 서술되었다는 것이 중요한 것이었다.

이런 측면에서 마카리의 교리서가 세상에 나오자마자 헤르손의 이노켄티가 과학 아카데미에 제출한 열광적인 평가가 충분히 정당화되고 이해된다. 신학은 이 책으로 인해 '러시아 문학의 영역 안으로 들어왔다'. 이 평가에서 한 가지 이해되지 않는 점이 있다. 어떻게 이노켄티는 마카리의 책을 '독창적이고 창의적인 노작'이라고 부를 수가 있었을까? 왜냐하면 마카리는 어떤 점에서도 독창성이나 창의성을 드러낼 수가 없었기 때문이다. 그는 의식적으로 단순히 문헌들을 편집하는 것 이상으로는 나아가지 않았던 것이다. 그는 이 문헌들과 증언들이 살아 있는 교리적인 관조와 영적 삶의 경험으로 이끌어야 한다고 생각하지 않았던 것 같다. 이런 점에서 마카리는 심지어 아파나시와도 전혀 닮지 않았다. 아파나시는 신학적으로 탐구해야 할 문제들이 있다는

---

609) 성경에 쓰인 낱말의 모든 어형 변화 형태가 성경의 어느 구절에 쓰였는지를 정리해 놓은 책을 일컫는다. 각 어형 변화 뒤에는 그에 해당하는 히브리어·헬라어 원형을 지시하는 고유 번호가 표기되어 있다.

것을 알고 있었으며, 이 문제들의 실제성을 생생하게 느끼고 있었다. 그는 단지 자신과 다른 이들을 위해 묻기를 두려워했을 뿐이었다. 여기에서 아파나시의 삶의 비극성과 실패가 비롯된 것이다. 그러나 마카리에게는 어떤 비극적인 것도 없었다. 신학 문제에 그는 완전히 무관심했으며, 예민하지 않았다. 개인적인 기호로 볼 때 마카리는 차라리 '세속적인' 사람이었다. 그는 '영적 삶'의 문제들에 대해 말 그대로 무관심했다. 1840년대와 1850년대에 그는 프라타소프의 체제를 강화했고, 1870년대에는 자유주의 개혁의 지도자가 되었다(1874년 위원회의 교회 재판 개혁에 대한 유명한 계획을 참조하라). 글을 쓰고 서술하는 그의 방식에는 무엇인가 관료적인 것이 있었다. 그의 교리서에는 '교회성'이 결여되어 있었다. 그는 증언이나 진리가 아닌 문헌만을 다루었다. 그의 서술이 그토록 생기 없고 내적으로 설득력이 없는 것은 바로 이 때문이다. 그것은 질문이 없는 대답이다. 따라서 무엇에 대해 물어도 그 물음에 대답하지 않는다. 어쩌면 이 점이 장점이 될 수도 있을 것이다. 마카리의 제자인 헤르손의 니카노르는 추도 글에서 이에 대해 매우 적절하게 언급했다. 심지어 다마스쿠스의 요한과 표트르 모길라에게도 자신만의 견해와 개인적인 생각들이 있었다는 것이다. 필라레트와 이노켄티에게는 천재성과 누구도 따라올 수 없는 비약(飛躍)이 지나치게 많았다. 마카리는 전혀 그렇지 않았다. 그의 방법은 똑바르고 명확했으며, 조심스럽고 노력에 따른 것이었다. 다르게 말하면, 마카리에게는 자신만의 견해라는 것이 없었다. 그는 견해라는 것이 전혀 없었기 때문에 누구보다도 객관적이었다. 그것은 무관심에서 비롯된 객관성이었다.

마카리의 책에서 느껴지는 바로 이 내적인 무관심 또는 냉담함이 당시 많은 사람들을 화나게 했다. 호먀코프는 마카리의 ≪입문(Введение)≫이 "경탄할 정도로 어리석다"고 평했으며, 필라레트 구밀렙스키 역시 똑같은 평가를 내렸다. "혼란스러운 헛소리", "논리적인 질서도 논증의 힘도 없다". 마카리의 신학적인 저작들에 대해서는 길랴로프 플라토노프610)가 그의 ≪역사≫611)에 대해 쓴 말을 반복할 수 있을 것이다. "학문성으로 장식한 장인의 수공품...." 길랴로프는 마카리의 역사서가 "역사서의 외양은 가지고 있지만, 역사가 아니라 단지 책일 뿐"이라는 것을 강조했다. 마찬가지로 마카리의 ≪교리서(Догматика)≫는 신학책의 외양은 다 갖추고 있지만, 신학이 아니라 단지 책에 불과했다. "역사도 아니고 심지어 책도 아니며, 단지 수공품이다"(길랴로프의 말). 마카리는 키예프의 아카데미에서 아직도 신학과 철학

---

610) 길랴로프 플라토노프(Гиляров Платонов, 1824～1887): 모스크바 아카데미를 졸업했으며 그곳에서 가르쳤다. 모스크바 검열 위원회의 회원이었으며, 1867년부터는 슬라브주의 색채의 잡지에 글을 많이 기고했다.

611) ≪역사(История)≫: 열세 권으로 된 러시아정교회사다.

의 파토스가 강하고 생생할 때 그곳에서 공부했다. 그러나 그곳에서의 학습은 그에게 아무런 흔적을 남기지 않았다. 그에게는 키예프의 필라레트와 안토니 암피테아트로프에게 그토록 명료한 '페체르스카야의 경건'이 느껴지지 않는다.

바로 그 때문에 마카리는 그 누구보다도 프라타소프 시대의 스타일에 더 근접한 것이다. 그는 관료적인 신학자였다. 그의 ≪교리서≫는 니콜라이 시대의 전형적인 산물이었다. '대'교리서 외에도 마카리는 학교에서 사용하도록 '소'교리서를 편찬했다. 그 책은 그 자신이 후에 말한 바와 같이 "고인이 된 모스크바의 현자, 즉 필라레트 대주교의 손에서 10년 동안이나 사라진 채로 있었다". 필라레트의 사후에야 이 지침서는 '교과서'로 인쇄되어 학교에서 사용할 수 있었다. 필라레트는 침묵으로 마카리를 정죄했던 것이다.

마카리의 동급생이자 후에 그의 뒤를 이어 페테르부르크 아카데미의 학장이 된 이오안 소콜로프[612]는 마카리의 책들에 대해서 더 신랄한 평가를 내렸다. "지금 회자되고 있는 저자의 학문적인 저서들은 수천 번 인용됨으로써 지금 같은(그토록 중요한) 시기에 우리 학교들에서 영적인 지성이 마침내 마비시키고 퇴화시키도록 하는 데 기여하고 있

---

612) 이오안 소콜로프(Иоанн Соколов, 1818~1869): 모스크바 아카데미에서 공부했으며 카잔과 페테르부르크 아카데미에서 가르치고 학장으로 일했다. 후에 스몰렌스크의 주교가 되었다.

다. 그 저서들은 밝은 생각과 모든 새로운 견해, 증명 가능성, 내적인 힘의 결여를 촉진하는 것이다." 마카리의 교리서는 세상에 등장했을 때부터 이미 낡은 것이었다. 그것은 러시아의 신학적 의식의 요구와 가능성으로부터 뒤쳐져 있었다. 교리서는 금욕적인 개념들과 전통 속에서 교육받은 영적 삶에 열성적인 이들을 만족시킬 수 없었다. 마카리의 신학은 철학과도, ≪도브로톨류비예≫와도 불협화음을 이루었다.

페테르부르크 아카데미에서 마카리의 직속 제자이자 조교였던 니카노르 브롭코비치(Никанор Бровкович, 1824~1890, 후에 헤르손의 대주교가 됨)는 그와 똑같은 방식으로 강의할 수 없었다. 그 결과 그는 곧 아카데미 직위에서 물러나 리가의 신학교 학장으로 보내졌다. 마카리는 그에게 기록과 강의 개요를 속히 태우라고 충고했다. 니카노르가 철학에 심취하여 '하나님의 존재 증명'에 대한 부분을 (특히 칸트의 견해와 연관하여) 지나치게 자세하게 설명한 것과, 비록 폭로하고 논박하기 위한 목적에서였지만 '부정적인' 최신의 이론들을 완전히 공개적으로 지나치게 세세하게 논한 것이 위험해 보였던 것이다. 니카노르는 강의에서 지나치게 대담하게 가장 '민감한 문제들'을 건드린 것처럼 보였다. 그는 슈트라우스, 브루노 바우어, 포이어바흐를 논했다. 마카리는 칸트에 대해서는 단지 들어 보기만 했을 뿐이었다(니카노르는 그렇게 주장한다). 그러한 니카노르의 교수법은 매우 특징적이었다. 그는 기질상 마카리보다는 아파나시에 더 가까웠다. 그의 기질은 엄격하고 병적이며, 자신에게나 타인에게나 고통을 주는 것이었다. 그는 전환기의 전형적인 대표자로 모순투성이였다. 니카노르의 의도는 항상 보수주의적이었다. 그는 모스크바의 필라레트를 좋아하지 않았고 두려워했다. 당시 페테르부르크에서는 '필라레트를 무서워하는 것'이 당연시되고 있었다. 니카노르는 반대로 프라타소프 백작을 신학적 계몽과 학문의 은인으로 여겼다. 그가 러시아의 아카데미에서 '신학을 학문으로 정립하는 데 유익하게 자극했으며' 사사건건 시비를 거는 검열로부터 신학을 보호했던 것이다. 그러나 니카노르의 신학적 견해는 종종 필라레트와 매우 가까웠다.

니카노르는 철학적인 성향의 사람이었다. 그는 여러 해 동안 세 권짜리 철학 체계를 완성하는 데 몰두했다[《긍정적인 철학과 초자연적 계시(Положительная философия и сверхестественное откровение)》, 페테르부르크]. 그 일은 성공적이지 못했다. 단지 매우 애매모호한 '플라톤주의'의 정신으로 집성된 절충주의적인 작업에 불과했다. 그러나 그 책에서는 진정한 사고의 탐구가 느껴진다. 니카노르가 변증(그리고 실증주의자들에 대항한 논쟁)에 몰두한 것은 우연이 아니었다. 그는 자기 자신을 위해 사변적이고 비판적인 '신앙의 정당화'를 필요로 했던 것이다. 니카노르는 혹독한 의심의 시련, 신앙의 동요라는 암흑을 통과해야만 했다. '학문'적 판단으로는 많은 것이 엄격한 정교회의 관점에서 보았던 것과 다르다는 것이 드러났다. 그러한 의문과 유혹 앞에서 마카리의 교리서에 나타난 생명력이 결여된 탁상공론은 불필요하고 무력할 뿐이었다. 형식적인 방법론에서 유사성이 관찰되지만 니카노르와 마카리의 심원한 차이점은 쉽게 간파된다. 니카노르의 모든 책들 가운데 가장 스콜라적인 것은 ≪교회 내 보이는 수장권에 관한 로마의 가르침 연구(Разбор римского учения о видимом главенстве в Церкви)≫(1852, 1853년 ≪기독교 독서≫에 실린 글을 1856, 1858년에 별도의 책으로 출판)였다. 그 책은 신약성경과 3세기까지 쓰인 교부들과 역사가들의 문헌들을 분석한 것이었다. 서술은 절(節)과 하위 절, 문단, 항목들로 세분되었다. 그러나 거기에는 항상 논증들과 인용들을 헤아리고 따지는 연구자 자신이 보이고 느껴진다. 독자는 매우 생동감 있는 증명 과정에 이끌려 들어간다. 니카노르의 서술은 결코 단순한 열거, 죽은 '고리'를 잇는 것에 머물지 않는다. 그는 학자 기질을 가지고 있었다.

니카노르의 지성은 날카롭고 확고했다. 그는 자신의 신학적 견해, 심지어 설교에서도 매우 대담했다. 이런 점에서 하나님의 언약에 대한 일련의 설교들(1870년대 후반)은 특히 흥미롭다. 여기에서 니카노르는 필라레트를 매우 상기시킨다. 최초의 언약은 창세전에 삼위의 신성 안에서 맺어졌고, 그 언약은 이미 피 없이 이루어진 것이 아니었다(히브리서 9장과 10장을 참조할 것). 창세전에 이미 영원한 언약의 피가 흘렀고, 무한한 진노의 잔을 마셨으며, 십자가의 외침이 이미 영원 속에서 울려 퍼졌다. 그리고 모든 것이 이루어졌다. "영원한 하나님에게는 그때 영원 속에서 모든 것이 성취되었다." 이곳 지상의 사건들에서는 단지 반영들만이 있을 뿐이다. "그곳 하늘에서, 영원 속에서 창조와 구속과 구원의 언약의 본질이 성취되었다." 가장 순결한 성모는 창세전에 이미 가장 높은 하늘의 성전에 들어 올려졌다. "창세전에 그녀는 세계와 인간, 육신이 된 하나님의 아들과 신성 사이의 중개자가 되었다." 니카노르와 더불어 이오안 소콜로프(스몰렌스크의 주교로 있을 때 사망했다)를 언급해야 한다. 그는 완고한 성정과 날카로운 지성의 소유자였으며, "훌륭한 교육을 받았지만 난폭한 위인이었다". '위대한 개혁'의 시대에 그는 예기치 않게 대담하고 솔직하게 기독교적인 재판과 삶의 개조, 일상적이고 사회적인 불의에 대해 말하기 시작했다. 1858년에 그는 이런 내용을 샤포프[613]에

---

613) 아파나시 샤포프(Афанасий Шапов, 1830~1876): 역사가다. 이르쿠츠크의 사제의 아들로 태어나 카잔 아카데미를 졸업하고 그곳과 카잔 대학에서 러시아 역사를 가르쳤다. 농민들의 상태에 깊은 관심을 가졌으며, 1861년 개혁이 농민 문제를 해결하는 데 불충분하다고 비판하는 연설을 해 체포되었다. 교회 분열에 대한 ≪젬스트보와 분열(Земство и раскол)≫이라는 저서를 남겼다. 젬스트보에 대해서는 II권의 각주 73번을 참고하라.

게 공개 연설의 주제로 삼으라고 제안했다. "속박된 사람들의 생활을 개선하는 데 대한 고대 러시아정교회의 목소리...." "울부짖는 민중의 삶의 요구 가운데 무관심한 침묵으로 남아 있지 않도록, 그들이 우리의 소리를 듣도록...."
이오안은 교회법에 정통한 사람이었다. ≪교회 법률학 강의(Опыт курса церковного законоведения)≫가 그의 학문 저작들 가운데 가장 중요한 것이었다(2권, 1851). 그것이 법의 '체계'가 아닌, 단지 원천들의 연구라는 것은 옳은 말이다. 이오안은 '체계'를 세우는 데 실패했다. 체계적인 연구의 원고가 검열 상태로 남았다고들 말하기도 한다.

그렇다고 해서 그의 연구의 의의가 축소되는 것은 아니다. 최초로 고대의 근간이 되는 교회법이 상세하고 흥미로운 주석이 곁들여져 러시아어로 제시되었던 것이다. 그 연구는 교리적이라기보다는 역사적인 것이었다. 교회법의 주제에 관해 이오안은 후에도 계속해서 개별 논문들을 썼다. 그중에서 특별히 주목할 만한 것으로 <주교들의 수도 생활>이라는 유명한 논문이 있다[≪정교회의 대담자(Православный собеседник)≫(1863)]. 그것은 신성종무원장인 아흐마토프614)의 요청으로 (결혼도 수도 서약도 하지 않은) 백승의 관구가 가능한지에 대한 해석과 연관해 편찬된 것이

---

614) 아흐마토프(Ахматов, 1818~1870): 1863~1864년 단 1년 동안 신성종무원의 원장이었다.

었다.615) 그 논문은 그의 작품 중 가장 개인적인 것으로서, 매우 명료하고 강력했지만 그다지 설득력이 있지는 않았다. 모스크바의 필라레트는 이오안의 이 연구가 근거가 빈약한 억지라고 평가했다. 이오안은 증명이 필요한 테제를 지나치게 확대하고 일반화했다는 것이다. 그는 '수도 생활'에 대하여 거의 비유적이고 비공식적인 의미로 말했다. 세상에 대한 거부는 그 어떤 것이든 그에게 이미 수도 생활이었던 것이다. 그러한 수도 생활이 마땅함을 보여 주는 것은 어렵지 않았다. 그러나 그 사실이 주교들에게만 해당하는 것은 아니었는데, 이오안은 그 점을 간과했다. 그 자신의 생각은 다음과 같은 말로 더 분명해진다. "이를테면 공식적인 가르침에서뿐 아니라 개인적인 사고에서도 주교는 이 세상을 초월해야 한다." 육적이고 혼적인 세상으로부터의 거부뿐 아니라 영적인 또는 지적인 거부가 요구된다. 그러한 거부는 영의 자유, 사고의 자유, 영적인 처녀성이다.

신학 강의에서 이오안은 매우 대담한 사상가였다. 그는 마카리의 책에 따라 시험을 치르는 습관이 있었으며, 이 책을 손에 들고 강의실로 가곤 했다. 그러나 그의 강의는 전혀 마카리의 서술과 닮지 않았다. 그 강의는 필요한 모든 정보나 지식을 전달하거나 기억하기 위한 것이라기보다는 청강

---

615) 정교회의 주교들은 전통적으로 수도사들 가운데서 선출되었다. 주교가 되기 위해서는 먼저 수도사가 되어야 했다.

생들과 나누는 자유로운 담화와 같은 것이었다. 그것은 그들의 사고를 일깨우고 연구 대상에 대한 탐구와 관조로 생각을 인도하기 위한 것이었다. 교수로서 이오안은 거의 인상주의자였다. 그는 표현할 때 항상 충분히 자제하지도 정확하지도 못했으며, 지나치게 가차 없고 신랄했다. 그는 '신비주의'를 좋아하지 않았고, 학식이 모자라고 충분히 발달하지 않은 사람들에게나 중요한 외적인 의식(儀式)에 대해 날카롭게 평했다. 이오안의 지성은 지나치게 강했고 힘이 있었다. 카잔에서 그의 청강생 가운데 한 사람이 그의 방식을 적절하게 표현한 대로, 이오안은 강의에서 "계시에 의해서 우리들에게 알려진 대상들에 대해서 자연적인 이성이 말할 수 있는 것"을 서술했다. 강의는 항상 교리라기보다는 기독교 철학 강의가 되곤 했다. 이오안은 이성으로써 계시에 도달하고자 노력했으며, 계시에서 시작하지 않았다. 그의 사후 그가 점검했던 학생들의 노트에 기초하여 그의 강의 가운데 단지 일부분만이 출판되었다. 강의의 내용은 사고의 신선함과 자유로움으로 우리의 주의를 끌며, 매우 명료하고 단순하게 서술되어 있다. 그가 지나치게 구성의 새로움과 세련됨에 몰두했으며 충분히 진지하지 않았다고 비난한 사람들도 있었다. 이오안의 철학적인 방향성에서 그가 공부한 아카데미의 영향을 간파할 수 있다. 이오안은 모스크바 아카데미 출신이었던 것이다.

이 시기 모스크바 아카데미에서 가장 중요한 교리 교사

는 필라레트 구밀렙스키(1805~1866, 체르니고프의 주교로 사망했다)였다. 그는 동요하는 사상과 불안한 가슴을 지녔으며 특별한 재주를 부여받은 사람이었다. 자신의 교리강의에서 필라레트는 매우 적절하게 철학적 분석과 역사적 증명을 결합했다. 그는 외적인 권위로써 이성을 노예화하여 신앙에 고분고분 순종하게 만들려고 하지 않았다. 대신 그는 이성을 도달 가능한 내적인 확실성으로 인도하기를 원했다. "이러저러한 계시의 비밀이 이성의 원칙에서 도출될 수는 없을지라도, 사변적이고 실제적인 이성의 요구에 모순되지 않는다는 것을 이성에 보여 줄 수 있다. 그럼으로써 이러저러한 이성의 필요를 돕고, 죄에 종속되어 있는 이성의 이러저러한 무력함을 치료할 수 있다." 필라레트에게 매우 특징적인 것은 교리를 이성의 진리로서 보여 주고자 하는 이러한 변함없는 노력이다. 그와 동시에 교리는 역사 속에서 드러난다.

교사로서 필라레트는 지적인 탐구심과 가슴의 신앙을 유기적으로 결합해 청강생들에게 강한 인상을 주었다. 그의 신학적 증명에서는 항상 살아 있는 개인적 체험이 느껴졌다. "맛을 직접 보아라. 그것이 기독교의 지식을 얻는 방법이다." 즉, 성사(聖事)와 기도를 의미하는 것이다. 필라레트에게는 신학에 대한 소명뿐 아니라 진정한 이끌림이 있었다. 그래서 그의 강의는 매우 활력이 넘쳤던 것이다. 모스크바 아카데미의 역사학자가 그에 대해 말했듯이, "그는 새로운 방법을 가지고 학문의 영역에 등장했다. 그 방법은 역사가들의 비평과 인문학적 사고, 교리들의 역사를 결합하고, 프로테스탄트적인 서구의 합리주의에 의해 파생된 견해들을 날카롭게 논박하는 것이었다. 바로 그런 방법이 그의 청강생들에게 흥미롭고 신선했던 것이다". 아카데미에서 한 그의 강의는 새로운 시대의 시작을 의미했다. 필라레트는 성경학자이자 교부학자였다(강의 중에 그는 자주 히브리어로 된 메시아 본문을 분석하는 데 시간을 들였다). 유감스럽게도 그의 강의는 오래 지속되지 못했다. 아직 젊은 나이에 그는 주교직으로 부름 받았다. 그러나 후에는 계속해서 글을 매우 많이 쓰고 출판했다. 바로 필라레트 구밀렙스키가 발의해 모스크바 아카데미에서 러시아어로 번역된 교부들의 저작이 출판되었다. 아카데미 협회는 특별히 이 일에 주목했고, 아카데미의 기관지는 단지 ≪출판에 덧붙여≫라고 명명되었다.

제일 중요한 곳에는 4세기의 위대한 교부들, 아타나시우스와 카파도키아의 교부[616], 그리고 시리아인 에프렘[617]이

---

[616] 카파도키아의 교부: 성 대 바실리, 나지안주스의 그레고리우스, 니세누스 그레고리우스를 의미한다.

[617] 시리아인 에프렘(Ефрем Сирин, 306?~373): 메소포타미아 출신 성인이다. 다수의 설교문과 시, 도덕적인 내용의 글들을 남겼다. 성경 해석에도 탁월해 동방교회의 중요한 변증가들 가운데 한 사람으로 자리매김했다.

자리했다. 필라레트는 교부들에 대한 교과서인 ≪교부들에 대한 역사적 가르침(Историческое учение об отцах Церкви)≫(1859)을 집필했는데 그것은 후에야 간행되었다. 필라레트 자신에게 교부들의 저작은 항상 교회의 살아 있는 증언이었다. 그러나 그는 '교부들에 대한 역사적인 가르침'을 전승에 대한 가르침과 무분별하게 동일시하는 것을 경계했다. 그렇지 않으면 모든 교부들의 견해를 교회 전체의 가르침으로 받아들여야 하는데 이는 그들 사이의 불일치를 고려할 때 불가능한 것이었다. 또는 그들을 '평범한' 사람으로 보이게 만드는 그들 삶과 가르침의 모든 것을 내어 버리면서 교부들의 진정한 면모를 왜곡해야만 한다. 이것은 실질적으로 완전한 전횡으로 이끌 것이다. "교부들은 필요한 곳에서는 전승을 지지했다. 마찬가지로 그들은 경건한 태도로 교회와 개인들의 행적을 기록했다. 그러나 하나님의 말씀과 신앙의 대상, 삶의 법칙을 생각했고 논쟁했으며 장광설을 늘어놓기도 했고 철학자인 체했으며 인문주의자들이기도 했다. 그러면서 실수하기도 했다." 이러한 교부학의 과제는 프라타소프가 '교부들의 역사, 신학적 가르침'을 신학교와 아카데미에 도입한 목적에 상응할 수 없었다. 필라레트가 자신의 책 제목에 '신학적인'이라는 표현을 생략한 것은 우연이 아니었다. '역사적인'이라는 표현은 건드리지 않은 채 두어야 했다. 그래야만 신학적인 결론을 내리고 교부들의 가르침이 증언하고 있는 전승을 가려낼 수 있었다.

그의 책은 종무원에 남겨졌다. 필라레트는 표트르 모길라와 그의 ≪신앙고백≫을 지나치게 신랄하게 비판했다.

러시아 신학의 발전 방향을 전환하고자 했던 프라타소프 백작의 계산은 그릇된 것으로 판명되었다. 러시아 신학의 전통은 당시 이미 살아 있고 강력한 것이었으므로 종무원장이 억지로 꾸며 낸 당파적인 계획은 내부의 저항에 부딪히게 되었던 것이다. 이것은 프로그램과 그 실행을 비교해 보면 완전히 명료하게 드러난다. 마카리의 교리서는 어느 정도까지는 공식적인 또는 어용적인 프로그램이었다. 그러나 그 교리서는 매우 환영받지 못했다. 심지어 그 안에 수집된 풍부한 자료들 때문에 교과서로 사용될 때조차도 저자의 방법을 받아들인 이는 극히 드물었다. '마카리의 방법'은 1880년대가 되어서야 포베도노스체프618) 때에 승리를 거두었다. 그때는 "새로운 학파의 근시안적인 사상가들이 무지와 어리석음과 구별하지 않고 혼합해 버렸던" 타성의 원칙이 역사적인 삶에서 공개적으로 선언되던 때였다. 그러나 당시에도 이 '승리'는 여전히 껍질뿐이었다.

---

618) 포베도노스체프(Победоносцев, 1827~1907): 1880~1905년 신성종무원장을 지냈다. 지극히 보수적이고 민족주의적인 사상가였다. 1861년에 미래의 알렉산드르 3세의 개인 교사가 되었으며 후에 니콜라이 2세의 교육도 책임지게 되었다. 1881년 알렉산드르 2세의 암살 이후에 이어진 보수주의적인 반동의 지도자가 되었으며, 알렉산드르 3세와 니콜라이 2세의 가까운 조언자였다.

프라타소프는 모스크바의 필라레트를 페테르부르크에서 떠나게 하고 아예 종무원의 일에서 실질적으로 손을 떼도록 하는 데 성공했다. 그런데도 모든 본질적이고 중요한 문제들에 대해서 그는 필라레트의 평가와 의견을 물어야만 했고, 자신의 기획과 제안을 대부분 필라레트에게 보내 검토하도록 했다. 필라레트는 종무원장이 지나치게 활발하게 벌이는 사업들을 중단하도록 할 만큼 충분한 영향력을 유지하고 있었다. 프라타소프는 페테르부르크 아카데미에 자신의 질서를 도입하고 새로운 정신을 들여오는 데 성공했다. 모스크바에서는 프라타소프가 그렇게 좋아했던 새것으로 변하지 않은 채 모든 것이 변함없이 머물러 있었다. 이전 경향대로 철학 수업과 성경, 히브리어의 연구가 이루어지고 있었다. 당시 러시아 전역에서 불법으로 석판 인쇄된 팝스키의 번역을 수색하고 있을 때, 필라레트는 모스크바 아카데미의 회의에서 다음과 같이 공식적인 제안을 했다. 즉, 모든 교사들이 정돈된 형태로 그들의 강의 내용의 일부분이나마 제출해서 출판하여 아카데미 내부에서 사용하도록 하자는 것이었다. 이때 그 내용을 아카데미의 회의가 인정하고 감독교구의 주교가 알아야만 했다. 이 제안은 실질적인 결과를 가져오지는 못했다. 그러나 새롭게 시작된 교회 교육 행정이 교사들의 독립적인 작업을 금지시키고 강제로 '고전'을 교과서로 사용하게 했을 때, 필라레트가 이전 알렉산드르 시대의 강령을 여전히 고수했다는 것은 매우 시사적인 일이다. 그의 입장은 이미 준비된 정의(定義)와 문구로 학생들을 옭아매기보다는 그들의 사고와 독창성을 각성시킬 필요가 있다는 것이었다.

1845년에 필라레트는 다시 한 번 성경에 관련된 문제를 제기하여 유명한 기록인 ≪그리스 칠십인역 주석과 슬라브어 성경 번역의 교리적 우수성과 반동적 사용에 관하여(О догматическом достоинстве и охранительном употреблении греческого семидесяти толковников и славенского переводов Священного Писания)≫[1858년이 되어서야 모스크바의 ≪부록(Прибавления)≫이라는 잡지에 실렸다]를 신성종무원에 제출했다. 기록은 매우 압축적이고 심사숙고하여 쓰였다. 그것은 미리 키예프의 필라레트, 그리고리 포스트니코프, 그리고 당시 랴잔의 주교였던 가브릴 고로드코프619)가 검토한 상태였다.

필라레트는 다양한 성경들을 그릇되게 사용하는 것을 예방하고자 했다. 그는 구약은 두 성경을 반드시 함께 사용해야 하며, 비록 칠십인역으로 시작하는 것이 마땅하지만 어느 것 하나를 '진짜로'(즉, 원전으로) 받아들여서는 안 된

---

619) 가브릴 고로드코프(Гаврил Городков, ?~1862): 랴잔의 신학교 교수이자 오를로프 신학교의 학장이었다. 1828년에 칼루가의 주교가 되었으며 1831년에 모길료프로 옮겼다. 그곳에서 서부 러시아의 우니야트를 정교회로 끌어들이고자 노력했다. 1837년에 랴잔의 주교가 되어 사망할 때까지 그곳에 머물렀다.

다는 것을 강조했다. 두 성경 모두 '교리적으로 우수한 것으로' 받아들여야 한다. 필라레트는 개인적으로 사용하기 편리하고 장별로 내용과 설명하는 주석을 단 슬라브 성경을 새로 번역해 출판할 것을 제안했다.

자신의 기록에서 필라레트는 친구들, 특히 러시아 번역을 반대하고 히브리 성경에 대해 조심스러운 태도를 보였던 키예프의 필라레트와 합의하기 위해 그가 원했던 것보다 덜 말했다. 키예프의 필라레트를 설득하는 것은 기대하기 어려운 일이었다. 차라리 모두가 받아들일 수 있는 최소한의 것을 확고하게 주장하는 것이 더 나은 일이었다.

후에 1860년대가 되어서야 성경에 대한 논쟁은 다시 매우 격하게 불타올랐다. 1840년대 논쟁에 대한 때늦은 에필로그였다. 그러나 새로운 시대에 구약성경의 번역이 재개되었을 때 교과서로 받아들여진 것은 바로 필라레트의 '기록'이었다.

프라타소프가 러시아 신학을 포로로 잡아 둔 기간은 피곤하긴 했지만 그리 오래가지 않았다. 프라타소프가 승리를 거둘 수 있었던 유일한 영역은 국가와 교회의 관계였다. 중앙 행정 기구들의 신설은 교회의 일과 삶에서 제국의 영향력과 직접적인 권력을 확대하고 공고화했다.

12

알렉산드르와 니콜라이 시대의 신학교에 대한 전반적인 특성을 정의하기는 결코 쉽지 않다. 이 '개혁 이전의' 학교에 대하여 어둡고 나쁜 말들이 너무나 많이 있어 왔다. 이 시기 학교에 대하여 포먀롭스키[620], 로스티슬라보프, 니키틴[621]이 글을 썼다. 이 '폭로자들'의 증언과 유명한 아스코첸스키[622]같이 논의의 여지가 없는 '보수주의자'의 평가는 완전히 일치한다. 아스코첸스키 역시 '세속적인' 견지에서 평가했다. '속세의 신학교 생도'의 거친 면모가 그를 혼란스럽게 했으며, 그는 혐오에 차서 악의적으로 신학생들을 '저급한 짐승'이라고 불렀다. 그의 세계관은 많은 점에서 로스티슬라보프와 차이가 나지 않는다. "절망적인 성격, 미숙한 개념들, 공허한 가슴, 조야한 악덕에 이끌림, 이런 것들이 사고와

---

620) 니콜라이 포먀롭스키(Николай Помяловский, 1835~1863): 페테르부르크 신학교 졸업생이다. 그가 쓴 신학교들에 대한 비평은 1862~1863년의 ≪시대≫와 ≪현대인≫지에 실렸다.

621) 이반 니키틴(Иван Никитин, 1824~1861): 당대 저명한 러시아 시인으로 그가 쓴 ≪신학생의 일기(Дневник семинариста)≫는 1861년에 발표되었다.

622) 빅토르 아스코첸스키(Виктор Аскоченский, 1820~1879): 보로네시 신학교에서 수학하고 키예프 아카데미에서 석사 과정을 마쳤다. 후에 그곳의 교부학 교수가 되었다.

꾸밈없는 선한 감정의 냉혹한 심문에 빠진 젊은이가 받은 유산이다." 아스코첸스키는 이렇게 우울한 결론을 내렸다.

이러한 폭로와 정죄에는 많은 진실이 있었다는 것을 인정해야만 한다. 당시 학교에는 심각한 결함이 많았다. 그중 가장 큰 것은 거친 풍속이었다.

당시 신학교는 매우 가난했으며 물질적으로 보장이 되어 있지 않았다는 점을 언급할 필요가 있다. 심지어 아카데미의 교수들조차 극도의 궁핍 속에서 살아야 했다.

성적이 좋은 학생의 비율은 때로 절반으로 떨어지기까지 했다. 교내 잡지에는 '도망갔거나' '의복이 없어서' 수업에 불참하는 것에 대한 놀랄 만한 기사들이 실리곤 했다. 엄격한 규정은 너무나 자주 전혀 실행할 수 없는 것으로 증명되었다. 규정은 신학생들에게 기억력뿐 아니라 이해력 증진을 요구했다. 그러나 바로 암기가 교육의 정상적인 방법처럼 실행되고 있었다. 교수법에서는 형식주의, 수사학, 관례가 지배적이었다. 그러나 논쟁의 여지가 없는 결점들은 결국 그 세대의 창조적 충동을 약화하지 못했다.

이 '개혁 이전의' 신학교들의 역사적·문화적 의의는 전체로 보았을 때, 긍정적으로 인정해야 하며 높이 평가해야 마땅하다. 바로 이 신학교야말로 19세기의 러시아 문화, 교육의 발전과 확장을 위한 진정한 사회적 토대가 되었던 것이다. 세속 학교는 1840년대 이전에는 충분히 발전하지 못했다. 카잔의 김나지움과 대학은 악사코프[623])가 묘사한 대로 개혁된 아카데미는 고사하고 당시의 신학교보다도 훨씬 뒤떨어져 있었다. 이 '신학생들'이 그 10년 동안 다양한 분야에서 러시아 교육을 정초했다. 러시아의 과학과 학문의 역사는 신학교와 성직 계급과 뗄 수 없는 연관을 갖는다. 어느 전문 분야든 러시아의 교수들과 학자들의 목록을 살펴보는 것만으로도 충분할 것이다. 거기에는 두 개의 주요한 사회적 카테고리가 있는데 그 카테고리는 '신학생'과 '외국인' (가장 빈번한 것은 독일인이나 스웨덴인이었고, 폴란드인은 더 드물었다)이다. 귀족과 관리 계층을 대표하는 이들은 상대적으로 드물다. 러시아의 학문적·문학적 심리에서 매우 오랫동안 이 과거 신학교의 명백한 반향과 흔적을 엿볼 수 있었다. 과거의 신학교는 동시에 힘과 약함, 즉 창조적 호기심과 태평스러운 최대강령주의624)의 원천이었다. 지난 세기의 전반은 이런 의미에서 결정적인 시대였다. 이 시기에 세기의 중반과 그 이후, 그 불안한 '해방'과 '빈곤'의 10년 동안 활동했던 세대가 자라나고 교육을 받았던 것이다. 그 시기에는 러시아 교육의 사회적인 저변이 급속도로 확대

---

623) 세르게이 악사코프(Сергей Аксаков, 1791~1859): 슬라브주의자들인 콘스탄틴 악사코프와 이반 악사코프의 아버지로서 고골의 영향을 받아 소설을 썼다. ≪가족 연대기(Семейная хроника)≫, ≪회상(Воспоминания)≫ 등의 작품을 남겼다.

624) 최대강령주의: 신학의 입장으로, 성경에 기록된 모든 사건들을 역사적으로 실제로 일어난 것으로 주장하는 것을 말한다.

되었으며, 소위 '라즈노치네츠'[625]라는 세대가 등장했다. '라즈노치네츠'는 대부분 신학생이었다.

러시아 신학과 철학의 역사에서 바로 이 세기의 전반부는 결정적인 시기였다. 가장 먼저 눈에 띄는 긍정적인 것은 살아 있는 풍부한 힘이었다. 일단의 강한 성격들, 일단의 탁월한 인물들, 지도자 주변의 공감하는 계층, 선생 주위에 있는 제자들과 따르는 이들-중대한 주제들을 가진 이 시대가 바로 그러했다. 이 시대에 러시아 신학의 가장 중요한 문제가 해결되었다. 게다가 창조적인 '긍정'으로 해결되었다. 우리는 그때 거둔 승리를 하나하나 열거할 수 있다.

성경에 대한 논쟁과 두려움이 지배했던 이 시대의 논쟁의 여지가 없는 결산은 성경에 대한 더 좋은, 더 책임 있는 지식이었다. 바로 이 시기에 러시아 성경학과 성경적 신학의 확고한 기초가 확립되었던 것이다. 그것은 단순히 박학의 문제가 아니었고 소수의 일이 아니었다. 1814년의 법령은 모든 학생들에게 성경을 읽을 것을 요구했으며, 신학교의 과제는 '하나님의 말씀을 맡을 경건하고 계몽된 사역자들을 교육'하는 것으로 다소 불명확하게 정의되었다. 성경을 읽기 위한 특별한 시간이 정해졌으며, 설명을 곁들인 '빠른' 독서와 '느린' 독서가 구분되었다. 법령은 '신학적 진리가 나타나는 중

---

[625] 라즈노치네츠(разночинец): 일명 잡계급 지식인을 말한다. 1850~1870년대 귀족 출신이 아닌 지식 계급의 소시민을 의미한다.

요한 곳들'[소위 '교리들의 자리(sedes doctrinae)']를 표시하고 분석할 것을 제안했다. 신학의 기초에는 해석학, 즉 '해석적인' 신학(theologia hermeneutica)이 놓였다. 그 외에도 학생들은 '스스로' 성경을 읽어야 했다. 이와 연관해 성경 언어, 그리스어뿐 아니라 히브리어에 대한 특별한 관심이 생겨났다. 사실 '회귀'의 시기부터 히브리어를 배우는 것은 의심을 받았다. 유대인들이 히브리어를 이단과 신조어의 무기로 사용하고 있지 않은가? 성경도 덜 읽게 되었다. 그 때문에 하나님의 율법을 가르치는 일이 타격을 입었다. 아이들과 함께 복음서를 읽는 것이 위험시되었다. 그런데도 성경적인 기초는 견고하게 놓였다.

하나님의 계시에 대한 생생한 감각이야말로 지난 시대의 긍정적인 첫 결과였다. 다른 말로 하자면, 거룩한 역사에 대한 직관이랄 수도 있다.

둘째 결과도 그에 못지않게 중요했다. 당시 신학 전통에서는 철학적인 사변과 계시의 증거가 유기적으로 결합했다. 즉, '신학'과 '철학'의 결합이었다. 이에 대해서는 앞으로 자세히 말하게 될 것이다.

셋째 결과는 프라타소프의 '개혁'으로 강화되었다. 그 결과란 역사적 감각의 각성으로, 지난 세기 러시아 발전의 가장 특징적이고 구별되는 징후들 가운데 하나였다. 부분적으로는 18세기의 역사주의, 즉 과거에 대한 고고학적 호기심, 지나간 시대의 감상주의적 경험, 폐허와 황폐의 감정이 각성되었다. 그러나 이미 1814년의 법령은 "사람들이 역사철학이라고 부르는 것"에 대해 강조할 것을 충고한다. 그것은 삶에 대한 역동적인 지각을 각성하라는 충고였다. 독일의 새로운 철학은 큰 도움이 되었다. 이와 더불어 과거에 대한 종교적 관심이 일어났다. 즉, 전승에 대한 감각이었다.

신학교는 그 모든 약점들에도 불구하고 고전적이고 인문적인 교육기관으로서 러시아의 문화와 학문과 중세와 르네상스의 유산을 연결해 주는 유일한 고리였다. 이 학교는 고대 언어들을 가르쳤으며 부분적으로 히브리어를 확실하게 가르쳤다. 그러나 일반 학교에서 그리스어의 운명은 상당히 서글픈 것이었다. 1826년에는 그리스어가 지나친 사치라고 생각하기는 했지만, 학교 프로그램에 여전히 남아있었다. 1851년에 그리스어는 (대학이 있는 도시와 그리스의 유산이 있는 도시, 데릅스키 교육구를 제외하고는) 김나지움에서 완전히 제외되었다. 자연과학을 배울 시간을 따로 찾아야 했다. 이 점에서 성직자 정신을 공유하는 교육부 장관 시린스키 시흐마토프 공작과 그의 동료 노로프[626]는 의견을 달리했다. 장관은 젊은이들이 이교의 작가들을 읽고 나서 기독교의 근본으로부터 이탈하지 않을까 두려워했

---

626) 아프람 노로프(Авраам Норов, 1795~1869): 보로지노 전투의 영웅으로 1850년부터 교육부의 장관보가 되었고, 1854년에 시린스키 시흐마토프의 뒤를 이어 장관직에 올랐다.

다. 반대로 노로프는 그리스어가 '젊은이들의 정신을 고상하고 숭고한 것으로 향하게 하며' 해롭고 공허한 책들에서 멀어지게 한다고 확신했다. 게다가 그리스어는 동방정교회의 중요한 언어였다. 어쨌든 프로그램은 로마의 클레멘트부터 즐라토우스트까지 교부들을 포함했다. 1871년에 그리스어는 지나치게 확대된 수업 시간과 함께 김나지움 프로그램에 다시 포함되었다. 기록에 보면 그리스어의 지식이 복음서와 교부들, 예배 의식의 정본을 원서로 읽을 수 있는 가능성을 준다는 점을 특히 강조하고 있다. "그 결과 우리의 학교가 민중에게 소중한 것이 될 것이다." 그러나 실제로는 문법을 무엇보다 많이 가르쳤고 비기독교 작가들을 더 많이 읽었다.

이제 마지막 결과를 언급해야겠다. 우리가 살펴본 시기에 신학 서적의 출판이 빠르게 발전했다. 신학 잡지들이 생겨났으며 단행본도 적지 않게 출판되었다. 교과서와 교훈적인 말을 모은 선집뿐 아니라 뛰어난 석사 논문도 출판되었다. 기억해야 할 것은 일반적으로 당시 학교, 특히 신학교에서는 작문 훈련에 특별한 관심을 기울였다는 것이다. 특히 아카데미에서는 작가적 재능과 능력을 배양하기 위해 힘을 기울였다. 고대 언어들과 새로운 언어들을 번역하는 법을 가르치기도 했다. 신학교에서는 그런 식으로 러시아 사상이 인문학적 교육으로 전달되었다. 그와 같은 교육은 다음 시대의 학문적·신학적 저널리즘이 빠르게 발전하는 것을 가능케 했다. 1860년대까지 러시아 신학은 이미 서구와 같은 역사 수준에 도달해 있었다. 이 모든 과정은 첫 반세기 동안 이루어졌다.

러시아 신학의 여정 I

지은이 게오르기 플로롭스키
옮긴이 허선화
펴낸이 박영률

초판 1쇄 펴낸날 2016년 2월 26일

지식을만드는지식
03991 서울시 마포구 월드컵북로 46 청원빌딩 3층
전화 (02) 7474 001, 팩스 (02) 736 5047
출판등록 2007년 8월 17일 제313-2007-000166호
전자우편 zmanz@eeel.net 홈페이지 www.zmanz.kr

ZMANZ
3F. Chungwon Bldg. 46, World Cup buk-ro,
Mapo-gu, Seoul 03991, Korea
phone 82 2 7474 001, fax 82 2 736 5047
e-mail zmanz@eeel.net homepage www.zmanz.kr

ⓒ 허선화, 2016

이 책은 저작권자의 연락처를 수소문했으나 확인하지 못했습니다.
추후 발생되는 문제는 해결할 것을 전제로 먼저 출간함을 밝힙니다.

지식을만드는지식은 커뮤니케이션북스(주)의 인문 출판 브랜드입니다.
이 책은 저작권자와 계약해 발행했으므로, 본사의 서면 허락 없이는
어떠한 형태나 수단으로도 이 책의 내용을 이용할 수 없습니다.

ISBN 979-11-304-6978-2(I권)
979-11-304-6986-7(세트)
979-11-304-6979-9(큰글씨책 I권)
979-11-304-6987-4(큰글씨책 세트)
979-11-304-6980-5(PDF 전자책)
책값은 뒤표지에 있습니다.

문학

한국 ≪포의교집≫ 외	중국 ≪서상기≫ 외
일본 ≪바다에서 사는 사람들≫ 외	아시아 ≪물고기 뼈≫ 외
고대 그리스 ≪히폴리투스≫ 외	영국/미국 ≪빨래≫ 외
독일 ≪길쌈쟁이들≫ 외	프랑스 ≪홍당무≫ 외
스페인 ≪위대한 술탄 왕비≫ 외	러시아 ≪유리 나기빈 단편집≫ 외
유럽 ≪로칸디에라≫ 외	아프리카 ≪아딜리와 형들≫ 외
중남미 ≪네루다 시선≫ 외	퀘벡 ≪매달린 집≫ 외

예술

미술 ≪예술에 관한 판타지≫ 외   연극 ≪풍자화전≫ 외

한국문학선집

한국문학의 어제와 오늘을 총정리하는 사상 초유의 기획

초판본 한국소설문학선집
한국 근현대문학 120년, 대표 작가 120명의 작품집 101권

초판본 한국시문학선집
한국 근현대문학 120년, 작고 시인 101명의 작품집 99권

한국동화문학선집
한국 아동문학사에 기록될 동화작가 120명의 작품집 100권

한국동시문학선집
한국 동시의 역사이자 좌표, 동시작가 111명의 작품집 100권

한국희곡선집
문학성과 공연성이 입증된 한국 대표 희곡 100권

한국 대표 시인의 육필시집
한국 시단을 주도하는 시인들이 직접 쓴 시집 80권

한국문학평론선집
한국 대표 문학평론가 50인의 평론집 50권

한국수필문학선집
한국 대표 수필가 50인의 수필집 50권

단행본

≪고려 후기 한문학과 지식인≫ 외

지식을만드는지식은
지구촌 시대의 고전과 한국 문학을 출판합니다

 **도서목록 확인하고 5권 무료로 읽으세요**

QR코드를 스마트폰으로 스캔하면 지만지 책 1800여 종과 바로 만날 수 있습니다. 홈사이트 컴북스닷컴(commbooks.com/지만지-도서목록/)으로 접속해도 됩니다. 도서목록을 보고 회원가입을 하면 책 5권(번)을 열람할 수 있는 컴북스캐시를 충전해 드립니다. 캐시를 받으려면 카카오톡에서 아이디 '컴북스'를 친구로 등록한 뒤 회원가입 아이디를 카톡으로 알려주십시오.

지만지고전선집

전 세계에서 100년 이상 읽혀 온 고전 가운데 앞으로 100년 동안 읽혀 갈 고전 중의 고전

인문

교육학 ≪루소 교육 소저작≫ 외 역사/풍속 ≪속일본기≫ 외
인류학 ≪여정의 두루마리≫ 외 종교 ≪동경대전≫ 외
동양철학 ≪귀곡자≫ 외 미학 ≪미학 강의(베를린 1820/21년)≫ 외
서양철학 ≪어느 물질론자의 마음 이야기≫ 외
지리학 ≪식물지리학 시론 및 열대지역의 자연도≫ 외

사회

경제학 ≪정치경제학의 민족적 체계≫ 외 군사학 ≪군사학 논고 천줄읽기≫ 외
사회학 ≪증여론 천줄읽기≫ 외 언어학 ≪일반언어학 강의≫ 외
미디어학 ≪제국과 커뮤니케이션 천줄읽기≫ 외
정치학 ≪관료제≫ 외

자연과학

물리학 ≪상대성 이론≫ 외 수학 ≪확률에 대한 철학적 시론≫ 외
생물학 ≪진화와 의학≫ 외 천문학 ≪코페르니쿠스 혁명≫ 외
의학 ≪치과 의사≫ 외 과학사 ≪그리스 과학 사상사≫ 외